同济·欧洲文化丛书

德意志思想评论

第十卷

孙周兴　陈家琪　主编

图书在版编目(CIP)数据

德意志思想评论. 第10卷 / 孙周兴,陈家琪主编. —北京:商务印书馆,2015
(同济·欧洲文化丛书)
ISBN 978-7-100-11526-1

Ⅰ.①德… Ⅱ.①孙… ②陈… Ⅲ.①哲学—研究—德国 Ⅳ.①B516

中国版本图书馆 CIP 数据核字(2015)第 194097 号

所有权利保留。
未经许可,不得以任何方式使用。

同济·欧洲文化丛书
德意志思想评论
第十卷
孙周兴 陈家琪 主编

商 务 印 书 馆 出 版
(北京王府井大街36号 邮政编码100710)
商 务 印 书 馆 发 行
山东临沂新华印刷物流集团
有 限 责 任 公 司 印 刷
ISBN 978-7-100-11526-1

2016年1月第1版 开本 890×1240 1/32
2016年1月第1次印刷 印张 15.75
定价:48.00元

学术顾问（按姓氏笔画为序）

王庆节（香港中文大学教授）　邓晓芒（华中科技大学教授）
叶廷芳（中国社会科学院教授）　司徒立（中国美术学院教授）
刘小枫（中国人民大学教授）　　关子尹（香港中文大学教授）
许　钧（南京大学教授）　　　　李秋零（中国人民大学教授）
张再林（西安交通大学教授）　　张异宾（南京大学教授）
张志扬（海南大学教授）　　　　张祥龙（山东大学教授）
陈嘉映（首都师范大学教授）　　尚　杰（中国社会科学院教授）
庞学铨（浙江大学教授）　　　　倪梁康（中山大学教授）
韩水法（北京大学教授）　　　　童世骏（华东师范大学教授）
靳希平（北京大学教授）

编辑委员会

编委会主任：周家伦
主　　　编：孙周兴　冯　俊
主 编 助 理：张振华
编　　　委（按姓氏笔画为序）：
于雪梅　叶　隽　冯　俊　冯晓虎　刘日明　孙周兴　孙宜学
李乐曾　杨　烨　杨熙楠　吴建广　张永胜　陆兴华　陈家琪
林子淳　彼特·特拉夫尼　郑春荣　单晓光　赵　劲　赵旭东
胡春春　柯小刚　徐卫翔　黄凤祝　梁家荣　韩　潮　谢志斌

总　序

同济大学外国哲学学科初创于2003年，先设硕士点，两年后获批博士学位授权点，2007年成为上海市重点学科。本学科自始就把德国哲学和法国哲学立为研究重点，并于2003年开始主编、出版"同济·德意志文化丛书"，次年又启动了"同济·法兰西文化丛书"。几年来，承蒙海内外学界朋友的鼎力相助，上述两套丛书共出版了50余种学术图书（均在同济大学出版社出版），获得了良好的学术反响。

2007年，我们整合同济大学德国哲学研究所和法国思想文化研究所，成立了国内唯一的"欧洲思想文化研究院"。稍后又与香港道风山汉语基督教文化研究所合作，在研究院内设基督教文化研究所，从而初步形成了同济大学欧洲哲学文化研究的基本框架，研究重点范围得以进一步扩展，涉及德国哲学、法国哲学、欧洲诗学（文艺）、欧洲基督教哲学等多个学科。为适应新的形势，我们随即把"德意志文化"和"法兰西文化"两个系列合并成一套丛书，并把它冠名为"同济·欧洲文化丛书"。自2014年起，该丛书由商务印书馆出版。

众所周知，欧洲曾经是、现在重又是一个整体单位。中古基督教的欧洲原是一个统一的帝国，所谓"神圣罗马帝国"。文艺复兴前后，欧洲分出众多以民族语言为基础的现代民族国家。这些民族国家有大有小，有强有弱，也有早有晚（德国算是其中的一个特别迟发的国家了），风风雨雨几个世纪间，完成了工业化—现代化过程。而到20世纪的后半叶，欧洲重新开始了政治经济上的一体化进程，1993年11月1日，"欧盟"正式成立。至少在名义上，又一个统一的欧洲诞生了——是谓天下大势，分久必合，合久必分么？

马克思当年曾预判：要搞社会主义或者共产主义，至少得整个欧洲一起搞（但后来列宁同志单干了）。一个统一的欧洲显然也是哲人马克思的理想。而今天的欧盟似乎正在一步步实现马克思的社会理想。虽然欧盟起步不久，内部存在种种差异、矛盾和问题，但在我看来，在今天以美国主义为主导的全球文明格局中，一个崇尚民主自由的欧洲，一个重视民生福利的欧洲，一个趋向稳重节制姿态的欧洲，是有特别重要的地位和价值的。这样一个统一的欧洲的存在，不仅具有地缘战略上的显赫意义，更可以具有某种文化上的示范和警示意义。

欧洲是"世界历史性的"欧洲。有鉴于此，我们当年创办了"欧洲思想文化研究院"。也正因此，我们今天要继续编辑出版"同济·欧洲文化丛书"，愿以同舟共济的精神，推进我国的欧洲文化研究事业。

孙周兴
2013年12月14日于沪上同济

目 录

尼采/海德格尔研究

论我们教育机构的未来
　　——五个公开讲演　弗里德里希·尼采 / 3
天与地,以及诗人的位置
　　——再论海德格尔的荷尔德林阐释　孙周兴 / 104
从"本真的历史"到"效果的历史"
　　——论《真理与方法》对海德格尔早期历史观的改造
　　方向红 / 117
海德格尔之后的"大地"政治话语　陆兴华 / 129

德国古典哲学

康德现代性批判的四重维度及其当代价值　王　平 / 161
论纽伦堡讲稿在黑格尔哲学体系形成过程中的地位
　　张东辉 / 176
黑格尔对自然权利及"契约国家"的批判
　　——根据《法哲学原理》　汪　希 / 191
论黑格尔哲学的享乐主义实质　李革新 / 208

德国现代哲学

胡塞尔现象学:叙事伦理的奠基与预演　王鸿生 / 229

本雅明气息(Aura)理论新诠　赵千帆 / 244

论卡尔·拉纳的先验认识论
　　——基督教的启示神学之形而上学奠基　车　桂 / 267

在碎片中破土
　　——从"震惊"看《发达资本主义时代的抒情诗人》
　　张　萍 / 287

德语诗学与文化研究

透明的翻译:西方诗歌翻译所涉及的句法问题和翻译哲学
　　刘皓明 / 301

论德国流亡文学研究中的政治化倾向问题
　　——从流亡文学杂志《汇集》风波说起　任国强 / 330

用德语的帛裂之声作诗
　　——保尔·策兰《声音》诗文之诠释　吴建广 / 345

格拉斯《剥洋葱》的文本真实性与历史真实性
　　王滨滨 / 373

图像与文本
　　——论布林克曼的《剪贴》　谢建文 / 385

歌德研究专题

歌德的立体全身塑像
　　——论艾克曼《歌德谈话录》　杨武能 / 407

歌德学概念的溯源及其学术建制内生成　叶　隽 / 425

从市民家庭到公共生活
　　——解读歌德的《威廉·迈斯特的学习时代》
　　谷　裕 / 446
色彩是"光的业绩,业绩和苦难"
　　——论歌德的《色彩学》和色彩观　莫光华 / 458
黑塞对歌德"对立统一"思想的接受与发展　马　剑 / 478

编后记 / 493

尼采/海德格尔研究

论我们教育机构的未来

——五个公开讲演①

弗里德里希·尼采 著

彭正梅 译

导　言②

我讲演的标题③,应该像其他任一标题一样,必须尽可能的确

---

① 1872 年,尼采受巴塞尔的"学术委员会"邀请做有关教育改革的公开讲演,但他只发表了五次。此外,他写了关于第七个讲演的简略构思。本文据科利版《尼采著作全集》(KSA)第一卷译出。——译注
② 参见尼采笔记 8[60]。——编注
③ 尼采的演讲涉及德语中表达"教育"的两个概念的区分: Erziehung 和 Bildung。"Erziehung"意思为"教育",相当于英语中的"education";而"Bildung",则被认为是德语世界中不可翻译的概念,不仅有"教育"(Erziehung)义,同时也有"文化""教化"和"自我创化"义。此处"自我创化"是指一种终身的连续的创造性的自我转化,因此,就时间而言,个体"Erziehung"的终止应该是个体的终身性的"Bildung";也就是说,制度化的学校教育(Erziehung)只是帮助学习者走上自我创化(Bildung)的道路。尼采有时交替使用"Erziehung"和"Bildung"这两个概念,但更为频繁地使用了"Bildung",而且更重视后者的"文化"和"自我创化"之义。其演讲标题"我们教育机构的未来"中"教育机构"的德文为"Bildungsanstalten",亦即"教化机构",也显示了这一点。也就是说,在尼采看,教育机构是为了使学习者,亦即尼采所指的少数天才迈向自我创化("Erziehung zur Bildung")的机构;而这些天才们的自我创化,对德国社会来说是文化的创生,对其自身来说是成为"有教养者"(gebildete Menschen)。本书沿用我国哲学界和文学界的翻译,把"Biludng"翻译成"教化"。译者有时也酌情把"Bildung"(转下页注)

定、清晰和有力，但我现在才注意到，目前的标题太过简短、太过精确，因而又有点模糊和不清晰。因此，我必须首先就这个标题以及本次系列讲演的目标，向我尊敬的听众做些解释，并为不得不这样做而向诸位致以歉意。我承诺向诸位谈论关于我们教育机构的未来，但我最初根本没有想到去探讨我们巴塞尔地区此类机构的特定未来及其继续发展。因此，即使有许多一般性的论述，恰巧也适用于巴塞尔地区的教育机构，我本人并不想做这样的推断，也不想为这样的推断承担责任。其原因在于，我自认为对这里太陌生，也没有经验，感觉自己远未在这里扎根，远未谙熟这里的情况，从而不能对这里的教育机构的情况做出正确的判断，也根本不能预先确定其未来发展。另一方面，我深知自己是在一个什么样的城市里做讲演。这个城市力求以一种不同寻常的规模，以及令所有较大的国家都感到汗颜的标准，去促进其公民的教育和教化。因此，我想我肯定有理由来假定，这里的人既对我所要谈论的主题做了许多，也一定对此思考了许多。我的希望，也就是我的假设，是我能与这里的听众建立一种精神联系，因为他们不仅同样对教育教化问题进行过深入思考，而且也有意愿用行动来促进他们认为是正确的事物。考虑到讲演目标的宏大和讲演时间的有限，我唯有对着这些听众，才能使自己得到理解。也就是说，只有他们才能猜度那些我只能暗示的意义，才能补充我所必须省略的内容。简言之，他们需要的不过是提醒，而非教诲。

　　因此，我完全拒绝被视为巴塞尔学校问题和教育问题的业余

（接上页注）译为"教育""教育教化""自我创化"或"文化"，更多时是意图把这些含义都纳入到"教化"这个概念之中。读者亦可根据自己的理解把它的翻译还原为"教育"，但绝不能等同于中文中的"教育"概念。详细区分，亦可参考译后记。——译注

顾问,也不考虑从当今文明民族的整个视野出发来预言教育教化和教育机构的未来。视野太过阔远,就像太过切近一样,都会令我盲目。因此,所谓我们的教育机构,不是特指巴塞尔的教育机构,也不是囊括所有民族最广泛意义上的无数形式的教育机构,而是指在这里也受到欢迎的德国的教育机构。也就是说,我们这里要关注和探讨的是德国教育机构的未来,其中包括德国的国民学校、实科中学、人文中学和大学。① 在探讨的过程中,我们将完全不做比较和评价,尤其要警惕这样一种阿谀性的妄念,即似乎我们的状况对其他文明民族来说是普遍有效的、不可超越的模式

---

① 国民学校(Volksschule),在18世纪德国、特别是普鲁士,是一种国家支持的初等教育机构。1717年普鲁士颁布法令实施强迫教育,但1781年的调查显示只有四分之一的学生就读国民学校。实科中学(Realschule,词根"Real"在拉丁语中有"事物"的意思),最初是由虔信派在18世纪初创立,强调传授有用知识的中等教育机构。1783年哥廷根大学教授格斯纳(J. M. Gesner)强调学校应当教授数学、物理、化学、生物、历史和地理等实科知识和民族语言(即德语),主张培养有用的公民,而不是学者。实科中学一方面满足了德国的工业发展要求,促进了工业发展;另一方面,也为那些不从事古典研究而期望能在工商业中谋求职位的学习者提供了出路。人文中学(Gymnasium),是一种使学生获得大学入学资格的中等教育机构。尼采的讲演所着重探讨的就是这种被称为重要的文化运动的纪念碑的人文中学。"Gymnasium"在古希腊是进行身体训练和精神训练的地方,当然身体训练处于主导位置。这个概念在罗马时期并未流行,但在意大利文艺复兴时期重新活跃起来,并在15世纪进入荷兰和德国。1538年,斯图谟(Johannes Sturm)在斯特拉斯堡建立了一所作为德国人文中学榜样的人文中学。这些人文中学强调拉丁语和希腊语学习,强调学术的教育,以使学生获取大学资格。但从18世纪开始,德语、现代外语(主要是法语)以及自然科学的比重也逐渐增加。经过1735年、1752年和1764年的系列改革,人文中学逐渐为国家所控制。1800年,由于新人文主义和洪堡(Wilhelm von Humboldt)的影响,古典教学重又逐渐增强,并强调人的普通教化。1812年,普鲁士规定,所有权送其学生进入大学学习的学校,一律称为人文中学。19世纪末,人文中学又经历了一次转折,被当时政府要求增加自然科学和现代语教育,强调培养德国人,而不是希腊人和罗马人。自1900年以后,人文主义的文科中学(humanistische Gymnasium)、实科人文中学(Realgymnasium)以及高级实科中学(Oberrealschule),都可以获得进入大学学习的资格证书(Abitur)。今天,德国的"Gymnasium",翻译成"文理中学"而非"人文中学"似更为恰当。——译注

和模范。这里只需知道这一点就足矣:我们的教育机构并非偶然地与我们联系在一起,并非像一件长袍那样加在我们的身上;它们是重要的文化运动的活的纪念碑,在某些方面,它们就是我们的"祖传的家什"①,把我们与我们民族的过去联系起来,因此,它们在根本上是如此神圣、如此可敬的遗赠,以至于我知道,我只有先尽可能接近其最初产生的理想,才能讨论我们教育机构的未来。此外,我坚定地相信,目前对这些教育机构所进行的、旨在使其"合乎时宜"②的许多改变,大部分都扭曲和偏离了作为其根基的原初的高贵理想。对于这些机构的未来,我们所敢于希望的是,它们在德意志精神的普遍更新、重振和净化之后,从中获得一定程度的新生。在这种新生之后,它们会显得亦旧亦新,但人们对它们现在所施与的变化,则多是力求仅仅使其"现代"与"合乎时宜"。

我准备仅在这一希望的意义上来谈论我们教育机构的未来。这也是我一开始请求听众谅解的第二点。在所有的自负中,最大者莫过于想做先知,以至于如果一个人说自己不想做先知,在听众看来已觉可笑。在我看来,任何人都不可以以一种先知的腔调来谈论我们的教育教化以及与之相关联的教育机构和教育方法的未来,除非他能够证明这种未来的教育教化的萌芽在当代已一定程度地存在,并将在高得多的程度上得到扩展和发展,因而能对学校和其他教育机构产生一种必然的影响。请允许我像一位罗马内脏占卜师③那样,只根据时代的内脏来测度其未来。就我们的主题而言,我正是要预言一种业已存在的教育教化趋势的未

---

① 短语"祖传的家什"(Urväterhausrath)是从歌德《浮士德》借用而来。参见:《浮士德》,第 1 部,第 408 行。——编注
② 尼采出版的第二部著作的书名是《不合时宜的考察》。——译注
③ 内脏占卜师(Haruspex)根据献祭的动物内脏来占卜未来。内脏占卜最初源于意大利西北部的埃特鲁斯坎部落(Etruscan),后被引入到罗马宗教。——译注

来的胜利,尽管当下它并未受到青睐,也不受尊重,甚至也未得到扩展。但我满怀信心地认为,它必将获胜,因为它有着最伟大、最强有力的盟友:自然。我们毋庸讳言,我们现代教育方法的许多前提都带有不自然的特性,并且,我们时代最致命的弱点恰恰与这种不自然的教育方法相关联。谁感觉自己与这个时代完全混同合一,认为它是一种"不言而喻"的东西,那我们也不会因为他的这种态度和这个无耻拼凑起来的闻所未闻的时髦词汇——"不言而喻"①而嫉妒他。不过,谁若是持相反的观点,且已经绝望,那他也就无需再去战斗,只需怀抱孤独,尽速穷居独守。但是,在这种对当代持"不言而喻"态度者和对现实持绝望态度的孤独者之间,还挺立着战士,即仍持有希望的人。在我们眼前挺立的伟大的席勒,就是这类人中最为高贵和最为崇高的代表。就像歌德在《大钟歌·跋》中给我们所描绘的那样:②

> 他的面颊现在越来越红润,
> 因为那从不离开我们的青春,
> 因为那勇气,它迟早要
> 战胜迟钝麻木的世界的抗衡,
> 因为那信念,它不断飞升,
> 时而勇猛地狂飙,时而卑顺地低徊,
> 以使善能发荣滋长,泽被世界,
> 以使高贵者的时日最终来临。

---

① 德语"selbstverständlich"(不言而喻)是由"selbst"(自身,本身)和"verständlich"(可理解的,明白的)两个词组成,尼采这里不认可这个词汇,也不认可用这个词汇去对待德国教育的现实状况。——译注
② 参见歌德《大钟歌·跋》第49—56行。——译注

我希望我尊敬的听众把我至此为止的发言视为类似导言式的开场白,其目的是对我的讲演的题目做些说明,以避免可能造成的误解和不合理的要求。现在言归正传。我将在我的探讨的开始划定我基本的思考范围,并将尝试从中引出我对我们教育机构的判断。也就是说,在我讲演的开始,应该有一个清晰表述的论题,以便将其作为一个盾形纹章,提示着来访者他将进入什么样的屋子和庄园,如果他在看过这种盾形纹章之后,还喜欢一个如此标记的屋子和庄园,而不是离开的话。我的论题是:

在当代,两种表面相互对立、但其作用同样有害并最终在其结果中汇聚一起的潮流,统治着我们最初建立在完全不同根基之上的教育机构:一种是尽可能扩张和扩展教育教化的冲动,另一种是缩减和削弱教育教化的冲动。第一种冲动要求在尽可能广的范围内扩展教育教化;但按照第二种冲动,教育教化则应该放弃其最高的骄傲的使命,转而从属并服务于另一种生活形式即国家。对于这两种扩展和缩减教育教化的灾难性的潮流,如果我们有朝一日不能帮助另外两种与之相反的、真正德意志的、且一般而言富有前景的倾向获得胜利,那倒真是令人绝望了。我这里指的是教育教化的窄化和聚积的冲动以及教育教化的强化和自享的冲动,前者与尽可能扩展教育教化的冲动相对立,后者与缩减教育教化的冲动相对立。我们之所以相信后两种冲动有可能胜利,乃是因为我们认识到,扩展和缩减教育教化的这两种潮流都是与自然的永恒意图相背离的。把教育教化集中于少数人乃是自然的必然法则,这是普遍的真理。而那两种主导的潮流,却只会导致建立一种虚假的、与其根本相悖的教化和文化。

前　言①

（供讲演前阅读，尽管与讲演内容并无联系②）

我所期望的读者应当持有三种品质。第一，他必须平心静气，能从容而不匆忙地阅读；第二，他必须不把他自己及其所受的教育带入阅读之中；第三，他不可以指望在阅读结束时获得一套新的公式规则作为最终结果。我不承诺为人文中学和实科中学提出一套新的公式规则和学习计划，相反，我更倾向于赞美那些在这方面具有超强力量的人物。因为他们能够测度整个历程，从经验的深渊上升到真正文化问题的高度，并从那种高度下降到最枯燥的条例细则和最细致的公式规则之低处。而我则只要能够攀登上一个相当高度的小山，喘定之后，可以获得自由的视野，就已深感满意了。在本书中，我永远都不会去满足那些求取公式规则者的嗜好。

我真确地看到一个时代正在来临。届时，严肃的人们将一起为彻底地再生和净化教育教化而工作，并将重新成为促进那种新教化的日常教育和教学的立法者；他们也许会再次去制定一系列公式规则。但那个时代距离当代还多么遥远！此间必定还会有什么事情发生！也许人文中学会灭亡，甚至大学会灭亡，或，至少

---

① 参见尼采《未刊之作的五个前言》之二。——编注
② 这里出版的《论我们教育机构的未来》的五个讲演，是基于尼采的亲笔付印稿。我们放置在讲演文本之前的是：同《论我们教育机构的未来》的其他资料一起放在尼采同一个文件夹中的、作于1872年春的一个导言，以及出自他1872年夏付印稿并且后来做了修改后收集在《五本没有写成的书的五篇前言》中的一个前言。尼采曾一度想出版这五个讲演（参见尼采1872年3月22日给弗利施（E. W. Fritzsch）的信，载《尼采书信全集》II/1，第300页），但稍后又放弃了（参见尼采1872年12月20日给迈森堡[Malwida von Meysenbug]的信，载《尼采书信全集》II/3，第103页以下）。这些讲演的日期也按时间顺序做了标注。——编注

这些教育机构会得到完全革新。因为今天这些机构的公式规则，在未来一代人的眼里看起来像是人类穴居时代的野蛮遗迹。

这本书是为了那些能够安静下来的读者写的，因为他们还没有卷进这个飞速转动时代那令人晕眩癫狂的匆忙之中，还没有感受到一种为时代的车轮所辗碎时的献身于偶像般的快乐。也就是说，本书是为了少数人而作的！但是，这些人还必须尚未习惯于根据所节约或所浪费的时间的量来评估每一事物的价值，他们"仍然拥有时间"；他们毫无愧疚、毫无自责地选择和寻求一天中的好时光，以及那些富有成果和活跃有力的时刻，来思考我们教育教化的未来；傍晚来临时，他们还可以自信自己以真正有益和富有尊严的方式度过了他们的白昼；他们还可能相信他们用十分有益和富有尊严的方式，也就是，以沉思未来的形式的方式，度过了他们的白天。这种人在阅读时仍没有忘记思考，他善于捕捉字里行间的秘密。他生性慷慨挥霍，也许会在放下书很久之后，仍会对所阅读的内容进行思考。而且，这也不是为了去写一篇书评或一本书，而仅仅是为了思考！你这该罚的挥霍者！但你正是合我心意的读者。你心静无忧，足以陪伴作者行进任何距离①，即使其道路的目标只有在许多代以后才能完全看清！相反，如果读者心浮气躁，愤而冒进，急于摘取整整一代人也未必能获得的果实，那么，我就得担心他没能理解作者。

我对于读者第三个、也是最重要的要求是，他在任何情况下都不应该按照现代人的方式，不断地将他自己和他的教育教化带入其阅读活动之中，仿佛那是一切事物可靠的衡量尺度和标准。相反，我倒是希望他拥有足够的真正教化，从而能够看轻甚至蔑

---

① 可能是化用圣经中马太福音 5:41 中的句子："有人强逼你走一里路，你就同他走二里。"——译注

视自己所曾受到的教育,然后他才能完全信任作者的引导。这样,他才可能完全相信作者的引导,因为作者正是凭借无知并认识到自己的无知,才敢于对读者如此说话。作者所希望的不过是点燃他对德国当代的特定的野蛮的强烈感受,也就是感受那种与其他时代的野蛮如此鲜明地区分开来的 19 世纪的野蛮。

现在,作者手里拿着这本书,寻求这里或那里为类似感受所驱使的同道。让我找到你们,你们这些孤独者,我相信你们的存在!你们这些无私的人,你们遭受着德意志精神的堕落和患病的痛苦!你们这些沉思的人,你们的眼睛不是匆忙地触及事物的表面,而是善于发现通向事物本质的核心的入口!你们这些高贵的人,如亚里士多德所赞扬的,除非伟大的荣誉和辉煌的事业召唤你们去行动,不然你们会犹豫且无为地度过自己的一生!① 现在,我所召唤的正是你们!仅这一次,请你们不要躲进你们的孤独和不信任的洞穴里!至少做本书的读者吧,为的是以后通过你们的行动来否定和遗忘它!请想一想,它注定要做你们的传令官!但是,一旦你们自己全副武装出现在战场上,谁还有兴趣回顾看一看召唤你们战斗的传令官呢?

第一次讲演

尊敬的听众,我请你们与我一起思考的主题,是如此的严肃,如此的重要,在某种意义上又是如此的令人不安,以至于我也和你们一样,会乐于去倾听任何一个许诺对此有所赐教之人,即使他还如此年轻,甚至他自己也不可能认为他能够凭借他自己的力量去做出某些与这个任务相称的、令人满意的阐释。不过,可能的情况是,关于我们教育机构的未来这一令人不安的问题,他曾

---

① 参见亚里士多德的《尼各马可伦理学》1124b,第 24—26 行。——译注

听到过某些正确的观点,现在想对你们复述一下。还有一种可能是,他曾有过这样一些非凡的良师:他们就像罗马的内脏占卜师那样,完全能够从时代的内脏出发,对未来做出预言。实际上,你们可以对我做此类的期待。我也确实曾经在一次稀有的、基本上十分安全的情况下,听到了两个非凡之人之间的一次谈话。这个谈话围绕的正是我们的主题,而且,其要点、考察问题的方式和方法,如此牢固地印刻在我记忆里,以至于每当我思考类似的事情时,都已不可能不陷入与他们相同的思考之道上。只是我时常没有那两个人曾表现出的那种坚定的勇气。他们令我震惊地、大胆地说出了被禁止的真理,更为大胆地表达了他们的希望。因此,我越来越认为,有益的是,一劳永逸地记录下这场谈话,以激励其他人对如此非凡的观点和结论进行评判。这里,我有特别的理由相信,我恰好可以利用这次公共讲演的机会。

我非常清楚我是在什么地方建议对那场谈话进行一般性的思考和反思。这个地方,也就是巴塞尔,正力求以一种不同寻常的规模以及令所有较大国家都感到汗颜的标准去促进其公民的教育教化。因此,我想我肯定有理由来假定,这里的人既对我所要谈论的做了许多,也一定对此思考了许多。唯有对着这些听众,我对那场谈话的复述才能被完全理解。也就是说,只有他们才能猜度我只能暗示的意义,才能补充我所必须省略的内容。简言之,他们需要的不过是提醒,而非教诲。

现在,我尊敬的听众,下面我就开始叙述我那次安全的经历,以及那两位不知名姓之人间的不太安全的谈话。

让我们想象一个青年学生的状态。他的这种状态在我们时代的不安和躁动的运动中几乎已是不可能的、不可思议的。我们必须想象经历一下这个状态,以便让我们认为这样一种无忧无虑的自我安静,一种逃离当下的、甚至无时代羁绊的满足和愉悦是可能的。在莱茵河岸边的波恩大学，我和我一个同龄朋友就是在这种状况中度过了一年光景。这一年，我们没有任何关于未来的计划和设想。现在看来，那简直就像是一场梦，一场为其之前和之后两个成长时期所框定的梦。我们两人不受干扰，保持着安宁与安静。尽管我们是与一个人数众多的、根本兴趣和追求与我们迥异的学生社团生活在一起，尽管有时我们不免要疲于满足或拒绝这些同龄人过于热闹和繁复的要求。但是，即使这种对相反追求的力量的虚与委蛇，现在回想起来，也始终具有一种类似我们做梦时受到各种阻碍的性质：我们做梦时会相信自己能飞翔，但总是感觉被某种不明的障碍拖住并拖回。

从少年开始，从我们的人文中学时代开始，我和我的朋友有着无数共同的记忆。我这里必须特别指出其中的一个共同记忆，因为它是过渡到我将要转述的那次安全无害经历的桥梁。我和我的朋友曾在一年的夏末去莱茵河旅游，我们几乎在同一时间和同一地点不约而同地、实际上是每人为自己，想出了一个计划。我们为这种不同寻常的心灵相通所震撼，决心把这个计划付诸实施。我们当时决定成立一个有少数志同道合的同学组成的小协会，其意图是为我们在文学和艺术方面的富有创造性的倾向，找一个固定的、有约束力的组织形式。更明确地说，我们规定，我们每人有责任每月向我们的小协会提交一件自己的作品，它可以是一首诗、一篇论文、一幅建筑草图或一部音乐创作；然后要求其他所有人本着友好的精神对这些作品进行自由的、不受约束的评判和批评。[①] 因此，我们相信，通过相互的监督和校正，我们既可以

---

① 尼采在就读普弗尔塔人文中学(Schulpforta)时，确实建立过类似的协会。他与平德尔(Wihelm Pinder)和克鲁格(Gustav Krug)建立了一个名为"日耳曼尼亚"(Germania)的协会。——译注

激发、也可以限制我们的教化冲动。事实上,这个计划的落实是如此的成功,以至于我们对这个想法诞生的那个时刻和地点始终保持着一种感激和敬畏之情。

我们很快就为这种情感找到了恰当的表达形式。我们彼此约定,只要可能,我们就会在每年的那一天去造访那个位于罗兰采克①附近的僻静之地。中学时的那个夏末,我们正是坐在那里沉思冥想,并为突然降临的相同约定所欢欣鼓舞。准确地说,我们并未足够严格地遵守这个约定。但是,恰恰由于这个原因,这些疏失在良心上造成的罪责感,使得我们在波恩大学这一学年期间,在莱茵河岸较长居住之时,不仅决心要更为坚定地遵守我们的规定,而且决定在约定的日子去虔诚而隆重地拜访罗兰采克附近的那个地方,以满足我们的感激之情。

但是,这对我们并非易事,因为恰恰在那一天,我们那个人数众多的、活跃的社团竭尽全力阻止我们"飞翔"②,妨碍我们实施我们的计划。我们社团决定在这天举行一次去罗兰采克的盛大郊游,目的是在夏季学期结束之时再次确认其全体会员,然后让他们带着最美好的告别记忆返回家乡。

那天的天气属于最完美的那种。这种气候很是罕见,唯有夏末才可能出现:天地静谧和谐地于远处相拥,在煦暖的日光中闪烁生辉,秋日的凉爽与蔚蓝的苍穹交融一体。我们穿上了明亮缤纷的奇装异服,在一个阴郁流行的时代只有大学生才会钟爱这种服装;我们排成队伍,登上一艘特地为我们装点上喜庆的三角旗的轮船。轮船的甲板上插着我们社团的旗帜。莱

---

① 罗兰采克(Rolandseck,又名 Rolanswerth)是莱茵河岸边的一个小镇,在雷马根(Remagen)市内,距离波恩20公里左右。据说查理曼大帝的骑士死于此。——译注
② 这里也许在暗示前文提及的梦中飞翔。——译注

茵河两岸不时地响起信号枪的响声。这是按照我们的指令而发射的,目的在于告知莱茵河岸的居民,特别是我们在罗兰采克的东道主,我们到达的消息。现在,我将不再叙述从登陆地出发、经过那些令人激动和好奇之地的嘈杂旅程,也不叙述并非每个人都能理解的、在大学生之间流行的乐子和笑话。我将不再讲述那场逐渐活跃、甚至变得狂野的宴饮,也不再讲述那场不可思议的音乐会。参加宴饮的所有人都必须参与这场时而独奏、时而合奏的音乐会。我是我们社团的音乐顾问,曾负责音乐会的排练,现在则不得不担任指挥。当音乐会走向有点狂放、节奏越来越快的结尾之时,我向我的朋友做了个手势,然后就在类似嚎叫的结尾和弦之后,我和我的朋友从门口溜走了,将几乎是怒号的深渊关闭在身后。

我们一下走入了突然令人神清气爽的、静谧的大自然中。太阳静静地发着光,但已西沉了许多,万物的阴影相应伸长。一缕清风从莱茵河闪着绿光的波浪上吹来,掠过我们热烫的面颊。我们庄严隆重的纪念仪式定在那天白昼的最后若干小时举行,因此,我们想到用仪式之前的白昼时光来践行我们一个孤僻的爱好。我们当时有许多这样的爱好。

我们当时都强烈地爱好射击。多年以后,我们发现这个业余习得的技能对在军中服役有很大用处。我们社团的一个仆役知道我们这个远处高地的射击场,并事先把我们的手枪送到这里。罗兰采克后面较低的山脊为树木所覆盖。射击场就是一块位于树林边缘且略高于树林的、小的不平之地。被我们尊为神圣的沉思之地,就在射击场附近。我们那年夏末就是在那块沉思之地决定创立我们的小协会。射击场的侧面有一条长有树木的斜坡,斜坡上有一块小的林中空地,那是一个邀人驻足的地方。从那里,我们的视野穿过前面的树木和灌木,可以看到莱茵河,也可以看到,正是七峰山①、特别是龙岩山②的美丽蜿蜒的曲线把成片树木隔离开来。诺嫩沃特岛③位于波光粼粼的莱茵河所形成的弓形的中央,像是被莱茵河搂在自己的臂弯里。那块林中空地就是为我们共同的梦想和计划所圣化的地方。在傍晚稍后的时间里,我们要去那块林中空地,甚至是必须去,如果我们想按照我们的计划来结束那一天的话。

在离射击场那块不平之地不太远的地方,孤零零地站立着一颗粗壮的橡树墩。树墩的周围是些没有树木灌木的平地和低矮起伏的小山丘。我们曾合力在这个橡树墩上刻了一个清晰的五角星。这个图形由于经年的暴雨而有点扩大,从而成为一个理想的射击靶子。当我们到达我们的射击场时,已是下午晚些时候了。那棵橡树墩在贫瘠的荒原上投下更长、更瘦的身影。此时万籁俱静。由于脚下高耸的树木的遮蔽,我们难以看到下面的莱茵河和深谷。在这个僻静的地方,我们射击的尖锐回响声更加令人震撼。就在我瞄准五角星要发射第二枪时,我感觉到有人有力地抓住我的胳膊,同时我看到我的朋友也被以类似的方式阻止装填弹药。

我迅速转过身来,看到一张老人的愤怒脸庞,同时我也感到似乎是一条凶猛的狗扑向我的后背。我们,也就是我以及被另一个较年轻的陌生人所阻止的我的朋友,还未来得及表达我们的惊奇,那位老者已经用威胁性的、激烈的声调开腔了。

"不!不!"他向我们喊道,"不要在这里决斗!""你们这些年轻的大学生,尤其不可以决斗!把枪扔掉!冷静下来,彼此和解,

---

① 七峰山(Siebengebirge)是莱茵河岸边七座小火山。关于七峰山有许多传说。有传说认为,每座山都是一个巨人的身体。——译注
② 龙岩山(Drachenfels)是七峰山之一。——译注
③ 诺嫩沃特岛(Nonnenwörth)是莱茵河上靠近罗兰采克的一个小岛。——译注

握手言和！怎么？你们是大地的盐，是未来的精英，是我们希望的种子。难道你们还没有从那愚蠢的荣誉问答手册及其暴力正义的原则中解放出来吗？我不想中伤你们的心，但你们的大脑并未为你们争得荣誉。你们在青少年时得到了古希腊罗马的语言和智慧的滋养和保育，人们以不可估量的辛苦和操心，使你们年轻的心灵很早就沐浴在美丽的古代世界的智者和英雄的光芒之中，难道你们在经历这样的教育教化之后，竟仍想把骑士荣誉的信条，也就是非理性的和野蛮的信条，作为你们行为的准则吗？再理性地探讨一下这信条吧，把它变成清晰、明白的概念吧，揭露其贫乏的狭隘性，但不要用你们的心，而是要用你们的理性作为标准来检验它。如果你们现在不能抛弃它，那么你们的大脑就不适合做这样领域的工作：这个领域需要有力的判断力来轻松打破偏见之束缚，需要一种的平衡的理性，能区分正确与错误，即便是正确与错误之间的差异隐藏很深，而并不像现在这里的情况那样容易判断时。若你们不具有这样的判断力和理性，那么，我的好人们，你们还是寻求另一种正直的方式来度过一生，或去当兵，或去学一门手艺，以获取有保障的未来。"

对于这种虽有道理，但却有冒犯性而且粗糙的宏论，我们的回应也比较激烈，我和我的朋友双方相互打断对方说话，争抢着说道："首先您搞错了主要事项，因为我们来这儿不是为了决斗，而是为了练习射击。第二，您也好像根本不知道什么是决斗。您怎么会认为我们两人像两个强盗一样来这个僻静的地方决斗，而不带上证人或医生？第三，对于决斗问题，我们每个人都有自己的立场，我们不希望您用这样方式的教训来袭击和吓唬我们。"

这种肯定不礼貌的回应给那个老者留下了恶劣的印象。当他注意到我们不是在决斗时，他先是温和友好地打量了一下我们，但当他听到我们最后一句话时，他又恼怒并吼叫起来。当他听到我们竟然敢于谈及自己的立场时,他有力地抓住他的同伴,迅速转过身来,严厉地吼道:"人不能仅有立场,还必须有思想!"他的同伴也对着我们补充道:"即使这样一个人会搞错,但还是要敬畏他!"

但是,我的朋友期间说了一句"小心!"又装上子弹朝着那个橡树墩上的五角星发射了一枪。老者背后这一突然的枪声,使他盛怒不已。他又转过身来,充满敌意地盯着我的朋友,然后用更弱的声音对他年轻的同伴说:"我们应该怎么做?这两个年轻人的枪声会摧毁我。"

"你们必须知道,"老者的年轻同伴转向我们说,"你们此刻震耳的射击消遣,是对哲学的真正谋杀。请看看,这位令人尊敬的长者,他在请求你们不要在这里射击。而且,如果这样一个人在请求你们……"

"是的,就算是我的请求。"那位白发老者打断他同伴,并严厉地看着我们。

实际上,我们也真不知道在这种情况下该做什么。我们也不清楚,我们有点嘈杂的射击爱好与哲学有什么关系。我们同样也不清楚,为什么我们必须出于莫名其妙的礼貌考虑而放弃我们的射击场。此时,我们犹豫不决而又愤怒不悦地站立着。老者的年轻同伴注意到了我们的困窘,便向我们解释事情的缘由:"我们必须在这附近待上若干小时。我们有个约会。这位杰出的哲学家今晚要在这会见他一位杰出的朋友。我们选择了一个靠近这里的小树林里有长椅的僻静地方,作为这次的会见地点。如果我们持续受到你们射击声的惊扰,那就太不愉快了。我认为,当你们知道眼前这位选择这一安静僻远之地来会见友人的白发老人是我们最著名的哲学家之一,你们的情感也不会允许你们再继续在这里练习射击了。"

但是,他的这通解释反而令我们更加不安了。我们现在看到一个比仅仅失去射击场更大的危险在逼近我们,便急切地问:"你所说的安静的约会之地在哪里?莫不是在这里左边的小树林里?"

"正是那里。"

"但是,那个地方今晚属于我们两个",我的朋友插话道。"我们一定要用个地方",我们两个一齐喊道。

对我们来说,我们早已决定的神圣纪念在此时此刻要比世界上所有的哲学更重要。我们如此急切、如此激动地表述我们的感受,如此令人费解地、急迫地表达我们的愿望,以至于在不了解我们秘密的那位老人及其年轻同伴看来可能显得有点荒唐可笑。至少,我们这位哲学家侵扰者微笑地、质询地看着我们,似乎在期望我们做出某种道歉或解释。但是,我们保持沉默,因为我们首先想保守我们的秘密。

我们这两个阵营就这样无声地对峙着,落日的余晖将树梢涂上了金黄色。此时此刻,哲学家看着落日,那个同伴看着哲学家,我们两个则看着小树林里那个今晚可能要丢失的隐身之地。一种愤怒之情攫住了我们。我们自问,如果哲学阻止我们成为我们自己,阻止我们与朋友独处的乐趣,阻止我们成为哲学家自身,那么,哲学到底是什么呢?因为我们相信,我们对我们共同记忆的纪念具有真正的哲学本性。我们希望借以形成我们对未来的严肃的目标和计划。我们希望通过孤寂的沉思,能够以某种类似的方式再次帮助我们找到在未来构成和满足我们最内在的心灵的东西,一如少年时代那个富有创造性的举动所发现的那样。那个庄严的行为的意义恰恰就在于其自身之中。除了在孤寂、单独的状态中静静地思考和沉思,我们什么也不想做,就像五年前我们在沉思中不约而同地做出那个决定一样。它应该是一场静默的纪念,完全是过去,完全是未来,而现在则不过是过去与未来之间的破折号。可是眼下,一个不友好的命运闯入我们的魔圈,而且我们也不知道该如何除去它。在这次异乎寻常的遭遇中,我们甚至感觉到了某种神秘的诱惑和刺激。

两个敌对双方无声地对峙了一段时间。头上的晚霞越来越红,黄昏越来越安静、越来越柔和,我们仿佛听到了大自然均匀的呼吸。大自然用最后一抹完成了一天的工作,像是很满意自己的艺术作品,即一个完美的白昼。就在此时,从莱茵河那边传来的狂热而混乱的欢呼声划破了黄昏的静谧,远处人声更加响亮嘈杂——这自然都来自我们的大学同学。他们这时想必正在莱茵河上泛舟游览。我们想到,我们被他们丢下了,同时我们也将会丢失些什么。几乎同时,我和我的朋友举枪射击。枪击的回声又传到我们这儿,连同这回声,从莱茵河谷也传来一声熟悉的叫喊。他们是在回应我们的信号,他们知道我们是社团里出名而又声名狼藉的射击爱好者。

但同时,我们意识到我们的行为是对那两位沉默的新来者最大的不敬。他们之前一直静静地看着我们,这时被我们的枪声吓得跳到一边去了。我们迅速走向他们,轮流说道:"请原谅。这是我们最后一次射击。这是为了用枪声呼应我们莱茵河上欢呼的朋友。你们听到他们了吗?如果你们真的坚持要小树林里的那个安静之所,那么你们至少得允许我们也去那里。那里有若干长凳。我们不会打扰你们的,我们将安静地坐着,不发一言。现在七点已过①,我们这就必须去那里。"

"这听起来比实际情形更加神秘,"停顿一会儿,我补充说,"我和我朋友之间有个最严肃的承诺,此后几个小时要在那里度

---

① 罗兰采克夏日的黄昏要七点左右才开始。——译注

过。这也是有原因的。那个地方对我们来说由于美好的回忆而变得有点神圣,它也应该会为我们开创一个美好的未来。因此,我们会注意不给你们留下任何不快的记忆,尽管我们已多次打扰并惊扰你们。"

哲学家继续沉默,但他年轻的同伴说:"可惜,我们的承诺和约定也强迫我们不仅要待在你们选择的那个地方,而且也必须在同样的时间待在那个地方。我们现在可以选择决定让命运、还是让小精灵①为这种遭遇负责。"

"此外,我的朋友,"哲学家劝慰地说道,"我现在对我们这两个爱好射击的年轻人比之前更加满意了。你观察到没有,我们刚才对日沉思时,他们是多么安静?他们既没有说话,也没有抽烟,他们只是静静地站着,我甚至认为他们在沉思。"

哲学家马上转向我们说道:"你们是在沉思吗?我们一起去那块我们共同的安静之所的时候,请你们向我说说。"我们一起走了几步,向下通过一个斜坡,进入到那个小树丛中温暖的雾气之中。小树林里越发幽暗。我的朋友在途中毫无掩饰地告诉哲学家他当时的想法:他多么担心,生平第一次,一位哲学家会阻止他进行哲学思考。

白发老者笑道:"怎么?您担心一个哲学家会阻止你们二位进行哲学思考?这种事也许会发生。你们还没有经历过这样的事吗?你们在大学里还没有这方面的经历吗?可你们肯定听过哲学讲座吧?"

这个问题让我们很困窘。因为直到那时,我们的教育中还从来没有一点哲学。而且,我们那时还善意地相信,任何在大学里

---

① 小精灵在德国民间传说中时常在房子里游荡,有时给人帮助,有时也捣乱作祟。——译注

拥有哲学教席和哲学家头衔的人，就必然是哲学家。我们对此没有经验，受教极少。我们坦率地承认，我们还没有听过哲学课程，不过，肯定会去弥补。

"那么，"他问，"你们怎么说要'进行哲学思考'？"

我说："我们不知道如何界定这个概念。不过，我们的意图和目的不过是想认真思考如何最有可能成为一个有教养者，即受过教化之人。"

"这个意图既太多，同时又太少，"哲学家抱怨道，"那就去思考这个问题吧！这是我们的长凳。我们想离你们远些。我们不想打扰你们思考如何成为有教养者。我祝你们好运，祝你们有自己的立场，就像你们对决斗问题一样，有自己全新的、明智的立场。哲学家不会阻止你们进行哲学思考，但请你们至少不要用你们的枪声来惊扰他。请你们今天效法一下毕达哥拉斯的门徒：要成为一种真正哲学的奴仆，就必须沉默五年。你们也许能够沉默五刻钟，以成为你们如此急切关注的自己的未来教化的奴仆。"

我们到达了我们的目的地，开始了我们的纪念庆典。就像五年前那个时候一样，莱茵河仍在脚下的薄雾中流淌，天空依然明亮，树木吐着同样的芬芳。我们坐在离哲学家最远的凳子的最远一角，就像隐藏起来一样，这样，那位哲学家和他的同伴也就看不到我们的正面。我们处于孤寂和独处状态了。当哲学家的声音轻缓地到达我们这里时，它就与树叶的沙沙声、密集于树丛高处的无数生物的嗡嗡声混合在一起，几乎汇成一首大自然的乐曲。这样，哲学家的声音对我们来说，就像是远处单调的诉说。我们确实没有受到干扰。

就这样过了些时间。晚霞逐渐褪色，而我们对我们少年时自我教化的壮举的回忆越来越清晰。在我们看来，我们要将最大的感谢送给我们成立的那个特别的小协会。它不仅是我们中学学习的补充,还是我们所参加的唯一带来硕果的社团。在它的框架之内,我们把我们就读的人文中学也只视为服务于我们普遍追求教育教化的一个手段。

我们清楚地知道,由于我们这个小协会,我们当时从未想到所谓的职业问题。国家总是希望教育能尽可能快地培养有用的官员,并通过过于严格的考试来确保他们无条件的服从,但是,国家这种对青少年年华的太过频繁的剥削和压榨,从未在我们的教育教化中发生过。我们如何不受功利、有用性、加速成长和快速成功等时弊的影响,只需看看今天仍使我们感到安慰的一个事实:我们俩即使今天也并不真正知道我们应该成为什么,而且,我们甚至并不为此忧心忡忡。我们的小协会在我们身上滋养了这种幸运的无忧无虑。正因为如此,我们在纪念它时满怀感激之情。我曾经说过,这样一种无目的地沉溺于当下的优哉游哉,这样一种安躺于当下摇篮中的逍遥自在,对于我们这个痛恨一切无用的时代来说,几乎是难以置信的,至少是值得谴责的。我们是多么无用啊!但我们对我们的无用又是多么骄傲啊!我们俩甚至争论谁应该拥有更加无用的桂冠。我们希望我们不看重什么,不代表什么,不欲求什么,不思虑明日,只想做安逸地活在时代的门槛,即当下的无用之徒。我们确实做到了。祝福我们!

我亲爱的听众,这就是我们当时的想法!

在沉浸于这种庄严的自我考察之后,我现在将用同样自满的口气来回答我们的教育机构的未来的问题。这时,我逐渐发现,从哲学家长凳传来的大自然的乐曲此时已失去其最初的性质,变得更加有力和清晰。我突然意识到自己在听,在偷听,在竖着耳朵全神贯注地倾听。我推了推也许有点倦意的朋友,轻声地对他说:"别睡!那边有我们可学的东西。它适合我们,尽管不针对我们。"

这时，我听到那位哲学家的年轻同伴如何激动地为自己辩解，而那位哲学家则用越来越有力的语调对他进行指责。"你丝毫没有变化，"哲学家对其年轻同伴吼道，"可惜，没有丝毫变化。七年前我带着担忧和疑虑让你离开，真是不可思议，你仍是七年前我最末一次见到时那个样子。尽管我不愿意，可惜我还是不得不再次剥去你在这七年期间给自己穿上的现代教育之皮。我将在下面发现什么？仍然是同样不变的'理智的'性格。但正如康德所理解的①，理智的性格可能也是一种必然性，不过，却是一种很少给人以安慰的必然性。我扪心自问，你智力并不平庸，也有真正的求知欲，但我整整一年的陪伴和交往却未能在你身上留下任何令人深刻的印象，那么，我的哲学家生涯还有何意义！你现在的言行举止，表现出的就像从未听过所有教育教化的基本原理似的，而在我们以前的交往中，我经常向你教导这个基本原理。现在，请告诉我，这个原理是什么？"

"我记得，"那个挨了责骂的学生回答说，"您过去经常说，如果人们知道，实际上达到以及一般而言能够达到真正有教养之人的数量，是如此令人难以置信的稀有，那么就不会有人去追求教育教化了。但是，如果没有数量庞大的众人只是由于一种幻象诱惑而从根本上违反其本性地参与追求教育教化，那么，即使是这么数量微小的真正有教养之人也是不可能出现的。因此，人们不能公开泄露真正有教养之人的数量稀少与教育机构的数量巨大之间这种荒谬可笑的不对称性。在这种不对称中隐藏着教育教化的真正秘密：无数的人似乎是在为自己追求教育教化，并为此而努力工作，而实际上不过是在使极少数的人获得教养成为可能。"

---

① 康德把世界划分为现象之物、理智之物和物自体。——译注

"正是这个原理,"哲学家说,"但是,你怎么可能会忘记其真正的意义,以至于会相信你自己就是这极少数中的一个?你是这样想的,我看得很清楚。但这是我们这个有教养时代的卑劣的标志之一。这是在把属于天才的权利民主化,以解除个体对教育教化追求的辛劳和需要。如果可能,每个人都想在天才所植的大树下乘凉,都想逃避为使天才的生成成为可能的艰难义务。怎么?你太骄傲,而不愿当教师?你看不起那些蜂拥而入的学生?你藐视教师的义务?你想怀着敌意与这些学生划清界限,复制我和我的生活方式,去过一种孤寂的生活?你想一下子达到我经过长期顽强的斗争最终才获得的状态,即能够作为哲学家而生活?难道你不担心孤寂的生活会对你施加报复?要尝试成为一名教化的隐遁者,人们必须拥有充盈的丰富和丰沛,从而能够去过一种从自身出发而为宇宙万物的生活!不平凡的年轻人!你们认为所必须模仿的恰恰总是最困难的、最高的,而这些只有对大师才是可能的。只有他们才知道这种生活是多么的困难、多么的危险,又有多少杰出的天赋会因为尝试去过这种生活而被毁灭!"

"我不想对您有所隐瞒,我的导师,"那个年轻弟子回答说,"我从您这儿听到太多的教导,也有您太长时间的陪伴,从而不能完全向我们现今的教育事业和教育体制投降。对于您过去向我指出的那些缺陷和弊端,我的感受太鲜明了,因此,如果我选择勇敢地与它们作斗争,那么,我清楚地知道我并无足够的力量去获取成功。一种普遍的气馁侵袭、征服了我。逃入孤寂,求助于隐遁,并不是因为我高傲自负。我乐意向您描述我所认为的当今如此活跃、如此引人注目的教育教化问题的特征。我想我必须对两个主要倾向加以区分。两种表面相互对立、但其作用同样有害并最终在其结果中汇聚一起的潮流,统治着我们的教育机构:一种是尽可能扩张和扩展教育教化的冲动,另一种是缩减和削弱教育教化的冲动。一种倾向，基于不同理由，要求教育应该扩展到尽可能多的人；相反，另一种倾向，则要求教育教化放弃其最高尚的、最高贵的和最崇高的使命，转而屈尊去服务于另一种生活形式，比如国家。①

"我相信我已经发现了，尽可能扩展教育教化的呼声在哪些方面最为强烈。这种扩展论主要是基于现代最受欢迎的国民经济学学说。② 其公式大致如此：尽可能多的知识和教育，因此，尽可能多的生产和需求，因此，尽可能多的幸福与快乐。在这里，利益，或更确切地说，收益，即尽可能多地挣钱，成了教育教化的目的或目标。现在，从这方面，教育教化似乎被界定为一种明智认识，人们借以保持在'其时代的高度'上，识别所有通往财富的最便捷的途径，掌控人际之间和国民之间交往的一切手段。这样，教育教化的本来任务似乎成为了尽可能地培养'通用'之人。这里的'通用'意思类似人们指称钱币的'通用'。③ 似乎这种通用之人的数量越多，一个国家的国民就越幸福。而这恰恰必须是现代教育机构的目的：按照一个人的天性所允许的程度来促进他变得通用，使他从特定的知识和认识的程度去获取最大可能程度的金钱和快乐。每个人都必须精确地自我评估；他必须知道他可以对生活的理性的期待是多少。按照这种理解，'智识与财产的结盟'完全变成了一种道德要求。任何使人孤寂独处、超越金钱和收益以及花费太多时间的教育教化都受到了憎恨和厌恶。人们总是想把其他的教育教化倾向作为更高级的'自我主义'、作为'不道德的教育伊壁鸠鲁主义而加以消除。按照时代认可的道德

---

① 参见《导言》部分最后一段。——译注
② 此段的余下部分略微改动后，被《作为教育者的叔本华》第六部分所引用。参见 KSA 1.387.23 - 388.25。——译注
③ 法语的"courant（通用）"与英语的"currency"（通货，货币）有关。——译注

风尚，人们要求的是相反的东西，也就是一种速成的教育教化，以便能迅速成为一个挣钱的生物；他们要求的是一种彻底的教育，以便能成为一个挣很多钱的生物。人们只被允许获得与其挣取的利益相适应的数量的文化；他们也只需要这些数量的文化。简言之①，人类对尘世幸福有着必然的要求，因为这个原因，他们对教育教化也有一种必然的要求，但也只限于这个原因！"

"我想在这里插上几句，"哲学家说，"在你清晰的描述中出现了一个巨大且可怕的危险，即这些大众不知什么时候会一下子跳过中学教育这个中间阶段，而直接奔向尘世的幸福。人们现在把这个危险称为'社会问题'②。也就是说，对这些大众而言，最大多数人的教育教化，只是最少数人的尘世幸福的手段。这种最大可能普及的教育，如此地削弱了教育，以至于教育再也不能赐予任何人以特权和尊重了。③ 最大可能普及的教育，恰恰就是野蛮。好的，我不想打断你继续论述了。"

哲学家的年轻同伴继续说："人们到处如此勇猛地扩展教育，除了那个如此受到追捧的国民经济学的教条外，还有其他一些动机。在有些国家，人们如此普遍地担心宗教压迫，如此明显地担心宗教压迫的后果，以至于社会各阶层都贪婪追求教育，为的是吮吸教育中被认为可以消解宗教本能的因素。另一方面，国家为了自我保存，也到处尽可能扩展教育，因为它知道自己足够强大，足以把产生于教育的最为顽强的解放纳于自己的控制之下。事

---

① 国民的幸福是每一位个体的事情，回避这种为国民工作是不道德的。在更高等级上将挣更多钱的社会阶层停留在低等级上。——编注
② 这一话题在8[57]部分继续。——编注
③ 因为对于多数人来说，教育目的不过是成为少数人的尘世幸福的工具。看来，智识并不能立即实际地转化为金钱。而且，没有人能够证明为什么只有教育才能给予享受尘世幸福之权利的必然性。它只是一种手段，谁说，它是唯一的手段、必要的手段？——编注

实也证明了这一点。得到尽可能扩展的教育,不仅对其公务员或军队,而且最终总是只对国家自身有利,即对国家与其他国家的竞争有利。在这种情况下,国家的基础必须足够广阔和坚固,从而仍能够平衡其所支持的复杂的教育大厦,就像在第一种情况下一样,即过去的一次宗教压迫的遗迹必须仍足够清晰可感,以逼迫人们寻求一种如此可疑的对抗手段。因此,哪里响起了最广泛地扩展其国民教育的呼号,我总是爱去区分激发这种呼号的究竟是对利益和财产的贪婪渴求,是对上一次宗教压迫的记忆,还是国家精明的自我算计。

"与此相反,在我看来,还有一种虽非十分响亮但至少同样重要的呼声,即缩减教育的倾向。在整个学术圈子,人们已习惯于悄悄地谈论这一倾向:一个普遍的事实是,由于现在奋力追求榨干学者以求为科学服务,学者的教育教化已变得日益偶然和不可能了。因为现今的科学研究已经如此广泛地扩展,从而使得那些不具有超常智力但天赋良好之人,若想有所成就,就必须沉浸于一个特殊的专业领域,而忽视所有其他领域。这样,他即使现在在自己的专业方面高于一般庸众,但在其他所有领域,在所有的重要事情上,他仍然属于一般庸众。因此,这样一个专业学者就像是一个工厂工人,终其一生拧着特定的螺丝,或操作着特定的工具或机器。这样,他自然能练就不可思议的精湛技能。在德国,人们给这样一种令人痛苦的事实披上一件了不起的思想的外衣,甚至把我们学者的这种狭隘的专业性及其对真正教化的日益偏离崇奉为一种道德现象。'埋头于微末事物''固执的忠诚',都成了最高的颂词;对专业之外的无教化和无教养,被颂扬为高贵的谦逊和自足的标志。

"在过去若干世纪里,人们认为学者,只有学者才是有教养者;但从自己时代的经验出发,我们感到很难把两者简单地加以等同。因为今天，为了有利于科学发展而去榨取从事科学研究的人，已被毫无异议地广泛认可。还有谁在自问，如此吸血鬼似地消费其创造者的科学还有什么价值呢？科学上的学术分工所追求的实际上与某些宗教所着意追求的是同样的目标，即缩减教育教化，甚至灭杀教育教化。但是，这种要求对一些宗教及其起源与历史而言是完全合理正当的，不过，一旦转移到科学，就可能导致其自我毁灭。如今我们已经处于这样一个时代，在所有普遍性的、严肃性的问题上，特别是在最高的哲学问题上，上面所说的那种学者已根本不再有发言权了。相反，一个如今横生于各科学之间、起黏合作用的阶层，即新闻界，相信自己可以在这里履行其使命。就如其名称所显示的那样①，新闻界现在根据其本性，像个谋取日薪的劳动者那样，正行使着自己的使命。②

"也就是说，教育界的两种倾向在新闻界汇于一处，即扩展教育和缩减教育在这里握手言和、归于一体。报纸精确地代替了教育教化。现在，不管是谁，即使是学者，若想表达自己的教育要求，也必须依靠这个黏合性的新闻界阶层。这个阶层黏合着所有生活方式、所有阶层、所有艺术以及所有科学之间的罅隙，而且还

---

① 在古法语中，"新闻"（Journalistik）有"每日"的意思。——译注
② 更早的文稿是："现在，全世界都如此嫉妒教育教化。亲爱的朋友，您听说过吗，当我们过去动员那些青少年接受教育教化时，他们曾多么激动地指责我们。现在这是不言而喻的了。人们不再谈论：假如一个人轻率地想到现在夸夸其谈的一切也许并非就是教育教化的这种可能性，那么每个人似乎立刻会感到本人受到了伤害，仿佛这正是指他，并只是指他，而某种秘密似乎有被暴露的危险，但它在世界上肯定仍然是一种秘密。我们将猜猜这也许是一种什么样的敏感的秘密。我想我在继续探索它。现在没有人相信他的教育教化了，而且每一个人对此都有理由这样想。他同样知道他的邻人其实也这样，而他在这里又是对的。他们理解的教育教化的真正的顶峰就是不能背叛自己及其他人。这会造成交往中的可笑的矫揉造作的麻烦和担忧，始终害怕这种教育的秘密会暴露出来。但他们有独特的安慰工具：各种报刊和新闻记者。"——编注

黏合得如此坚固、如此可靠，就像日报所做的那样。当代特有的教育目的也在新闻界中达到顶峰：服务于此时此刻的奴仆，就像记者一样，取代了伟大的天才、一切时代的领袖，取代了把人们从对此刻的陷溺中解放出来的拯救者。现在，请告诉我，我卓越的导师，在与这样一种到处颠倒所有真正的教育目的的斗争中，我还应该怀有什么样的希望？当我知道我刚刚播下的真正的教育的种子立即被伪教育、伪教化的碾子无情地碾碎，我，一个孤立的教师，又应该怀有什么样的勇气？因此，一个教师欢欣地把一个学生带回到遥远的、难以企及的古希腊世界，带回到真正的教育的故乡，但不到一个小时之后，这个学生就抓起一张报纸、一本时尚小说，或任何一本其风格已被烙上现今教育野蛮的、令人恶心的印记的教育读物，此时，请想一想，我的导师，这个教师最为辛劳的工作将是如何的无用啊！"

"现在，请静一静！"这时，那位哲学家用强有力且富有同情心的语调说道，"我现在更理解你了，我刚才不应该向你口出恶言。除了有点绝望外，你完全正确。现在我想向你说几句安慰的话。"

第二次讲演

尊敬的听众！① 从此刻开始，我备感荣幸地欢迎你们中一些人首次来做我的听众，你们对于我三周前的讲演也许只是道听途说，因而现在必须容忍我把你们毫无准备地引入到我三周前开始转述的那种严肃对话的中场。下面，我将首先回顾一下上次讲演

---

① "尊敬的听众，首先让我提醒你们一下上次讲演的最后一小时由于时间紧迫而不得不向您们道别的论述。那个哲学家的年轻同伴以诚恳且亲密的方式（叙述了）他的苦闷和绝望——"或参见准备稿（另一版本）："首先请允许我提醒你那次不同寻常的对话的最后转变。在不久以前的报告中，我由于时间紧迫而不得不再向你们道别。"——编注

的最后部分。那位白发哲学家的年轻同伴以诚恳且亲密的方式请求其卓越的导师原谅,解释他为什么气馁地放弃了他迄今为止的教师使命,并在一种自己选择的孤寂中毫无安慰地度日。做出这样一个决定的原因,完全不是出于他的高傲自大。

这位坦率耿直的年轻人说道:"我从您这儿听到太多的教导,也有您太长时间的陪伴,从而不能深信不疑地向我们现今的教育事业和教育体制投降。对于您过去要求我注意的教育上那些无可救药的缺陷和弊端,我的感受太鲜明了,因此,如果我选择勇敢地与它们做斗争,那么,我清楚地知道我并无足够的力量去获取成功,去捣毁这种伪教育、伪教化的堡垒。于是,一种普遍的气馁侵袭、征服了我,我选择退入孤寂之中,但这并不是出于高傲自负。"因此,为了解释自己行为的原因,他清晰地描述了现代教育的普遍特性,以至于这个哲学家禁不住用富有同情的声调打断了他的讲述,并准备向他说些安慰的话。[①] "现在,请安静一下,我可怜的朋友,"哲学家说,"我现在更理解你了,我刚才不应该向你口出恶言。除了缺乏勇气之外,你完全正确。现在我想对你说几句安慰的话。你相信我们时代学校教育中如此重压你的教育野蛮还会持续多久?在这方面,我不想对你隐瞒我的看法:它的时代即将结束,它的末日已屈指可数。第一个敢于在这个领域表现出完全真诚之人,将会听到来自成千上万颗勇敢的灵魂对其真诚的反响。因为实际上,在我们时代的天赋更加高贵和情感更加热忱的人士中,有一个缄默的共识:他们每个人都知道他曾在这种学校教育状态中遭受了什么,每个人都想把自己的后代至少从相同的压榨中解放出来,尽管他们自己曾必须臣服于此。但尽管如此,没有人能做到完全的真诚。其可悲的原因在于我们时代的教

---

① 以上为前一讲演的总结。——译注

育精神的贫乏;这里缺乏真正有创造性的天赋,缺乏有真正实践精神的人,也就是缺乏那些拥有良好创意之人,缺乏那些懂得真正的天赋以及真正的实践必须必然集于一身之人。因为那些平庸的实践者恰恰缺乏创意,因此,也必然缺乏真正的实践。每个对当代教育文献有所了解之人,如果不为其高度贫乏的精神和极度笨拙的圆圈舞而惊恐,那么他也就堕落到极点了。这里,我们的哲学不是源于惊异,而是源于惊恐。① 谁不能在这方面感受到惊恐,那就请他不要伸手去触碰教育问题。但至今的情况正好相反。那些感受到惊恐之人,比如你,我可怜的朋友,都畏惧地逃离了;那些平庸的无所畏惧之人却将其粗笨的大手伸展到艺术中最精微、最细巧的技艺,即教育的技艺之上。但这种状态不可能长久了。在不远的将来,真诚的人就会出现,他具有良好创意,为了实现这些创意,他敢于与所有的现存之物决裂;他会借助一个伟大的典范去完成至今为止单凭活跃的粗笨大手所无法模仿的东西。这样,人们至少会开始区分和比较,至少会感受到两者之间的对立,并反思这种对立的原因。相反,今天,还有许多善良之人相信,那些粗笨的大手所从事的属于教育技艺。"

"我亲爱的导师,"哲学家同伴说,"我恳求您举一个例子来帮助我理解和树立您如此勇敢提出的希望。我们两个都了解人文中学,您相信,如在人文中学方面,借助诚实和良好的创意就能消除所有陈旧的陋习吗?在我看来,抵抗进攻的枪炮不是一个坚固的铜墙铁壁,而是所有原则的最为致命的弹性和圆滑。进攻者并无一个可见的、固定的对手可供歼灭;相反,这个对手善于伪装,

---

① 亚里士多德认为,哲学始于惊异("惊异"的德语"Erstauen",相当于英文"wonder";尼采所谓的"惊恐"的德语"Erschrecken"则相当于英文"shock""terror"和"dread")。——译注

可以变成千百个形象,并借助其中一个形象来逃脱进攻的捉拿,借助怯懦的屈服和韧滑的撤退来迷惑进攻者。正是人文中学迫使我怯懦地逃入到孤寂之中,正是因为我感到,如果人们在这里取得胜利,那么所有其他的教育机构就一定会屈服;如果谁在这里必须丧失信心和勇气,那么他就只好在一切最严肃的教育问题上气馁。因此,我的导师,请就人文中学向我赐教,对于它的灭亡和新生,我可以希望些什么呢?"

哲学家说:"我和你一样,认为人文中学至关重要。其他所有教育机构都必须以人文中学所追求的目的来加以衡量,但也共同遭受其方向偏离之苦,并将通过其净化和更新而得到新生。即使今天的大学也不再奢望主张和拥有人文中学作为教育影响的中心的这一重要地位。至少从一个重要的方面来看,它们不过是人文中学系统的一个附属。这一点我稍后再向你进一步说明。① 现在,我们一起来看看在我心中产生的富有希望的相反倾向是什么:人文中学至今为止所受到促进的、混杂的、难以辨识的精神,要么必须完全烟消云散,要么必须从根本上得到净化和更新。我不想用一般原则来使你惊恐。既然我们对人文中学都有丰富经验,也都深受其苦,那么,我们就首先来探讨其中的一方面经验:用严格的眼光来考察现在人文中学的德语教学是怎样的?

"我首先告诉你德语教学应该是什么样子。从根本上来看,人们今天所说和所写的如此恶劣和庸俗的德语,只有在报刊德语时代才是可能的。这就是为什么必须用强制的手段把有高贵天赋的年轻人置于良好品位和严格语言训练的玻璃罩之下。如果这不能做到,那我现在开始宁可说拉丁语。因为我耻于去说一种

---

① 对这个承诺的回应,参见第五个演讲。——译注

被如此败坏、如此亵渎的德语。

"我不知道一个更高的教育机构①的使命还有可能是什么,如果它不恰恰是用令人尊敬的权威和严格把这些在语言上已变得粗野的青少年引上正确的道路,并向他们呼吁:'严肃认真地对待你们的语言!若你们不把此视为一桩神圣的义务,那你们身上也就不存在一种更高的教育教化的萌芽。你们对待母语的方式可以表明你们对艺术是高度尊重还是极度蔑视,可以表明你们对艺术的亲疏程度。如果你们不能对我们报刊惯用的某些词汇和措辞感到生理上的恶心,那么你们只有放弃追求教育教化。因为就在这里,就在最为切近之处,在你们每一个说和写的时刻,你们都有一块试金石在检测有教养者现在的任务是多么艰巨、多么庞大,在检测你们中的许多人要达到真正的教化又是多么不可能。'

"按照我们刚才的理解,人文中学的德语教师有义务要求其学生注意无数的细节,养成绝对确定的良好品位,禁止使用如'加重负荷''放进口袋''盘算某事''掌握主动''不言而喻'等令人无限乏味无聊的词语。②教师还必须一行一行地向学生展示我们经典作家的作品,向他们展示如果一个作者内心拥有正确的艺术感,对其眼前所写的东西具有完美的理解,那么他会如何谨慎严格地对待其每一个表达和措辞。教师必须不断地要求其学生对同样的思想不断地寻求更好的表达。而且,在其天赋较差的学生还没有发展出对语言的神圣敬畏,天赋较好的学生还没有发展出对语言的高贵热情之前,教师的严格工作不能有丝毫停滞。

---

① 这里指人文中学。——译注
② "beanspruchen"(加重负荷)、"vereinnahmen"(放进口袋)、"einer Sache Rechnung tragen"(盘算某事)、"die Initiative ergreifen"(掌握主动)、"selbstverständlich"(不言而喻)等德语语法上的错误,难以用汉语翻译出来。——译注

"这就是所谓的形式教育的一个任务,而且是最有价值的任务之一。但是,在人文中学,也就是所谓的形式教育的场所,我们现在会发现什么呢?谁若懂得把他这里所发现的进行正确地归类,那他就知道把作为所谓的教育机构的今日之人文中学视为什么。例如,他会发现,按照其最初的构成,人文中学就不是为了教化和文化,而仅是为了学术。而且,最近又发生了一次转折,其努力的目标似乎也不再是为了学术,而是为了新闻学了。这从德语教学的方式这一个真正可信的例子中可以清晰地看到。

"教师本来应该提供真正实践性的教学,使学生习惯于在语言上严格地自我约束,但我们却到处发现用学术的和历史的方法来教母语的趋势。这就是说,人们对待母语就像是在对待一门死语言,似乎对这门语言的现在和未来可以不负责任。在我们这个时代,历史的方法已成为如此流行的方法,以至于语言的活的躯体也成为了其解剖研究的牺牲品。但是,人们必须懂得把活的东西当作活的东西来对待,这恰恰是教育教化的开始;而教师的使命则恰恰开始于首先必须行为正确,而非仅仅是认识正确的事情上,并且还要抑制住正在普遍蔓延的'历史兴趣'。我们的母语正是属于让学生必须学习行为正确的领域。仅仅是为了这一实践目的,我们教育机构的德语教学才是必要的、根本的。但是,历史的方法对教师来说要更加容易、更加安逸,同时,这也与他们较低的天赋——一般而言也与其总体意志和追求的较低目标相适应。但是,我们这一观察适用于教育现实的所有领域:这种更为简单、更为舒适的方法,总是伪装在伟大的托词和堂皇的招牌之下。而真正实践的、实际上也是更为困难的、属于教育教化的行动,却受到嫉恨和蔑视。这就是为什么真诚的人必须使自己和他人清楚这种黑白颠倒。

"除了为语言学习提供学术性的刺激和激励之外,我们的德语教师经常还提供什么呢？他是如何将其教育机构的精神与德意志民族所拥有的少数真正有教养之人的精神，也就是其经典诗人和艺术家的精神联系起来的呢？这是一个黑暗的、令人忧虑的领域；若将其置于光亮之下，人们无不感到惊恐。但即使这里，我们也不想有所隐瞒，因为这一切终必得到更新。在人文中学，年轻人尚未成形的精神被打上了令人厌恶的新闻界的审美情趣的烙印。教师自己在这里播下了粗野地恶意曲解我们经典作家的种子。这种恶意曲解随后又冒充为审美批判，而实际不过是厚颜无耻的、傲慢的野蛮。学生在这里学会了用幼稚的优越感来谈论我们独一无二的席勒，嘲笑他最高贵的、最富德意志特色的作品，讥笑他作品中的博萨侯爵①、马克斯和特克拉②。对于这种讥笑，德意志天才会感到愤怒，德意志优秀的子孙会感到脸红。

"德语教师习惯活动的最后一个领域，也常常被视为其活动的顶峰，在一些地方甚至被视为人文中学教育的顶峰，那就是所谓的德语作文。由于几乎总是最有天赋的学生才会怀着浓厚的兴趣徜徉在这个领域，因此，我们要认识到，恰恰在教师对这些学生所提出的任务里，会潜藏着多么危险的诱惑性！这种德语作文是对个性的召唤。学生越是强烈地认识到其与众不同的特性，就越是富有个性地构思其德语作文。大多数人文中学还通过选择主题来促进这种'个性的形成'。教师向较低年级学生提出了本身就违反教育规律的主题，促使他们描述自己的生活、自己的发展。在我看来，这是教师工作的非教育性的最强有力的证明。我们只要看一看多数人文中学的那些作文主题，就会发现，绝大多数的学生也许不得不终身遭受这种过早要求创造个体性的作品

---

① 博萨侯爵（Marquis Posa），席勒戏剧《唐·卡洛斯》中的人物。——译注
② 马克斯（Max）和特克拉（Thekla），席勒戏剧《华伦斯坦》三部曲中的人物。——译注

所带来的痛苦,遭受这种不成熟的思想创作之苦,尽管他们自己对此是无辜的。我们还会极为经常地发现,一个人后来的所有文学作品就是这种违反精神和理智发展的教育原罪的可悲结果!①

"我们只需想一想,在这样一个年龄创作这样一个作品会发生什么。这是他自己的第一个作品,是其有待发展的力量第一次喷发而成就的结晶。其独立自主的要求所产生的跌跌撞撞的感觉,给这些早期创作蒙上一种新奇的、永不再来的醉人魅力。其天性中所有的莽撞从其内心深处被召唤了出来;其不再有为更强有力的限制所约束的所有虚荣,被允许第一次以文学的形式来加以显现。从现在开始,这个年轻人感觉自己已经成熟,感觉自己有能力去论述和参与讨论,并在实践中被要求这样去做。他选择的那些主题责成他或是对特定诗作做出判断,或是用性格描述的形式去评论历史人物,或是独立探讨严肃的伦理问题,甚至是把探寻的目光转向自身,去考察他自己的发展,并做出一个自我批判的报告。简言之,整个最富反思性的任务世界,展现在这个直到现在还几乎懵懂无知、不知所措的年轻人面前,并交由他去做判断。

"现在让我们想象一下教师对这些如此深刻影响学生个体的最初作品的一般态度。教师会认为这些作品的哪些方面应该加以批评谴责?他又应该要求其学生注意什么?注意思想或形式的一切过度之处,也就是说,注意所有在他们这个年龄一般特有的和个体性的东西。由于过早的激发和促进,学生真正的独立自主只能表现出笨拙、尖锐和可笑的特性;但恰恰是这种个性受到了教师的谴责和拒斥,从而有利于一种非原创的平庸之作的产生。这样,千篇一律的平庸之作反倒获得了教师们乖戾的赞扬。

---

① 其男人特性只是作为这个最初的青年轮廓的完成图像而已。——编注

因为这类作品通常会让他们自己感到非常无聊。

"也许有人从德语作文这一整出喜剧中看到了今天人文中学那些不但最为荒谬而且还极其危险的要素。这里要求原创性,但那个年龄阶段唯一可能的原创形式又受到了拒斥;这里把形式教育视为前提,但形式教育又却只有极为少数的人在成熟的年龄时才能达到;这里把每个学生都毫无例外地视为一种具有文学天赋的存在,允许他们对最为重要的人和事做出自己的判断,但真正的教育教化所应该孜孜以求的,恰恰是压制对独立判断的荒唐要求,使年轻人习惯于严格顺从天才的王权;这里要求以一种在更大框架下的表述形式作为前提,但这个年龄的学生每一个说出或写出的句子都是一种野蛮。除了这些危险之外,现在让我们考虑一下年轻人在那个年龄极易产生的自满,考虑一下年轻人现在第一次看到镜中的自我的文学形象时的虚荣感。谁若一眼就看清所有这些效果,他就会担心,我们文学和艺术界的全部弊端会被我们所考察的教育体制不断地重新印刻在成长中的新一代身上。这些弊端有:匆忙而虚荣的创作,无耻的图书炮制,完全的无风格,表达的粗糙、无特性或可悲的矫揉造作,审美标准的丧失,对混乱无序的沉溺。简言之,这些就是我们新闻界和学术界的文学特性。

"极为少数的人现在还会认识到,在成千上万人之中也许只有一人能以文学闻名,而所有其他甘冒风险一试的人,都会受到真正有判断力之人的荷马式的嘲笑,以作为其所印刷出来的每一句话的奖赏。因为看到一个文学的赫菲斯特①跛行,甚至走过来向我们敬献什么作品,对众神来说确为一场好戏。在这一领域,培养学生拥有严肃认真和顽强不屈的习惯和见解,这是形式教育

---

① 赫菲斯特,希神神话中锻冶之神和工匠的保护神,又驼又瘸,是众神中最丑陋的。——译注

的最高任务之一。而对所谓的"自由人格"的普遍纵容,则无非是野蛮的标志。从我上面所说可以清晰地看出,至少德语教学所考虑的不是教育教化,而是其他的方面,也就是制造前面所说的"自由人格"。只要德国人文中学在其德语作文中还习惯于培养令人作呕的、肆无忌惮的乱涂乱写,只要它们还没有把最为切近的说和写的实践训练作为其神圣的使命,只要它们还是像对待一种必要的恶或一个无生命的躯体那样来对待母语,我就不会把这些机构视为真正的教育机构。

"在语言方面,我们很少看到古典典范的任何影响。这就是为什么我从这一考虑出发,对源于人文中学的所谓的"古典教育"感到十分困惑和怀疑。因为只要看一眼古典典范,人们怎么能看不到古希腊人和古罗马人从其少年时期开始,就极其认真地重视和对待他们的语言;另外,如果古典的希腊世界和罗马世界作为最富教益的模式,确实曾盘旋在我们人文中学的教育计划制定者的脑中,那么,人们怎么能在语言教育这一点上未能认识到它们的典范。至少,我对此深感怀疑。人文中学实施'古典教育'的宣称,看来更不过是一个难以应付的借口。一旦有对其促进教育教化能力的任何质疑,这个借口就会被拿来使用。古典教育!听起来如此高贵堂皇!它会令进攻者感到羞愧,使其推迟对人文中学的进攻,因为谁能立即看清这个迷惑人的口号之下的真相!这是人文中学长期以来的惯用策略。哪里响起挑战的号角,它们就朝哪里举起一个没有装饰着勋章和荣誉的盾牌,上面写着迷惑人的口号,如'古典教育''形式教育'或'科学预备教育'。可惜这三个堂皇的口号,不仅相互之间,而且各自内部也都存在着矛盾。如果把它们强行拼凑在一起,那么就只能产生一种教育怪物。因为达到真正的'形式教育'的人是如此闻所未闻的艰难和稀少,它要求一种如此复杂的天赋,以至于只有太天真的人或太无耻的人,才会许诺它是人文中学可以达到的目标。'形式教育'就是一个粗糙的、经不起哲学推敲的术语,人们必须尽可能放弃使用它。因为不存在真正的'实质教育'①。另一方面,谁若是把'科学预备教育'视为人文中学的目标,那么,他就会因此牺牲掉了'古典教育'和所谓的'形式教育',一般来说,也牺牲掉了人文中学的整体教育目标,因为科学者和有教养者的素养属于两个不同的领域,尽管有时会在同一个体身上积聚,但绝不会彼此和谐。

"如果把人文中学这三个所谓的目标与我们在德语教学观察到的实际情况加以比较,我们立即就会认识到这些目标在实践中大多会起什么作用:只会被设计用来逃离战斗和斗争的困境,并实际经常足以迷惑对手。因为我们在德国人文中学的德语教学中看不到古典典范及其伟大的语言教育的痕迹。试图通过这种德语教学方法来达到的'形式教育',不过被证明是对'自由人格'的绝对偏爱,亦即不过是野蛮和混乱的绝对偏爱。至于作为德语教学一个结果的科学预备教育,我们的日耳曼学学者不得不公正地指出,对其学科的繁荣而言,人文中学的学术准备训练的贡献是如此微小,而大学教师个体的人格的贡献是如此巨大。总之,人文中学忽视了其在开启真正教化方面最为重要、最为急迫的目标,即母语训练,并因此缺乏所有进一步教育教化的努力所需要的自然的、肥沃的土壤。因为只有借助一种严格的、艺术上细致的语言训练和语言习惯,才能强化对我们经典作家伟大之处的正确感觉。但直到现在,对这些经典作家的认可,几乎只依赖于个别教师的可疑的美学嗜好或特定的悲剧或小说的纯粹题材的效果。但是,人们从自己的经验应该知道语言的掌握是多么的艰难,人们必须经过长期

---

① 质料教育或实质教育(materielle Bildung),这里似乎是暗指亚里士多德的四因说,其中有形式因和质料因。——译注

的寻求和拼搏之后才能走上我们伟大诗人曾经走过的道路,以感知他们曾经的感觉:他们走在那条道路是多么的轻松和美妙,其他人跟在他们后面是多么的笨拙和造作。

"唯有通过这样的训练,年轻人才会对我们报纸工厂的生产者和流行小说家受到如此喜爱和如此受到追捧的'华丽'风格,对我们文学匠人的'考究的措辞',感到那种生理上的恶心,从而一劳永逸地摆脱与超越所有那类真正滑稽可笑的问题和疑惑。如,对奥尔巴赫①与古茨科夫②③是否是真正的诗人之类的问题,只需凭借对其作品产生的强烈的生理上的恶心,就可以解决了。但不要让人相信培养这种感情并感到生理上恶心这一点是件容易的事;也不要让人相信除了通过语言的荆棘之途,也就是除了通过母语上的自我训练而非语言学研究,还有其他通向审美判断的道路。

"任何认真严肃对待此事之人,将会拥有类似成人在其作为新兵服役时不得不重新学步的经验,因为他之前的走路只能算是一种粗糙的业余爱好和经验主义。那将是一段艰难岁月。他会担心肌腱被拉断,会对自己能否轻松而舒适地运用这些有意识习得的艺术性的步法和站姿而感到绝望。他会惊恐地看到自己如何笨拙而生疏地迈步,担心自己不仅学不会这种正确的行走方

---

① 奥尔巴赫(Berthold Auerbach, 1812—1882),作家,其真名为摩西·巴鲁赫·奥尔巴赫(Moses Baruch Auerbach),为兄弟会(Burschenschaft)成员,与"青年德意志运动"有联系。其著名的小说有《黑森林村庄的故事》。——译注
② 古茨科夫(Karl Ferdinand Gutzkow),作家,年轻时为兄弟会的激进成员,后来成为"青年德意志运动"的主导性的发声者。其文学生涯游走于创作戏剧小说和出版期刊杂志之际。——译注
③ 盖勃尔(Geibel)或奥尔巴赫或斯皮尔哈根(Spielhagen)或古茨科夫。——编注;盖勃尔(Emanuel von Geibel, 1815—1884),德国诗人和剧作家。斯皮尔哈根(Friedrich Spielhagen, 1829—1911),德国小说家、文学理论家和翻译家,曾是一名学校教师,后转为记者和作家;他在较短的时间内创作了大量的小说和剧作,著名的小说有《暴风骤雨》(*Sturmflut*)。——译注

式,而且还会忘记如何走路。但是,终有一天他会突然发现,这些艺术性的运动已重新变成了一种新的习惯和第二天性,过去走路时的自信和力量带着更多的优美重新回到他的身上。现在他开始意识到走路是多么的困难,也有资格挪揄那些步法粗糙的经验主义者和故作摩登的业余爱好者。我们所谓的'摩登'作家就像其风格所显示的那样,从未学习过上面那种意义上的走路。我们人文中学的学生,就像那些摩登作家一样,也从未学习过这种走路。但是,教育教化开始于语言的正确运动,而且只要它一旦正确地起航,那么学生随后就会对那些时髦作家产生一种生理上的感觉,也就是'恶心'。

"我们这里认识到了今日人文中学的灾难性的后果。它们没有能力传递真正严格的教育教化,而这首先需要服从和习惯;它们在最好的情况下,也只能把引发和激发学术倾向作为一个目标,并如此频繁地导致了学术与野蛮的品位、科学与新闻的联盟。今天,人们几乎可以普遍地看到,我们的学者已从德意志经典作家如歌德、席勒、莱辛①和温克尔曼②所一度努力达到的教化高度上下降和滚落。这种下降正是体现在对这些经典作家的粗暴误解上。这种误解不仅暴露在文学史家那里,不管他叫格维努斯③还是施密特④;而

---

① 莱辛(Gotthold Ephraim Lessing, 1729—1781),戏剧家和评论家,对德国戏剧和古典美学有重要影响。其作品《拉奥孔》是一部关于诗学和雕塑艺术的研究之作。——译注
② 温克尔曼(Johann Joachim Winckelmann, 1717—1768),作家,有许多论述古代艺术和建筑的作品,是欧洲古典主义发展的重要人物。——译注
③ 格维努斯(Georg Gottfried Gervinus, 1805—1871)德国政治家、文学史家、作家,著有五卷本的《德意志诗歌史》,其中他率先从普遍的历史发展的视角来展示诗歌,因此,尼采认为这种人应该对德国从歌德和席勒的古代教化高度跌落下来负有责任。——译注
④ 施密特(Julian Schmidt, 1818—1886),文学史家、编辑,与弗莱尔塔克主编杂志。——译注

且也暴露于一切社交场合,甚至在男人与女人的每次交谈中。但是,这种下降最为经常地、同时也最为痛苦地恰恰体现在与人文中学相关的教育文献之中。可以证明,这些经典作家对真正的教育机构的无与伦比的价值,即他们作为古典教育的引路人和秘示者的价值,在过去半个世纪或更长时间以来,不仅没有被提及,遑论受到普遍认可。只有在他们的引导之下,人们才能找到通往古代世界的正确之路。每一种所谓的古典教育,都只有一个健康的、自然的出发点,即,在使用母语时形成艺术性的、严肃且严格的习惯。但是,要达到这一点,要通晓形式的秘密,很少有人从内在出发、靠自己的力量,几乎所有人都需要那些伟大的领袖和导师,都需要把自己置于他们的监护之下,并信任他们的监护。但是,没有对形式的引导和开发了的感觉,古典教育是不可能成长的。只有在对形式和野蛮的不同感觉及辨别能力逐渐被唤醒的地方,带领我们飞往真正的、唯一的教育之乡,也就是古希腊的翅膀才开始振动。① 但是,如果单靠这一对翅膀就试图飞进那无比遥远、有着金刚石城墙围绕的希腊世界,我们当然难以飞得那么远;因此,这时我们同样需要这些领袖和导师,即我们德意志的经典作家,以在他们过去寻求古典的鼓翼的激发和带动下,振翅飞往渴望之乡②——古希腊。

"但是,关于我们经典作家和古典教育之间的这种唯一可能的关系,从未有一丝声音渗透到人文中学的古老围墙之内。语文学家倒是勤勉地致力于以自己的方式把荷马和索福克勒斯带给其年轻学生的心灵,并将其结果赋予一个未经批判的美名——'古典教育'。让每个学生以自己的经验去检验,从这些如此勤勉的教师手

---

① 这里的翅膀之喻似乎是指柏拉图的《斐德罗篇》。——译注
② 参见歌德戏剧《陶里斯的伊菲格尼亚》,第 1 部,第 1 行。——编注

中,他从荷马和索福克勒斯那里获得了什么。这里充斥着最频繁和最强烈的欺骗以及无意传播的误解。我也①从未在德国人文中学里发现一丝一毫可以真正称得上是'古典教育'的痕迹。但当人们考虑到人文中学如何脱离了德意志经典作家以及德意志语言的训练时,那么他们就不会对此感到惊奇。用这种一步登天的方式,没有人能进入古代世界。但是,我们学校对待古代作家的方式,我们语文教师所做的大量评注和阐释,恰恰就是这种一步登天的方式。

"实际上,对于古典的希腊世界的感觉,是最为艰苦的教化奋斗和艺术天赋的极为罕见的结晶,而人文中学却只通过粗鲁的误解来要求唤醒它。它们试图在什么样的年龄去唤醒这种感觉?在一种仍盲目地受时代最为五彩缤纷的倾向所诱惑的年龄阶段;在一种还没有认识到对于古希腊世界的感觉一旦被唤醒,就会立即变得具有进攻性,就必须在与所谓现代文化的持续斗争中表达自己的年龄阶段。对于今天的人文中学的学生来说,古希腊人作为希腊人已经死去了。是的,他也能从荷马那里获得些快乐,但斯皮尔哈根的一篇小说则会更加强烈地迷住他。他也会带着几分乐趣吞下希腊的悲剧和喜剧,但一个完全现代的戏剧如弗莱尔塔克②的《记者》③会给予他完全不同的触动。是的,他也能模仿美学家谈论所有的古代作家,如模仿艺术家、美学家格林④,后者

---

① 既未从教师那里,也未从学生那里。——编注
② 弗莱尔塔克(Gustav Freytag, 1816—1895),又名盖勒尔(Brunhilde von Geibel)。——编注
③ 《记者》是弗莱尔塔克在 1854 年出版的喜剧。该剧是关于一个政治上活跃的教授和一个为报社工作的上校之女间的爱情故事,从 1852 年首次演出后的 30 年中一直深受欢迎,长演不衰。弗莱尔塔克是著名作家、记者和官员,他的喜剧《记者》和小说《应该和拥有》(小说赞扬商人阶层是德国的坚固基础)获得了巨大成功。——译注
④ 格林(Hermann Grimm, 1828—1901)是童话作家威廉·格林(Wilhelm Grimm)的儿子,早年是作家,创作剧作和小说,后来成为现代艺术的教授和著名的散文家。——译注

曾经在一篇关于米洛的维纳斯的晦涩文章最后自问道:①'这个女神的形式对我来说意味着什么?她在我身上唤起的思想对我有什么用?俄瑞斯特、俄狄浦斯、伊菲戈尼亚和安提戈涅②与我的心灵有什么共同之处?'——不,人文中学的学生们,米洛的维纳斯与你们没有关系,但与你们的教师也同样关系甚少——这是今日人文中学的不幸和秘密。如果你们的引导者本来眼盲却冒充目明,那么谁来引导你们到达教育之乡!如果他们用自己的方法纵容你们自主地结结巴巴说话,而不是教导你们去说话,纵容你们去作自主的审美判断,而不是引导你们去敬畏和虔诚地对待艺术作品,纵容你们去作自主的哲学思考,而不是强迫你们去倾听伟大的思想家,那么,你们中谁又能对艺术的神圣的严肃产生真正的感觉呢?所有这些方法的结果就是使你们永远都无法接近古代世界,而只能成为现在时代的奴隶。

"我们在今日人文中学中所发现的最有益的一点,肯定就是其若干年以来对待拉丁语和希腊语的严肃态度。在这里,人们学会了尊重有确定规则的语言,尊重语法和辞典;在这里,人们确切地知道什么是错误,因而不会总是费心地求助各种语法和正字法上的奇思怪想和恶劣习惯,来为自己的错误作辩护(如在现代德语中所看到的那样)。但愿这种对语言的尊重不是停留在空中,从而不会像是人们一转向母语就加以抛弃的一个理论负担!拉丁语教师或希腊语教师自己都经常不尊重自己的母语,懒散随意地对待母语。一涉及母语,他们就立即放下了从拉丁语和希腊语中获得的严格训练,就像德意志人对待所有本土东西的态度一

---

① 散文的题目是《论米洛的维纳斯》。——译注
② 俄瑞斯特(Orest)、俄狄浦斯(Ödipus)、伊菲戈尼亚(Iphigenie)和安提戈涅(Antigone),均为希腊悲剧中的人物。——译注

样。把一种语言翻译成另一种语言,是一种孕育和提高对自己语言的艺术感的最有益壮举;但在把古典语言翻译成德语方面,人们从未以应有的绝对严格和尊严来加以实施。而对待德语这样一种不太规范的语言来说,这种严格训练却尤为必要。最近,这种有益的壮举越发少了:人们满足于了解这些古代的外语,而不屑于去加以应用和精通。

"这里,我们可以再次看到对人文中学理解中的学术倾向。这种现象有助于说明更早时代的人文中学曾经严肃地把人文教化①作为其目标。那个时代属于我们的伟大诗人,也就是少数真正有教养的德意志人的时代。在那个时代,伟大的沃尔夫②把这种从古希腊和古罗马经由这些人流淌出来的新的古典精神引入到人文中学。由于他的大胆创举,人文中学树立起了一个新的形象,即,人文中学自此以后就不仅仅是学术和科学的培养场所,而首先应该是所有更高级、更高贵的教育教化的真正神圣之地。

"在诸多似乎是外在的、必要的变革措施中,一些极为根本的措施富有持久效果地进入到了人文中学的现代建构之中。但是,恰恰最重要的措施并未取得成功,即教师自己没有接受这种新的精神的洗礼。这样,人文中学重又严重偏离沃尔夫所追求的人文教化这一目标。与之相反,旧有的、已被沃尔夫所克服的对学术和学者教育的绝对推崇,在微弱的斗争之后就逐渐取代了新近楔入的教育原则,并要求其之前所有的排他权利,尽管它不再以过

---

① "Humanitätsbildung",字面的意思是人文教化或人文教育,意思是为了人的自我教化的教育。其文艺复兴以来的意思还表现在借助古希腊罗马来达到人的自我教化。——译注
② 沃尔夫(Friedrich August Wolf, 1759—1824),古典语文学家,开启了综合意义上的现代古典研究,把语文学宽泛地界定为体现在古代世界的关于人性的知识。其作品有《古代学阐述》。——译注

去面目那样公开示人,而是乔装改扮,隐藏其真实意图。而且,古典教育的伟大计划之所以未能获得成功,是因为这些教育努力的非德意志的、几乎是外国的或世界主义的特性,即相信撤走一个人脚下的故土,他仍能稳固地站立;妄想一个人可以放弃中介桥梁,弃绝德意志精神,弃绝一般意义上的民族精神,直接跃入遥远的希腊世界。

"当然,人们必须首先懂得如何在其隐藏的地方、在时髦的装束下面,或在瓦砾废墟下面去寻求这种德意志精神;人们必须热爱这种精神,即使它赢弱枯槁也不会感到羞耻;人们必须首先警惕不要把德意志精神混同于当今自诩为'当代德国文化'的东西。相反,德意志精神内在地与那种文化为敌。而且,恰恰在被那种当代文化抱怨为缺乏文化的地方,却常常保存着真正的德意志精神,即使其外在形式并不优美,甚至质朴粗野。相反,今天狂妄地自称为'德意志文化'的东西,是一个世界主义的大杂烩,它与真正的德意志精神的联系,就像记者之于席勒、梅耶贝尔①之于贝多芬那样。那个在最为根本上非日耳曼的法兰西文明在这里施加着最强大的影响,它被毫无才情、毫无品位地模仿,从而也给德意志社会、报刊和风格蒙上了一种伪善的形式。当然,这种模仿无论在哪个地方都不会带来一种在艺术上自足的效果。但在法兰西,这一源自罗马世界的本质的原创文明,几乎直到今天仍能够产生这种效果。为了感知这种对立,可以把德国最为著名的小说家与法国或意大利不太著名的作家加以比较。我们会发现,尽管两者在倾向和目标上同样不确定,在手段上同样更加不确定,但

---

① 梅耶贝尔(Giacomo Meyerbeer, 1791—1864),原名梅耶·贝尔(Jacob Liebmann Meyer Beer),能用德语、意大利语和法语写歌剧。他在当时的巴黎享有盛誉,特别是他的浪漫主义歌剧。——译注

是，在他们那里，与之相联的是艺术上的严肃性，至少是语言上的准确性；与之相联的经常还有美，尤其是一种相应的社会文化的反响。而在我们这里，所有一切都是非原创的，其思想和表达像是穿着睡袍，臃肿拖沓，矫揉造作，令人不快，因此，缺乏任何一种真实的社会形式的背景。在最大程度上，其学者的造作和对博学的炫耀在提醒我们，在德国，是堕落的学者变成了记者，而在法国和意大利，则是有艺术教养者变成了记者。用这种所谓德意志的、在根本上则是非原创的①文化，德国人无望在任何方面取得胜利：在这方面，法国人和意大利人做得比德国人好。至于对外在文化的灵活模仿，俄罗斯人尤其会令德国人感到惭愧。

"我们应该更加坚定地抓住那种德意志精神：它已在德国宗教改革、德国音乐中现身，而在德国哲学的巨大勇气和严格以及新近经过考验的德国士兵的忠诚中，则表现为一种持久的、不慕虚荣的力量。我们甚至可以期望这种精神去战胜当代流行的时髦伪文化。我们对学校未来的希望，是把真正的教化学校引入这种斗争之中，特别是在人文中学点燃成长中的新一代对真正的德意志特性的热情。所谓的古典教育最终也将通过这种方式重新获得其天然的土壤和唯一的起点。人文中学的真正的革新和净化，只能产生于德意志精神的深刻且有力的革新和净化。要找到真正连接德意志精神最内在的本质与希腊天才之间的纽带，是个十分神秘和困难的任务。然而，倘若真正的德意志精神的最高贵的需要未能抓住希腊天才之手，就像在野蛮的洪流中抓住一个砥柱；倘若从这种德意志精神中没有产生一个对希腊世界的无限渴望；倘若对历经千辛万苦获得的、令席勒和歌德流连忘返的、对希腊故乡的远眺，没有变成最优秀、最有天赋之人的朝圣之旅，那

---

① 世界主义的非原创性的。——编注

么,人文中学的古典教育的理想必将毫无目的地在空中飘荡。在这方面,我们至少不应该谴责这种人:为了保持那种真正的、牢固的、在其眼中毕竟还算得上是理想的目标,为了使其学生免受那些现在自诩为'文化'和'教化'的令人目眩的、幻象的诱惑,①他们试图在人文中学培养一种仍然如此有限的科学和学术。这就是今日人文中学的可悲现状。这种最有限的立场在一定程度上是合理的,因为没有人能够到达;或至少是确定一个程度,从而可以检验所有这些立场都是错误的。"

"没有人?"那个学生带着激动的声调问哲学家。接着两人都陷入了沉默。

第三次讲演

尊敬的听众!我曾聆听过那场对话,这里试图凭借我鲜活的记忆向诸位转述其概要。在我结束上次转述之时,那场对话被一种严肃的、长久的停顿所中断。哲学家和他的同伴陷入到抑郁沮丧的沉默之中。刚刚谈到的德国最重要的教育机构,也就是人文中学的稀有困境,像一个重负压在他们的心头之上。消除这一重负,单个有此善意之人没有足够的力量;而众人力量虽大,但在这方面没有足够的善意。

尤令我们孤独的哲学家感到困扰的是这两个方面的事实:一方面,可以清楚地看到,真正可以被称作"古典教育"的东西,现在只不过是飘浮在空中的教育理想,根本不可能落实和生长于我们教育机构的土壤。另一方面,现在被普遍地委婉地称作"古典教育"的东西,只有一种自命不凡的幻象的价值,其最好的作用在于

---

① 不让自己被沃尔夫所追求的古典希腊教育,如同被一种或明或暗的幽灵引诱那样引入歧途。——编注

使"古典教育"的说法得以存续,并且不失其庄重之感。这两位令人敬佩之人从德语教学上清晰地看到,一种建立在古代世界的基石之上的更高的教育教化至今仍未找到其恰当的出发点。语言教学的野蛮化;强迫学生走向学术性的历史研究之道,而不是给予他们实际的训练和习惯;人文中学所要求的特定练习与我们新闻界的令人忧虑的精神倾向的联系,所有这些在德语教学中可以观察到的现象,都指向了这样一种可悲的结论:从古典世界产生的最有益的力量还没有被我们的人文中学所感知;也就是说,这种力量可以被用来准备与当代的野蛮作斗争,而且也许还可以再次把人文中学变成这种斗争的武器库和兵工厂。

相反,我们看到,这种古典精神似乎已经被相当彻底地赶出了人文中学,而人文中学却仿佛像要尽可能宽阔地向我们当代被阿谀和骄纵的所谓"德国文化"敞开大门。倘若我们这两个孤独的谈话者还可以抱有什么希望的话,那么这种希望就是,现在的情况已经变得越来越糟糕,从而使得至今只被少数人所洞见的东西,很快就会被多数人清晰深入地领悟;这样一来,真诚而坚定之人严肃认真地考虑国民教育这一严肃领域的时代,也不再遥远了。

"我们应该更加坚定地抓住那种德意志精神,"哲学家说,"它已在德国宗教改革、德国音乐中现身;而在德国哲学的巨大勇气和严格,以及在新近经过考验的德国士兵的忠诚中,则表现为一种持久的、不慕虚荣的力量。我们甚至可以期望这种精神去战胜当代流行的时髦伪文化。我们对学校未来的希望,是把真正的教化学校引入这种斗争之中,特别是在人文中学点燃成长中的新一代对真正的德意志特性的热情。所谓的古典教育,最终也将通过这种方式重新获得其天然的土壤和唯一的起点。人文中学的真正的革新和净化,只能产生于德意志精神的深刻且有力的革新和净化。要找到真正连接德意志精神最内在的本质与希腊天才之间的纽带,是个十分神秘和困难的任务。然而,倘若真正的德意志精神的最高贵的需要未能抓住希腊天才之手,就像在野蛮的洪流中抓住一个砥柱;倘若从这种德意志精神中没有产生一个对希腊世界的无限渴望;倘若对历经千辛万苦获得的、令席勒和歌德流连忘返的、对希腊故乡的远眺,没有变成最优秀的、最有天赋之人的朝圣之旅,那么,人文中学的古典教育的理想必将毫无目的地在空中飘荡。在这方面,我们至少不应该谴责这种人:为了保持那种真正的、牢固的、在其眼中毕竟还算得上是理想的目标,为了使其学生免受那些现在自诩为'文化'和'教化'的令人目眩的、幻象的诱惑,他们试图在人文中学培养一种仍然如此有限的科学和学术。"①

在静默地沉思一段时间之后,年轻同伴转向哲学家,并向他说道:"您过去曾试图激发我的希望,现在您又扩展了我的认识,并借以扩展了我的力量和勇气。现在我确实能更加勇敢地注视这个战场,我也确实后悔太过迅速地从那里逃离。我们对我们自己一无所求,也不忧虑会有多少个体在这个战斗中倒下,以及我们自己是否会第一批倒下。正是因为我们严肃地对待这场战斗,我们才应该不能太在乎我们可怜的个体。一旦我们倒下,其他人会立即举起上面刻有我们信念的勋章的旗帜。我将不考虑我是否有足够的力量去打这场战斗,也不考虑我是否能长久地抵抗下去。在这样的敌人的挖苦中倒下,是一种十分光荣的死亡,因为他们所严肃对待之事对我们来说也常常显得荒唐可笑。只要想想我的同龄人曾经怎样像我那样,为人文中学的教师职业的召唤——这一教师职位的最高召唤而准备时,我就知道我们过去是

---

① 此一段落是上一讲演倒数第二段的重复。——译注

多么经常地嘲笑那些恰好相反的东西，多么经常地严肃嘲笑那些极为迥异的东西。"

"现在，我的朋友，"哲学家微笑着打断了弟子的说话，"你说起话来像一个不会游泳的人却要往水里跳，其恐惧的不仅仅是溺水身亡，更多的是怕被人耻笑。但是，被人耻笑是我们最后一件令我们恐惧的事情。因为我们所处的领域有那么多的真理有待说出，而说出那么多令人惊惧、痛苦和不可原谅的真理，必然会使我们遭受最为明白的仇恨，而且，只发一发怒就会引起某种令人窘迫的嘲笑。对此，你只需想一想这种情况：不计其数的教师群体，他们最真诚地接纳了迄今为止的教育制度，兴高采烈地、毫无怀疑地继续推进这种体制。当这些人听到自己被排除，确切地说，被大自然出于自身的利益而排除在外的计划，听到远远超出其平庸的能力的要求和命令，听到从未在其心中产生回响的希望，听到那种他们从不理解的战争召唤、从而在其中只能作为麻木愚钝地抗拒反对的庸众的战斗时，你想想他们会如何表现？毫不夸张地说，他们必然采取我们中等教育机构的绝大多数教师的立场。确实，如果我们考虑到这些教师绝大多数是如何产生、又是如何成为这些中等教育机构的教师的，那么我们就不会对这种立场感到惊奇了。现在到处都是数量过度膨胀的中等教育机构，而它们又需要招募数量更加庞大的教师，从而使其数量已远远超出了一个民族、甚至是一个优秀民族的本性所能产生的程度。因此，有大量不够资格的人进入了这类教育机构，而且，由于他们在人数上占据着绝对的优势，于是，凭借着物以类聚的本能，他们便逐渐决定了这些机构的精神本质。这些人永远无望去理解教育的事情。他们错误地相信，只要通过引入一些规章制度，就可以使我们目前教育机构及其教师的超出比例的、数量上的繁荣，可以转化为真正的繁荣，转变成大自然的丰盈，而无需对其进行数量上的大幅削减。相反,我们则一致认为,就大自然本身而言,只有极为少量被它选定和选派的人,才适合一种真正的教化历程。而且,对于他们的幸运的发展,极为少量的中等教育机构就已足矣。然而,在目前数量庞大的教育机构中,恰恰是这些极为少数的人,感到自己最少得到促进,而这些机构本来是为他们而建立起来的。

"教师的情况也同样如此。恰恰是那些最优秀的教师,那些按照较高标准一般来说配得上这一称号的教师,在今天的人文中学中最不适合教育这些未加拣选、胡乱堆集在一起的学生;并且,这些最好的教师,在某种程度上,还必须把他们所能给予的最好的东西对这些学生保密。相反,绝大多数的教师在这些机构却感到如鱼得水,因为他们平庸的天赋与其愚笨贫乏的学生处于某种和谐的关系之中。正是这些绝大多数的教师呼吁建立了那些新的人文中学和更高的教育机构。在我们所生活的时代,他们震耳欲聋的持续呼声毕竟唤起了一种印象:似乎有一种巨大的教育需求需要得到满足。但是,恰恰在这里,人们需要学会去正确地倾听。正是在这里,我们不要为这些教育大话的喧嚣的效果所动摇,而是要认清那些如此不倦地谈论其时代教育需求之人的真面目。然后,我们就会看到一个令人尤为失望的现象。我亲爱的朋友,我们曾如此频繁地经历过这类现象:一旦我们就近认真观察,就会发现这些高声阔谈教育需要之人突然变脸,会热切而狂热地反对真正的教育和教化;也就是,反对坚持精神王国的贵族本性的教育和教化。因为他们认为,他们的目标就是要把大众从少数伟大的个体的统治之下解放出来,力图从根本上摧毁精神王国最神圣的等级秩序,摧毁大众在天才统治之下的仆役地位、卑下的服从和忠诚本能。

"很久以来,我就已习惯了谨慎地审视那些热衷于通常所理解的、所谓的'国民教育'之人,因为他们多数是在自觉或不自觉地欲求自己的绝对自由,并必然会堕入野蛮时代的普遍狂欢①之中。但是,神圣的自然秩序并不允许这种自由,他们天生就要服役和服从。他们跛足的、爬行的和折翅的思想一开始工作,就证明了大自然用了怎样的黏土来炮制他们,并且被打上了怎样的工厂印记。因此,大众教育不是我们的目标,我们的目标是被拣选出来、为了伟大而永恒的作品做准备的少数个体的教育教化。我们现在知道,公正的后代在评价一个时代的国民总体教育状况时,将完全依据那个时代的那些特立独行的伟大英雄,并依据这些伟大之人受到认可、促进、尊重或被埋没、虐待和毁灭的方式来给出他们的判断。人们采取直接的手段如普遍的强制性的基础教学,来实现所谓的国民教育。但是,这种手段只能是完全外在的和粗糙的。因为大众的教育教化一般所触及的是国民生活的根本的更深层次的宗教领域:国民的宗教本能在这里孕育;国民继续诗化其神秘图景,保持对其风俗、公义、故土和语言的忠诚。所有这些宗教性领域很少能用直接的手段,或无论如何不能只用摧毁性的暴力来加以触及。在这些严肃的事情上,要真正促进国民教育,恰恰意味着要拒绝使用这些摧毁性的暴力,恰恰意味着维持国民的健康的无知和沉睡。没有这种反作用,没有这种疗救手段,任何文化在其自身行动的消耗性的紧张和激动中都难以获得存续和进展。

"但是,我们知道,那些人所追求的就是想中断国民这种治疗性的健康沉睡,不断地向他们呼喊:'睁开眼睛!觉悟吧!明智吧!'我们知道这些人的目的,他们想借助所有教育机构的极度扩展,以及由此产生的对自负的教师阶层的扩展,来满足他们唤起

---

① 古罗马的农神节带有狂欢的倾向,特别是在罗马帝国后期更趋纵情堕落。——译注

的过度的教育需求。正是这些人通过这些手段,在与精神王国的自然的等级秩序作斗争,试图摧毁那种从国民的无知与沉睡中爆发出来的最高尚、最高贵的教育力量之根。这种力量在分娩天才、然后给予其正确的教育和爱护方面,负有母亲般的使命。我们只有借助母亲这个比喻,才能理解一个民族在天才方面真正的教育的重要性和责任:天才的真正来源不在那些人所鼓吹的国民教育之中;可以说,他只有一个形而上学的来源、一个形而上学的故乡。但是,他要现出身来,他要从民族中现出身来,他要去绘制一幅被反射的画卷、一幅饱蘸着这个民族所有独特的力量和色彩的辉煌画卷;他要以类似个体创作永恒作品的方式,来描绘和认识这个民族的最高贵的使命,从而与其民族自身的永恒接续起来,把它从瞬时变换的事物中拯救出来。对于天才来说,他只有在一个民族的文化、教化的母亲怀中成长乃至成熟,才有可能做到这一切。没有这一保护性的温暖故乡,这些天才一般不可能展翅做其永恒的飞翔;他们就像被放逐在冬日荒原的异乡人,过早地、悲惨地从其贫瘠的故土蹒跚离去。"

"我的导师,"弟子这时说道,"你这种天才的形而上学令我惊异,我对这个比喻的精妙只能有模糊的理解。但是,我完全理解您所说的人文中学的过剩,以及由此引起的中学教师的过剩。我正是在这个领域积累了不少经验,它们使我确信,人文中学的教育趋势不得不完全按照这种庞大的教师数量来进行自我校正。这些教师在根本上与教育没有关系,他们之所以走向这条路完全是因为所谓教育机构的急需。任何人只要在一次灵光乍现中相信希腊世界的超凡脱俗与难以企及,并在经过艰难的斗争之后仍捍卫这一信念,他就会知道,通往灵光乍现的入口从来都不会对多数人敞开;因此,他会认为,那些出于职业前景和赚取面包的考虑,像对待一件日常手艺工具一样来与古希腊交往,毫无羞耻和敬畏地用粗糙的手艺人之手在希腊圣物上乱摸之人,不仅荒唐愚蠢,而且有失体面。但是,恰恰是在被吸引到人文中学从事教师职业的绝大多数人,即古典语文学者这一群体中,这种粗鲁的、毫无敬畏的态度最为普遍,因此,这样一种态度在人文中学中继续发展和传承就并不令人惊奇了。

"我们只需看看年轻一代的古典语文学者的所为,就可以认识到这一点。面对古希腊这样一个无与伦比的世界,我们都有一种羞愧之感,感到无颜存在;但相比之下,我们注意到,这些年轻的古典语文学者却罕有这种羞耻感。这帮小混蛋多么冷静镇定、多么厚颜无耻地把自己可怜的小巢筑在古希腊最伟大的神庙里!他们从其大学时代开始就在令人惊叹的希腊世界的遗迹上随意踩踏,自鸣得意,毫无敬畏和羞耻。希腊遗迹的每个角落真该向他们中的绝大多数人发出强有力的、震撼的怒吼:'从这里滚开,你们这些未得密传的人。你们这些永远不会得到密传之人,偷偷地溜走吧,闭嘴吧,羞愧吧!'但这种咒语是徒劳的,因为要理解希腊人的咒语和禁令,人们必须首先成为一定程度的希腊人!但这些人太过野蛮了,竟然要按照自己的习惯、为了自己的舒适来安置希腊遗迹,让它们来适应自己。他们带着他们所有的现代的安逸舒适和业余的嗜好想象,把它们藏在这些古代的柱石和墓石之下,然后,当他们在这些古代的环境中重新找出他们自己之前狡猾地偷偷塞进去的东西时,就会激动地欢呼雀跃。如,某人能做几行歪诗,学会查阅赫西修斯词典①,他立即相信自己注定就是埃斯库罗斯②的改写

---

① 赫西修斯(Hesychius,公元前5世纪?),古希腊文法学家,其所编写的词典是一部关于不常用词和短语的辞典,许多词条取自技术语言、古老的诗人的语言和生僻的方言。——译注
② 埃斯库罗斯(前525—前456),古希腊悲剧诗人,与索福克勒斯和欧里庇得斯一起被称为古希腊最伟大的悲剧作家,有"悲剧之父"的美誉。——译注

者。他竟也找到了自己的信徒，这些信徒竟也声称他与埃斯库罗斯意气相投、资质相当。但他实际上就是一个剽窃诗的盗贼！又如，某人用一双警察式的怀疑的眼睛去寻求使荷马有罪的所有矛盾以及矛盾的蛛丝马迹。他们把自己的生命耗费在撕裂和缝合荷马的碎片上，而这些碎片是他最初从诗人荷马辉煌的长袍上盗窃来的。再如，某人考察了古代世界几乎所有秘仪和纵欲的方面，并让自己备感不适，于是便决定一劳永逸地仅仅保留被启蒙了的阿波罗，从而使得人们在雅典人那里只看到一个明朗、理智、但仍有点儿不道德的阿波罗形象。① 当他把古代世界的一个阴暗角落提高到自己的启蒙高度时，当他在早期毕达哥拉斯学派那里发现一个开明政治的同行时，他是怎样地松了一口气啊！又如，某人苦恼不已地思考为什么俄狄浦斯会被诅咒必做弑父娶母如此可怖之事，罪责在哪里！诗的正义在哪里！他突然大悟，原来俄狄浦斯狂热且易激动，缺乏所有基督的温和敦厚，因为当提瑞希亚斯称他是个怪物②，将是整个城邦的诅咒时，他就曾陷入一种完全不得体的激动之中。索福克勒斯也许在教导我们，要谦卑温顺！否则你必会弑父娶母！再如，某人穷其一生去计算古希腊和古罗马诗人的诗篇的长度，并为发现'7: 13 = 14: 26'③的比例而欣喜不已。还有人甚至提出可以从介词的角度来解决荷马史诗中的问题，相信可以借用介词'向上'和'向下'④从荷马的井里捞取真相和真理。总之，所有这些人尽管怀着不同的目的，但却都是笨拙地在古希腊的遗迹上不倦地挖掘和捣腾。对于这些现象，古代世界的真正朋

---

① 这里谈及阿波罗，似乎是在暗示其著作《悲剧的诞生》。——译注
② 参见索福克勒斯《俄狄浦斯王》，第353行。——编注
③ 这个例子也许在暗示一种数字命理学的混合。——译注
④ "ana"和"kata"为希腊语中的介词。其中，"ana"意思是"向上"（相当于英语中的"up"）；"kata"的意思是"向下"（相当于英语中的"down"）。——译注

友必然深感痛心。因此,对于每一个感到自己有某种研究古代世界的职业倾向的人,不管他有无天赋,我都想抓住他的手,向他发表这样一番宏论:年轻人,当你带着自己那点课本知识踏上这条属于有灵巧而非笨拙之人的旅途时,你知道你面临什么样的危险吗? 你是否听说过,按照亚里士多德的观点,被像柱砸死绝对不是一个悲剧的死法?① 但正是这样的死法在威胁着你。② 这不使你感到震惊吗? 你应该知道,若干世纪以来,古典语文学家试图把古希腊已经倒塌和陷落的雕像重新树立起来,但至今总是力不从心,没有成功。因为那雕像十分巨大,单一个体的努力就像侏儒在上面爬行。尽管众人联合,并且运用现代文化的所有起重手段,但那雕像刚被抬离地面就又重新倒下,并且可能会压碎下面的人。不过,压死人还可忍受,因为人总是要死于某个原因的。但谁能保证在这些尝试中雕像本身不被砸成碎块! 那些古典语文学家可能会被希腊世界压成碎块,这尚可忍受;但令人不可忍受的是,希腊世界也会被这些语文学家砸成碎块! 年轻人,请你想一想,你这轻率莽撞之人,转身回去吧,如果你不想成为圣像破坏者的话!"

"实际上,"哲学家笑着说,"正如你所期望的那样,现在已经有大量古典语文学家转身离开了。而且,我也注意到一个与我青年时期的经验形成鲜明对比的现象:相当数量的离开者或是有意识或是无意识地相信,这种直接研究古代世界的方法对他们来说是无用的,而且没有前景,因此,即使今天多数的古典语文学家认为这种研究是过时的,不会有结果,也不会有创见。这群人怀着

---

① 参见亚里士多德的《诗学》1452a,第 7—10 行。——编注
② 参见《查拉图斯特拉如是说》"论可见的德性",卷四,第 101 页,第 21—22 行。——编注

越来越大的热情转入到语言学研究之中。在语言学这片广袤的处女地上,即使资质最平庸之人,眼下也有用武之地。由于这个领域的研究方法的新颖和不确定性,以及易犯想象性错误的持续危险,导致某种程度的冷静及忍受枯燥无趣的能力甚至已被视为积极的、决定性的天赋。按部就班、循规蹈矩的劳作,恰恰是这个领域所最为期望的。从古代世界的遗迹中发出的那种庄严的警告声音,是吓不退这个领域的新来者的。这个领域张开双臂欢迎每一个人,甚至包括这种人:他们尽管阅读索福克勒斯以及阿里斯托芬①,但从没有留下任何不同寻常的印象以及值得重视的思想,结果便只好将自己安放在语源学的织布机旁,或被诱惑去收集遥远的方言的碎片,将其时日耗费在联结与分离、收集与分散、跑进与跑出以及查阅各种图书之上。但是现在,如此被有效雇用的语言研究者还首先必须是教师!根据他的责任,他必须向人文中学的学生,对古代作家有所教授,但他自己却从未对古代作家有什么印象,遑论洞见!这多么令人窘迫!古代世界从未向他说什么,结果他对古代世界也一无所说。他忽然灵光突现,自鸣得意地恍然大悟:为什么他是个语言学家!为什么古代作家用希腊语和拉丁语写作!于是,他立即怀着愉快的心情开始对荷马做语源学分析,为此,他向立陶宛语或古保加利亚语,主要是神圣的梵语寻求帮助,似乎学校的希腊语课不过是普通语言学导论课的幌子,似乎是荷马犯了一个原则性的错误,即没有用古印度日耳曼语来写作。②凡是了解今天人文中学之人,都会知道这些教师对古代世界是多么陌生;而且,正是因为这种陌生感,学术的比较语

---

① 阿里斯托芬(Aristophanes,前448—前380),古希腊喜剧诗人,代表作有《云》等。——译注
② 与其他语言比较,似乎古代学(Altertum)只是学习梵语的准备,似乎希腊语课不过是普通语言学的一个导论的借口。——编注

言学才获得了如此的兴盛和优势。"

"我认为,"哲学家弟子说道,"重要的是,一个从事古典教育的教师不要把他的希腊人、罗马人与其他人,特别是野蛮民族混淆起来,也绝不能把希腊语和拉丁语与其他任何语言并列起来。从他的古典倾向来看,他恰恰不应该关注希腊语和拉丁语的基本骨架与其他语言是否一致,是否有亲缘关系。一致的地方,对他并不重要。只要他想成为真正的教化的教师,只要他想按照崇高的古典榜样来改造自己,那么,他恰恰应该真正关注那些不一致的地方,真正关注是什么使得古希腊罗马不同于野蛮民族,且高于野蛮民族。"

"我也许会弄错,"哲学家说,"但我怀疑,我们现在人文中学教授拉丁语和希腊语的方式,恰恰使得精通这种语言以及轻松自如地用其读写的能力丧失难寻了。我们现已垂垂老矣并且所剩无几的稀少的一代,在这些方面的能力曾更为优秀出色。另一方面,在我看来,今天的教师似乎向其学生强调学科的历史的、发生史的重要性,这样,即便在其最好的情况下,也不过是培养出新的小梵语学者或语源学小鬼和考证浪子而已;但他们中没有一个人能够像我们老一辈那样轻松愉快地阅读他的柏拉图和塔西佗① 了。因此,今天的人文中学仍然可以是学术和博学的场所,但这种学术和博学不是作为指向最为高贵的教化目的的、自然的和无心的副产物,而是那种类似不健康躯体的浮肿。今天的人文中学当然仍是培养这种学术和博学的浮肿的场所,如果它还没有确实蜕化为如今总爱自诩为'当代德国文化'的时髦优雅却又野蛮的拳击台的话。"

"但是,这些可怜的、数量众多的教师应该逃往哪里呢?"弟子

---

① 塔西佗(Tacitus,约55—120年),古罗马最伟大的历史学家,著有《日耳曼尼亚志》和《历史》等。——译注

询问道,"要知道大自然并没有赋予他们获取真正的教育教化的天赋,他们之所以勉为其难成为教育教化的教师,是出于一种急迫的需求,是因为学校的过量导致了他们的过量,是为了谋生和面包!如果古代世界不容分辩地命令他们走开,那么他们能逃往哪里呢!难道他们不会成为当代诸种势力的牺牲品!这些势力借助其不知疲倦的报刊喉舌,日复一日向他们嚎叫:'我们就是文化!''我们就是教化!''我们就是高度!''我们就是金字塔的顶峰!''我们就是世界历史的目的!'当他们听到这些诱惑性的预言,当这些非文化的、最无耻的征兆以及报刊中所谓'文化兴趣'的贱民的公共性被颂扬为一个全新的、最高可能的和最成熟的教育教化形式的基础时,这些可怜的教师将逃往哪里呢!如果他们也能略微感知所有这些预言都是十足的谎言时,那么要想不再听到这些喋喋不休的教育聒噪,除了逃往最让人麻木、最为枯燥、最为贫瘠的科学和科学研究之中,还能逃往哪里呢?他们以这种方式生活,难道最终不会像鸵鸟那样将头埋在沙里!埋头于方言、语源学和考证之中,过着蚂蚁般辛勤的生活,这尽管远离了真正的教育教化,但至少可以闭塞耳目,不闻当代时髦文化的聒噪;对于他们来说,这难道不也是一种真正的幸运和幸福吗?"

"你说得很有道理,我的朋友,"哲学家说,"但是,哪里的铁律会规定,教育机构必须过剩,从而教师也必须过剩?我们不是清楚地认识到了,这种过剩的要求是从一个敌视文化的领域中响起的,而且这种过剩只能必然导致和有利于非文化?实际上,我们之所以谈论这种铁律,完全是因为现代国家习惯参与谈论这些事情,并愿意借助其装备来一举实现自己的要求。那么,这就会给大多数人这样一个印象,即,似乎是事物的永恒铁律和最初法则在向他们说话。此外,谈论这种铁律之要求的所谓的'文化国家'则是一个新事物,直到最近半个世纪才是一个'不言而喻'的事物。但是，在最近半个世纪，按照人们时髦说法的许多'不言而喻'的事物本身并非'不言而喻'。恰恰是最强有力的现代国家，即普鲁士如此严肃地对待这种对教育和学校的最高的领导权，再加上其政治体制特有的果敢和强硬，从而使得它所采取的这种令人忧虑的原则，获取了普遍地威胁和伤害真正的德意志精神的意义。因为从这个方面来看，我们会发现，把人文中学提高到所谓的'时代的高度'的努力，已被正式严格、系统地落实了。在这里，我们可以发现用来激励尽可能多的学生接受人文中学教育的所有手段的兴盛；在这里，国家甚至成功地运用了其最强有力的手段，即在服兵役方面被赋予的特权。按照统计官员的客观报告，这一点，唯有这一点，可以解释为什么所有的普鲁士人文中学普遍满员，为什么会持续出现建立新学校的最迫切需要。要推进教育机构的过量，国家只需把政府所有的高级位置和绝大多数的低级位置、大学入学资格，尤其是最富影响的军人优待，与人文中学密切联系起来就可以了。这样一来，在一个推行普遍义务兵役制度并且最无限制地开放官员职位的国家，所有这些必然会不自觉地把所有有天赋的人才都吸引到这个方向上来。在这里，人文中学首先被视为某种晋升之阶。每一个感到自己有从政冲动之人，都会被发现竞奔在人文中学的途中。在这里，有一个新的、绝无先例的现象，即国家自命为文化的引路人，凡在它追求自己的目的之时，它都强迫它的每个臣民如果不手擒着普及的国家教育的火炬，就不可以出现在它的面前，强迫他们在摇曳不安的火光中重新把国家视为最高目的，作为其所有教育努力的奖赏。现在，这最后一点确实令他们有所疑虑，例如，它会使他们想起那种逐渐被理解的、曾由国家促进并服务于国家目的的哲学倾向，也就是黑格尔哲学的倾向：是的，也许可以毫不夸张地说，在使所有的教育努力都隶属于国家目的方面，普鲁士成功地窃取了黑格尔哲学中具有实用价值的遗产,后者对国家的神化在这种隶属关系中达到了顶峰。"

"但是,"哲学家弟子问道,"在这样一种令人疑虑的哲学倾向中,国家可以追求什么样的目的？因为它确实追求某些国家目的,这可以从普鲁士的学校状况为其他国家所赞赏、深入思考、偶尔也被模仿中可以看出。这些国家在这里显然假定了某种在类似的方式上有利于国家的存续及其强大的东西,比如说著名的、为人乐道的普遍兵役制。在普鲁士,几乎每个人都会不时地、骄傲地穿上军装,并且几乎每个人都通过人文中学获取了这套整体划一的国家文化。也是在这里,人们极度热情地谈论古代的倾向,谈及国家只有在古代曾一度达到的绝对权力和神圣万能,谈及在古代几乎每个年轻人都被通过教育和本能来督促他们把国家感受为人的存在的顶峰和最高目的。"

"这种对普鲁士和希腊国家的比较,"哲学家说,"诚然充满无限感情,但不能只是单方面的比较。因为希腊国家恰恰是尽可能地远离这种只把对国家本身直接有用的东西视为文化的功利考量,也绝不会希望去戕杀那些不能证明对自己迅速有用的冲动。恰恰由于这个原因,思想深刻的希腊人对其国家所持的强烈的崇奉和感激之情会让现代人感到几乎有失体统,因为希腊人认识到,没有他的舒困救急的国家机构的保护,任何文化的萌芽不会得到发展;没有他的国家机构的细致和明智的呵护,其完全不可模仿的、对所有时代来说无与伦比的文化,也不会如此兴盛繁荣。国家不是其文化的监管者、调节器和监护人,而是文化的强壮威武、准备并肩作战的同伴与同路人;它护送那些希腊高贵的、令人钦佩的、几乎是永恒超凡的朋友超越严酷的现实,并赢得其发自内心的感激。相反,如果现代国家今天也要求这样一种爱慕的感激之情,那么它肯定会失败,因为它似乎知道自己是在用骑士式的服务为最高的德意志文化和艺术效劳；因为在这方面，它的现在和它的过去一样可耻下流。作为证明，我们只需思考一下德国的大城市是怎样庆祝我们伟大的诗人和艺术家的纪念日，国家又是如何支持这些德意志大师的最高的艺术计划。

"因此，国家在以所有方式促进这里所谓的'教育'的倾向中，在其所促进的、隶属于这种国家倾向的文化中，肯定有其特定的环境。我的朋友，那种国家倾向与我所慢慢向你勾勒的真正的德意志精神以及源自这种精神的教育，处于一种有时公开、有时隐蔽的敌对关系之中。故而，这种对国家倾向有益并被国家积极促进的教育精神，这种孕育受到其他国家所敬佩的学校体制的教育精神，确实发端于从未触及真正的德意志精神的领域。这种真正的德意志精神从德国宗教改革、德国音乐和德国哲学的最内在的核心如此辉煌美妙地向我们言说，但却像一个高贵的流放者，受到国家所提供的过分发育的教育的冷漠对待和轻蔑嘲讽。它是一个异乡人，在孤独的悲伤中消逝。而在这边，那种伪文化却香火鼎盛，在'有教养的'教师和报刊撰稿人的聒噪中，它僭取了真正的德意志精神的名称、尊严，冒用'德意志'的名号去玩着卑鄙的把戏。为什么国家需要教育机构及教师的过剩？为什么需要这种范围广泛的国民教育和国民启蒙？这是因为真正的德意志精神遭受嫉恨；因为人们恐惧真正教育的精神本性；因为人们想借以迫使伟大的个体去自我放逐，以在大众之中种植和培育大众的非分的教育要求；因为人们想使大众相信他们只要遵循国家的指导(！)，就可以轻易地自己找到道路，以逃避少数伟大导师的严格而严酷的训练。一种新现象！国家成了教育教化的指导者！尽管如此，有一点令我感到安慰：这种人们如此反对，甚至用一个衣着华丽的代理牧师来加以顶替的德意志精神，则是勇敢而坚韧的。它将战斗着进入一个更为纯粹的时代，以进行自我救赎；并将如其所是地高贵,如其将是地凯旋。它自身对国家保持着一定程度的同情,如果后者为其紧急情况所迫而抓住这样一个伪文化作为其同盟者的话。因为人们哪里懂得统治人的任务是多么困难。也即是说,要在极端自私、不公正、不讲道理、不正派、嫉妒、阴险狡诈、心胸狭隘和固执怪癖的绝大多数民众中保持法律、秩序、安静与和平;要持续地保护国家自身获取的少量财产不受贪婪的邻居和阴险的强盗的掠夺。① 处于这种境况之下,国家会抓住每一个同盟者,特别是当一个同盟者花言巧语自我推荐时,当这个同盟者如黑格尔哲学所作的那样把国家颂扬为'绝对完善的伦理有机体'②,而把每个人的教育任务说成找到自己最有利于国家的地方和位置时。如果国家毫不犹豫地拥抱这样一个自我推荐的同盟者,用充满信心的野蛮声音对其大声喊道:'是的!你就是教育!你就是文化!'那么,谁会对此感到大惊小怪呢!"

第四次讲演

尊敬的听众!之前,你们一直忠诚地跟随我的讲述,我们也一起共同忍受了哲学家及其弟子之间那场寂寞、僻远,且不时带有谩骂的对话。现在,我希望你们就像游泳健将那样有兴趣经受住我们的下半个泳程,同时我向你们许诺,还将有一些新的木偶加入到我所经历的木偶剧之中。假如你们一直坚持在听,那么我接下来讲述的波浪将会轻松、迅速地把你们送达旅程的终点。换句话说,我们的讲述马上会有个转折,不过,我们最好还是先做一个简短的回顾,看看我们认为从这个如此跌宕起伏的对话中获得了哪些东西。

---

① 出发点是,保护那些成为其部分财产的少数物品免受只有体力的无数人的侵害。——编注
② 一般认为,这一思想体现在黑格尔的《法哲学》中。——译注

"坚守自己的岗位,"哲学家似乎对自己的弟子喊道,"因为你可以抱有希望。因为越来越清楚的是,我们根本没有真正的教育机构,但我们必须拥有它们。我们人文中学的最初建立是为了这一崇高的目的,但是,它们现在或是沦为一种令人忧虑的文化的温床,而这种文化怀着最大的仇恨驱赶一种建立在少数被精心拣选的心灵基础之上的贵族性的教育;或是堕落到去滋养一种枯燥、贫瘠或无论如何远离教育教化的科学,其价值也许在于可以对那种令人忧虑的文化的诱惑闭目塞听。"哲学家特别让其弟子注意这样一个罕见的现象:一种文化的核心必然会腐化堕落,如果国家相信自己可以控制这种文化,并通过它来达到自己的目的,如果国家还联合这种文化反对其他的敌对力量,反对哲学家所大胆称之为"真正的德意志精神"的精神。这种通过其最高贵的需要而与希腊世界联系起来的精神,在艰难的过去被证明是坚毅的、勇敢的,其目标是纯粹的、高尚的,它有能力凭借其艺术把现代人从现代的诅咒中解放出来。尽管它现在注定备受冷落,被从自己的遗产中放逐出去,但是,如果它从现代的沙漠中发出自己悠长的悲痛之声,就会使这个时代堆满杂物的、装饰华丽的教育商队惊恐不已。哲学家认为,我们应该为时代带来惊恐,而不是惊异。他建议,不要从战场胆怯地逃跑,而是要进攻。他特别对其弟子强调,不要太过担心和焦灼地思虑那类由于其更高的本能和倾向,而对当代的野蛮喷涌其厌恶的个体。"让它灭亡:阿波罗神庙之神不愁找不到一个新的三脚支架、一个新的女巫,只要神秘之汽仍从神庙深处冒出。"①

---

① 德尔斐的阿波罗神庙的神谕之神,一般坐在一个冒气的地裂上的三脚架上作自己的预言。尼采这里所说的"发现一个新的三脚支架",也许是指不同神话中所提及的赫拉克勒斯(Hercules)偷盗三脚支架的事情。——译注

哲学家重新提高了声音说道:"请注意,我的朋友,请不要混淆了两类学习和教育。一个人为了生存、为了生存斗争而进行了大量学习,但他作为个体为这个目的所学习的一切都与真正的教育教化毫无关系。只有在远高于这种困境、生存斗争和贫穷的大气云层,真正的教育教化才开始。这里的问题是,一个人在何种程度上看重他自己的自我①与其他人的自我,为他个体的生存斗争花费多少精力。有的人以斯多葛的方式限制自己的需求,便很快轻松地提升到一种忘却自我、似乎是抖落自我的境界,从而在一种无时间的、非个人的事物的星系中享受永恒的青春。有的人则将自我的范围和需要扩展得如此广阔,以如此不可思议的规模去建构自我的摩索拉斯陵墓②,似乎他能够战胜和征服可怕的庞大对手——时间。这样一种动机也体现了对不死不朽的追求:财富和权力、智慧、沉着、雄辩、气宇轩昂的容貌、举足轻重的名声,所有这一切在这里都变成了手段,个体贪得无厌的生命意识借以渴望新的生命,借以渴望一种终是虚幻的永恒。

"但是,即使是在自我的这种最高形式中,即使是在这样一种如此扩展的、似乎是共同的个体的最高需要中,也与真正的教育教化没有任何关联。例如,如果从这个方面来寻求艺术,那么我们只能看到艺术的消遣效果和刺激效果,因此会看到这类人:他知道如何在最多数情况下激发低级的、堕落的艺术,而在最少情况下激发纯粹的、高尚的艺术。因为他所有的活动和努力在旁观者看来也许也显得卓越出众,但他仍从未摆脱其欲求着的、不倦的自我,那个无自我的、静观的澄明世界总是逃离他而去。因此,

---

① 关于这里的"自我"(Subjekt)的理解,可以参照《悲剧的诞生》中所说的"个体性原则"。——译注
② Mausoleum,古希腊哈利卡纳苏斯的摩索拉斯陵墓,为世界七大奇观之一。——译注

尽管他学习、旅行、收集,但他总是与真正的教育教化保持着永恒的距离,过着一种被它放逐的生活。因为真正的教育教化耻于被利欲熏心的个体所玷污,善于从把它视为达到自私利己的目的的手段之人那里溜走。因此,即使有人自以为牢牢地抓住了它,把它作为谋生的手段,用它来平息生计的困境,它却总会面带嘲讽的表情悄无声息地突然逃脱。①

"因此,我的朋友,请不要把这一真正的教育教化,这种纤足的、娇贵的天国仙女与那种实用的女佣混淆起来,后者即使也被称为'教育',也只是为个体生命窘境、收益和需要充作有智识的服务者和咨询者。但是,任何以一个职位或获取面包为其历程的前景的教育,都不是我们所理解的迈向教化的真正的教育②,而只是一种指导个体在生存斗争中采取何种手段去拯救和保护其自我的生存指南。当然,这样一种指南对绝大多数的年轻人来说都是至关重要的,而且,生存斗争越是艰难,年轻人就必须学习越多,就必须越是紧张地调动和使用他的力量。

"但是,没有人会相信,这种激励人们并使之具有能力去进行这种生存斗争的机构,能够在任何严肃意义上被视为教育机构。它们是应付生计和生存危机的机构,只会许诺培养官员、商人、军官、批发商、农场主、医生或技术员。这种机构所奉行的原则和标准,无论如何不同于建立一个真正的教育机构的原则和标准。前者所允许、甚至尽可能提供的东西,在后者那里则被视为亵圣般的不义与犯罪。

"我的朋友,我想举个例子。如果你想把一个年轻人引向真

---

① 从这些表述可以看出,尼采仍然处于叔本华的影响之下。——译注
② "迈向文化或教化的教育"(Erziehung zur Bildung),这一表述体现了教育(Erziehung)和教化(Bildung)之间的区分,即教化为教育的目的。——译注

正的教育之道,那么请你注意不要干扰他与自然的那种质朴与忠诚的、类似人际之间的亲密关系:森林、岩石、暴风、猛禽、花朵、蝴蝶、草地、山坡,都必定会用自己的语言向他诉说;在它们之中,他必定像是在无数相互投射的映照和镜像中,在变化着的景象的色彩缤纷的旋涡之中,重新认识自己。因此,他会无意识地在自然的伟大图景之中感受到万物形而上的统一,同时他会在对自然的永恒的持久顽强和必然性的静观中平静自己的心灵。但是,到底有多少年轻人可以被允许在与自然的如此切近的、类似人际之间的亲密关系中成长啊!有多少人不得不过早地学习另一种真理:如何征服自然!这就不再有那种质朴的形而上学了。关于植物与动物的生理学、地质学和无机化学,迫使年轻人用完全不同的视角看待自然。他们在这种被迫的视角中,不仅丧失了某种诗意的幻象,而且还丧失了对自然的本能性的、真正的和独特的视角,取而代之则是对自然的精明算计和巧妙榨取。因此,真正有教养之人,被赋予了那些被迫进行生存斗争之人从不能想象的一种无价之宝,即一种对自己童年的静观本能保持不间断的忠诚的能力,从而能够借以达到一种安静、统一、和谐与一致。

"但是,我的朋友,你不要认为我会减少对我们的实科中学和市立学校①的赞美。我赞美这些机构,人们在这里学会有条理地计算,掌握现代语,研究地理知识,以自然科学的神奇发现武装自己。我也非常乐于承认,那些较好地完成我们时代的实科中学学习的学生,完全有资格要求与人文中学的毕业生被同等地对待。这样的学生,离全部获得自由地进入迄

---

① 德国 18 世纪出现的一种强调实用倾向而非大学预备教育的中等教育机构,类似实科中学。——译注

今为止只对人文中学毕业生开放的大学和政府部门的日子肯定不远了。注意,我这里说的是今日人文中学的毕业生!对此,我忍不住加上一句令人痛苦的话:如果实科中学和人文中学的当今的目标在整体上是如此一致,相互之间只是在程度上存在着如此些微的差异,以至于在国家的法庭之前拥有完全平等的权利,那么,我们仍然完全缺乏一种特定的教育机构——为了人的教化和文化的发展的真正的教育机构!我绝不是在谴责实科中学,因为它们至今为止一直在既幸运又诚实地追求其较低、但又是绝对必要的倾向;相比之下,人文中学在追求自己的倾向上则既不诚实得多,也不幸得多。因为人们在这里会感受到一种本能的羞耻感,会不自觉认识到整个机构已可耻地堕落了;毫无创造力的、沉闷野蛮的现实,反对着善于精明辩护的教师们的教育大话。因此,还不存在真正的教育机构!在那些仍在伪装有真正的教育的地方,人们要比教授实用学科、信奉所谓的'实在主义'的实科中学中的人们更加绝望、不满、憔悴和衰退!此外,请你们注意,我的朋友,教师圈中有些人是多么粗野无知,他们竟然对严格的哲学术语'实在的'和'实在主义'误解到这种地步,以至于会在其背后嗅出精神与材料的对立,并把'实在主义'解释为认识、塑造和掌控现实的哲学流派。

"在我看来,只有两种真正对立的教育机构:一种是为了真正的教育的机构,一种是为了生计的教育机构。我们目前所有的机构都属于第二种,但我只谈论第一种。"

大约两个小时过去了,哲学家及其弟子一直在谈论着如此触目惊心的问题。夜越来越深了。如果说哲学家的声音在黄昏时听起来像是穿越林苑的自然音乐,那么现在,在夜色完全漆黑之时,他的声音越来越激动,越来越激昂沉痛,像是变幻着的雷声,在远处的山谷嘶鸣和轰鸣,在树林和岩石之间回响和消逝。突然,他沉默了。他几乎是痛切地重复说道:"我们没有教育机构,我们没有教育机构!"①这时有什么东西掉落下来,似乎是一个冷杉果球,直接掉落在哲学家面前,他的狗叫着扑了过去。于是,沉默被打破了,哲学家抬起头,刹那间感觉到了黑夜,清凉而孤寂的黑夜。"我们这是在干什么!"他对其弟子说道,"已是深夜了。你知道我们在这里等谁。但他不来了。我们白白等待了这么久,让我们走吧。"

我尊敬的听众,现在,我必须向你们表述我和我的朋友从我们隐蔽的地方清晰且热切地偷听这场对话的感受。我曾向你们说过,在那个地点,在那个黄昏时刻,我们准备举行一个纪念活动;我们知道,它涉及的恰恰就是教育问题。按照我们年轻人的信念,我们所要纪念的活动在过去的岁月里给我们带来了丰硕而幸运的收获。因此,我们满怀感激地回忆起我们当初就是在这个地方想出了要建立那样一个小协会,就像我之前所提到的那样,目的是在一个很小的志同道合的小圈子里相互激发和监督我们的活跃的教育冲动。但是,当我们安静屏息地倾听或偷听那个哲学家的激烈话语时,我们感到突然有一束完全未曾预料的光投射到我们过去所有的岁月之上。就像一个粗心大意地走在未知地带的旅行者,突然发现自己的双脚已经站在悬崖边上。并且,我们本想迎接这个巨大危险,而不是逃离它。就在这里,在这个对我们来说具有纪念意义的地方,我们听到了这样的警告:回去!一步也别朝前走!你不知道你的脚会把你们带到哪里,这条闪光的道路又会把你们诱向哪里吗?

现在,我们似乎认识到了这一点,因而这种洋溢着的感激之情,如此不可抗拒地把我们引向了我们严肃的警告者和值得信任

---

① 描述现代国家如何在其困境中抓住了如此急切地献身于它的那些同盟。——编注

的埃克特①,以至于我们两人同时跳起,去拥抱那位声言要离开的哲学家。哲学家此时正准备离开,甚至已经侧身。当我们迈着响亮的脚步声出其不意地跳向他时,他的狗也尖叫着扑向我们;他和他的同伴以为遭受了强盗的袭击,而没有想到是一个最热烈的拥抱。哲学家显然已经忘记了我和我的朋友的存在。一句话,他迅速跑开了。当我们赶上他时,我们的拥抱完全失败了。我的朋友此时尖叫起来,因为狗咬住了他,哲学家的年轻同伴猛力扑向我,以至于我们两人都摔倒了。于是,出现了一场可怕的人狗混战。这个奇异的场景持续了一会儿,直到我的朋友开口模仿哲学家有力的声音和话语为止。我的朋友喊道:"以所有文化和伪文化的名义!你这蠢狗到底想从我们这儿得到什么!该死的,从我们这里,从我们的内脏里滚开,你这未得密传的狗,你这永远不会得到密传的狗,偷偷溜走吧,闭嘴吧,羞愧吧!"

这段话之后,整个场景明朗了一些,明朗到一个森林的漆黑之夜所能够明朗的程度。哲学家明白了怎么回事,大声说:"是你们!是我们的射手!真是吓坏我们了!是什么驱使你们在漆黑之夜像这样扑向我们?"

"是欣喜、感激和尊敬,"我们摇着哲学家的手急切地说,那条狗也会意地吠叫着。"不向您表达这一点,我们就不想让您走。为了能向您说明这一切,您是否可以不马上离开。我们还有许多问题要向您请教,它们一直以来重压在我们心头!请再待会儿吧,之后我们陪您下山,我们熟悉这里的每一条路。甚至您所等待的客人也许还会来的。您看看下面那边的莱茵河。那是什么东西在游

---

① 这里的警告者和值得信任的忠诚的埃克特,似乎是在指同一个人。"忠诚的埃克特"是一些英雄传说中的人物。在蒂克(Johann Ludwig Tieck, 1773—1853)的小说《忠诚的埃克特和汤豪舍》中,埃克特既是一个警告者,又是一个值得信任的白发老者。这个故事也可能是瓦格纳歌剧《汤豪舍》的来源之一。——译注

动,它如此明亮,像是被许多火把包围?我会在火把中间找到您的朋友,我甚至预感,他将带着所有这些火把向您走来。"

我们就这样用我们的请求、承诺和奇妙的借口来纠缠这位令我们震惊的白发老人,直到那位弟子也劝说他与我们一起在这高山之巅、柔和的夜气之中再踱步游走一会儿。"涤除所有的知识烟雾,"①哲学家同伴又补充道。

"真为你们感到惭愧!"哲学家说,"一旦你们想引证什么,就只能引证《浮士德》。不过,不管你们是否引证,我还是准备向你们屈服,只要我们的年轻人能保持安静,而不是像刚才突然到来那样又突然跑开,因为他们像捉摸不定的磷火,一会儿在那儿,一会儿又不在那儿,让人感到惊奇。"

我的朋友立即继续引证:

> 亦畏亦敬,悉遵台命,
> 我希望我能成功制伏我轻浮的本性,
> 因为我平常走路只走锯齿形。②③

哲学家深感惊奇,静静地站着。"你们让我吃惊,"他说,"我的磷火先生们,这里可不是什么沼泽!这个地方对你们又有什么益处?如此接近一个哲学家对你们又意味着什么?这里的空气清朗且凛冽,这里的土地干燥且坚硬。你们必须为你们惯于走锯齿形的本性寻求一块更加梦幻的地方。"

"我想,"哲学家的弟子插话说,"两位先生已经向我们说过,

---

① 参见歌德《浮士德》第一部分,第395行。——编注
② 歌德《浮士德》第一部分,第3860—3862行。——编注
③ 文中尼采的朋友不仅引用《浮士德》,而且还引用了磷火的言辞。——译注

一个承诺把他们与此时此地联系起来。但在我看来,他们作为合唱队,确切地说是作为真正'理想的观众'①②,也属于我们今晚这个教育喜剧,因为他们没有打扰我们,我们还以为这地方就我们两个人呢。"

"是的,"哲学家说,"确实是这样,你们不应该拒绝这个赞扬,但在我看来,你们还有更值得称赞的地方……"

我这时抓住哲学家的手,对他说道:"如果有人听了您的这样一场对话而不变得严肃深思,甚至热血沸腾,那么他就像是腹贴地面、头埋污泥的爬行动物那样麻木迟钝。也许有些人会因为懊恼和自我埋怨而变得愤怒。但我们的印象却完全不同,只是我们不知道应该如何去描述它。这个时刻对我们来说是如此及时,我们的心情对此的准备又是如此充分,以至于我们就像个空瓶子那样坐在那儿。现在,我们似乎已经被这种新智慧所充满,却也因此不再知道如何帮助自己。如果有人问我,我明天想做什么,或从现在开始我会决定去做什么,那么我完全不知道如何回答。因为很明显,我们至今为止是以完全不同的,也就是错误的方式在生活、在教育自己。但是,我们应该做什么,才能跨越今天和明天之间的鸿沟?"

"是的,"我的朋友承认说,"我有类似感觉,也有类似的问题。但此外,我觉得自己似乎被您关于德国教育怀有如此崇高、如此理想的任务的看法吓倒,几乎要逃离它,似乎自己不配参与实现它的目的。我只看见最有天赋之人所组成的辉煌队列驰往这个目的,我可以想象在其旅程中,它将穿越怎样的深渊,超越怎样的诱惑。谁能这么勇敢去加入这个队列?"

---

① 参见施莱格尔(A. W. Schlegel),GT7。——编注
② 施莱格尔《关于戏剧艺术和文学的讲座》第五讲中把合唱视为理想的观众。尼采对于该观点的讨论,可参见《悲剧的诞生》第七部分。——译注

此时,那个同伴也转向哲学家说道:"如果我有类似的感觉,并当面向您表达出来,请不要生我的气。当与您谈话时,我感觉自己被提携,超越了自己,为您的勇气、希望所鼓舞,直至忘记自己。然而,更加冷静的时刻很快到来,现实的刺骨寒风使我重新回到现实。我只会看到横亘在我们之间的鸿沟,就像在梦中一样,您自己把我摆渡了过去。您所谓的教育在我的周围无意义地晃悠①,或沉重地压在我的心头。它是一副会把我压垮的铠甲,是一把我挥舞不动的长剑。"

　　在与哲学家争论的过程中,我们三个突然意见一致起来,我们相互鼓励、相互激发。在这静谧之夜,在柔和的星光下,我们与哲学家在这个我们白天作为射击场的空地上来回缓慢走动,并逐渐对他提出了如下的共同想法:②

　　"您对于天才已谈了许多,谈到他们在世界穿行时的孤独艰难之旅;似乎大自然永远只产生极端的对立:一方是麻木沉睡的、通过本能来繁衍的愚昧大众,另一方则是在更远、更高层面上命定要去成就永恒作品的伟大的沉思着的少数个体。但是,您现在把这些少数个体称为精神金字塔的顶峰,那么,这就是说,从宽阔的、承受重负的地基到最高的自由顶峰之间必然存在着无数的中间阶层,而那句"自然从不飞跃"③的格言正好适用这儿。但现在的问题是,您所谓的教育是从何处开始的?被自下而上统治的领域与被自上而下统治的领域之间的分界的软方石④又在哪里?如

---

① 说说您把什么作为教育教化的标准。——编注
② 尼采的文本中,这一段与下一段并未分开。——译注
③ 拉丁语"natura non facit saltus",意思是"自然从不飞跃"。参见《作为教育者的叔本华》第五部分。尼采用德语重复了这一原则,但他只在表明一种资格或例外。参见《漂泊者及其影子》,第 198 节。——译注
④ 软方石是一种可以自由切割但不易碎裂的石头。——译注

果只从精神金字塔的顶峰来谈论真正的教育,那么为了这些具有最高天赋之人的不可推算的存在,应该如何建立教育机构,应该如何思考教育机构,以使之只对这些被拣选的少数人有利呢?相反,在我们看来,恰恰是这些人能够知道如何找到自己的道路;他们的力量表现在,即使没有其他人所必需的教育拐杖,他们也能行走,因此可以不受干扰地穿越世界历史的压迫和碰撞,就像一个幽灵穿越盛大拥挤的集会。"

我们就这样论证着,没有太多的技巧,也不够系统。① 哲学家的年轻同伴则进一步说:"现在,请您自己想一想那些我们习惯引以为豪的所有伟大天才,那些我们习惯视为真正德意志精神纯正的、忠诚的领袖和指路人,那些我们用节日和雕塑来纪念他们、骄傲自信地把他们的作品推荐给国外的伟大的少数人,您所要求的那种教育在哪一点上是为他们而设,他们在何种程度上表现出他们的成长和成熟受到了其祖国的教育阳光的滋养?尽管如此,他们还是可能成为、实际上也确实成为我们今天所景仰之人;是的,他们的作品也许恰恰是在为这些高贵的天性的发展形式作辩护,恰恰是在为我们必须承认的、他们所生活的地区和时代的这样一种教育的缺乏作辩护。莱辛和温克尔曼从他们时代的德国教育中获取了什么益处?一无所获,或,至少与贝多芬、席勒、歌德以及我们伟大的艺术家和诗人获取的一样少。永远只有后代才能弄清楚前代凭借什么样的上天礼物而成就其伟大,这也许是一个自然规律。②"

---

① 与其说出于认识,不如说出于本能。——编注
② 诗人,还有学者。人们自己注意到没有,与那种具有繁茂馈赠而同时教育却如此贫乏的、有那些天才生活的时代相比较,我们当代在教育需求方面有如何不同寻常的进步? 如果我们这个时代也有上天如此的馈赠,那么又该如何不同地敬重它们啊!——编注

听到这里,白发哲学家怒不可遏,对着他的同伴喊道:"噢,你这无知羔羊!噢,你们这些毛头小子!多么笨拙、狭隘、畸形和扭曲的论证啊!唉,的确,我现在正在倾听我们当代教育的成果,我的耳朵重又响起了轰鸣的历史的'自明性',响起了响亮的、早熟老成的、无情的历史学家的理性!注意,你这未被玷污的自然啊:汝已老矣,几千年来,这星空悬于汝顶上,但汝从未听过如此有教养、但本质上是如此恶毒、却深受当代喜爱的话语!因此,我的日耳曼好人们,你们为你们的诗人和艺术家而自豪吗?你们指着他们,并在外国面前自我夸耀吗?你们因为没有努力就拥有他们,便由此得出一个最令人喜爱的理论,即你们未来无需为他们的产生而去做什么努力吗?他们是自动产生的,是仙鹤送给你们的,我未谙世事的孩子们,不是这样吗!谁还会再去谈论这些天才的助产婆呢!我的好人们,现在应该给予你们一个严肃的教诲:所有我们曾提到的光辉、高贵的伟大人物,都由于你们,由于你们的野蛮而过早地被窒息、损耗和戕杀,你们是为此而骄傲自豪吗?怎么,你们想到莱辛的时候没有感到羞耻吗?他在与你们的愚昧麻木,你们可笑的神祇和偶像,你们的剧院、学者和神学家的误解和罪恶的斗争中走向毁灭,从未振翅做过一次永恒的飞翔,而他本是为此目的来到世间的。① 你们在纪念温克尔曼时又作何感想?为了不想看见你们的荒唐胡闹,他转而求助于耶稣会的帮助。他不光彩的改信要归咎于你们,并且将是你们永远不能消除的污点。你们提到席勒的名字不脸红吗?请看看他的肖像!难道那双轻蔑地注视着你们、炽热发光的眼睛,那死一般潮红的面颊,没有向你们诉说着什么吗?你们本来拥有一个如此美妙非凡

---

① 这里有可能是指莱辛反对科勒茨(C. A. Klötz)和格厄策(J. M. Goeze)的争论。——编注

的玩具,现在却被你们给打碎了。如果可能,你们还会从席勒的忧郁、匆忙和被追赶赴死的生命中取走歌德对他的友谊,从而会导致他的生命之光更快地熄灭。我们伟大的天才过去从未得到你们的帮助,而你们现在又想基于此提出将来也不为他们提供帮助的理论?但是,直到目前为止,对他们每一个人来说,你们就像歌德在《大钟歌·跋》中所称谓的那样,是'麻木世界的阻抗'①;对于他们每一个人来说,你们都是冷漠麻木的愚人、心胸狭隘的嫉妒者和恶毒狡黠的自私者。尽管有你们的冷漠和阻碍,他们还是创造了伟大的作品,但他们要对抗你们的进攻;由于你们,他们过早地死亡;由于你们,他们在未竟的事业中,在与你们斗争的战场中,变得迟钝、麻木、心力交瘁。② 如果这种真正的德意志精神能聚集在一种强有力的保护性机构之下,那么谁能想象,这些英雄的男子汉们会取得什么样的成绩?但没有这样一种机构的帮助,德意志精神只能孤立无援、破碎不堪、堕落变质地苟行于世。所有这些男子汉都注定被毁灭了。为了逃脱你们在这方面的罪责,你们提出了'存在即合理'的疯狂信念。而且,还不仅仅是这些伟大的男子汉!在所有的精神领域,都可以发现对你们的控诉。就我所见的有天赋的诗人、哲学家、画家和雕塑家之中,而不仅仅是在那些有最高天赋者之中,到处都可以看到这种半生不熟、过度损耗、过早枯萎、精力耗损,以及花朵尚未盛开之前就被烤焦或冻馁,也就是说,到处可以察觉到'麻木世界的阻抗',即你们的罪责。这就是为什么我说我们缺少真正的教育机构,为什么那些自称为教育机构的机构又处于如此可悲的状况。谁若是乐

---

① 歌德《大钟歌·跋》,第52行。——译注
② 本段中从"怎么,你们想到莱辛……"一直到这里的"心力交瘁",几乎是《作为忏悔者和作家的大卫·施特劳斯》第四部分中一个段落的重复。——译注

于称我所谓的真正的教育机构是一种'理想',是一种'理想的要求',甚至通过称赞来敷衍我,使我满足于此,那他就应该获得这样的回应:现实的恰恰就是卑鄙的和可耻的;如果有人在严寒冰冻之际要求温暖,而他人却把这种要求称为'理想的要求'时,那么他必定会暴跳如雷。我们正在讨论的问题,涉及的是易感知的、明晰的、至为紧迫的现实状况。任何感知到这一点的人都知道,这里存在一种像严寒和饥饿那样需要关注的紧迫情况。但是,那些对此毫无感知之人,至少也有一种标准,以衡量我所谓的'教育'是在什么地方停止的,以确定我所谓的精神金字塔上被自上而下统治的领域和被自下而上统治的领域之间的分界线。"

哲学家的言语显得非常激烈。当他站在我们曾作为射击靶子的树桩附近说完上面这通发言后,我们请求他与我们再一起走走。一时间,我们都沉默不语,缓慢而深思地来回踱着。我们并未因为提出如此愚蠢的观点而感到太多羞愧,因为我们现在感到我们的个性获得了一定程度的复归。就在哲学家激烈的、不讨人喜欢的话语之后,我们感觉与他更近了,甚至感到了一种私人间的亲密关系。

因为人就是这样的可怜,以至于如果他要迅速拉近与一个陌生人的关系,莫过于让对方觉察一些自己的弱点和缺陷。我们的哲学家被激怒了,说粗话了,这就一定程度消除了我们一直以来对他的怯生生的敬重。对于那些对这种观察感到义愤之人来说,需要补充的是,这还经常会把遥远的敬重引向个体间的爱意和同情。而且,这种同情,在我们感到我们的个性有所恢复之后,会变得越发强烈。我们为什么要在夜深人静之时还强迫这位白发老人在树木和岩石间同我们一起走来走去。既然他已经对我们的恳求让步,那我们为什么不找一个更加谦逊、更加温和的形式让自己接受教诲,为什么我们三个必须用这种笨拙的方式来表达我们的异议呢？

我们现在已经注意到，我们的异议是多么欠考虑、多么无准备、多么无经验，其中恰恰回响着这个时代的声音。但这种声音，特别是教育的声音，是这位老人本不愿意听到的。此外，我们的异议并非完全出于理智的考虑。我们对哲学家发言的触动以及异议的原因，似乎在别的地方。其原因也许产生于我们本能性的焦虑，因为我们想知道我们自己能否在哲学家的精神金字塔中找到有利的位置。因此，我们身上也许汇集了所有我们以前借助自己的教育所养成的自负，不惜一切代价地去寻求反对哲学家的那种考察方式的理由，因为按照他的方式，我们对于教育教化的自以为是的要求会遭受彻底的拒绝。但是，人们不应该与像我们这样对论证的合理性有着如此个体性感受的人进行争论，或就我们的案例而言，其道德规范应该是：这样的对手不应该参与争论，不应该提出异议。

我们在哲学家周围走动着，心怀羞愧、同情以及自责，也更加相信这个白发老人是正确的，我们那样对他是不公正的。我们对我们教育机构的少年梦想，现在离我们多么遥远，我们多么清晰地认识到了我们至今以来侥幸逃脱的危险，也就是说，没有完全把自己出卖给当代的教育机构，因为它在我们进入人文中学开始时就大声向我们说着那些引诱的话语！那么，我们怎么就没有加入人文中学的崇奉者的公共合唱中呢？也许这仅仅是因为我们仍是真正的、纯洁的学生，因而仍能够从公众舆论的贪婪猎取和催逼中、从汹涌不止的风吹浪打中逃脱，躲进我们自己建立的小小的教育孤岛之中。① 即使这个孤岛也面临着被时代吞没的危险！

---

① 这里指前文提及的小协会。——译注

我们满脑子这些想法正准备向他表达时，哲学家忽然转向我们，更加温和地说："你们言行举止幼稚、轻率鲁莽，我并不感到惊奇。你们过去不太可能严肃地思考过你们从我这听说的这个问题，但不要着急，带上它，日夜加以思考。你们现在已站在十字路口，也知道这两条道路将通往何处。如果走上其中的一条道路，你们会受到时代的欢迎，亦将不缺乏花环和勋章，你们的前后左右站满了志同道合者，还有数目庞大的民众与你们同行。如果领导者一声高呼，其回声会在一队队的同行者中回荡。你们在这里的第一个义务就是以队列的形式战斗，第二个义务是消灭那些不愿意加入你们队列之人。但如果走上另一条道路，你们将很少有同行者，而且，道路更加艰难、曲折和险峻。你们在那里艰难跋涉，还会受到那些选取第一条道路之人的嘲笑，他们还会引诱你们投奔他们的阵营。但是，如果两条道路交叉，那么他们就会虐待你们，把你们排挤到一边去，或避开、害怕或孤立你们。

"那么，现在的问题是，对于两条道路上如此不同的行者来说，教育机构又意味着什么呢？对于那些蜂拥至第一条道路去追求其目标的数量巨大的民众来说，教育机构就是把其成员培养并纳入到其队列之中，清除和远离所有使其成员追求更高和更远的目标的一切。当然，我不否认，他们善于用华丽的语言去描述和传播其目标。例如，他们会谈到'在坚定的共同的国家信念和人文伦理信念的基础之上的自由人格的全面发展，或把建立一个基于理性、教育和正义的和平的人民主权国家视为其目标。①'

"对行走在第二条道路上的更为少数的人来说，教育机构有着完全不同的意义。他们把教育机构视为一个固定的保护组织，

---

① 它完全指向其建立伦理和精神自由的世界历史任务的不可避免的必要性。——编注

借以阻止他们被第一条道路之人淹没和冲散,阻止他们个体过早地疲惫,或不被分心、腐蚀和毁灭,保护他们不丧失其高贵、高尚的使命。这些个体必须完成其作品,这是他们共同的教育机构的意义和存在理由。而且,他们的作品必须清除其主观的、自我的痕迹,必须超越时代的瞬时事物的影响,真正反映事物的永恒不变的本质。因此,所有参与这种机构之人,都应该共同协作,通过这种对主观和自我的涤除,来为天才的诞生及其作品的创作做准备。为数不少的人,甚至包括二流和三流天赋之人,注定也要做这种辅助工作;而他们只有这样来服务于这种真正的教育机构,才能感到自己在履行自己的生命使命。但现在,由于时髦的现代文化的持续引诱,正是这些较低天赋之人被拖离了其真正轨道,疏离了其本能和本性。这些诱惑瞄准了他们的自私冲动、软弱和虚荣。这个时代精神不停地在他们的耳边唠叨:'跟我来吧!在那里,你们是仆人、帮手、工具,在更高的天性面前黯然失色,你们特殊的天性从未得到舒心的自由展开,就像奴隶和木偶那样被绳索牵着、被链条锁着。但是,在我这儿,你们会像主人一样享受你们的自由人格,你们的天赋可以为自己闪耀,你们还可因此而自行走到我们队伍的前列,无数的追随者将陪伴着你们,公共舆论的掌声会比天才居高临下授予的称赞更让你们舒适得意。'甚至最为优秀的人现在也屈服于这些诱惑。从根本上来看,这里的决定因素几乎不是天赋的高低,也不是一个人是否听到那些引诱的声音;而是一种特定的伦理崇高的高度和程度,是英雄主义和牺牲的本能,最后,还是一种确定的、通过正确教学所引入的、已变成了习惯的对教育教化的需求。正如我曾经说过,这种教育首先就是对天才者训育的顺从和习惯。但是,现在人们称之为'教育机构'的机构对这样一种训育、这样一种习惯,一无所知。当然,我不怀疑,人文中学最初也是这样一种真正的教育机构,至少是其准备机构。我也不怀疑,它在美妙的、深邃的、令人激动的宗教改革时代也确实在正确的道路上迈出了大胆的一步;在其后诞生了我们的席勒和歌德的时代,又重新出现了对曾被无耻压制的爱和封存的真正的教育的需要。这就像柏拉图在《斐德罗篇》①中所说的那双翅膀的第一次振颤。按照柏拉图的理解,在灵魂与美的每一次接触中,这双翅膀都会带着灵魂飞向事物不变的、纯粹的、原型的王国。"

"我尊敬的、杰出的导师啊,"哲学家的弟子开始说道:"在您引用了神圣的柏拉图及其理念世界之后,我不再相信您还生我的气,尽管我之前的说话真该挨您批评,确实惹您生气了。只要您一说话,那对柏拉图的翅膀就在我内部振颤;只要您一暂停说话,我就像我的灵魂战车的御者,艰难地驾驭着柏拉图向我们描述的那匹抗拒的、野性的、难以驯服的烈马。按照柏拉图的描述,它身体扭曲粗笨,脖子僵硬粗短,鼻子扁平,浑身漆黑,眼睛灰色而充满血色,耳朵多毛且听觉迟钝。它随时准备作奸犯科,难以用鞭子和棍棒加以管束。因此,请您想一想,我远离您生活了这么久,您所说的所有那些诱惑都曾试图引诱我,也许并非没有一些效果,即使我自己也几乎没有察觉到。我现在比任何时候都更加强烈地认识到真正的教育机构的必要性,因为有了它,我们就有可能与少数拥有真正教化之人自由地生活在一起,接受他们的引导和指引。我现在感到,独行者是多么危险啊!正如我对您所说的,我幻想我可以通过逃离来避免直接接触那种时代精神,但发现这种逃离本身就是一种幻想。而且,那种时代精神的大气会通过每一次的呼吸,从无数的血管深深地渗透到我们的身心之中,因此,没有一种独处能足够孤独和遥远,从而使我们逃离时代精

---

① 参见柏拉图《斐德罗篇》253 d-e。——编注

神的毒雾和黑云的追击。那种文化的形象会伪装成怀疑、收获、希望和美德，戴着万千变化的面具，在我们头上盘旋，在我们周围蹑足潜行。甚至就在这里，就在您这样一个真正的教化隐士的近旁，我们仍被时代精神的魔法所引诱。那支行进在第二条道路上的小队伍，该如何坚定而忠诚地看护和捍卫那种几乎可以被称为教派性的真正的教育啊！他们又该如何相互加强和相互支持啊！在这里，任何失足，该受如何严格的批评，又该受如何同情性的宽容啊！因此，亲爱的导师，在您如何严厉地批评我之后，也请您宽容我吧！"

"我的好人，你使用了我并不爱听的语言，"哲学家说，"并且让我想起了宗教的秘密结社。我跟这没有关系。但你柏拉图之马的说法让我很满意，因此，我打算原谅你。我愿意用我的马换取你的马。此外，夜已转凉，我已没有兴趣与你们继续在这儿走下去了。我所等待的朋友如果半夜三更还上山来见我，那他真是够愚蠢的了，尽管他曾经答应准时赴约。我在这儿徒劳地等待我们约定的信号出现，我不知道到底是什么阻碍了他。他是个守时和做事精确的人。我们老一辈都是这样，你们年轻人现在可能觉得这有点过时和迂腐。但他这一次却置我于不顾，真是可气！现在，跟我来！该走了！"

就在这时，新的情况出现了。

第五次讲演

我尊敬的听众！我向你们讲述了我们哲学家在深夜的寂静中的发人深省的谈话，如果你们也深有同感，那么你们听到他最后宣布的那个令人气恼的决定，你们的心情肯定会与我们当初听到时一样。你们还记得，他当时突然告诉我们，他想走了。他的朋友背离当初的约定，此外，我们及其弟子在这僻远之地所说的话很少令他振奋,因此,他想尽快结束这场对他无益的深山滞留。这天对他来说算是浪费了,他会从记忆中抹去这一天,连同被抹去的还有与我们的相识。但我们还不愿离开。这时,一个新情况促使他站住了,他已经抬起的脚也迟疑地放回了地面。

这时,莱茵河方向的一道彩色光芒,连同一声迅速消失的噪音,吸引了我们的注意。紧接着,我们又听到从远处传来富有韵律的缓慢乐声,许多年轻人的喊叫声应和并加强了这乐声。"这是他的信号,"哲学家喊道,"我的朋友终究还是来了,我没有白等。这真是一次夜半之会。我们怎么让他知道我现在仍在这里呢?来!用你们的枪声告诉他!现在,展示一下你们射击技艺!那边向我们问候的乐声,有着严格的节奏,你们听到了吗?记住这个节奏,用你们爆炸的枪声以同样的节奏回应它!"

这个任务正合我们的趣味和才能。我们尽可能快地装好子弹,相互协商好后,举枪对着灿烂的星空发射,尖锐的枪声在短暂回响之后逐渐消失在远方。第一枪,第二枪,第三枪,枪声有节奏地划破了静寂的夜空。"节奏错了!"这时哲学家喊道。因为我们的射击节奏突然中断了。就在第三枪之后,一颗流星飞快地划过,我们不由自主地朝着它滑落的方向开了第四枪和第五枪。

"节奏错了!"哲学家叫喊道,"谁让你们朝流星开枪!没有你们的射击它也会自行滑落。一个人在使用武器之前,必须知道他要做什么。"

此时,从莱茵河那边传来的不断重复的旋律,加入了更多、更响的声音。"他们理解我们的意思了,"我的朋友笑着喊道,"这样一个发光的幽灵①恰在射程之内,谁能忍住不朝它射击呀?"

"等一下!"哲学家弟子打断了我朋友的说话,"向我们回复信

---

① 这里似乎是指那个坠落的流星。——译注

号的那群人可能是谁！我估计其中的人声有 20 到 24 个，很有力的男声，这群人从哪里来问候我们？他们好像还没有离开莱茵河对岸。从我们之前坐的那个长凳那边，我们应该能够看见他们。我们赶快去那里！"

我们那时一直在那个地处较高位置的粗大树桩附近上下走动，因此，我们对莱茵河的视野被浓密黑暗的、高耸的树丛所遮蔽。相反，就像我之前对你们解释的那样，我们之前离开的、位置较低的休息之地，对于莱茵河的视野要比从这里位置较高的小平地的视野更好；也就是说，在那里，我们的视线可以穿过树梢，恰好可以看到莱茵河，看到处于莱茵河圆弧中心、被其环抱的诺嫩沃特岛。因此，我们赶紧走向那个休息地，但照顾到年迈的哲学家也没有走得太快。夜晚的树林尤为漆黑，难以辨识之前走过的路，我们只得保护着哲学家，深一脚浅一脚地摸索着往下走。

我们刚到达那个有长凳的地方，一大片模糊闪耀的火光就进入我们的视野。显然，这火光来自莱茵河对岸。"是火把！"我喊道，"完全可以确定，对岸是我波恩大学的同学，您的朋友肯定在他们中间。刚才是他们在唱歌，他们会陪伴您的朋友过来。您看！您听！他们正放下小舟。用不了半个小时，那个火把队伍就会来到我们上面这儿。"

听到这，哲学家向后退了一步。"您说什么？"他突然喊道，"你的波恩朋友，大学生？我的朋友怎么能跟大学生一道来呢？"

他这个几乎是愤怒的问题也激怒了我们。"您凭什么反感大学生？"我们反驳道。但他没有回答我们。过了一会儿，哲学家才开始说话，语气缓慢且充满抱怨，但不是直接对着我们，而似乎是对着远方的某人在说话："这么说，我的朋友，即使是在半夜，即使是在这孤寂的山上，我们也不能独处。你竟然要把一帮捣乱的大学生带到我这儿来。你十分清楚，对于这类天之骄子，我避之唯恐不及。我真不理解你,我远方的朋友。在长时间分别之后,我们特意选择这样一个僻远的角落、这样一个不寻常的时分重逢,总归是要谈论点什么。我们为什么需要一群见证者的合唱,而且是这类见证者呢!今天把我们召唤在一起的,绝不是一种多愁善感的柔情的需要。因为我们俩很早就学会了高贵的遗世独处。我们决定在此相会,并不是为了我们自己,不是为了回顾和维持对彼此的柔情,也不是为了展示感人至深的友谊,而是因为在一个值得纪念的时刻,我曾突然遇到在这里庄严独坐的你,因而今天我们就像菲默法庭①的骑士,想在这里进行最为严肃的相互咨商。可以让那些理解我们的人来旁听,但为什么你要把一帮肯定不理解我们的人带来!我真不理解你,我远方的朋友!"

我们认为打断一位老人如此不满的牢骚话语是不太礼貌的。当他伤感地沉默时,我们仍不敢告诉他,他如此不信任大学生令我们多么恼火。

最后,那位年轻陪伴转向哲学家,说道:"我的导师,您的话使我想起,在我认识您之前,您曾经执教于若干大学。关于您那时与学生交往以及您的教学方法的流言,至今仍有所传布。从您刚才谈及大学生时的弃绝语气来看,有人会猜测您有某些特殊的不快经历。但我个人宁可相信,您在大学所看到和经历的与其他人所看到和经历的并无不同;所不同的是,您对它们的评判比别人更加严格,也更加公正。因为从与您的交往中我认识到,最值得关注、最富教益和最富决定性的经验和经历就是日常的经验和经历。但恰恰是摆在所有眼睛之前的巨大谜团,只有极为少数的人

---

① 菲默法庭,是一种难以确知其起源、但可以追溯到查理曼大帝时期的特殊法庭。这种法庭一般在露天举行,其审判由一种秘密组织举行,其所给予的唯一的惩罚就是死刑,并且是立即执行。菲默法庭在1811年被威斯特法伦国王废止。——译注

才把它视为谜团。这些问题就像是躺在马路中央,无数路人的脚从上面踩过,但从未被注意,而等待着少数真正的哲学家把它们细心地拾起①,并从此作为智慧的宝石而光芒灿烂。尊敬的导师,在您的朋友到达这儿之前还有些时间,也许您能给我们说说您对大学的一些认识和经验,从而完成我们不经意间要求您的、对我们教育机构的全面考察。此外,也请您允许我们提醒您,在您今晚早些时候的谈话中,您曾经向我们做过这种许诺。从人文中学出发,您宣称它具有一种异乎寻常的意义:所有其他教育机构必须按照它所表述的教育目的来衡量自己;如果其倾向是错误的,那么所有其他机构也跟着错误。今天,即使是大学也不能再声称自己具有这样的重要性,即运动的中心。就大学今天的形式而言,至少按照一个重要的方面,它不过是对人文中学倾向的扩展。您在讲到这里时曾许诺我们,您稍后将详加解释。我想,我们的大学生朋友可以证实这一点,他们可能偷听到我们当时的谈话。"

"这个我们可以作证,"我回应道②。哲学家转向我们,说道:

---

① 根据叔本华,参见《作为意志和表象的世界》第2版,第176页;参见《补遗》第1卷,第172页。——编注
② 我说:"但哲学家不可能认真地倾听我们说话。因此,他陷入到了对陪伴他即将到来的朋友的不受欢迎的群体的惊奇之中。你无疑是正确的,他最后对其同伴说,这些日常经验是最为重要的,因而也是最需要进行阐释的。但这样一种经验迫使我相信,对于这些使我和我的朋友内心最深处感动的事物,大学生也许是最不合适的听众。因为这些大学生现在习惯去听他们能够听的,并习惯于对其只能够听的事物进行报复。他们按照自己的习惯,到处背负着听课者的形象,背负着向唯一向他们提供的纯粹只能听的教学进行报复的需要。也就是说,他们不仅因此感觉到他们的人格受到了压制,似乎被公式化,而且感到那些渴求教育、渴求成人的高贵的倾向受到拒斥。这种永恒的不满足感伤害着他们的情绪,折磨着他们,并最终激发他们反对那些他们想借以获取职业及个人生计的事物,但却只能听到那种非人性的冷漠和司空见惯的言辞。大学极为信任和尊重这种教学者,因此,在长者同年轻人、教师和学生之间唯有相互促进和团结的氛围,常常是非常罕见或贫乏的。"(转下页注)

"好,如果你们真的认真听了,那么,请你们按照我所说的全部内容,向我描述一下你们所理解的今日人文中学的倾向。此外,你们仍离这个教育领域足够近,因而能够根据你们的经验和感受来评判我的思想。"

我的朋友以他一贯风格迅速而机敏地回答说:"直到现在,我们一直认为,人文中学的唯一目的就是为其学生将来读大学做准备。但是,这种准备应该使我们足够独立自主,从而能够胜任一个大学生的特别自由的学术生活。① 因为在我看来,在今日的个体生活中,没有一个领域像大学生活领域那样,有那么多的事情被留给个人去决定和处置。个体必须在若干年内,能够在一个广泛的、完全给予他的平台上自我指导,因此,人文中学必须尽力使学生独立自主。"

我接着我朋友的话继续我们的论证。"在我看来,"我说道,"甚至您对人文中学所做的、肯定是正确的所有批判,都不过是使如此年轻的学生达到某种自立,或至少相信这种独立自主的手段。德语作文的教学应该服务于这种独立自主。个体必须及早欣赏并实现自己的观点和意图,以便能够摆脱拐杖,独立行走。

(接上页注)"我还不完全理解您,"哲学家的年轻同伴说,"您把大学里那种日常的、但却最需要阐释的经验称为什么? ——我们的大学生被判定要去听,只把他们视为听众,而且,除了这种倾听之外,他们自己在一种令人忧虑的程度上缺乏引导地被放弃了。我们到哪儿去重新找到一种如此陌生的机构?可以肯定地认为,阐释了这一事实的人,自己将明白大学作为一个教育机构的意义。从外在来说,人们会在当代怒吼之中,带着相似的感觉,看到大学就像暴风骤雨中风平浪静的港湾,特别是当灯塔之灯即将熄灭之时。一些年轻人似乎会被有力的大手从党派的挤压中、对财富的不倦的猎取中、从公共生活的饥饿者的不满足中解救出来。这个漫游者保持着对古代的城墙的敬畏;按照他的臆测,他觉得城墙包围着和平的处所,相对于野蛮,教育教化逐渐成长。"——编注

① 需要指出的是,当时德国的大学生几乎很少受到限制,拥有极大的自由。显然,尼采并不认可这种自由,因为在他看来这会导致智力的荒废。——译注

因此,要及早地教导他去创作,要更早地督促他去进行尖锐的评判和批判。拉丁语和希腊语的学习即使不足以点燃学生对遥远的古代世界的崇奉之情,但这些学科所运用的方法,却足以唤醒科学意识、对认识的严格因果关系的兴趣,以及对发现和发明的欲望。要了解这一点,只需想象一下,有多少年轻人在人文中学用其年轻之手捕获到某种不同版本的新奇异文,从而受到科学的魅力的持久诱惑!人文中学的学生必须学习和收集大量的不同信息,并因此有可能逐渐产生一种独立自主的动力。伴随着这种动力,他就会在大学里以类似的方式独立地学习和收集。简言之,我们相信,人文中学的目的就是为学生将来独立自主地继续学习和生活做准备,并使之习惯于此,就像他们首先必须在人文中学的规则的逼迫下学会这样生活和学习一样。"

哲学家听后放声大笑,尽管笑得不那么温和。他说:"你们自己正好向我展示了这种独立自主的样本。但正是这种独立自主让我感到害怕,使我在接近当代大学生时总是感到不舒服。是的,我的好人,你们已经长好了,成熟了,大自然把你们放在模子里加以铸造,然后又打碎了模子[①],你们的教师肯定会深感得意。你们的判断是多么自由、确定和独立!你们的见解多么新奇、多么新鲜!你们端坐在法庭之上,所有时代的所有文化都将从那溜走。你们的科学意识已被点燃,从你们身上蹦出了火花,人们要当心,当心被你们烧死!若是进一步看看你们的教授,我会看到同样的自立,只是独立自主的程度更大,也更加迷人。从来没有一个时代拥有如此多最令人崇敬的独立自主,人们从来没有如此

[①] 参见卢多维科·亚利欧斯多(Ludovico Ariosto, 1474—1533)的《疯狂奥兰多》第10部分第84行(X 84):"大自然塑造了他,然后打碎了模子(Natua il fece e poi ruppe lo stampo)"。尼采在论叔本华时多次引用这句话。——编注

强烈地痛恨一切的奴性，当然也包括教育、教化和文化的奴性。

"不过，请允许我用教化的尺度来衡量一下你们的这种独立自主，考察一下只作为教育机构的你们的大学。如果一个外国人想了解我们大学的教育情况，他首先会着重问：'大学生是怎样与大学联系起来的？'我们会回答：'作为听众，通过耳朵。'①他会很吃惊。他会再次问：'只通过耳朵？'我们会再次回答：'只通过耳朵！'对于教学，大学生只是在听，但如果他说，他看，他社交，他从事艺术；简言之，如果他生活，他是独立的，也就是说不依赖教育机构。而且，大学生在听课时还常常会做记录。这是他依赖于大学的脐带的时刻。他可以选择听什么，也无需相信他所听到的；当他不想听时，可以堵住耳朵。这就是'讲授教学法'。②

"但教师是对那些倾听的学生讲话。而他怎么想、怎么做，都与学生的感知之间存在着巨大的鸿沟。教授讲课时，常常是朗读。一般情况下，他希望有尽可能多这样的听众。在不得已的情况下，他也不满足于少数听众，而且，从不满足于只有一个听众。一张朗读的嘴，数量众多的耳朵，以及与耳朵相比减半的手，这就是大学这个学术机构的外观。这就是运转着的大学教育机器。此外，嘴的主人与许多耳朵的主人之间是分离的、独立的。这种双重的独立性被热情地崇奉为'学术自由'。而且，为了进一步提高这种自由，一方大致可以说其欲说，另一方大致可以听其欲听。只是在这两个群体背后的不远处，站着神情专注的、监视着的国家。国家不时地提醒这两拨人，自己才是这套奇特的听说程序的目标、目的和全部。

---

① 作为教育机构的大学通过什么起作用？正是通过耳朵。——编注
② "Akroamatisch"意思是"只与听有关"，在古希腊，这个词与口头秘传传统有关。——译注

"我们只被允许把这种奇特的现象视为一种教育机构;并告诉询问大学教育情况的外国人说,使我们大学之为教育的东西,就是从嘴到耳;就像前面所说的那样,所有为了教化的教育不过是'讲授教学'。但是,既然一方面听和听什么都留给学术上无偏见的、精神自由的学生来自主决定,另一方面他也可以否定其全部所听的可信性和权威,那么,所有为了教化的教育,在其严格的意义上说又落到了学生自己身上。这种在人文中学被视为追求目标的独立自主,现在被无比自豪地打扮成'迈向教化的学术上的自我教育',并以其无比华丽的羽毛而炫耀于世。

"年轻人拥有足够的智慧和教化,从而能够自己引导自己行走了,多么幸福的时代!我们这个时代无与伦比的人文中学竟然成功地培植出了独立自主;但其他时代的人们却认为必须培养依赖、纪律和服从,必须打击所有形式的、自以为是的独立妄想!我的好人,对我为什么喜欢从教化的角度出发而把今天的大学视为人文中学的扩展,你们搞清楚了吗?人文中学所传递的教育,作为某种完整的和完成的东西,带着其苛刻的要求通过了大学之门:由人文中学提出苛求,由人文中学颁布律令,由人文中学进行裁判。因此,你们不要受这些受过人文中学教育的大学生的欺骗。就他们相信自己吸收了教育之惠而言,他们永远仍然是受到其教师之手塑造的人文中学的学生。因此,自从与他们的教师的学术分离之后,自从他们离开人文中学之后,他们就被完全剥夺了所有继续塑造和迈向真正教化的引导,以便从现在开始独立自主地生活,成为自由之人。

"自由!检验这个自由吧,你们这些人性的观察者!这种自由的大厦建立在今日人文中学的细碎沙土之上,风暴一吹,就会倾斜飘摇。你们仔细看看这个自由的大学生,这个迈向独立自主的教育的使者:预测一下他的本能是什么,从他的需要来探讨他!

如果你们懂得从三个循序的标准来考察他,那么你们就会知道他的教育到底如何。也就是说,首先从对哲学的需要,然后从对艺术的本能,最后从作为所有文化的活的绝对命令的古希腊罗马文化,来考察他的教育。

"人是如此被最严肃的、最困难的问题所包围,以至于只要他被以恰当的方式引导去注意这些问题,他就会及时地产生一种永恒的哲学惊异,而且,唯有在这种惊异的基础之上,就像是在沃土之上,才会生长出深刻而高贵的教化。最常把他引向这些问题的,是他自己的经验。特别是在其风暴激荡的青少年时代,他的几乎每一个不寻常的个人事件都反映在一种双重的光辉之中:一方面作为日常生活的例证,另一方面作为一种永远令人惊奇的、因而值得阐释的问题的例证。在这样的年龄,人会看到自己的经验被一种形而上学的彩虹围绕着。他这时最需要一双引导他的手,因为他突然地、几乎是本能地相信人的存在的模糊性和多义性,并丧失了迄今为止所持信念的坚定支持。

"这种符合自然的最高需要的状态,自然会被视为当代所崇奉的独立性的最恶劣的敌人。按照今天的时代精神,受过教育的年轻人应该培养这种独立性,因此,所有已进入时代的不言自明的怀抱之中的人,都会不遗余力地压制青少年这类合乎自然的哲学冲动,试图使之扭曲、瘫痪、转向或枯萎。其最爱使用的方法就是所谓的'历史教化'。[①] 一个最近在世界上恶名远播的哲学体系[②]居然还找出了这种使哲学自我毁灭的公式。现在,凡是对事

---

① 这里的"历史教化"(historische Bildung),亦可翻译成"历史教育",是指对一切学科都采取历史的方法,强调其历史性的素养和探究能力。尼采在1874年发表的《论历史对于生命的利弊》,亦即《不合时宜的考察》第二部中,对这个问题有更为详细的批判。——译注
② 这里指黑格尔的哲学体系,尤其指其"存在的就是合理的"的论述。——译注

物进行历史考察的地方,我们都可以看到这样一种变'非理性'为'理性'、颠倒黑白的天真幼稚的鲁莽。人们经常倾向于拙劣地模仿黑格尔的那个命题,喜欢问:'不合理的才是现实的吗?'唉,今天,恰恰是不理性的才似乎是'真实的',也就是起作用的。这种用现实来阐释历史的方式,被认为是真正的'历史教化'。我们年轻人的哲学冲动就这样蜕变为了历史教化,我们大学里奇特的哲学课似乎在密谋加强和肯定年轻人在历史教化方面的学术倾向。

"因此,一种对永恒发生的问题的深刻阐释,逐渐被一种历史的、甚至是古典语文学的考量和质疑所代替,如,这个或那个哲学家思考过什么或没有思考过什么;这篇或那篇文字是否合理地被归于某人;这篇或那篇异文是否应该受到优先重视。现在,在我们大学的哲学讨论课上,我们的大学生被鼓励像这样中立地探讨哲学。这就是为什么长期以来,我习惯把今天的哲学视为古典语文学的单纯分支,也习惯于根据他们是否是好的古典语文学者来评价他们的代表人物。因此,哲学本身无疑已被逐出大学。这就是我们对大学的教育价值的第一个问题的回答。

"大学与艺术处于什么关系,对此我们完全可以毫无愧色地加以否认,因为它们之间根本没有关系。我们在大学里根本找不到一丝艺术思考、艺术学习、艺术追求和艺术比较的痕迹。这里也没有人认真地思考过大学在促进民族最重要的艺术规划方面的角色和作为。我这里考虑的根本不是大学是否偶然有某教师感到自己有艺术才能,以及是否设置审美方面的文学史教席,而是大学作为整体不能给予大学生们严格的艺术训练和训育,在这方面对他们完全放任自流,毫无作为。我们从中可以看出一种对大学自封为最高的教育机构的狂妄要求的断然驳斥。

"我们大学生的学术'独立'就这样在没有哲学、没有艺术的条件下生存,那么,他又怎么可能有与古希腊、古罗马为伍的需要呢？现在，再没有人需要去伪装尊崇古希腊和古罗马；此外，古希腊和古罗马也端坐在难以企及的孤独和崇高的疏离之中。因此，我们当代的大学绝不再关注这样一种几乎完全灭绝的古代世界的教育倾向，而是建立起自己的古典语文学教席，以培养新的排他性的古典语文学者，后者成为教师后又到人文中学去培养学生类似的古典语文学的准备性。这样一种恶性循环对古典语文学者和人文中学都没有好处，但更主要的是，它是对大学傲慢地自诩为教育机构的第三方面的控诉。撤除了对古希腊、哲学和艺术的需要，没有这些梯子，你们怎么向上攀爬到真正的教育教化之巅呢？因为如果你们没有这些帮助的梯子就试图去向上攀求真正的教育，那么，请允许我告诉你们，你们的学术和博学，与其说是给你们插上双翅，引导你们上升，还不如说是压在你们肩上的沉重负担。

"如果你们，你们这些诚实的人，现在能够诚实地立足于我所探讨的三个循序的精神阶段，那么你们就会认识到，与希腊人相比，现在的大学生对于哲学而言是不适合的、没有准备的；没有真正的艺术本能；是自命自由的野蛮人。不过，你们不会因此厌恶地避之唯恐不及，尽管也许会不愿与之太近接触。因为尽管他成为今天这个样子，他却是无辜的，不应受到责备。正如你们所认识的那样，他是那些应该受到责备之人的无声却可怕的控诉者。

"如果你们必须理解这个有罪的无辜者对自己所说的秘密语言，那么，你们也就学会了理解那个向外炫耀的独立自主的内在本质。在这些高贵的、天赋优良的年轻人中，无人能远离和摆脱那个使人疲惫、困惑和衰弱的永无喘息之机的教育需要。在这样一个时代，他似乎是充斥着官员和仆人的现实中的唯一的自由人，但他为其伟大的自由幻象付出了层出不穷的烦恼和怀疑。他感到自己没有能力引导自己，没有能力帮助自己，于是便绝望地埋头于日常生活和劳作的世界里,以避开这样的感觉。因此,他为最琐碎、最平庸的事务所包围,四肢疲惫无力。突然,他再次振作起来,仍感受到其内部那股使他向上的力量并未衰退。高傲和高贵的决心在其心中形成和生长。他担心自己过早地沉入到狭小的专业领域,因而试图抓住急流沿途中的任何支撑之物,从而避免不被卷走。但一切徒然!这些支撑物避开了,他没有抓住它们,只抓住了易折的芦苇。在低落而无所慰藉的情绪中,他看见自己的计划烟消云散了。他的状况没有尊严,令人恐惧。他不断奔走于过于紧张的事务和抑郁虚弱的状态之间。他疲倦了,懒惰了,害怕工作,惧怕一切伟大的事物,他恨他自己。他向内审视自己,分析、分解自己的能力。他认为他看见了贫乏的、混乱的空虚。于是,他再次从想象的自我认识的高度跌落到一种讥讽性的怀疑之中。他解除了他奋斗的重要性,感到自己会乐于从事任何有用的工作,而不管这个工作是如何卑贱。他现在是在匆忙不停的行动中寻求他的慰藉,使自己隐藏于其中。因此,他茫然失措,而且缺乏引导他迈向教化的领导者。这都驱使着他从一种生活方式奔走到另一种生活方式。但是,怀疑、振奋、生存困境、希望、绝望等把他抛来抛去的一切,都证明了那些在他顶上指导他航船的所有星辰均已坠落。

"这就是那个著名的独立自主的图景,那个反映在具有最高的、真正的教育需要的灵魂里的学术自由的图景。当然,这里所考察的不是与之对立的粗糙的、无所用心的灵魂,这种灵魂深以你们那种野蛮意义上的自由为乐。此类低级灵魂的低级享乐,以及其过早的、狭隘的专业局限,表明这种独立性及学术自由对于他们恰恰是合适的。对此,我们无需多言。但是,他们的享乐无法抵偿一个拥有高贵灵魂的年轻人所遭受的苦痛:他有一种文化倾向,但缺乏引导,最终在不满和烦闷中解除诸种绳索之约束,放荡不羁,追求自由,并开始蔑视自己;但他是个没有罪责的无辜者。因为我们可以去追问，究竟是谁让他背负了不可承受的、独自站立的重负？他在这样一个年龄，听从伟大导师的引导，最为热切地追随大师的脚印，才是其最自然、最切近的需要，那么是谁在激励他寻求独立自主呢？

"认真思考一下这种强力压制如此高贵的教育需要所必然引起的后果，真是令人恐怖。谁若在近处用尖锐的目光审视那些我所深恶痛绝的当代伪文化的最危险的促进者和支持者，他便会发现他们大多是这种堕落的、被毁灭的教化寻求者，其内在的绝望促使他们对真正的文化持有最富敌意的恼怒，因为在他们绝望的时刻，没有人指导他们如何获得文化和教化。我们再次发现，诸如新闻记者和报刊写手之人在类似的绝望中，并不是最有敌意和最低劣的；是的，现在某些过于雕琢的文学种类的精神，似乎恰恰带有堕落大学生的特性。例如，还有其他方式来理解那一度闻名的'青年德意志'①与其今天被频繁模仿的堕落的后继者之间的关系吗？这里我们会发现一种似乎是变得野蛮的教育需要。这种需要变得难以制伏，最后竟爆发为一种呐喊：'我就是文化！'在那里，这一被逐出这些机构、现在却以统治者自居的文化，徘徊在德国人文中学和大学的门前，但它已毫无这些机构的博学和学术，以至于如小说家古茨科夫竟被理解为人文中学时髦的文学青年的最好样板。

"这样一种堕落的教化寻求者的出现是桩严重的事件。令人恐怖的是，我们观察到我们整个学术界和新闻界都打着这种堕落的标记。如果这些堕落的学者不倦地关注、甚至参与新闻

---

① "青年德意志"，一般被认为是存在于1830至1850年的一个联系密切、组织良好、甚至带有阴谋的创作运动。但实际情况可能并非如此。其代表人物有古茨科夫、海涅和温巴尔格（Ludolf Wienbarg）等，他们反对政治专制和宗教愚昧，倡导政治自由、政治改革、宗教宽容、妇女解放和政教分离，等等。其中有些人更为激进、更具有革命性，因而在1835年这个运动受到政府镇压，许多人的作品遭禁。——译注

界对民众的引诱和败坏,我们还有什么别的方式来公正对待我们的学者吗?也就是说,我们只能认为,学者的全部学术对于学者的意义,类似于小说的创作对于小说家的意义:对自我的逃避;对教化冲动的禁欲性灭除;对个体的绝望的毁灭。从我们堕落的文学艺术中,从我们学者的极度膨胀的图书写作狂中,流出的是同样的叹息:'哎,我们能够忘记自我!'但这办不到。堆积如山的印刷品也无法令其窒息的记忆,仍会不时地重复着说:'一个堕落的教化追求者!为教化而生,却被教育成非教化!无助的野蛮人,时代的奴隶,为瞬时的锁链所缚者,饥渴者,永恒的饥渴者!'

"哦,这些悲惨的负有责任的无辜者!因为他们缺乏一种必须为他们每一个人提供帮助的东西,即一种真正的教育机构,从而能够为他们提供目标、导师、方法、榜样和同志。而且,从这种机构内部,那种真正的德意志精神的使人有力、令人振奋的气息就会灌注到他们身上。因此,没有这种机构的支持,他们就会枯萎在荒野之中,并堕落为那个根本上与他们内在结盟的精神的敌人;他们累积罪行,使其罪行高于任何前代;他们玷污洁净,亵渎神圣,崇奉虚假。你们借此就可以清楚我们大学的教育力量。你们也可以严肃自问:你们通过大学来促进什么?促进德意志的博学、德意志创造精神、高贵的德意志认识冲动、德意志的勤奋和自我牺牲,以及诸如此类其他民族所嫉妒的美好辉煌的事物?是的,如果那个真正的德意志精神就像孕育着希望和祝福的、闪着电光的乌云一样,在你们所有人顶上飘荡,那么,你们就是在促进这些世界上最美好、最辉煌的事物。但是,你们惧怕这种精神,因此,另一种沉重而压抑的阴霾聚集在你们大学的上空;在此情形之下,你们中一些高贵的年轻人艰难地、窒息般地呼吸着,最优秀的人则走向了毁灭。

"为了驱散这种阴霾,把人们的视野引向德意志精神的云端,本世纪曾经有过一种悲怆、富有教益的严肃尝试。我们在大学的历史上找不到第二次类似的尝试。谁若是想令人印象深刻地展示我们现在所必须做的事情,那么他将不可能再找到一个更好的例子。我指的就是过去的早期'兄弟会'。①

"年轻人从战场中带回了这个出乎意料的、最珍贵的战利品,即祖国的自由。头顶着这个花环的他们,还自负地想到了某种更为高贵的事物。他一回到大学就感到呼吸沉重,感到大学教育上空的气息沉闷、压抑且腐朽。② 他突然瞪大眼睛惊异地看到,在所有种类的学术的伪装之下,隐藏着的是非德意志的野蛮;他突然发现他的同学缺乏导师引导,被放任耽于令人厌恶的年轻人的享乐和沉醉之中。他深为愤怒。他带着类似席勒当初在他的学生面前慷慨朗读《强盗》③剧作时可能有的最高傲的义愤表情,起而反抗。而且,如果席勒用一幅狮子图像和'向暴君开战'的箴言作为其这部剧作扉页的内容,那么他的那些青年追随者本身就是那准备跃起战斗的狮子,而一切'暴君'真的会开始发抖。是的,对于那些胆怯、肤浅的目光而言,这些义愤的年轻人无异于席勒剧

---

① 兄弟会(Burschenschaft)是一个源于抵抗拿破仑的解放战争的学生运动。第一个兄弟会建立于1815年的耶拿,类似的学生组织很快就在其他大学成立。兄弟会反对反动的政府政策,争取德国统一。在其一个成员刺杀剧作家科策布(August von Kotzebue)之后,兄弟会在1819年受到禁止。结果,兄弟会变成一个秘密组织,而且更加激进,甚至在1832年进攻了法兰克福警察总部。但19世纪下半期,兄弟会的性质有所变化,日益变成一个带有民族主义和反犹性质的社会团体。——译注
② 这里的表述类似于席勒《强盗》中卡尔的一些发言,参见《强盗》第二场第一幕。——译注
③ 《强盗》是席勒的第一个剧作,最初出版于1781年。尼采所提的版本是1782年修订的第二版,也就是通常所指的"狮子版本"。这个版本的"向暴君开战"的箴言上有个凶猛的狮子图像。——译注

作中的强盗：他们的怒吼对于恐惧的耳朵而言，无异于使斯巴达和罗马变成了女修道院。① 对这些愤而反抗的年轻人的恐惧，要比那些'强盗'不止一次在宫廷里所引起的恐惧更加普遍、更加深远，以至于按照歌德的说法，一位德国王侯将会表达这样的观点：'如果他是上帝，并且预见到了这些强盗的出现，那么他就不会去创造这个世界了。'②

"如此令人费解的强烈恐惧是从哪里产生的呢？因为这些愤而反抗的年轻人在其同学中最勇敢、最有天赋、也最纯洁；他们仪容举止大气爽朗，高贵单纯；最为神圣的律令把他们相互联系起来，以寻求更加严格、更加虔敬的卓越。那么，人们恐惧他们什么呢？这种恐惧在何种程度上是自欺、伪装抑或对正义的真正认识也许永远搞不清楚，但在对他们的恐惧中，在对他们的荒唐无耻的迫害中，有一种强烈的本能在说话。这种本能对'兄弟会'的刻骨仇恨源于两种原因：首先是因为这个组织本身，因为这个组织第一次尝试建立一种真正的教育机构。其次在于这个教育机构的精神——那种严肃、沉着、坚毅和勇敢的富有男子汉气概的德意志精神。它源自宗教改革以来被健康地保存下来的矿工之子路德的精神。

"现在请思考一下'兄弟会'的命运。如果我问你们：连德国的王侯们似乎也在他们对德意志精神的仇恨中理解了它，那么，当时的德意志大学理解它了吗？德意志大学勇敢而坚定地用它的双臂翼护其最高贵的儿子，并说出"你们必须先杀死我，然后才可以去碰我的孩子"这样的话了吗？我期待你们的回答。你们可

---

① 在《强盗》第一场第二幕，卡尔在讲话中认可这些不满的年轻人的领导，并承诺："我将把德国变成一个共和国，使罗马和斯巴达看起来像修道院。"——译注
② 参见歌德《与艾克曼的谈话》，1827年1月17日，周三。但歌德并不认同趣闻中王子的观点。——译注

以借助你们的回答来判断德意志大学是否为真正的德意志教育机构。

"那时的大学生就已预见到,一个真正的教育机构必须深深地扎根,也就是必须深深地扎根于一种纯粹伦理力量的内在革新与振作之中。而且,为了学生的荣誉和名声,这一点必须永远向他们不断重复。他在战场也许学会了他在'学术自由'领域内绝对学不到的东西:人需要伟大的引导者;一切教育都开始于顺从。在战场上胜利欢呼之时,在对其解放了的祖国深思之时,他发誓要做德意志人。德意志人!现在,他学会了理解他的塔西佗①,现在,他理解了康德的绝对命令,现在,他开始痴迷和陶醉于冯·韦伯的《琴与剑》②的旋律。哲学、艺术甚至古代世界的大门突然向他打开。在一次最值得纪念的流血行动中,也就是在对科策布③的谋杀中,他用其深刻的本能和狂热的短视为其独一无二的席勒报了仇。席勒在与这个麻木的世界的对抗中被过早地吞噬了。席勒本来可以做他的引路人、导师和组织者,而现在只能对他满怀悲愤地加以悼念了。

"这就是那些充满预感的大学生的厄运:他们找不到他们需要的引路人和导师。他们自己逐渐变得不确定,意见不一,相互不满;不幸的轻率之举很快就暴露了他们中间缺乏能够掌控全局

---

① 塔西佗出现在日耳曼精神的名单上比较难以理解。也许是因为他的《日耳曼尼亚志》。——译注
② 冯·韦伯(Karl Maria von Weber, 1786—1826),作曲家和指挥家。其爱国主义的套曲《琴与剑》(*die Leierund Schwertweise*)基于一系列关于战争英雄科尔纳(Carl Theodor Körner)的诗歌。科尔纳是个诗人和战士,死于对抗拿破仑的解放战争。——译注
③ 科策布(August von Kotzebue, 1761—1819)是个通俗作家,创作了 230 多部戏剧,被兄弟会的激进成员桑德(Karl Ludwig Sand)刺杀于办公室之中。参见《超善恶》,第 244 节。——译注

的天才。那个不可思议的谋杀，除了显示了一种可怕的力量，也显示了缺乏引路人的巨大危险。他们如此缺乏引导，必将因此而毁灭。

"我的朋友们，我这里想做些重复！所有的教育都开始于人们现在欢呼为学术自由的相反的东西，开始于顺从、服从、纪律、臣属和奴役般的服务精神。就像伟大的引导者需要被引导者一样，被引导者也需要引导者：这里主导的是一种相互倾慕的精神等级秩序，也就是一种前定和谐①。这一万物带着其自然的重心所奋力趋向的永恒秩序，恰恰受到了与之背道而驰、但现在却端坐在当代宝座之上的伪文化的干扰和毁灭。它要么企图把引导者贬低为它的仆役，要么使之备受折磨；当被引导者寻求他们被前定的引导者时，它就伏击他们，用其麻醉剂的烟雾来引诱和抑制他们寻求着的本能。但尽管如此，如果命定相遇的双方，也就是引导者和被引导者经过艰苦斗争而带着累累伤痕相聚之时，他们内心会燃起深刻的喜悦之情，就像一个永恒奏响着的竖琴的回声。那种喜悦之情，我只能借助比喻来让你们领悟。

"你们是否曾在某次音乐排练中，留心观察过通常构成德国乐团的那些奇怪、干瘦的好人？我们看到的是任性的'形式'女神的无常变化！看到的是怎样的鼻子和耳朵，怎样笨拙或干瘦的肢体动作！这里，请你们想象一下，假设你们是聋子，从未想到声音和音乐的存在，并且把乐队演奏过程视为纯粹造型艺术来欣赏，那么，由于没有声音的理想化效果的干扰，你们就会看不够这一

---

① 前定和谐是莱布尼兹的一个重要哲学观念，他有时自称其哲学体系为"前定和谐系统"。莱布尼兹认为，不同物质如身心之间表面上相互影响，但实际上并非如此，而是从一开始就各自遵循自身的规律，但又自然地相互保持着一种前定的和谐，犹如一个乐队的每一个乐师各自演奏作曲家事先为之谱就的旋律，而全乐队就奏出了和谐的交响曲。——译注

出中世纪的粗俗木刻手法的滑稽剧,你们就会看到这出对智人的无害滑稽模仿。

"现在,请想象你们的音乐感重新回归了,你们的耳朵重新打开了;请想象在乐队的高处有一位可敬的、打节拍的指挥,以毫无精神和沉闷的方式在行使着自己的责任:刚才那无声的滑稽一幕不复存在了;你们在倾听。但是,沉闷无聊的精神似乎从那位可敬的指挥那里流向他的整个乐队。现在,你们只能看到昏睡倦怠和软弱无力;现在,你们只能听到不准的节奏、平庸的旋律和令人有一种陈腐的感受。这个乐队在你们看来,就是一帮冷漠阴郁或完全令人讨厌恶心的乌合之众。

"但是,请你们插上想象的翅膀大胆设想,终于有一个天才——一个真正的天才来到乐队中间。你们会立即注意到某种令人难以置信的东西。这个天才似乎以其闪电般的精神变化,进入到所有这些机械的、没有精神的半兽的肉体之中,似乎在他们所有人中只有一只魔法之眼向外张望。但现在你们倾听,观看——但你们再也听不够了!如果你们现在去观察这个或豪迈激昂、或低回倾诉的乐队,如果你们注意到每个肌肉迅速灵活的绷紧和每个姿势的节律的必然,那么你们也会同情性地感受到什么是引导者和被引导者之间的前定和谐,感受到在精神的等级中每个事物如何迫使我们去建立这样类似的组织。不过,我的比喻是为了让你们领悟到我所理解的真正的教育机构是什么,领悟到为什么我在当代,甚至在当代大学中,根本没有再发现这样一个真正的教育机构。"

天与地,以及诗人的位置

——再论海德格尔的荷尔德林阐释①

孙周兴

(同济大学 人文学院)

一、尼采+荷尔德林=海德格尔?

20世纪30年代中期,马丁·海德格尔辞去弗莱堡大学校长职务之后,重新转向了思想的事业。此时有两个关键人物占据了海德格尔的思想视野,一是哲人尼采,二是诗人荷尔德林。哲人尼采对于海德格尔后期的形而上学批判工作和"存在历史"(Seinsgeschichte)观的形成具有决定性的意义;而诗人荷尔德林则对海德格尔后期"世界"(Welt)观的形成具有不可或缺的重要作用。

我们看到,在1936至1942年的短短六年之间,海德格尔在弗莱堡大学做了六个尼采专题讲座;此外又在1941至1946年间写了四篇文章,用力之巨之深,可谓惊人!② 与此同时,海德格尔开

---

① 本文系作者提交给德国图宾根大学主办的"荷尔德林学术研讨会"(2011年7月4—7日)的报告。作者此前撰有《说不可说之神秘——海德格尔后期思想研究》(上海三联书店,1995年),以及《语言存在论——海德格尔后期思想研究》(商务印书馆,2011年)作为前者的修订版(后引注中该书均参见2011年修订版),两书中的第三章对海德格尔的荷尔德林阐释有过专题讨论,故此处可谓"再论"。

② 这六个尼采讲座依次为:1.《尼采:作为艺术的权力意志》(1936—1937年冬季学期);2.《西方思想中尼采的形而上学基本立场:相同者的永恒轮回》(1937年夏季学期);(转下页注)

始高度关注诗人荷尔德林,此间做了三个荷尔德林专题讲座;此外又在 1936 至 1943 年期间做了三个关于荷尔德林诗歌的演讲,写了一篇相关论文。① 海德格尔后来声言:他与荷尔德林处于"非此不可"的关系之中。

而正是在紧张而密集地阐释尼采和荷尔德林的过程当中,海德格尔完成了自己的一本鸿篇巨制《哲学论稿(从本有而来)》(1936—1938)。但该书成稿后,一直被海德格尔压下未发。直至海氏死后,在他诞辰百年的 1989 年才被公诸于世(即《海德格尔全集》第 65 卷);此后便被学界认定为海氏除了前期的《存在与时间》之外的第二本重要著作,同时也被认为是 20 世纪最晦涩的一本思想著作。②

于是我们看到了一个不无古怪的情形:海德格尔一边热热闹闹地大讲尼采的哲学和荷尔德林的诗歌,一边暗自写下自己的一本大书而又不予公开——至死未予公开。这是怎么回事呢?究竟是什么样的思想形势和思想格局?其中可有什么暗藏的关联和玄机么?

(接上页注)3.《尼采的第二个不合时宜的考察》(1938—1939 年冬季学期);4.《尼采关于作为认识的权力意志的学说》(1939 年夏季学期);5.《尼采:欧洲虚无主义》(1940 年第二个三分之一学年);6.《尼采的形而上学》(1941—1942 年冬季学期,已预告而未做成)。海德格尔的《尼采》两卷本就是作者根据上列讲座(第三个除外)整理而成的,此外又加上了相关的四篇论文(作于 1941 年和 1944—1946 年)。因此,从时间跨度上来讲,海德格尔的《尼采》一书历经了整整十个年头。

① 这三个荷尔德林专题讲座分别是:1.《荷尔德林的赞美诗〈日耳曼尼亚〉和〈莱茵河〉》(1934—1935 年冬季学期);2.《荷尔德林的赞美诗〈追忆〉》(1941—1942 年冬季学期);3.《荷尔德林的赞美诗〈伊斯特河〉》(1942 年夏季学期)。相关演讲和论文即收入《荷尔德林诗的阐释》中的前四篇文章,依次为《返乡——致亲人》(1943 年演讲)、《荷尔德林和诗的本质》(1936 年演讲)、《如当节日的时候……》(1939—1940 年演讲)以及《追忆》(发表于 1943 年的论文)。

② 海德格尔:《哲学论稿(从本有而来)》,克劳斯特曼出版社,1989 年;中译本,孙周兴译,商务印书馆,2012 年。下文脚注中该书均指德文版。

直言之,尼采、荷尔德林与海德格尔,特别是后期海德格尔(或者说《哲学论稿》时期的海德格尔),他们之间到底有着何种关系?我们可以干脆列出一个等式:尼采+荷尔德林=海德格尔吗?尼采和荷尔德林最后都成了疯子,说得稍稍文雅些两者都是思想史/文学史上的"出位者"——德语中的"发疯"(verrückt)一词即有"出位"之义——,那么,作为两者叠加的产物,这个海德格尔不是可能成为思想史上最大的"出位者"?

这些自然都是值得注意和深究的问题,但并非本文能够完全承担的课题。本文仅限于讨论海德格尔与荷尔德林,特别着眼于海德格尔后期的"天/地"二重性的"世界"观,以及与此相应的"神/人"关系。我们希望借此重审海德格尔的"思"与荷尔德林的"诗"之间可能的契合关系。

二、天与地:海德格尔如何发现世界?

海德格尔前、后期的"世界"观点具有重要的区别。在前期的《存在与时间》中,海德格尔意在破除主体性形而上学的知识论世界观,形成了一种实存论分析(此在分析)意义上的此在—世界(Dasein-Welt)观点。在海德格尔看来,世界不是现成存在者的总和,不是一个"什么"(Was)的世界,更不是与此在无关、与主体相对立的"外部世界"。相反,此在与世界是原始统一的,此在总是已经在世界之中,而世界是此在总是已经在其中的世界。海德格尔甚至得出结论说:"如若没有此在实存,也就没有世界在'此'。"①

海德格尔这个想法是有创意的,但也不无骇人可怕之处。其创新之处是现象学方法上的,其可怕之处则在于海氏结论中包含

---

① 海德格尔:《存在与时间》,尼迈耶出版社,1993年,第365页。

的极端唯我论倾向。

海德格尔把胡塞尔的意向性学说和本质直观学说转化为有关日常生活世界的活动和情境的分析,使之脱离了知识学的路径,而进入活生生的此在实存现象的分析和描述。海德格尔的基本思路如下:人生在世,首先总是要与"器具"或者"用物"打交道。怎么打交道法? 首先不是认知,而在于使用——"用"优先于"知"。着眼于"用",则我们与器具之间首先不是冷冰冰的关系,而是有着一种亲切而熟悉的关系、一种有温度的关系。海德格尔于此做了一个大的跳跃:这种亲切而熟悉并不是由器具本身提供的,而是由"世界"——"使用境域"——提供给我们的。这个"境域"、这个"世界"通常是毫不起眼的,是不受关注的;往往是在我们的使用活动和情况出现问题时才被注意。于是我们就可以认为,"世界"是一种既显又隐的发生,而正是"世界"的隐而不显才使器具的使用成为可能,器具的存在必须从"世界"角度来理解。[①]

海德格尔这个不乏新意的想法是对现象学的一次重要推进。但在回答"世界"这个使用境域的构成和发生问题时,海德格尔却犯了错:他仍然把"世界"之根系于"此在",或者说把"此在"弥散化为"世界",从而走向了一个极端主体主义的境界。[②]

1930年代初的演讲《论真理的本质》之所以重要,是因为海德格尔在其中形成了一个更为原始的真理观点。在海德格尔看来,原始的真理乃是作为"澄明"与"遮蔽"之二重性运动的存在本身之真理,即"神秘"(Geheimnis);而存在者之存在意义上的真理,虽然也具有显/隐二重性的运动,但并非原始的。这样一个分

[①] 参见孙周兴:《一种非对象性的思与言是如何可能的?》,见《中国现象学与哲学评论》第三辑,上海译文出版社,2001年;后收入孙周兴:《后哲学的哲学问题》,商务印书馆,2009年,第316—320页。
[②] 详见孙周兴:《语言存在论——海德格尔后期思想研究》,第一章。

层构想,对于后期海德格尔思想来说是根本性的。思想真正要关注的是真理的发生,即原始的存在之真理如何实现为存在者之存在意义上的真理。这就为克服前期哲学中的主体主义倾向提供了可能性。

稍后的海德格尔又接过了这个题目。特别是在《艺术作品的本源》(1935—1936)一文中,海德格尔把物如何在世界境域里显现以及世界境域如何开显(构成)的问题,与艺术、艺术作品联系起来了。海德格尔此时高度重视"作品"(Werk),认为我们只有通过"作品"才可能认识物的存在。"我们绝对无法直接认识物之物因素,即使可能认识,那也是不确定的认识,也需要作品的帮助。"①为什么呢? 因为在海德格尔看来,物只有在"作品"开启和建立的世界里才能显现。"作品"是人类功业,原则上人类的活动都可能成就"作品",但其中首要的当然是艺术作品了。

海德格尔把艺术作品的存在特征规定为两项:其一为"建立一个世界",其二为"制造(产出)大地"。②艺术是"存在者之真理"的发生方式,以海德格尔的说法,是存在者之真理自行设置入作品中。真理在艺术作品中现身为"世界"与"大地"的"争执"。③这个"争执"(Streit)是在存在者之存在的真理意义上说的,而存在本身意义上的真理二重性运动则被叫作"原始争执"(Urstreit),即澄明与遮蔽之"原始争执"。所以,真正说来,通过艺术而实现的真理乃是"原始争执"→"争执"的发生,即原始的、神秘的"澄明—遮蔽"二重性展开为"世界—大地"的二重性运动。

这是海德格尔从自己的存在/真理观引申出来的想法。我们

---

①② 海德格尔:《林中路》,克劳斯特曼出版社,1994 年,第 56、34 页。
③ 海德格尔:《林中路》,第 56 页。以上讨论可详见孙周兴:《一种非对象性的思与言是如何可能的?》,见孙周兴:《后哲学的哲学问题》,第 310 页以下。

不难确认,此时的海德格尔尚未明确地形成更后期的"天、地、神、人"四重性的"世界"观点;相反,他讲的还是"世界/大地"(而非"天空/大地")的真理二重性运动。海德格尔通向后期"四元"世界的思想还需要一个环节,而在我们看来这个环节就是他的荷尔德林诗歌阐释。

海德格尔一直强调"基本词语"对于思想的重要性。同样,海德格尔也把基本词语分析推广到他的诗歌阐释中,比如对于荷尔德林诗歌的阐释。在他看来,荷尔德林诗歌中的核心词语是"自然"(die Natur)和"神圣(者)"(das Heilige)。海德格尔首先发现,荷尔德林在1800年之后经历了一个重大转变,即开始在古希腊的Physis(涌现之自然)意义上诗化和思考"自然"(Natur)了。

海德格尔曾经解说过荷尔德林的诗作《如当节日的时候……》,该诗第三节唱道:但现在正破晓!我期候着,看到了/神圣者到来,神圣者就是我的词语。/因为自然本身,比季节更古老/并且逾越东、西方的诸神,/自然现在已随武器之音苏醒,/而从天穹高处直抵幽幽深渊/遵循牢不可破的法则,一如既往地/自然源出于神圣的混沌,/重新感受澎湃激情,那创造一切者。[①] 在这节诗里,海德格尔看到了荷尔德林诗歌中几个最重要的词语,诸如"神圣者"、"自然"、"诸神"、"天穹"和"深渊"等。正是这些"大词"成就了荷尔德林的"大诗"。

根据海德格尔的阐释,荷尔德林在这节诗里对"自然"做了两项规定:其一,"自然"源出于"神圣者",是根据"神圣者"的牢不可破的法则而彰显出来的。其二,"自然"是无所不在的"创造一切者",其老更甚于季节(时间),是在先的,并且"超越""诸神"。荷尔德林接着又对"自然"做了进一步的命名,所谓"从天穹高处

---

① 参见海德格尔:《荷尔德林诗的阐释》,第49页。

直抵幽幽深渊"一句道出了"自然"的显/隐二重性:"天穹"(Äther)表示"光之父",而"深渊"(Abgrund)则意谓"大地母亲"("地母")所孕育的"锁闭一切的东西"。① 海德格尔阐发道:"天穹和深渊既命名着现实的极端区域,也命名着最高的神性。"②

至此,我们可以说,海德格尔已经根据荷尔德林的诗意词语形成了他后期的"世界游戏"(Weltspiel)说。荷尔德林所谓的"自然"(Natur)即海德格尔所思的"世界"(Welt);荷尔德林所谓的"神"(das Göttliche)或者"诸神"(Götter)被海德格尔接了过去,海氏也讲"神"(das Göttliche);荷尔德林的"天穹"和"深渊"则被海德格尔转化为"天空"和"大地"了。海德格尔后期的"天、地、神、人""四方"的"世界游戏"(Weltspiel)说,在此已然成形了。③

海德格尔这时候的"世界"观点,其况味已经全然不同于他在《存在与时间》时期提出的"此在—世界"(Dasein-Welt)了,而是"四方—世界"(Geviert-Welt)了。不过,我们认为,这两者之间仍然有一种继承关系。在前期哲学中已经获得揭示的世界(境域)的显/隐二重性构成了海德格尔现象学的特点,这个特点依然在后期思想中得到了保持,只不过是被具体化或者说诗化了。概而言之,在后期海德格尔发现"世界"的过程中,他于1930年代初形成的真理观的转变是一个基本的准备,但他紧接着做的对荷尔德林诗歌的阐释工作,无疑也是一个具有激发作用的重要元素。

三、神人之间:作为半神的诗人

上面我们主要讲的是海德格尔"四方—世界"中的天与地,还有神人关系未及讨论。在神人关系上,海德格尔与荷尔德林有何

---

①② 海德格尔:《荷尔德林诗的阐释》,第60—61、61页。
③ 参见孙周兴:《语言存在论——海德格尔后期思想研究》,第223页以下。

关联？在前期哲学中，尽管海德格尔采取的基本路向是实存哲学，而且正如蒂利希所言，实存哲学终究是有神学指向或归宿的①，但前期海氏却并没有把神人关系当作一个重点问题来讨论。"此在—世界"太俗了，相关的哲思不及神性。然而，1930 年代以后，"转向"之后的海德格尔却在他的"四方—世界"观点中把神人关系问题提了出来。我们认为，海德格尔的这种转变又是与他的荷尔德林诗的阐释相关的。

"神人"关系比"天地"关系更加复杂。表面看来，神在上、人在下，有了天地之分也就相应地有了神人之分，简单明了。但实际上，因为两者都与"神圣者"相关联，个中关系就要繁难得多了。海德格尔说："因为无论是人类还是诸神都不能自力地完成与神圣者的直接关系，所以人类需要诸神，天神需要终有一死者。"②

处于天地两极间的人与神（诸神、天神）需要有个"中介"，方能有"爱"（Liebe），方能结果，即"诸神和人类的作品"。那么，这个"中介"是什么呢？海德格尔说：诗人。海德格尔复又引用了荷尔德林的一节诗：因此大地之子现在毫无危险地／畅饮天国之火。／而我们诗人！当以裸赤的头颅，／迎承神的狂暴雷霆，／用自己的手去抓住天父之光芒，／抓住天父本身，把民众庇护／在歌中，让他们享获天国的赠礼，／因为我们唯有纯洁的心脏／宛若儿童，我们的双手清白无邪。③

在海德格尔的相关阐释中，"神圣者"被称为"直接者""至高者"，而"诸神"只不过是"较高的间接者"；人也被二分了，被分为"诗人"与"民众"，后者也被称为"大地之子"。"神圣者"与"诸神"之分，可以与海德格尔此间已得深化的"存在学差异"思想相

---

① 何光沪编：《蒂利希选集》，下卷，上海三联书店，1999 年，第 1248—1249 页。
②③ 海德格尔：《荷尔德林诗的阐释》，第 68、48 页。

合。所谓"存在学差异",并不是人们通常所流传和猜度的那样是存在与存在者的区别和差异,而是"存在本身"与"存在者之存在"的差异,后者才能与前述的海德格尔 1930 年代真理观的转变相接通。

还有诗人与民众的二分。按说,两者都属于"大地之子",但海德格尔——或者说,也是海德格尔的荷尔德林——却对人做了等级(层次)划分。诗人被称为"间接者",也就是我们上文所讲的"中介"了。根据上引荷尔德林的诗歌,当神圣者到达之际,"大地之子"是有福了,可以直接毫无危险地畅饮"天国之火",径直领受神圣的光芒;而诗人们却是苦不堪言,他们被置入了最极端的危险之中,必得无畏地去迎受神圣者的狂暴雷霆,去抓住天父的光芒,并且付诸歌唱,让"大地之子"("民众")庇护在歌声之中。于是作为这种"中介"的诗人便被海德格尔称为"半神"(Halbgott)。何以诗人是"半神"呢?因为诗人的歌唱见证着神圣者,见证着诸神和人类的一体关系。

我曾把上面描述的关系总结为"神圣者"之"贯彻图":"神圣者"(直接者、至高者)→"诸神"(较高的间接者)→"诗人"(半神、间接者)→"民众"(大地之子)。① 在这种等级秩序中,诗人被赋予一种特别重要的地位,是人子中的杰出者。而可怜的"民众"却与"神圣者"隔了好几层。

对终有一死的人子的这样一种分等,是海德格尔 1930 年代中期的全新想法。在前期的此在分析(基础存在学)中,海德格尔所做的是对人类一般存在,即此在(Dasein)的实存论分析,虽然其中也有关于此在实存状态的本真/非本真之分,有相应的对"常人"(das Man)的讨论,但无论如何,此在总是领会着存在的此在,

---

① 孙周兴:《语言存在论——海德格尔后期思想研究》,第 233 页。

此在总是已经处于与存在的关系中,哪怕是非本真的此在也从属于这种关系。但现在,在海德格尔的荷尔德林阐释中,诗人成了终有一死的凡人中间的"英雄",只有他们——当然还有对应的"思想家"——才可能具有"与存有(Seyn)的关联"。① 诗人差不多成了基督宗教意义上的教士或牧师。

那么,谁是这种别具一格的英雄诗人呢? 在前述的隐匿大书《哲学论稿(从本有而来)》(1936—1938)中,海德格尔把诗人(以及思想家)称为"罕见者""将来者",而诗人荷尔德林则被命名为"将来者中最具将来性的"诗人。海德格尔写道:"将来者乃是以抑制心情内立于被建基的此—在中的那些人,唯有他们才能获得作为本有的存在(跳跃),作为本有的存在居有他们,并且授权给他们去庇护存在之真理。荷尔德林乃是他们的远远而来、因而最具将来性的诗人。荷尔德林乃是将来者中最具将来性的,因为他从最远处而来,而且由此远程而来,荷尔德林穿越最伟大者,转换最伟大者。"②

这是海德格尔在存在/存有历史意义上对诗人之使命以及"第一诗人"荷尔德林的规定。诗人的使命在于存在之真理的建基,亦即成为存在之真理向存在者之真理的发生过程的"中介";而荷尔德林之所以是诗人之最,是"诗人中的诗人",乃是因为"荷尔德林诗意地表达了将来的诗人,他本人作为第一个诗人而'存在'(ist),第一个把曾在的和将来的诸神的切近和遥远带向决断"③。

---

① 从 1930 年代中期以后,海德格尔常常以"存有"(Seyn)和"本有"(Ereignis)来代替他前期哲学中探讨的"存在"(Sein)。
②③ 海德格尔:《哲学论稿(从本有而来)》,第 252 节,第 401、463 页。

四、最后的诗哲神话？

应该看到，赋予诗人以文化创始和历史建基之伟大意义的并非海德格尔一家；最突出的代表，往远可举18世纪的意大利大哲维柯，近处可举海氏前辈、19世纪的尼采。不过，海德格尔所处的时代境况与前两者已经大不同了，在今天这样一个自由民主的平民化时代里，任何具有精英化和贵族化倾向的文化理念和文化设计都会受到不同程度的质疑。

德国当代哲学作家萨弗兰斯基认为，海德格尔的荷尔德林阐释工作有如下三个重点：其一，在他自己的"权力—政治"失败后，海德格尔关心的是权力的本质，人生此在力量的层次；诗、思想、政治三者之间的关系如何。其二，海德格尔企图在荷尔德林那里找到一种我们缺乏的语言。其三，荷尔德林是诗的诗人，海德格尔想通过诗本身这一媒介来把握自己的活动，即思想本身的思想。他在荷尔德林那里画了一幅自己的形象，是一幅自己想让人看到的形象。①

作为传记作家，萨弗兰斯基眼光比较"阴险毒辣"，但我们不得不承认，他上面讲的三点都是有事实依据的。因为，其一，海德格尔的荷尔德林阐释工作确实是在他短暂的政治生涯（出任弗莱堡大学校长）结束之后，从1930年代中期开始的，海氏此时的任何努力都不免带有起于个人境况的动因；其二，正如我们上文指出的，主要是通过荷尔德林的诗意话语，海德格尔构造了自己后期思想中不乏诗意的"天、地、神、人""四方—世界"观；其三，综观后期海德格尔思想，在他精心构造的诗—思关系中，海氏确实

---

① 萨弗兰斯基：《海德格尔——来自德国的大师》，靳希平译，商务印书馆，1999年，第381—382页。

是把为数不多的诗人(除荷尔德林外,还有里尔克、特拉克尔、格奥尔格,或许还得加上同时代的德语诗人保罗·策兰)设为自己的"对偶者",宛若"遥遥相望的两座高山"。①

海德格尔自己把他与荷尔德林的关系视为必然,看作"命运性的",是所谓"存在历史性的"。在《哲学论稿》中,海德格尔甚至断言:"哲学的历史性使命的极致乃在于认识到倾听荷尔德林的诗句的必然性。"②

现在,我们能像萨弗兰斯基那样,说海德格尔是完全出于个人的和政治的动机在做一种虚妄的夸张,做一种对于诗和哲、对于诗人和哲人的地位的提高和张扬吗?我们必须意识到,鉴于诗—思关系在后期海德格尔的存在历史性思想中的重要地位,如若我们简单地——或许轻佻地——仅仅从权术和私利角度来猜解海德格尔的荷尔德林阐释,则我们就等于是全盘否定了后期海氏思想。

在对海德格尔的荷尔德林阐释的再阐释和评价上,学界向来不乏出于不同动机的批评和指责。如果说长期以来文学界的指责多半来自文本文献学的规范研究者,批评海德格尔的工作属于"过度阐释",那么,特别是在海德格尔身后,由于新起的政治哲学热情,则更多地出现了对海德格尔阐释工作的过于政治化的再阐释——后者同样未必是思想史研究的正道,也是值得我们谨慎对待的。

实际上,在后期海德格尔关于真理之建基以及艺术—哲学(诗—思)关系的思考中,尼采起了十分重要的作用。特别在1870年代的著述中,尼采围绕希腊悲剧时代的文化,对艺术、哲学的特

---

① 荷尔德林的诗句。
② 海德格尔:《哲学论稿(从本有而来)》,第258节,第422页。

性做了深思,并且把艺术与哲学的关系理解为民族文化的一个轴心问题。创造性、肯定性的艺术与持守性、否定性的哲学之间的关系如何,在尼采看来就是文化状况的表征;而两者之间的失衡恰恰是一种文化的失控。① 现在我们完全可以认为,在深度关注"尼采—荷尔德林"的1930年代,海德格尔接受了尼采这样一种艺术/哲学二元交织的文化观;与此同时,海氏前期根据现象学方法发展出来的"此在—世界"观,此时在荷尔德林那里找到了诗意的表达,形成了后期的"四方—世界"观。

至于"神圣者/诸神/半神/民众"这等精英主义的主张和表态,海德格尔也有回避和反击的说辞。在《艺术作品的本源》中,海德格尔表示:他只讨论大师作品,而大师相对于伟大的作品,只不过是作品由以产生的通道而已。② ——喏,海德格尔仿佛早就留了一手呢。但他这一手能成功吗?

人们也许仍旧要问:通过荷尔德林诗歌的阐释,也许还加上尼采式的文化理想,海德格尔是不是构造了一个"新神话",一个最后的"诗哲神话"?而按我们的理解,这个问题也就是对后哲学的纯思的可能性的追问。③

---

① 参见孙周兴:《重启一种本源性的诗思关系》,载《同济大学学报》2005年第4期,第21页以下。
② 参见海德格尔:《林中路》,第26页。
③ 参见孙周兴:《非推论的思想还能叫哲学吗?——海德格尔与后哲学的思想前景》,载《社会科学战线》2010年第4期。

从"本真的历史"到"效果的历史"

——论《真理与方法》对海德格尔早期历史观的改造

方向红

(南京大学 哲学系)

一

众所周知,"本真的历史"或"本真的历史性"是海德格尔早期基础存在论中的历史观。笔者经过研究发现①,这一表述并不像它以之为基础的另外两个概念"此在的本真状态"以及"本真的时间性"那么不言而喻。根据海德格尔在《存在与时间》中的观点,本真性的成立必须符合三个条件:属于自己;已经得到个别化;成为自由的能在。由这三个条件出发,我们可以做出这样的判断:此在在"向死而在"中摆脱常人的控制、从沉沦状态中返回自身从而能够自由地做出决断,这就意味着此在回到了自己的本真状态,找到了属于自己的、真正的时间性。可是,这种本真状态带来了新的问题:此在从非本真性中的被敉平的同质性状态过渡到本真性中的无区别状态,这意味着,处于本真状态中的这个"此在"与那个"此在"在特质上是完全一样的,即表现为同样的情绪

---

① 参见方向红:《海德格尔的"本真的历史性"是本真的吗?——海德格尔早期时间现象学研究献疑》,载《江苏社会科学》2011年第2期,第45—51页。

"畏"、同样的"向死而在"、同样的"决断"和同样的有限性。为了解决这里的困难,海德格尔在《时间的概念》这篇文章中引入"解释学的处境"这一概念,就是说,此在并不是孤独突兀地在世中存在的,它拥有属于自己的"前结构"——在该文尤其是在《存在与时间》中,这种结构被看作"前见""前有"和"前把握"。

处境就是历史,此在正是通过自己的"前结构",或者说,通过自己所承载的历史,而彼此区分。本真状态所带来的难题虽然得到了解决,但引入历史概念,特别是引入"本真的历史"这一说法,却引发了新的困难。诚然,要想获得"本真的历史",此在必须在其"前结构"中"承受遗业"并"在先行的决心中""以命运方式重演种种曾在的可能性",同时"承担起本己的被抛境况"。①可是,以这种方式赢得的历史充其量只是"本真的此在的历史",而不是"本真的历史"本身,因为,无论如何,曾在的作为是第一性的,而此在后来的重演,即使是"以命运的方式"所展开的重演,也属于第二性的行为。为了理顺这里可能存在的纠结,海德格尔引入了"代际的历史"这一思想②:历史由世代的此在所构成,但其构成方式并不是此在及其作为的简单的先后排列。由于此在总是具有自己的"前结构",因此"老一代的个别人甚至可能远远走在新一代的人'之前'"③。初看起来,似乎"代际的历史"完满地说明了"本真的历史"的理想。曾在的作为是第一性的,但它又作为第二性的"重演"而活在当下的此在中,甚至预先影响到尚未来临的此在的

---

① 分别参见海德格尔:《存在与时间》,陈嘉映、王庆节译,生活·读书·新知三联书店,2006年,第442、437、441、436页。

② 分别参见 M. Heidegger, *Der Begriff der Zeit*, *Gesamtausgabe*, Vol. 64, Friedrich-Wilhelm v. Herrmann ed., Vittorio Klostermann, 2004, pp. 87–88 以及海德格尔:《存在与时间》,第442页以下。

③ M. Heidegger, *Der Begriff der Zeit*, p. 87.

道路。可是,如果深究起来,这样的本真历史恰恰违背了海德格尔自己对本真性的规定。我们看到,虽然这样的历史属于本真的此在,本真的此在也在自己自由的能在中对过去进行重演并对未来做出决断,但这样的此在却不再是个别化了的此在,它处于向类的此在进行转化的危险之中,而个别化是本真性的基本条件之一。显然,从本真的此在和时间性并不能直接过渡到本真的历史性。

为历史寻找一个承载者和行动主体,这对于哲学家来说是不可抵抗的诱惑。意向、心灵、主体、自我、精神、绝对观念等,是哲学家们所提供的不同的解决方案。甚至在流俗的态度中,尽管人们像海德格尔所批评的那样把历史理解为演历(Geschehen),但这种演历的主体也被理所当然地置于部落、民族、国家乃至人类之上。应该承认,海德格尔是起而拒绝这种诱惑的第一批先行者。从个体而不是类出发,从有限性而不是永恒出发,从出于本己而不是来自他人的抉择和行为出发,构成了海德格尔独树一帜的历史观。但是,由于基础存在论刚刚脱胎于胡塞尔的先验哲学,因此"本真的历史性"思想不可避免地打上了先验哲学的烙印①,这种印记在理论上就表现为此在地位的尴尬:**既是个别化的,又有向类滑动的趋势**;**既是有限的,又存在向作为大全的共同体转化的危险**。

作为海德格尔的亲炙弟子,伽达默尔对其老师在这里面临的困难是了然于心的。一方面我们看到,他在《真理与方法》等著作中,对海德格尔在**时间性**、**实存性**、**理解**、**解释**、**能在**、**上手状态和在手状态**、**此在的被抛和筹划**、**此在的前结构**等方面所展开的生

---

① 伽达默尔关于《存在与时间》的一个断言可以支持我们这里的判断。他说,尽管"把先验探究作为近代主观主义的结果去加以认识和克服""是《存在与时间》一书一开始就已包含的使命",但"我们甚至必须承认,海德格尔的《存在与时间》一书的最初设计并不完全超出先验反思的问题范围"。分别参见伽达默尔:《真理与方法》,洪汉鼎译,上海译文出版社,1999年,第331、329页。

存论分析赞誉有加,甚至明确表示,必须将这一基础存在论的思路运用到历史研究中去:"这种此在的生存论结构也必须在对历史传统的理解里找到它的表现,所以我们首先仍必须跟随海德格尔。"①可是,另一方面,我们发现,"本真的历史性"这个术语从未成为伽达默尔解释学的语汇,更遑论是其哲学的关键词了。②

虽然伽达默尔在《真理与方法》以及《哲学解释学》中没有对海德格尔的"本真的历史性"提出明确的批评,但他对"本真的历史性"这一术语的放弃以及对解释学的历史观的阐明都表明,他已认识到并克服了海德格尔术语所蕴含的困难,解决了此在在历史中两难的尴尬境地。伽达默尔谦恭而又自信地说道:"我们首先以海德格尔探究的先验意义为出发点,通过海德格尔对理解的先验解释,解释学问题获得了某种普遍的框架,甚至增加了某种新的向度。"③

伽达默尔是如何既沿着海德格尔的道路前行,又克服了其中所包含的困难的呢?他为解释学增加了哪一种新的向度呢?为了解决这里的问题,伽达默尔说:"在我们的讨论中必须插入胡塞尔的现象学。"实际上,仅有胡塞尔的现象学是不够的,还必须有来自约克伯爵对生命概念的分析。由于"约克伯爵……在黑格尔的精神现象学和胡塞尔的先验主体性现象学之间架设了一座一直被人忽视的桥梁"④,伽达默尔才批判地继承了海德格尔的基础存在论,最终建立起自己的解释学的历史观。这样,重构胡塞尔和约克

---

① ④ 分别参见伽达默尔:《真理与方法》,第332页以下、第340页;第314、327页。
② 据笔者的阅读,"本真的历史性"这个术语伽达默尔从未使用过。就连"本真性"这个概念在《真理与方法》中也没有涉及。论文集《哲学解释学》虽然偶有几处提及这个概念,但都是在海德格尔早期思想的框架内使用,意在辨明其中可能产生的误解。分别参见伽达默尔:《哲学解释学》,夏镇平、宋建平译,上海译文出版社,2004年,第126、141—142、207—208、214—216、232—233页。
③ 伽达默尔:《真理与方法》,第339页。

伯爵在伽达默尔思想形成中的作用史,就成为本文的当务之急。

二

胡塞尔毕生所涉及的主题非常多,但根据伽达默尔本人的陈述,对他的思想发挥产生直接影响的有这样一些概念:"先天相互关联(Korrelationsapriori)""视域(Horizont)""匿名的意向性(anonyme Intentionalität)""成就(Leistung)"以及"生活世界(Lebenswelt)",等等。

在《真理与方法》中,伽达默尔谈起了自己对这些概念的理解。① "先天相互关联"指的是经验对象与其被给予方式之间的先天关系;这实际上也就是意向性的基本特征,它是胡塞尔现象学研究一直围绕的中轴,这个中轴确保了胡塞尔始终走在一条既不同于客观主义、也不同于心理主义的道路上。与意向性的"先天相互关联"密不可分的是两个方向上的"视域",它们分别位于关联方的两边。在体验流这边,每一次的意向性体验都包含了尚未被意指、尚未被课题化、但通过调整意向的目光可以成为对象的东西。这些东西作为空乏的视域存在,是个别的体验项得以被给出的基础;与此相对应,在另一边经验对象那里也存在着空乏的视域,它们组成了世界视域。② 视域与对象完全不同,对象具有自己的界限,而视域不是呆板固定的东西,它"是某种随同变化而继

---

① 以下参见伽达默尔:《真理与方法》,第314—321页。
② 在《哲学解释学》中,伽达默尔以视觉注意力为例,详细地阐述了对象与其视域之间的关系,可作为对此处过于简略的说明的补充:"如果我把我的注意力指向一个限定对象,比如指向后面墙上的两个正方形,那么一切现存的东西——整个房间——都同时呈现在我眼前,就像一种意向性的晕一样。我甚至可以在事后记得当时我所意指的只是两个正方形,但所有这一切都出现并被意指了……胡塞尔合乎逻辑地把这种意向性叫作'匿名的意向性'"(伽达默尔:《哲学解释学》,第120页,引文略有改动)。

续向前移动的东西"。更为重要的不同在于,对象可以通过单个的意向性而得到构造,但视域却绝不能"以任何个人的名义"完成,世界视域的构成是"匿名的意向性"的"成就";这个意义上的世界视域就是胡塞尔的"生活世界",它是我们经验和认识一切对象的基础,但它本身没有被对象化或课题化,它是自然科学的前提,因此比一切科学的世界更加原始。这一原始的和基础性的世界与"匿名的意向性"相关,即它与主体相关。根据内时间意识现象学的基本原则,这种"先天相互关联"意味着生活世界一方面存在于永恒的当下之中,另一方面则处于不断的消逝之中。一言以蔽之,"生活世界存在于永久的相对有效性的运动之中"①;因此,生活世界是历史的。

由生活世界的历史性能不能直接过渡到解释学的历史观呢?事情并非如此简单。胡塞尔的生活世界的历史性中的真理是由先验主体性,即"原自我(Ur-Ich)"来担保的,而这一点恰恰是伽达默尔所反对的。从伽达默尔的思路来看,相对于海德格尔对此在的诉求,胡塞尔诉诸"原自我"的做法是一个巨大的倒退、一个一直退回到费希特的倒退。对这种倒退的原因,伽达默尔将其归结为贯穿胡塞尔现象学始终的认识论理想:"胡塞尔试图从'意识生命'里推出历史世界的构成。我们可以问……生命概念的真正内容是否过多地受到这种由最终的意识所与而进行推导的认识论模式的影响。"②

如果直接的过渡成为不可能,那么,胡塞尔的上述概念的意义何在呢?伽达默尔指认,必须通过一座桥梁———一座由约克伯爵"在思辨唯心论和本世纪的新经验观点之间",准确地说"在黑

---

① 以上参见伽达默尔:《真理与方法》,第316、318页。
② 伽达默尔:《真理与方法》,第322页。

尔的精神现象学和胡塞尔的先验主体性现象学之间"所"架设"的"桥梁"①，胡塞尔思想对解释学历史观的价值和意义才能凸显出来。

伽达默尔指出，一个由黑格尔提出并在约克伯爵那里得到坚持和推进的重要观点是，生命和自我意识具有结构上的对应关系。生命与它所赖以为"生"的世界之间具有一种奇特的思辨关系：一方面，生命不同于它生存于其中的事物，只要生命存在，它便始终维持这种差异性；另一方面，生命是靠异于它自己的事物的滋养，即靠同化异己的事物来维持自身的同一性的。因此我们可以说，"区分同时也是非区分。异己者被己所占有"。与生命的这种结构相适应，意识，特别是自我意识也具有这样的特征，即"自我意识知道使所有东西成为它的知识的对象，并且在它所知的一切东西里认识它自身。因此，自我意识作为知识，它是一种自身与自身的区分，但作为自我意识，它同时又是一种合并，因为它把自己与自己结合在一起"②。

约克伯爵不仅发掘出黑格尔的这个思想，而且做出了对伽达默尔的新历史观具有决定性意义的两个推进。第一，约克伯爵认为，黑格尔虽然认识到生命、意识或自我意识的同构性关联，但错误地将它们加以辩证形而上学化。③ 第二，无论是意识还是自我意识，虽然它们在知识中都认识到知识的对象就是自身，并因此而把自己与自身结合在一起，但这并不意味着"认识者和被认识物之间有一种单纯的'同类性'（Gleichartigkeit）"。它们之所以能

---

① 分别参见伽达默尔：《真理与方法》，第323、327页。
② 以上均见伽达默尔：《真理与方法》，第325页。
③ 至于约克伯爵具体是如何谴责黑格尔的错误以及他本人如何避免这一错误，伽达默尔承认，"由于他的遗著过于零散，我们无法得知"（伽达默尔：《真理与方法》，第327页）。

彼此相适应地关联在一起,是因为它们的"隶属性"(Zugehörigkeit),即它们都隶属于历史性;这也就是说,它们都是历史性的存在。伽达默尔认为,这是一个"关键的问题"①。

为了弄清约克伯爵在伽达默尔思路转变中的意义,我们需要对这两点推进做出进一步的解释。第一,认识到生命、意识或自我意识的同构性关联,或者说,认识到它们与其关联的异己对象的对应性和同一性,对于解释学历史观的出现是远远不够的。相反,如果我们在"辩证形而上学"的意义上理解生命、意识和自我意识,也就是说把它们理解为其异己对象的永恒的占有者、承载者和发动者,尽管是在辩证法的意义上,那么,我们将不可避免地重蹈实体形而上学的历史观的覆辙。第二,在滋养或认识中,生命或意识及自我意识与其异己对象获得同一性,但这并不表明它们是同一个东西,甚至不能说明它们是同一类事物,因为在滋养或认识之前它们是完全陌生的对象。它们之所以有公约数或交集,原因在于,它们是历史地交织在一起的,它们在历史中赢得了同一性,也就是说它们共同归属于历史。

把对立的双方归为历史性,对于约克伯爵而言,由于缺乏完整的手稿,我们只能说也许是一个深刻的洞见;但在伽达默尔那里,由于有胡塞尔的现象学思想作为背景②,洞见便演变为经得住证明、有着严格学术路径的理论。这场演变如何进行?它与胡塞尔的现象学究竟存在怎样的关系?或者,套用伽达默尔的语言,为什么约克伯爵通过同构性关联和"隶属性"便在黑格尔和胡塞

---

① 以上参见伽达默尔:《真理与方法》,第336—337页(引文略有改动)。
② 伽达默尔在谈到胡塞尔的地方常常也提及狄尔泰的名字。在他眼里,这两位不同的思想家行走在同一条道路上,有着相似的成就和失足(例如,参见伽达默尔:《真理与方法》,第326页)。

尔之间架起了一座桥梁？对这些问题的回答，不仅会揭示出伽达默尔在解释学历史观上的运思过程，而且也会把他和海德格尔在历史问题上的分歧带入眼帘。

三

如果我们把黑格尔的生命、意识和自我意识的同构性关联和历史性隶属看作鸿沟一边的桥头堡，把胡塞尔的"先天相互关联"看作鸿沟另一边的桥头堡，那么，当约克伯爵在这两者之间架起一座桥梁时，一道特殊的理论景观便呈现出来了。

本来在胡塞尔那里，"先天相互关联"只是经验对象与其被给予方式之间的一种静态的认识论关系。在这一关系中，经验对象与被给予方式（例如感知、回忆、想象、判断、爱、恨等）分别位于对象极和自我极，彼此的区分是显而易见的。在同构性关联的目光下，经验对象与其被给予方式作为相异的两极，不仅是相通的，而且在生活或认识中化为同一之物。在这个意义上，我们可以说，静态现象学的"先天相互关联"获得了思辨的特征。当然，在胡塞尔的发生现象学中，"先天相互关联"的两极也从分离走向了同一，但这种同一迥异于思辨的同一，因为前者同一于意识或自我，而后者则奠基于一个新的存在方式之上。

这个新的存在方式指向的正是"匿名意向性"所做出的"成就"，即"视域"。这个视域既不仅仅是体验流中的视域，也不仅仅是世界视域，而是包括两者在内的"生活世界"。与对象极和自我极相比，视域或生活世界的存在方式的新颖之处在于，在每一个当下中，作为尚未课题化的存在仅仅具有不可避免的有限性和相对而言的有效性，但作为整体却处于永恒的流动之中。而这正是历史的特征。借助于约克伯爵的隶属性（Zugehörigkeit）思想，我们可以说，对象和自我从属于其"成就"，从属于"生活世界"，并因此而从属于历史。①

现在,对伽达默尔来说,"自我的历史"和"对象的历史"这一类的表述是不准确的了。自我和对象已不再是历史的主体,它们成了历史的产物。我们应该将上面的顺序颠倒过来,"历史的自我""历史的对象"等才是表达自我、对象与历史之间关系的正确说法。

在这样的认识下,海德格尔的"本真的历史性"这一术语也变得不合时宜了。"本真"既然与此在相关,是此在的一种特殊状态,"本真的历史性"则自然地蕴含着也许连海德格尔本人也不愿看到的以本真的此在为历史的承载者和发动者的意味。当伽达默尔认可了约克伯爵作为胡塞尔和黑格尔的桥梁所证明的"先天相互关联"所关涉的两个相关项同属于历史时,与"对象的历史性"和"自我的历史性"一样,"此在的历史性"也必须颠倒过来,成为"历史的此在"。毫无疑问,切除"本真的历史性"这个先验主义的尾巴便成为势所必然。对于从约克伯爵到海德格尔的理论脉络及其所包含的意义,伽达默尔有过这样的总结:"由于约克伯爵把'同类性'与'隶属性'对立起来,海德格尔曾经以完全彻底性加以展开的那个问题才得以揭示出来:我们只是因为我们自己是'历史性的'才研究历史。"②

把此在——不管它是本真的还是非本真的——剥离出来,把与此在相关联的对象——无论它是过去的还是现在的——剥离出来,直接面向作为这两者之同一体而出现的历史。唯有这样我们才能进入所谓的"本真的历史",即一种不再包含此在及其对象、但同时又让它们的行动及其结果得到理解和解释的历史。这

---

① 值得一提的是,胡塞尔在"生活世界"成为主题词的《危机》中也探讨了历史,但他得出的是与约克伯爵相反的结论。他认为,个人及其内在的历史性是历史世界必不可少的基质和基础(例如,参见胡塞尔:《欧洲科学的危机与超越论的现象学》,王炳文译,商务印书馆,2001年,第450页,注2)。
② 分别参见伽达默尔:《真理与方法》,第337页。

样的历史,与其说是"本真的历史",不如说是"效果的历史"。伽达默尔在讨论理解者和言说者的"自身"在理解中的命运时,说出了第一个"剥离"的含义:"理解并不是在唯心主义声称具有的明见性意义上的自身理解,它也不会仅止于对唯心主义所作的革命性批判之中。这种批判把自身理解概念理解成发生在自我身上的东西,一种通过它而变成本真自身的东西。反之,我认为理解包含着一种'丧失自身'的因素……"① 他在谈到历史思维时说出了第二个"剥离"的意思:"一种真正的历史思维必须同时想到它自己的历史性。只有这样,它才不会追求某个历史对象(历史对象乃是我们不断研究的对象)的幽灵,而将学会在对象中认识它自己的他者,并因而认识自己和他者。真正的历史对象根本就不是对象,而是自己和他者的统一体或一种关系,在这种关系中同时存在着历史的实在以及历史理解的实在。一种名副其实的解释学必须在理解本身中显示历史的实在性。因此我就把需要的这样一种东西称之为'效果的历史'(Wirkungsgeschichte)。"②

从"本真的历史"到"效果的历史",历史中的此在和历史对象被从历史实在上剥离下来③,历史中的顽固不化的形而上学在场遭到彻底的瓦解,海德格尔早期历史观中的革命性意义及其突破方向得到清晰的彰显。④ 从此以后,解释学的理解总是意味着

---

① 伽达默尔:《哲学解释学》,第 51 页(引文略有改动)。
② 分别参见伽达默尔:《真理与方法》,第 384—385 页。
③ 有的学者将这种剥离了对象的解释学称为"无对象关系的现象学"(Phänomenologie der ungegenständlichen Zusammenhänge)。参见 Csaba Olay, *Hans-Georg Gadamer: Phänomenologie der ungegenständlichen Zusammenhänge*, Verlag Königshausen & Neumann GmbH, 2007, p. 25。
④ 奥莱(C. Olay)可能不会认为伽达默尔的改造仅仅具有单纯的"彰显"意义,因为他走得更远,甚至认为,这样一种观点——把海德格尔的"解释学"看作与伽达默尔在《真理与方法》中的努力是"相关联的"(relevant)——是一个"假象"(参见 Csaba Olay, *Hans-Georg Gadamer: Phänomenologie der ungegenständlichen Zusammenhänge*, p. 40)。

视域中的理解,意味着处于"解释学处境"中的我们背负着永远无法卸除的效果的历史的种种影响去进行的理解。这些影响首先包括:"哪些问题对于我们来说是值得探究的","哪些东西是我们研究的对象"。当然,需要补充的是,"效果的历史"在影响理解并为理解设置限度的时候不会导致历史相对主义,因为"效果的历史"所发挥的"效果"不是人为设定的,也不可能通过我们自身的努力加以消除;它是视域自身的运动和融合的效应,其结果表现为"一个更大的整体"和"一个更正确的尺度"。①

---

① 分别参见伽达默尔:《真理与方法》,第386、392页。

海德格尔之后的"大地"政治话语

陆兴华

(同济大学 哲学系)

家园、故土、热土、大地,这是20世纪,尤其是海德格尔以来,我们思考人类命运的一些话语支撑点。但是,当前的气候危机和正在到来的全球新政治,使我们原有的讨论"在家""回家"和"到家"的话语和修辞,也进入了危机。我们如何在今天将人类的命运故事讲得周到?甚至,我们应该怎么再接着把关于我们自己的故事往下讲?让我们来看看海德格尔之后,我们有哪些理论和思想资源可供动用。

1. 家园,一种信念

诗人特拉克尔写道:"隔着雪花的窗被打开,钟拖着长音报,屋里,什么都放好,深处,还有更多,桌上食物已为大家、为更多的人摆好……"

节日里,我们都要高调回家,去重拾、复全自己。回家,是要回到我们"自己"之中,不再执着,不再自我迷恋或自我沉湎,而是把一切摆平、抚顺,使它们回到自身之中,让它们发出自己的光。真正的假日,真正的回家,是救赎,是我们从日常和平常中走进了不日常、不平常,进入我们平时无法居住的地方,进入一个神圣秩序,找回那根本的尺度。这时,我们像舞者那样,属于另一个更深的秩序了。那里,才有我们的"家"。这样的秩序,将一去不复返了。只有在节日里,或在艺术展览中,它才偶尔露头。放假,节日里,我们才有家了。

2. 永不在家了

在资本和商品的世界里,凭你到哪里,你都将回不了家,将永不"在家"。你将永远是异乡人了。你的本能被架空,失所感和不确定将伴随你余生。因为不在家,你只好回到婴儿期,进入一种被迫的慢性学习,70岁了还在端着报纸学习养生。养生?也是一种商品推销,就是通过技术来重复我们亲历的所有经验,努力回到童年,而不是驻扎在此时的家。

你只僵持在这些经验上了:在70岁时,仍时时想保持自己的婴儿状态。你不在家,要通过环保和身心灵再回家,然后在家。但你被卡在了半途,用奶茶和手机,将自己维持在了婴儿状态。

超工业社会挟持了我们原来准备投资到父母身上的、来自婴儿时代的利比多,将其转投到商品上,于是就摧毁了我们的第一认同和第二认同,摧毁了我们时时需要的、与父母和远祖的两个传统之间的心理长循环。这种"长循环",才是我们真正的家园。今天,我们在各种商品之间扮婴儿;超市,是我们的真正的家园了。

哪怕是回家的路上,也是充满险阻!还是不回家算了?没有了家,但也不想回去了。回不去家的人,待在了一起,形成了集体,一起行动了。这时,他们就有了另外一种家。诸众是无数个独特个体构成的语言、智性、情愫、实践、游戏多重体。诸众集聚处,才是我们的家。只有在这个家里,我们才真正安全了!我们在交通堵塞和雾霾中急急赶回家,吃完饭,干什么?上网!网上才有我们真正的家。这个家,就是诸众的集体身体;待在那里,我们才真正感到安全！这才是我们真正的回家！

3. 须到家外找家了

今天，我们的家，我们的乡愁，是渴望在家中在家，到家外去找家。去正确地怀乡和还乡。

到家了你还得学着在家；要回家，你先得到家外去找家。

只有在节日，那神奇地完整存在的东西，才终于冒出到我们面前。节日里，我们才跳出自己的小存在，融入大存在；在那时，在那里，到了另一边，我们才能集体地一起做到：不让一个孩子被冷落，不让一个老人被隔单。家，在那正在到来的节日里，一定会在的。哪里有宇宙、狂喜和感恩，哪里就有我们的家。

4. 在不在家处回家：栖居

在《伊斯特河》中，哲学家海德格尔写道：一开始，人是不属于他自己的。人需要去居有他自己，回到自己之中，将自己维持在自己之中，才"是"自己。人需要河，来定下自己的家的原地。之后，人才能在自己之中成为自己，回到自己，回到家，Heimischwerden。① 而人一开始都是不在家的(unheimlich)，所以就一直生活在一种无家感(uncanny)之中，不自在；必须通过诗意地命名，由河来定下其存在的地基和方位，由本地的形貌和流动来构成人的住所格局，这才在家。②

人的回家，是一种大无畏，是要将不在家处变成家，这才：在家。

在评论荷尔德林的《伊斯特河》这首诗时，海德格尔突然说到

---

①② 海德格尔：《荷尔德林的赞美诗〈伊斯特河〉》，麦克尼尔（William H. McNeill）、戴维斯（Julia Davis）英译，印第安纳大学出版社，1996年，第21、91页。

美国主义。他说,自然是 a-historical(非历史的),自然的被破坏是不进入自然的历史的,与历史无关;也就是说,自然被破坏,我们其实是不用怕的。但是,那一通过世界图像,将我们人类带进不祥之境的美国主义,则是 un-historical(不历史)的,是脱开了人类历史而绕到另外一种历史里了,这是对人类的一种流放。① 我们跟着美国主义走,是永远走不回来的了。

人不在家时,所有的存在布景和道具都回到了身体上。只有死亡这一终极武器,才能将人带回大地,回家。只有不带否定地去面对死亡,我们才会感到安全,才开始栖居。

海德格尔认为,栖居是悖谬的:一个普通的必死之人,作为世界中的存在去栖居,但同时也可栖居到世界之外。人栖居,将自己导入自己的本性,以便获得一种好的死。② 不怕死,我们才有能力做出最终的自祭。我们向死而生,一开始生的力量大;后来,死的倾向,就占了上风。我们是在用 60 年以上的时间,自己慢慢准备着宰杀自己,最终将自己当牺牲品奉上;那时,我们才真正栖居。

栖居,是疼惜加保存。一开始,栖居者自己也是被关怀者,得先找到一块宁静之地,脱离危险,安宁了,从那里开始,养足精神,然后才开始去疼惜和保存周围的事物。栖居的任务,因此是使周围万物都能居于其本性之中。必死的人栖居,是他们在住的同时,养护着天地人神的四方域(Geviert)。③

海德格尔进一步引用诗人里尔克的话:只有不带否定地去面对死亡,我们才会感到安全,才开始栖居。④栖居是悖谬的:一个普

---

① 海德格尔:《荷尔德林的赞美诗〈伊斯特河〉》,第 43 页。
②③④ 海德格尔:《诗言思》,哈珀永久(Harper Perennial)出版社,2001 年,第 151、150—151、125 页。

通的必死之人作为一个世界中的存在去栖居,但同时也可栖居到世界之外。人栖居,将自己导入自己的本性,以便获得一种好的死。不怕死,才有能力做出最终的自祭。

5. 什么是大地?什么是栖居?

大地,是一块不可言状的区域,是知识论够不着的那一块深度现实。海德格尔认为,大地是关闭的,无法被我们概念地掌握,隐藏着自己,在概念上令我们不安(Beirrendes)。① 大地是无法测知的区域,是构成开放也即世界的另一边的那一块黑暗。② 它无法被我们照亮。

后期海德格尔从里尔克那里借来一个隐喻,称大地为"月亮",因为,月亮虽被我们照亮,但它在我们所见的表面底下,却另有一块无法被测量、无法被掌握、无法被感知的黑暗。③ 我们通过作品而把握住了大地这一不可测量和把握的东西。在《诗言思》中,海德格尔指出,艺术作品冲破我们的遗忘,使大地穿过(durchragt)世界,作为一个自我封闭上的东西上升,不可理解地上升。海德格尔,大地:艺术作品托出(herstellen)大地。④

在《诗言思》中,海德格尔说,大地是人栖居的基础。⑤ 我们的无家状态是由形而上学造成的,因为我们无法理解和居有我们自己的存在,在自己的世界与自己的存在和其他的存在打照面。栖居的前提是:人类必须克服在场形而上学,才能栖居。艺术是在形而上学还未被克服的情况下来帮我们栖居的。那么,什么是栖

---

①②④⑤ 海德格尔:《诗言思》,第 55、128、46、42 页。
③ 海德格尔:《荷尔德林的赞美诗〈伊斯特河〉》,第 136 页。

居? 海德格尔说,栖居的根本特征是怜惜、留白和保存(Schonen)。① 他同时又将栖居解释成:退到故土、自留地或灶间(das Frye),求平安和避险。栖居,是我们在自家的土地上获得安全感后的状态。

栖居:人通过居留于安宁之地,使周围事物都能合其本性地存在。"必死之人"才能栖居,是因为他们关照大地、天空、必死者和神祇。② 在家,也就是将所处之地、当前坐落体验为一块自留地或故土或家园(Heimat);像在家里那样地被关照,然后去关照。

在《技术问题》一文中,海德格尔将栖居理解为"属于天地人神四方域"。在大地上,人是那一盛开和结果的服务者—承受者。③ 栖居,是人在大地上获得的一种基本安全感。有焦虑,就没有栖居。人向死而生,预先理解了自己的超越,自信于活在世界之外的无条件的居地了,那才算栖居。

栖居,可以说还有另一个前提:活于那一发生之大事件(Ereignis)之中,被后者辐射和感应。为了栖居,我自己必须保持单一和清晰的命运轨迹,迎向或追溯着那一像外星撞击地面后留下的大坑那样的大事件地去活。用哲学家巴迪欧的话说,是忠于着那一事件地去活出每一天才算栖居,否则我们只是被形而上学的搅拌机天天折腾着,没一天找到安宁。

海德格尔曾引用里尔克:只有不带否定地去面对死亡,我们才会感到安全,才开始栖居。栖居是悖谬的:一个普通的必死之人作为世界中的存在去栖居,但同时也可栖居到世界之外。人栖居,将自己导入自己的本性,以便获得一种好的死。④ 不怕死,才有能力做出最终的自祭。

艺术要向我们指示出人在大地上栖居的场所。艺术与知识

---

①②③④　海德格尔:《诗言思》,第 149、150—151、178、151 页。

无关。艺术讲的是与知识无关的真理。艺术是关于经验和展示的。

艺术非但不会帮我们逃脱技术的控制,反而逼我们更勇敢地去面对技术的本质,更切近和深入地去面对它。不是脱避,或退入内心,走入西方式新佛教,而是:尽管"让技术来得更猛烈些吧"!

艺术与技术是最切近、也最遥远的;艺术是对隐藏、被压抑在技术内的那种东西的响应和问候,是技术的未被命名、未知、未被超越的"他者"。艺术不是将我们在技术的摆置中救出来,而是要逼我们去直面技术的本质,因为,技术的本质里隐含拯救的力量。

在形而上学式的生活里,我们想要拼命打发的是焦虑。打发不走它呢,我们就苦笑着,以伍迪·艾伦式或赵本山式的幽默耸肩苦笑了之!就是尽量去想象和意淫:打击落在我们自己头上,疼的将是别的人!就是安慰自己说,死至少明天才会发生;真发生,那是身体系统出了事故,与我们自己无关!艺术之所以能治好我们身上的形而上学,在于:它保存和培育着神的落脚处(abode),使它们有一天仍有可能回来。也只有在诗人对于神圣的气韵(aether)的保存中,我们的完全灭绝的危险才能被逆转。①

节日有助于我们走出日常生活的形而上学迷幻,进入栖居。真正的节日是这样的日子,那一天,我们"走向了自己"。真正的节日是救赎式的,是从习常里走出,进入不同寻常之处,进入不可居住(ungewöhnlich)之处。不可居住之处,是存在的永久的本质、朴素和自属,物处于其本质对它们要求和尺度中,并要求人遵

---

① 海德格尔:《诗言思》,第124页。

守这一尺度。人通过栖居来镇压场面,使不可居变得可居,而不是营造一个舒服的新境,当作服务产品提供给人。这就是说,我们必须将那些技术装置摆放到正确的位置上,放手,泰然任之,当它们是非本质的东西,直到:这个世界对我们而言不再像一个美女那样引诱我们为止。只有在这时,我们才会以全新的方式栖居到这世界中。

海德格尔论荷尔德林的《假日》称:在节庆中,诗人站到了日常之逼促之外,从各种存在物的空间升到了大存在的空间里,站在了存在的"另一面"。在《存在与时间》里,日常的节日被看作工作的停止,而本体的节日是节日气氛和世界的显现;工作可继续,成了本真的工作,这恰恰是因为它是节庆式的了。古希腊人因为拥有节日,所以,世界历史就无法去接管他们。节日里,他们能在剧场里与神相会。

什么是节日?庆祝节日(feiern),就是将自己关出日常生活里的活动之外,就是停止工作。在真正的节日里,我们会惊叹世界正世界着,惊叹有某物存在而不是什么都没有,惊叹我们自己竟存在着。进入这一节庆情绪,就是走出日常,因为日常是累人的,是累人的操心。

在节庆的情绪里,人不再被看作有用,而是根据其本质来被对待;物的自性(Eigentlichkeit)也第一次被我们看到;我们的关心,也不再是技术式的操纵,而是服从于我们与万物的本质共属。在节日气氛里,我们的操心才第一次成为本真的操心。

6. 艺术与技术、形而上学的关系

在贫乏时代里,艺术家的任务是为我们提供形而上学的解药,为我们重新居有世界的庄严和神圣。在去神(Entgotterung)的世界里,建神庙,做出艺术作品,本身已没有任何意义,这就像是到亚马逊森林去建歌剧院一样荒唐和空洞了。① 西方现代艺术，在海德格尔看来是形而上学的（也就是掩盖了存在的）。他说，今天的最伟大的现代艺术也是琐碎的。但是，海德格尔又开出了一些例外。他认为后形而上学艺术和反形而上学艺术是人类之救赎力量的真正的凯旋和集聚之地，有些艺术家是存在的真正卫士，如塞尚和克利……

在《路标》中，海德格尔指出，形而上学就是对存在的淹没；那么，倒过来，反形而上学就是将存在的其他面相展示出来，使我们看到海面上的浮冰，但也探底去看水下的冰山的各面。展示是：除了呈示"存在之球体"的那被光照的部分，还带出其幽暗部分，将世界与它背后的那个大地一起和盘托出。② 只有诗人能为实存提供尺度。在普遍的末人的昏睡中，诗人的失眠是好的。诗人通过沉思希腊范式（的艺术作品和国家作品），为社会和艺术的恰当的未来提供路标。③

在我们时代，艺术作品无法显现了，是因为它是找不到自己的"保存者"的，无法满足它提出的对"共同体"的要求。我们时代没有艺术存放的空间，因为我们对大地和圣性不再敏感了。我们像尼采说的那样成为末人，也就是在神像面前成了被文化突击队员们驱赶的旅游者，只会"美学"地去欣赏这个世界了。海德格尔认为，我们不再能做艺术，而只会做些小糕点了，只是我们自己还以为能做艺术。而雾霾和垃圾也已彻底捣毁了唐诗宋词们的全部"诗"境！柳、烟、雨、云们，不再清白！它们都被夹裹在我们的垃圾袋里，与我们为伍了。

---

① 朱利安·扬（Julian Young）：《海德格尔的艺术哲学》，剑桥大学出版社，2001年，第91页。
②③ 海德格尔：《路标》，麦克尼尔编，剑桥大学出版社，1998年，第318、94页。

我们抒情时,不论我们手里有没有那神圣的名字,接近还是不接近神性,反正这已都是在给弦乐伴奏,而不是倒过来;也就是说,我们的这种响应,表示我们在等待自己身上的某种东西的到来,而我们并不知道它是什么。但它不到来,我们就无从着手。史诗是关于明天和昨天的艺术,抒情诗是关于今天的艺术。也就是说,诗人表达的是他身上的神圣名字的缺失,但这表达正表示他有能力去暗示这些神圣的名字。诗人有能力使酒神出现于大地和天空,迎奉那个使人和神之间的婚宴发生的地点(像古希腊人演剧前全体绕剧场来迎奉作为戏剧之神的狄奥尼索斯到来一样)。人响应里拉琴时,就是在抒情。

我们只会抒情了。今日是夜。如今是冬天。我们得先从此时此地回去。荷尔德林所说的神的不履约,被海德格尔解释为"再没有一个神能集聚人和万物,可见和明确地将其集聚到自己身上,以此来遭送世界的历史和人在其中的逗留"①。那联合的三人帮,也就是赫格力斯、酒神狄奥尼索斯和基督。但他们已都从人类的世界出走。

7. 家园:全球资本的羊圈

家正成为护栏和羊圈,正成为一个消费单位:生物政治饲养场。全球资本将我们这个世界纳入了它和方格及网络。我们的家和国,都落进了全球资本主义装置的魔爪。

今天,不但回不了家,而且,我们生活在一片热土上了。我们像奶牛一样,不但被围在护栏里,还被电子监控,被夺走我们的关注和关怀……

哲学家科耶夫说,人类完成了其历史目标后,又成了动物。

---

① 海德格尔:《诗言思》,第91页。

除了那要无条件地改善经济,用这一手段将人类社会非政治化,或将生物生命的延续和舒适当作最高但非政治的使命之外,人不再做另外的追求。我们像奶牛那样生活在这一片热土上了。

基因、全球经济和人道主义意识形态,是当代人类生物政治的三个相连的方面,在其中,后—历史人类仿佛挑起了关于其自己的生理学的担子,将之当作了最终的、非政治的授权。① 人类真的能利用和管理好自己的身体而将不合适(improper)吸收为他的合适(proper)吗?海德格尔回答:不能。

生物政治的首要任务是找到我们的抵抗位置:我们的身体中还有什么地方未被景观—资本全球国家装置完全渗透,可用作我们的政治抵抗的根据地?然后,我们还必须辨别:从那一统治装置里夺回哪些人的身体—生命政治能力,来使我们重新学会使用这些能力?

我们在当前太过沉迷于经济的改善来安慰我们自己身上历史任务的缺失,仿佛自然生命本身和对它的呵护已成了人类的最后的历史任务。生物政治时代里没有了政治,只有围绕身体而开展的各种"关怀"!海德格尔提醒我们:日常(ontic)关怀(油盐酱醋和卿卿我我)或行动,已丝毫无助于本体(ontological,道路和方向)上的改变了!我们只是在守株待兔。但我们也只能死马当活马医了。

海德格尔往下说:真正的危险,不是我们人类用完能源并同时毁灭了人的基因地盘,而是什么都没出错,什么都没发生,一切都在人的技术、管理和伦理的规定之下保持原样,永远维持下去!那才是恶!最可怕的事就是科学家和乔布斯们的预言全都被实现,而是我们真的进入了一个完美的科技世界!

---

① 阿甘本:《开放的人和动物》,明尼苏达大学出版社,2002年,第77页。

艺术装置所要揭示的正是这种看上去已完美的科技世界。艺术装置的空间里所要展示的是被民主秩序所掩盖的个人和集体存在的异位、主权式力量。

8. 热　土

家园是根基性的,但仅有家园仍不行。热土,才是沸腾的、不断被改造的家园的地基。人民必须走出与家园的关联,走进热土,当作共享生活去投身。在今天的拆迁中,我们无法逃避,而必须投身和设身在热土之上,像保卫我们的舞台那样去维持这一块热土。

人民需要走出他们与家园的关系,进入自己的本真的方式,让它成为他们的爱欲,并愿为它献身。这不只是签下个人福利的社会契约,更是要将它当作共享生活去投身。走到一起,一起去生活,生活到一起,才谈得上有家园,而不是去设计出一个家园,每一个人装腔作势地往里住就行。

但是,在今天,家园、家国、热土、乡土、自然都沉沦和破碎了,没有一种风景是清白的了。我们要捍卫的到底是什么?弄清这一点,就足以在我们之间产生致命的冲突!

在不断被拆迁、改造的土地上,只有斗争才算是父土①上的本意栖居吗?只有当家园具有扩张性,与家园外的一切开始互动,才成为人民的存在之地。家园必须由我们的斗争和战斗的基调来烘托才成形的吗?

当代艺术就是关于热土的方案和计划。家园是幻觉,只有热土才是艺术家的工作现场。让我们去成为塞尚,进入这种仿佛自杀式的状态,不断去切断那些熟悉和习惯的连挂。这样的艺术家

---

① 德语中祖国(Vaterland)一词的字面意义即父土。

心中,就是一个实况转播的拆迁现场。将风景画或山水画与今天的拆迁现场连挂,才能找到新的绘画本体论。

我们的成为总是双重的:既成为大地,也成为人民。① 在画中成为,是将人物从画中解放出来,如弗朗西斯·培根所做的。

9. 端坐者与游牧者

哲学家维利里奥(Paul Virilio)在《速度时代和伟大的移动》一文中指出:在今天,把哪里都当家的人,才是定居者;除了将飞机,还将手机、电脑和高铁当成家的人,才是定居者。② 他们也是激烈的!他们像盎格鲁—撒克逊人那样,是搭好了帐篷就当成家的人。定居者是将此地当家的人!

而住哪里都不再把那里当家的人,将家也不当家的人,才是游牧者。住在遣送站、贫民窟和棚户区的人,是游牧者。城市游牧者,是将城市当作游击战、革命和起义的装置的人。

城市将只成为我们互相碰面的地方。高铁站和机场,已成为我们今天的十字路口。京东的全国 300 个物流中心,将是我们未来的真正的城市中心。

10. 技术与艺术

技术的本质是摆置、架托、Ge-stell。技术的发展程度,就是我们对自然的主导程度。全球性的主导,在海德格尔看来,对资源的控制,我们人类的力量的无边,是最大的危险。而这种全球式的技术主导,正是我们的激烈的无家感、被隔离感的源头,尽管航

---

① 德勒兹:《什么是哲学?》,汤姆林森(Hugh Tomlinson)、伯切尔(Graham Burchell)英译,哥伦比亚大学出版社,1994 年,第 105 页。
② 参见 http://www.egs.edu/faculty/paul-virilio/articles/de-la-vitesse-et-des-grandes-mutations/。

空公司在不断给我们做广告,向我们担保处处是家,越多付钱,越在家。当代的无家感,正是表现于这种权力的无度和这种世界主导上。我们不仅无家、难回家,而且我们正在失去作为我们家园的整个世界。

泰然任之,是不要主导自然,不要居有世界,而是切近它。

海德格尔像尼采那样相信,艺术,是对欧洲虚无主义的克服,是与之相反的运动。因为,艺术是技术之中那一未被命名、未知和未被超越的他者。艺术所能打开的历史,也是在技术里面的。打开这一历史,其他的东西就会发生出来,这也就是将技术的隐藏和保留的本质发挥出来,而这可能正是荷尔德林这句诗的意思:大难处,也隐伏着拯救的力量……在技术中,才有(将我们从技术主导中)拯救出来的可能线束。

艺术作为技术给我们带来的拯救的力量,是通过这样的姿态实现:营救、拯救、解开、盖印、释放、照料、保护、遮护、加持、保住、护卫(《技术与转向》,第41页)。艺术并不能将我们从技术的魔爪中救出来。艺术反而逼我们更深地进入技术之中,逼我们去直面技术的本质。技术的本质里隐藏着拯救的力量本身。大危险中有大拯救,就是这意思。技术与艺术之间是互补的。技术灾难有多深,就表明我们有多么需要艺术,需要多么有力的艺术。走入技术的孽障越深,我们需要的艺术就越激烈。

作为 Techne 的技术是要将物的光辉和精彩激发出来。美,在古希腊不只是感观和审美上让人愉悦,而且是要让物的光芒、物的真相放射出来。美,是使物最纯粹地发出光芒(to ekphanestaton)的东西,是真相的惊现。艺术作品是物的最真的化身。

艺术的力量在于集聚物,使它们相合,通过与技术完全不同的方式。不是摆置(Ge-stell),而是四方域(Ge-viert)使世界、大地、必死的人和神集聚、凝合,使人类的命运出现并被决断。

艺术在今天不是诸物的中心,技术成了我们的控制论。艺术今天在围着技术转。

艺术如何从技术手里重新夺回人类命运的决定权、决断权?

11. 技术与遗产

纯技术会毁灭遗产,而没有技术也将没有遗产。[①] 遗产,还包括一个动物社会内部的动物式遗产。我们应该去争取到并不排除掉动物性的那一大技术,而不是去要今天已被去掉了人的动物性后的小技术。而在今天,在运用技术时,我们身上的部分的动物性已被关进了动物园。在运用技术时,我们是处于动物园和精神病院之间的。

遗产是我们无法居有的东西。它到来,我们对它有责任。我们可以分享它,但对它没有绝对的权利。我们继承的东西,我们也必须去传承。对遗产,我们是没有继承权的。遗产总是坐落在我们身上,但我们只是它的保管员、它的证人,或为它接力。我们绝不能居有它;一占有它,就失去它。头等重要的遗产,就是语言……[②]

得到遗产时,我们不是继承了一堆股票,不是发现了一些储存。我们说的这一遗产,还未成形,从来不是一堆,很难定位,因为,在数码化的时代它太易被分级、解释、参透、建序。继承并不意味着收到一种好处,收到一笔在某个银行可定位的资本,收到一个数据库、图像库或什么库。[③]

遗产意味着决断、责任、回应,因而也包括批判式拣选、对选择做出选择。遗产是无法像文件那样被储存的,在我们今天用数码化来储存变得如此容易的今天,遗产变得如何难以打捞,恰恰是因为档案技术太高度发展了。[④]

[①][②][③][④] 德里达、斯蒂格勒:《回声学》,伽利略出版社,1994年,第100、125、79、80页。

遗产由我们当代人的独特性构成;而我们当代人的独特性,是前代人的独特性脱颖到我们身上;到了我们身上,但并不打任何折扣。古典意义上的遗产,是通过语言、通过一种独特的记忆而渗透到我们当代人身上的。①

遗产,本质上不是接受一样东西,不是给定和可拥有的东西。遗产,是一种积极的肯定,它回应了一种要求,但也假设了一种首创性、一种批判式挑选之后的签名或反签名。继承时,我们挑选、瞄准、加值、回应。②只有在划归时多重和矛盾、众多人哄抢时,才会有遗产。只有做出决断和担起责任后,才会有遗产。继承,是重申一个要求,不是只去拥有,而是去承担一个破译的任务。我们,其实也只不过是我们所继承的东西。我们的存在是一种遗产,我们所说的语言是一种遗产。诗人荷尔德林说,我们被给予语言来见证那给予我们遗产的东西。③我们继承语言,来见证:我们只是我们所继承的东西;我们边继承,边发明。

12. 我们必须接受新的"自然状态"

自然消失了。曾经的自然是《天鹅湖》里的自然,中了魔咒,冰封,等待着被重新唤醒;是《一千零一夜》中的自然,是雪赫拉莎德每天必须讲的用来保命的那个故事;是惠特曼的自然,是木匠的自然一元论的浪漫主义幻觉;是雪莱嘴里的永恒流淌的瀑布中的自然;是《黑客帝国》中被编码的自然,严格区分着人类所感受的社会和之外。

我们原以为总是在的那个"自然",不见了。自然,成了婚纱照里被用来当作背景的色块像素;真实的公园草地,作为拍婚纱照的新人制造的、踩在"草地上"的浪漫感受的幻觉而存在;在后

---

①②③ 德里达、斯蒂格勒:《回声学》,第 99—100、33、34 页。

期修图中,那"真实的草地"可轻而易举地被海滩、沙漠、巴黎街景取代。如果今天还有自然的话,那一定是被展示的自然。自然必须通过策展才能来到我们面前。自然犹如机器人,为了让它正常显现,必须有十人以上的团队,用非常不自然的方法,让它呈现出来。自然,成为我们的继母。生了病的地球母亲,得的也许是老年痴呆症呢。我们与自然的关系,就好像是在电影《少年派的奇幻漂流》中少年派与孟加拉虎之间的关系了。美丽的印度洋里,小船漂在透明的海水之上,这一刻,少年与虎还和平共处,似乎讲着万物有灵且美的故事;下一刻,当老虎饿了,指不定一场腥风血雨就要开始。

自然状态,将重新回来?霍布斯早警告在先:"自然"只会拆散我们;哪怕它回来,将使我们最终扭打在一起。哪怕回到原来的自然,人也是怪兽,位置尴尬。这一直以来,我们看到,人是对于自然的彻底扭曲,是对生长和同舟共济的自然韵律的打破。当我们听到诗人荷尔德林著名的"人诗意地栖居"时,我们不应该想象人住在茅草房、溪边、森林中,而是想象:人居住于一种扭曲的、脱自然的风景中。

13. 大 地

大地的历史与我们人类的历史分叉了。大地的命运和我们人类的命运之间的搭接,在今天充满变数。人类被大地绑架了。我们想与大地一起变成什么?我们如何一起出发?我们如何来最终收场?

原有的一些大地故事,比如海德格尔的那一种,曾最流行于文科人中间;但从今天的政治生态学眼光看去,经过我们的当代意识形态批判,就显得过时和小气了。

海德格尔在《筑·居·思》里写到:大地以自我隐匿之怀,无私资助人类世界的每一次敞亮。有它庇护,人的存在或世界的存在也就更加活泼、生动、有力。这里所说的大地,既敞开,也关闭。它送出人类,也最后收留它。它像怀抱。这种对大地无遗留地对人类事业的收管的期待,在遭遇了气候危机的今天看来,有问题了。

海德格尔在《艺术作品的本源》中这样来讨论"大地":作为本源的存在,大地最初是隐匿、遮蔽的。当我们认识到艺术作品向我们揭示的这一存在的无蔽状态时,艺术便为我们创造了一个敞开的世界,照亮我们赖以筑居的大地。但是另一方面,大地又是"涌现着—庇护着的东西",它是一切涌现者的返身隐匿之所,并且是作为这样一种涌现把一切涌现者返身隐匿起来。因此,大地本身就是一个自持而充实的自行锁闭,它势必要把敞开的世界摄入其中加以保护。

斗争愈强烈地独自夸张自身,斗争者也就愈加不屈不挠地纵身于质朴的、恰如其分的亲密性之中,因此,这种争执的最终归属就是争执者的相互归属,即将大地与世界最终带回到它们出自统一基础的统一体的渊源之中。

在《艺术作品的本源》中,海德格尔写道:写诗,是要"开启一个世界,给出一片大地"。诗和艺术作品,被他认为是给我们打开一个人神天地共处的四方域的"入口"。我们能这样找到通向大地的正确的入口?

"从鞋具磨损的内部那黑洞洞的敞口中,凝着劳动步履的艰辛,这硬邦邦、沉甸甸的破旧农鞋里,聚积着那寒风陡峭中迈动在一望无际的永远单调的田垄上的步履的坚韧和滞缓,鞋皮上粘着湿润而肥沃的泥土。暮色降临,这双鞋底在田野小径上踽踽而行。在这鞋具里,回响着大地无声的召唤,显示着大地对成熟谷物的宁静馈赠,表征着大地在冬闲的荒芜田野里朦胧的冬眠。这器具浸透对面包的稳靠性无怨无艾的焦虑,以及那战胜了贫困的无言喜悦,隐含着分娩阵痛时的哆嗦,死亡逼近时的战栗。这器具属于大地,包在农妇的世界里得到保存。"① 在这里,农妇鞋底的泥土被理解成人与大地之间的关系:人接受大地的馈赠,而人以劳动作为回报。画作中鞋的口,是我们重新进入大地的入口。

马勒的《大地之歌》中的"大地",用了很多中国意象。比如李白《悲歌行》中:

> 悲来乎!悲来乎!
> 主人有酒且莫斟,听我一曲悲来吟。
> 悲来不吟还不笑,天下无人知我心。
> 君有数斗酒,我有三尺琴,
> 琴鸣酒乐两相得,一杯不啻千钧金。
> 悲来乎!悲来乎!
> 天虽长,地虽久,金玉满堂应不守,
> 富贵百年能几何,死生一度人皆有。
> 孤猿坐啼坟上月,且须一尽杯中酒!

《春日醉起言志》中,李白写道:"感之欲叹息,对酒还自倾。浩歌待明月,曲尽已忘情。"只有在诗人的歌唱中,关于世界或存在之重才被卸下? 以为有自然的,以为有天的,以为有道德的,以为有命运的,以为有精神的,结果,到最后哪个都没来报到,只剩下了我的"要,要,要"。唱着,希望明月来陪我。这唱,是我唯一剩下的气数了? 人最后被遗留在唱这一姿势上了? 李白唱的是这个吗?"死生一度人皆有",是我们时代的"大地精神"吗?

---

① 海德格尔:《林中路》,孙周兴译,上海译文出版社,2008年,第16页。

"孤猿坐啼坟上月,且须一尽杯中酒!"是什么意思?猴子都还能懂得荒坟之上的明月的意义,做出正确的抒情,而我大诗人,却须多喝一杯,才敢张口,才能从当前的抑郁状态奋身,去对明月做出响应?去响应什么,搞清楚了吗?

王维的《送别》云:"下马饮君酒,问君何所之。君言不得意,归卧南山陲。但去莫复问,白云无尽时。"

但去莫复问,是一种什么情怀?往前走,从此不回头?帐篷政治,艺术家来动手,人人都是艺术家?

14. 大地之法

大地政治中的真政治:必须在新的共同物之间,分清敌我,找到真政治。在没有敌我关系清晰的国家,施米特(Karl Schmitt)说,常识也会成为犯罪。在未来,在大地面前,更会如此。

1942 年,第二次世界大战最胶着时,法理学家施米特开始写《大地之法》。他用"nomos"这个单词,表示我们面对未来的混沌时所能依赖的"大地之法"。此"法"不同于法律(law),可以说大于法律,是法的外部的法。我们姑且将它翻译为"五法"或"大法",指边界外的那些法则。内部秩序越来越规整,将会导致边界外围的东西更乱,外面的新形成的法反而来包围统治着我们了,这个就叫五法。

施米特通过分析 nomos 的词根,对"大地之法"做出进一步的阐释。Nomos 词根来自希腊语 nemein,既指"切分",又指"放牧"。Nomos 是一个人民在空间上可见的政治和社会秩序的直接形式——草场地的原初丈量和切分,也就是土地占有,隐含于土地和因占有土地后自然带来的具体秩序中。Nomos 是指土地的丈量和尺寸,是在某一特定秩序中的土地的切分和坐落的尺度。它也指被这一过程确立的政治、社会和宗教形式。Nomos 同时代表着从原初就已固定下来的切分与放牧。

大地之法超越自然之法;自然之法是丢勒时代的产物,表面上谈着自然,实则背后隐藏着一个上帝。是上帝通过自然这个花园,给人类展现了万物;大地之法则是在自然消失了之后,地球显示出无厘头、无逻辑的一面时,人类必须面对和遵守的全新的法则和方案。

Nomos 超越人类的法律。在神话语言中,大地以法之母(the mother of law,法之法)为人所知。这样,大地以三种方式与法绑定。它在自身中包含法,作为劳作的回报;它在身上显现法,作为确定的边界;它也在自身之上维护法,作为秩序的公共符号。法与大地绑定,与大地关联。人类法律不再起作用,只有大地自己呈现的法才是未来引领人类的法之法。这就是"大地之法"的完整意思。

如果从今天开始,我们必须服从大地之法,将其作为未来人类的第一法了,这对我们来说意味着什么?

而今,新的综合征(什么都可以选择尝试,可是到最后什么尝试都是徒劳的)正在蔓延。无论搞什么,最后结果都是一个样,反正迎接我们也就只是雾霾。欧洲的议会式民主,对生态、对资源能源的问题依然束手无策;美国政府对石油的价格,完全是听任其走势,根本没有章法。如果地球当真出问题,这样的民主制度也是完全不起作用、负不起责任来的。

如果我们以大地之法作为一种新的未来政治框架,似乎就可以跳出这种虚假选择。未来,我们的政治可能是一场空间设序战。我们得到一块空地,就如同游牧民族来到了一片新大陆一般,需要对空地重新切分,我们要为这个切分而战斗。在未来指导我们的不再是奥斯丁、斯宾诺莎式的政治神学,而是施米特说的这大地之法,或他在 20 世纪五六十年代后读了毛泽东之后提出的"敌我分类学"了。

在新的大地上,政治敌人不一定是道德上的邪恶者或审美上的丑陋者了。他不一定是以经济上的竞争者的面目出现,但他无疑是他者、异乡人。他本性中就坚实地是生存论上的不同者、相异者,这一点就足够使他成为敌人了。在极端情况下与他冲突是可能的。而这种新政治是不能被一个先前确立的一般法则所指引的,也不是能由一个无利害的、因而中立的第三方来定夺的。这个是施米特认为的未来政治里的第一原则,类似于"人人审查人人"的分清敌我之后的政治状态。

但施米特仍没有看到我们的生态灾难。未来因为资源或气候问题而造成的全球整体战争的状态,就是一个典型的例外状态。例外状态就是当现行法律被吊销时,整个国家瞬间无法可依的情形。由此,我们可以把施米特的方案再推进一步至总体战争。未来,各团体之间的争夺和冲突将白热化和永久化,将是一种总体战争的状态。

在全球总体战争状态下,一般讲的敌意就不再有意义,所有敌意的区分、争论的结果、态度的焦点都要跟身体的杀戮联系在一起。"朋友、敌人、战斗这样的概念,恰恰是通过指称身体杀戮的可能性而得到其真实的意义的。战争是由敌意而来。战争是在存在论层面上消灭敌人。它是敌意的最极端的后果。它并不一定得是共同的、正常的、某理想和可欲的东西。但只要敌人这一概念成立,它必须一直作为一种真实的可能性存在。"[1]

以此发展下去,最终会导致最可怕的政治——幸存政治出现。我们恐怕需要在没有第三方评判的情况下,一对一地决定什

---

[1] 施米特:《党争论》,东克尔与汉布罗特出版社(Dunker & Hamblot),2002年,第33页。

么东西该永久消失,什么东西该暂时留下。

在《大地之法》的序言中,他近乎用未来来威胁我们:"人类的思想又一次必须被指引到其此时此地的大地存在的根本要素上。我们试图去理解大地的规范性秩序,这正是本书的危险工作,也是我们的劳作的热诚希望。大地是许诺给那些和平的工匠的。大地的新法则这一观念,只属于他们。"①"大地是许诺给那些和平的工匠的"中的"和平",不是指不参与战争,或在大地上过和平的生活(多去超市购物或多去星巴克买咖啡),而是脚下有块可踩的土地。和平的工匠像工匠一样去重新制作出一个大地。到底要去营造一个怎样的大地,这个问题至今仍是开放的。我们不得不去重新营造我们脚下的大地;再也不是原先脚下的那一块。新的大地否认了现有一切政治上的劳作:所谓的议会民主、人民民主、社会主义市场经济……

那么,什么样的人是"和平的工匠"? 是艺术家。而 nomos,就是一个他或她的活动范围;nomos 所统治的状态,就是一个 matrix(黑客帝国)的全部范围,由数据代码组成,最后由一组代数方程支撑;人类被陷害在了其中,不能自拔,像我们在电影《黑客帝国》里看到的那样;艺术家要有把每一件艺术作品都看成他的总体策展方案之中的一个数据的勇气,并用这一堆数据去讲出一个大地故事。艺术家要引领人类到一个新的大地之上。

15. 如何讲出我们今天的大地故事?

大地故事,在今天,相当于牛顿时代的自然哲学。只不过,当下,自然已经消失,这种自然哲学也成了故事。

---

① 施米特:《大地之法》,乌尔门(G. L. Ulmen)英译,目标出版社(Telos Press),2006年,第12页。

在《历史的气候》这篇论文中,历史学家第佩希·恰克帕蒂重新评估了今天的自然历史与人类历史之间的关系。他说,在气候危机到来之前,自然历史与人类历史之间曾有明确的界限;但气候危机一出现,这个界限就变得模糊,自然历史开始与人类历史纠缠。当人类把地球45亿年的历史放到人类历史中来时,人类自身的历史就显得非常次要,作陪衬都不够了。因此,恰克帕蒂认为,在过去三千年里,先人教给我们的书写历史的方法也都不管用了。

恰克帕蒂首先分析历史上那些主导的著名的历史观。它们在今天已经站不住脚。文艺复兴以后,从意大利哲学家维柯到英国政治学家霍布斯的看法是:人在写历史的时候,不应去写自然,而只应写人创造的东西。一旦把自然写在里面,一切就会乱套。中世纪的人们认为,你去写自然的东西,就是人去管上帝的事情了,是不恭敬的。

20世纪初,物理学家马赫和彭加勒甚至这样警告我们:人哪怕偷看自然,在里面也只能张望到人,并不能看到上帝创造自然的那个机关。人研究自然,必然是徒劳的。维柯曾说:我们能知道这个世界,是因为这个世界是我们创造的。牛津历史学家柯林伍德对维柯、克罗齐的历史观非常崇拜,而他推崇的历史观对中国20世纪(尤其在改革开放之后)的历史学家有着重大的影响。他也认为,所有的历史都是人类之事,并且历史应该写有意义的行为,因此,历史写作应该把人类的自然行为都去掉,只留下文化精神的行为。

马克思对人与历史的关系,也提出过与维柯很接近的观点:"人创造自己的历史,但他们不是随心所欲地来创造历史的。"但这句话,在今天看来也错了。人,指的是无产阶级的人,在创造的时候并不知道历史是什么样的,造了机器,然后罢工来反对这些机器。但他们仍在推动人类历史,在无意识之中就这么做了。

恰克帕蒂审视了这些著名的历史观后,得出这样的结论:环境/自然不再是人的天然条件的背景,而是人成了环境的自然条件(Humans have become a natural condition)。人类今后的行为,将决定自然的命运。

过去的 20 年里,地质学家开始讨论一个非常重要的概念"人类纪"(Anthropocene),来对应前面 300 年的"全新世"(Holocene)。记者魏斯曼(Alan Weisman)在《没有我们的世界》(*The World Without Us*, 2007)这本书里提出:人类意识到了当前的困境,发现之前对过去的理解都是错的。"我们对于当前的历史感,会毁灭我们关于过去的一般理解。"不过,也只有在这样的时刻,人才有可能抛开自己的历史,去讲出自己的故事。地球作为一件自然物,掉进了人的困境之中,这个时候人类纪就开始了。

诺贝尔奖获得者克鲁岑(Paul J. Crutzen)对"人类纪"做了更进一步的阐释:过去的三个世纪里,人类对全球环境的影响加剧。由于这些人类源发的二氧化碳排放,全球气候将在未来的几千年里发生重大偏离。将当前称作"人类纪"也许是合适的,这是人类主导的地质时代,是对过去 10 到 12 个千年(全新世)的补充。其起点就是瓦特发明蒸汽机的 1784 年。①

恰克帕蒂在《历史的气候》一文中总结:当前地球状况的危机,已经与当前人类历史的困境纠缠在一起了。这标记着人类纪的到来。

人类长期以来,一直错觉着自己拥有主导地球上其他物种的"地质力量";误认为自己能够代替自然界或是上帝的使命,去打败老虎、赶走羊群;误认为自己是历史的主人。当两种困境纠缠

---

① 《自然》2002 年第 3 期,第 17 页。

在一起时,人类对自己的困境的恐惧,其实并不来自对真正危机的关心,而是来自于人类对自己被压缩到单一物种里这一点的恐惧。人与自然的那堵墙被推倒,我们人类就如同青蛙、老虎、鸟一样只是自然中的一个物种。恐惧正来自于这样的被动降级的屈辱感。

恰克帕蒂的结论是:气候危机一到,我们对于历史的一般理解(general understanding)就整个乱套了。气候危机,正在动摇我们关于当前的历史感,正冲毁我们关于历史的一般理解。

面对恰克帕蒂这样既保守又激进的论断,哲学家齐泽克做出了这样的批判:当我们谈论生态问题时,必须谨慎。气候灾难的讨论,也是在整个资本主义框架范围之内的生态斗争,也是阶级斗争的一部分。生态问题一出现,仿佛阶级地位和政治觉悟就变得不那么重要了,对于这一点必须时刻保持清醒。我们并不需要在政治哲学上取一个立场,而应该把气候危机作为背景,把整个大地故事作为策展脚本,灵活运用即可。

大地故事(geostory)是法国科学人类学家拉图尔(Bruno Latour)编造的生词。既然是故事,整套说辞必然是编造的、虚构的、不可靠的(甚至还要撇清在记者的故事版本中,作为职业道德的那百分之三十的客观性)。大地故事是由一位记者想要报道生态危机遇到的障碍而引发的。面对日益严重的生态问题,面对臭氧空洞或是雾霾,自然科学家能做的也仅只是各做各的解释,他们都不能够提供一套稳健并且行之有效的措辞。在这样的气候困境中,即使加上人类学、哲学、社会学、经济学、气候学,无论多少个学科,都无法解释清楚,不能提供可靠的解决工具。那最后该怎么办呢?发言权似乎都缠在了握有话筒的记者身上。在这场关于生态的论争中,事实、新闻、故事、警告、警报、规范和责任都无论巨细地混淆到一起。

从此,我们只是在讲述大地故事了。作为幸存者团体的小说家、将军、工程师、科学家、政治家、活动分子、公民,都可以轮番上场,讲述各自的《一千零一夜》。"我们只是我们的故事而已。"(We are our only story.)

16. 新农业、新经济和新文化

法国哲学家贝尔纳·斯蒂格勒(Bernard Stiegler)说,农民在今天不再是猎人或拾穗者,而是所有能够去关照活口的人,无论他们有没有去耕地。他们提供基本生活资料,培育生命,使人的存在不落入一种低级生存。他们在关照活口,所以,也必须去宰杀并献祭。这一献祭,远古时叫膜拜,艺术与技术都含在其中。培育者因此还是献祭者。

农民"关照"活口时,同时会暴力地对待被关照的活口:用来耕地的刀,也将割断羊羔与母亲之间的脐带,也将用来宰杀羊羔或其母亲。农民是在用他们的技术和知识做一种耕地的艺术,而耕也同时是对土地的暴力。而这暴力在关照大地时,必须被升华:农民是在做艺术。农民使自然受苦,但同时也使自然成了文化——在他们向自然献祭之后。献祭才给自然带来升华:掀翻自然,使之失衡,才能超度它。农业才是文化的根源。农田形成,才有城镇,才有新文化。①

农民深知生命、技术和象征三者关系的根本连接。他们不想因生物技术的介入而失去那些活物。他们为它们负起巨大的责任,同时抵抗着技术,不让后者剥夺他们对农业知识的感同身受。技术使农民无产阶级化,后者用艺术来收复和还原。技术相当于化肥和农药,而艺术是农民身上的那一潜能,包含行动、思想和艺

---

① 参见 http://www.arsindustrialis.org/node/2925。

术的全部可能。

但斯蒂格勒仍深信,人类的未来必须穿过转基因或类似的各种生物技术。我们没有简单的另选。技术有药罐性:它是毒药,也是解药,还是借口。面对这些像拦路虎那样的技术,我们没有别的办法,只能将其社会化,去培育出某种关照和对它的某种程度的信任(confiance),而后者则会构成一种新的文化和新的农业。我们对新技术的小心和对自己负责的一切的关心,会触发一种全新的文化和全新的农业。

斯蒂格勒认为,"在资本主义界限内,搞经济就是关照"。一种类似精神(也就是崇高)的技术的工业政治,才是唯一可持续的利比多经济。只有通过一种德勒兹所说的根茎式政治(noopolitics),才有可能逆转和克服表现于市场营销和社交媒体中的心理权力对我们的统治。而目前最紧迫的问题是各主要经济大国必须与美国一起发展出一种"欧洲式生活方式",也就是:确认搞经济意味着对人的最终关照。[①]

斯蒂格勒认为,"从利比多经济到精神生态",是我们必须走的路。我们当前陷入的是一场审美战争,是要将新技术扯开的新媒体对我们的控制,收回到我们的身体的象征系统之内。我们的敌人,不再是某个人、某些人,而是某一种倾向。我们的战斗任务是:用一种个人化的心理—社会过程,去打败另一种个人化的心理社会—过程。

近200年的审美革命中艺术家所追求的"生活的艺术"(从瓦格纳到布莱希特一直在张扬的那一种),今天看来,也必须过渡到生命的技术那里。从古至今,农业是助长动物和植物的手段。而在人的内部的培育,是文化。文化是培育者。被培育的,都是通

---

① 参见 http://www.arsindustrialis.org/node/2922。

过某种膜拜而被关照的。只有在一种人的关照中成长起来的新农业中,新文化和新生态才能涌现。

如何打败我们自己身上的这一倾向?斯蒂格勒借用德勒兹的立场来回答:必须建立我们每一个人自己的一致性平面(plane of consistency);直观地说,你的孩子、你的妻子和你所属意并让你感到自己存在的那些伟大作品,就构成你的独一的一致性平面,再扩大而之于更远。你只有在这个平面上,才能重新欲望到无限……为此,我们必须永远向那些前来维持我们向前进化的力量开放。应该听加缪的话,不要企图去重新改造世界,我们的任务只是使它不要变得更坏。

人性是双重的。我们的行动也是双重的。作用于我们身上的力量也是双重的。改造社会时,我们总抱怨我们中国人特别糟糕;治理环境时,我们总先抱怨了社会政治环境已经先很糟糕。如果从柏拉图那里能汲取什么教训,那么有一条就是,改造社会和自然环境前先得落实每一个人的责任。

每一个人都需要在心理、集体和技术上重新个人化。而今天的社交媒体,是要你做半人,做四分之一人。对于人类而言,氢弹是真正的药罐,它同时意味着总体战争和对任何战争的抑制。

受柏拉图的学园理念启发的西方教育系统,从来都是将写作和哲学当作对写作本身之毒药的解药来用的,理性知识是一种疗救。这是要用写作来治疗写作。而在 21 世纪,在新媒体和社交媒体进入世界每一角落的今天,这一药罐成了世界大学系统的知识体的基础。[①] 21 世纪,将是我们与正在到来的数码性作殊死斗争的世纪。

---

① 齐尔斯多夫(T. B. Zülsdorf)等编:《不信任和转换技术的药罐性》,见《量子介入》,海德堡出版社(Verlag Heidelberg),2011 年,第 27—38 页。

弗洛伊德的"心理"是一个平面,上面可以不断用技术装置,增补式地写上心理过程,暗示了人的记忆与技术的不可分。这种作为记忆的写作和技术的关系,柏拉图在《斐多篇》里已注意到:所有的记忆、文化和认知技术,都是药罐(pharmaka);既是毒药,也是解药。苏格拉底认为,写作落在诡辩论者手里就成了败坏雅典年轻人的工具,但对于我们的有限记忆又是一种补救,也使几何得以可能,并使理想共同体的宪政也成为可能。

17. 小　结

齐泽克说,在这一块大地上,我们剩下的唯一力量就是去爱,爱到深沉:去爱垃圾,把一切大地和世界里的荒凉和荒诞都当作我们的风景,要下来,挺下来,这才会有我们自己的命运了。想用那个碎玻璃般的人类过去去划亮那么一个不确定的未来,那我们就成了安徒生笔下那一个卖火柴的小女孩了!

我们必须从猜想和梦想中醒来了!所有的人民团体,在今天都被甩进了同一个坛子里,必须一起或相互作对地去谋得幸存。已经没有"那一边"了,但却开始有了无数个"之前""之下""别处""上""下""里面""远离"和"入内"。世界—历史这条内陆河,到我们这里就是终点了。人类必须在其新的大地故事里将自己也看作一种地质力量了。人类是什么,就要看人类怎么继续往下演了。

德国古典哲学

康德现代性批判的四重维度及其当代价值

王 平

(东华大学 人文学院)

在工具理性不断危及人们的安身之所并逐步侵蚀人们的精神家园的今天,批判现代性成了当前哲学的主导倾向。可是当谈及现代性批判的时候,人们首先想到的是马克思、尼采和海德格尔等人的影响,因为马克思揭露了现代资本所造成的多重"异化"现象,尼采发现"上帝"这一最高价值的化身在现代社会缺场的事实,海德格尔指出了现代人的无家可归状态。遗憾的是,当我们念念不忘这些大师在现代性批判上的价值时,却遗忘了一位重要的思想家——康德,他曾经在批判现代性问题上所做出开拓性的贡献。

可以说,如果我们要追溯现代性批判的开端,我们必须提及三位思想家的筚路蓝缕之功:休谟、卢梭和康德。休谟的现代性批判是消极的,他只是主张人的理性能力有限,而没有展开对理性主义的批判;卢梭的现代性批判是表层化的,他只看到了理性主义的负面性后果,而没有深入对理性主义本质的批判;康德基于两位思想家的启发,在启蒙运动浪潮高涨的时代窥见到了现代性的逼近,并向人们抖露了认识论、伦理学、美学、历史观等领域正在蔓延的现代性趋势,从而展开了对现代性的批判,同时试图用自己的方式遏制现代性的扩张。不管康德的批判和尝试成功与否,康德的成功和失足对于我们今天批判现代性问题都具有深远的启示意义。因此,梳理和挖掘康德在现代性批判问题上的思想,显得极其重要。

一、走近康德:倾听现代性批判的先声

在现代性批判的问题上,人们很难将之与康德联系起来。因为在通常的康德哲学解读中,康德被当作启蒙运动的化身,是理性主义、主体主义的极力倡导者,而康德的这种姿态在他的"人为自然立法""人为道德立法"等主张中表现得淋漓尽致。因此,康德在大多数情况下总是被看作一位现代性的哲学家,是现代性的开启者甚至维护者。

不可否认,康德对于启蒙运动持赞成态度,但要说康德是理性主义和主体主义的代言人、是开启现代性的哲学家,这样的论断未必准确。之所以会形成此种论断,很大程度上是20世纪80年代人们为了冲破迷信、颠覆权威、张扬主体能动性的时代潮流在康德哲学研究上的折射,这是康德哲学研究上的一种"六经注我"的方式。随着时代主题的转换,我们回过头来看这种解读方式,才发现它与康德哲学的旨趣有所离违。因此,从新的时代需要出发,对康德哲学进行重新诠释也就成了必要。

毫无疑问,康德坚持启蒙运动对人的启蒙以摆脱愚昧这一崇高目的,尤其是主张人运用自己的理智进行自我启蒙和独立思考,这在他的论文《回答这个问题:"什么是启蒙运动?"》中得到了鲜明表现。但我们据此而认定康德是一个理性主义者,并不符合康德哲学精神。毕竟康德哲学是经过休谟哲学和卢梭哲学浸染之后形成的,休谟的怀疑主义以及卢梭对文明社会的批评已深入康德内心;因此,康德对理性的批判,在某种程度上是延续了休谟和卢梭对理性主义批判。

现代性有多重表现形式,其最大的表现形式是对工具理性的过度张扬,以为理性无所不能,一切都可以放在理性的尺度下进

行观照,从而主张将理性的触角伸入任何领域,包括精神、道德、信仰、审美、权利等领域。一句话,现代性最大的特征就是对理性的崇拜,主张理性万能。如果主张理性至上主义、将一切理性化是一种现代性的话,那么,对理性能力的怀疑和限制则是一种对现代性的批判。在这个意义上,我们可以说,康德的两位精神导师休谟和卢梭开启了这一批判路径。当休谟认为不存在必然性的因果联系,所有的因果联系都是一种习惯性联想的恒常会合,从而主张将知识进行划界,并认为有些东西我们只能存疑,并不能够用理性来认识的时候,这种怀疑主义其实就是对理性主义的一种警惕,也就是对现代性的一种警惕。而卢梭比休谟更积极,他将批判的矛头直指理性主义及其现代性后果。当卢梭在《论科学与艺术》一文中提出,随着科学和艺术的进步,人类在道德方面却越来越败坏时,其对现代性的批判就已现端倪。在《论人类不平等的起源和基础》中,卢梭则更进一步将批判的矛头深入到现代性社会得以建立的基础,即理性主义之中。而在《社会契约论》中,当卢梭喊出"人是生而自由的,但却无往而不在枷锁之中"这一触动人心的话语的时候,他想通过自己的批判挣脱现代性禁锢的情结跃然纸上。包括在《爱弥儿》中,卢梭开卷就指出"出自造物主之手的东西,都是好的,而一到了人的手里,就全坏了"①,将现代性批判之维又指向了现代教育方式。

熟悉康德哲学的人都清楚,康德奉休谟和卢梭的思想为圭臬。康德在《未来形而上学导论》中指出,是休谟打断了自己曾经对理性万能的独断论迷梦,为自己指出了新的哲学方向。② 对于

---

① 卢梭:《爱弥儿》,李平沤译,商务印书馆,1996年,第5页。
② 康德:《任何一种能够作为科学出现的未来形而上学导论》,庞景仁译,商务印书馆,1997年,第9页。

卢梭,康德更是充满崇敬而感激:"我渴望知识,不断地要前进,有所发明才快乐。曾经有一个时期,我相信这就是使人生命有其尊严。我轻视无知的大众。卢梭纠正了我。我意想的优越消失了,我学会了尊重人,认为自己远不如寻常劳动者有用,除非我的哲学能替一切人恢复其为人的共有的权利。"①由此可见,在遭遇休谟和卢梭之前,康德对理性主义和知识论有一种迷醉,是一位现代性哲学家,是现代性的倡导者。但遭遇休谟和卢梭之后,康德的思想发生了转向,不再是理性主义的维护者,而是理性主义的反叛者;不再是启蒙运动的完成者,而是启蒙运动的终结者;不再是现代性的开启者,而是现代性的批判者。

以前我们总是把康德哲学定位为近代哲学家,这是我们传统的解读视角滞后造成的;这些解读的可靠性有多大,我们都应当打个问号。海德格尔和卡西尔等人的一番话也许会令我们警醒。比如《纯粹理性批判》这部伟大的著作,通常总是被当作一本认识论著作来看待,可是海德格尔这样评述道:"当《纯粹理性批判》这部著作被当作'关于经验的理论',甚至当作实证科学的理论来解释时,它的意图还是被彻底误解了。《纯粹理性批判》与'认识论'毫无关系。"②卡西尔在《康德的生平和思想》中也指出,康德哲学是西方智力发展运动当中的一个分水岭,它一方面仍然带有18世纪早期政治和历史的观念,但另一方面又明确预见到了19世纪新的洞见。③

综上所述,康德不是没有现代性批判思想,只是传统的研究视角遮蔽了他这方面的思想而已。在当前对现代性如潮的批判

---

① 李泽厚:《批判哲学的批判》,人民出版社,1979年,第40页。
② 海德格尔:《海德格尔选集》,孙周兴译,上海三联书店,1996年,第94页。
③ Ernst Cassirer, *Kant's Life and Thought*, Yale University Press, 1981, pp. 1–11.

声中,重新回到康德哲学中去寻找资源,不失为一种尊重康德哲学地位的应有姿态。

二、康德现代性批判的四重维度

那么,是什么契机引发了康德对现代性的批判?诚然,康德的时代,工业文明已经开始,但工业文明的后果如环境污染、生态恶化、资源过度消耗等现象还远远没有呈现。所以,康德对现代性的批判并不是因上述现象而触发的。可是,康德还是从理性主义,确切地讲是工具理性的肆意扩张中,窥见到了工具理性所造成的现代性后果,如形而上学的没落、机械主义认识论的盛行、功利主义道德的兴起、线性历史观的主导化,等等。康德正是基于自身的生存论背景,从上述现代性后果中反过头来展开了对现代性的批判。由于笔者在其他场合对康德现代性批判的缘起有过详细阐释[1],所以此处就不再赘述。

康德对现代性的批判究竟从哪些向度来展开?鉴于康德哲学体系的复杂性,我们主要以康德哲学体系的四个组成部分即第一批判(《纯粹理性批判》)、第二批判(《实践理性批判》)、第三批判(《判断力批判》)以及康德历史哲学(又称第四批判)为考虑范围,分别对其在知识论、伦理学、美学以及历史哲学中所展现出来的现代性批判思想进行概述。由此,康德对现代性的批判主要呈现为以下维度:

第一,反对理性主义对超经验领域的侵蚀,主张知识范围的有限性。

---

[1] 王平:《目的论的援引:康德警惕现代性的姿态》,载《南昌大学学报》2007 年第 3 期,第 25—29 页。

康德的时代是启蒙运动鼎盛的时代,启蒙运动所造成的理性万能的心态在当时的社会中日渐弥漫。人们普遍坚信,只要凭借理性之光,人们完全可以穿透任何最神秘、最私密、最遥不可及的领域,甚至可以将灵魂和上帝置于知识的拷问之下,道德知识化、信仰知识化的势头有增无减。然而,在康德看来,这不是一件幸事,反而造成人们在形而上学问题上的争执不休,哲学成了无聊争辩的场所。康德认为,之所以会造成这样一种后果,是人们将理性做了一种超经验、超现象的使用造成的。在康德看来,理性的能力是有限的,"人类理性在其知识的某个门类里有一种特殊的命运,就是:它为一些它无法摆脱的问题所困扰;因为这些问题是由理性自身的本性向自己提出来的,但它又不能回答它们;因为这些问题超越了人类理性的一切能力"①。正因为人类的理性能力有限,所以理性的使用范围也应当有一定限度,否则就是一种理性万能的独断论。在康德看来,理性的使用只能局限于经验和现象的领域,在此领域,理性通过先天感性直观形式所提供的感性材料以及知性所提供的先天范畴,形成了知识。因此,知识只能是现象领域的事情,知性的范畴只能在现象的领域范围内才能起到知识建构性的作用。可是,人类的理性总是有种不满足的冲动,总想时时冲破经验和现象的领域,试图去探知超经验、超现象领域的东西,把超验的东西当作一种知识来建构。但是在探知这些超验的存在时,理性又没有自身的工具,所以只能将知性的范畴用作自己的探知工具。然而,正如我们所说的那样,知性范畴只能在现象界和经验界起作用,超出经验之外的、无限的超验领域,有限的知性范畴根本无法驾驭它。如果知性范畴硬要把无限的东西当作有限的东西来认识,就会造成二律背反等诸多矛

---

① 康德:《纯粹理性批判》,邓晓芒译,人民出版社,2004年,第1页。

盾。在康德看来，理性的这种僭越，对于形而上学来讲只会有着严重后果。当知识侵蚀信仰和道德的地盘时，看似增进人们对道德和信仰的认识，可是，道德和信仰毕竟不是一个知识论的问题，道德问题和信仰问题一旦沦为知识问题，反而造成了道德和信仰的缺失，使社会沦为无道德、无信仰的状况。康德对此后果洞若观火，他意识到，为了避免这种后果的发生，就必须限制理性的超验使用，并且划定知识的地盘，"因此，我不得不悬置知识，以便给信仰腾出位置，而形而上学的独断论，也就是没有纯粹理性批判就会在形而上学中生长的那种成见，是一切阻碍道德的无信仰的真正根源，这种无信仰任何时候都是非常独断的"①。

还是海德格尔看得真切，他认为康德的《纯粹理性批判》不是一部认识论的著作，而是一部存在论的著作。康德在那个时代就敏锐地意识到，知识的肆意扩张必然会导致道德和信仰的丧失，因而他要千方百计遏制理性主义和知识论的扩张势头，以便为人的生存提供一片可以栖息的无纷扰的精神净土。

第二，抵制功利主义道德的冲击，主张自律性的绝对道德。

17和18世纪，现代性在道德上的集中表现就是功利主义道德成为伦理学的主流，这无论在伏尔泰、狄德罗，还是在斯宾诺莎、休谟身上都有反映，只不过他们伦理学的出发点稍微有差异而已，要么是出于同情，要么是出于实用性，要么是出于功利，要么是出于死后得救，等等，也就是说，把道德维系在外在东西的基础之上。这是一种典型的他律性道德。在这种他律性道德那里，人们行善不是出于纯粹理性的命令，而是出于外在的计算。不管这种计算的动机有多崇高，但由于掺杂了经验的考虑而变得不再

---

① 康德：《纯粹理性批判》，第22页。

纯粹，因而都不是康德意义上的真正道德。因此康德这样说道："出于对人的爱和同情的关怀而向他们行善，或出于对秩序的热爱而主持正义，是非常之好的，但这还不是我们举止的真正的道德准则，即与我们侧身于作为人的理性存在者的立场相切合的道德准则。"①

康德认为，尽管在他律性道德那里也会出现令人敬佩的道德行为，但由于他律性道德以外在的东西为转轴，所以这种道德行为会因处境的变化而发生移易。也就是说，人们可以根据不同的语境采取不同的道德行为，这就意味着道德在不同的环境下可以变通。可是在康德看来，一旦道德可以变通，那它就不再道德了；因为在这种伦理学里，道德成了一种交易的工具，它不再变得神圣不可侵犯了。而在康德那里，道德是最高的善，它不屈从于任何东西；这种最高善是纯粹理性确立的最高法则，人们在现实生活中行善只能听从于自己内心的意志向自己发出的命令，而不能为外在事物所动，否则就是一种虚假的道德或伪善。

康德之所以要在道德上坚持一种彻底的、绝对主义的道德观，是因为他清楚地知道，如果在道德的问题上都可以讨价还价，那么必然会产生严重的后果。这在政治舞台上表现得最明显。政治舞台上为什么会充满尔虞我诈、坑蒙拐骗、口蜜腹剑等诸多乱象，康德认为是因为存在一类用道德来做交易的人，他把这一类人称作政治道德家，"即一个这样地为自己铸造一种道德从而使之有利于政治家的好处的人"②。康德警告说，如果政客们不以道德法则为自己行事的第一准则，那么国无宁日、世界无宁日，世界终究会走向相互毁灭的"坟场的和平"③。

---

① 康德：《实践理性批判》，韩水法译，商务印书馆，1999 年，第 89 页。
②③ 康德：《历史理性批判文集》，何兆武译，商务印书馆，1997 年，第 132、97 页。

第三，反对艺术是对自然的机械模仿和人的本能流露的低俗主义艺术观，主张艺术是自由的创作。

在艺术的问题上，很多人认为艺术只不过是一种特殊的技艺，而这种技艺同样是对自然的一种机械模仿，因而艺术与一般的劳动成果没有区别。艺术是一种自然、科学、手艺等说法，都是这种艺术观的不同表现。康德对于这样的艺术观不敢苟同，因为它把人的自由创造降格为人的自然的本性和本能，从而艺术只是简单地服从机械规律的支配。而在康德看来，艺术是属于自由领域的事情，是对自由理念的尽情展现；它既不是对外界的拙劣模仿，也不是人的本能的自然流露。出于这样的考虑，康德提出了自己关于艺术的看法：

首先，艺术不是自然，更不是自然的产物，是艺术家思想理念的再现。"我们出于正当的理由只应当把通过自由而生产、也就是把通过以理性为其行动的基础的某种任意性而进行的生产，称之为艺术。因为尽管我们喜欢把蜜蜂的产品（合规则地建造起来的蜂巢）称作为一个艺术品，但毕竟只是由于和后者类比才这样做；因为只要我们细想一下，蜜蜂绝不是把自己的劳动建立在自己理性思虑的基础上，则我们马上就会说，这是它们的本性（本能）的产物，而一个产品作为艺术只应被归之于艺术的创造者。"①

其次，艺术不是科学，科学是一个认知问题，而艺术是一个实践问题。艺术不是为了要去把握这个世界以获得知识的理论能力，而只能是艺术家的实践能力达到一定火候和功力的能力再现。"艺术作为人的熟巧也与科学不同（能与知不同），它作为实践能力与理论能力不同——只有那种我们即使最完备地知道但

---

① 康德：《判断力批判》，邓晓芒译，人民出版社，2002年，第146页。

却还并不因此就立刻拥有去做的熟巧的事,才在这种意义上属于艺术。"①

再次,艺术也不是手艺,而是一种自由而快乐的创造;它不带有功利性的目的,就像一场游戏,但却在游戏中将伟大的作品创造出来了。这种创作用康德的话来讲,就是"无目的的合目的性"。而手艺则与艺术相反,因此康德说:"艺术甚至也和手艺不同;前者叫做自由的艺术,后者也可以叫做雇佣的艺术。我们把前者看作好像它只能作为游戏,即一种本身就使人快适的事情而得出合乎目的的结果(做成功);而后者却是这样,即它能够作为劳动,即一种本身并不快适(很辛苦)而只是通过它的结果(如报酬)吸引人的事情,因而强制性地加之于人。"②

我们以为康德在这里仅仅是在谈艺术和审美的规律,好像与现代性批判没有关系;但是,恰恰相反,康德是在提醒我们,艺术不可媚俗、不可低俗、不可带有功利性,否则就不能成其为艺术,充其量只是媚俗艺术,而媚俗艺术在美国学者马泰·卡林内斯库看来是现代性的五副面孔之一。③

第四,反对盲目乐观主义历史观,主张正视历史复杂性的目的论历史观。

启蒙运动在对历史的前景展望上雄心勃勃,认为只要依凭人类的理性,未来会一片光明。在康德看来,这是一种掩盖人性及历史复杂性的盲目乐观主义历史观,他对于这样的历史观极其不认同,"既然人类的努力,总的说来,并不像动物那样仅仅是出于本能,同时又不像有理性的世界公民那样是根据一种预定的计划

---

①② 康德:《判断力批判》,第147页。
③ 卡林内斯库:《现代性的五副面孔》,顾爱彬等译,商务印书馆,2004年,第241页。

而行进;因此看起来他们也就不可能有任何(多少是像蜜蜂或者海狸那样的)有计划的历史。当我们看到人类在世界的大舞台上表现出来的所作所为,我们就无法抑制自己的某种厌恶之情;而且尽管在个别人的身上随处都闪烁着智慧,可是我们却发现,就其全体而论,一切归根到底都是由愚蠢、幼稚的虚荣,甚至还往往是由幼稚的罪恶和毁灭欲所交织成的;从而我们始终也弄不明白,对于我们这个如此之以优越自诩的物种,我们自己究竟应该形成什么样的一种概念。对于哲学家来说,这里别无其它答案,除非是:既然他对于人类及其表演的整体,根本就不能假设有任何有理性的自己的目标,那末他就应该探讨他是否能在人类事物的这一悖谬的进程之中发现有某种自然的目标;根据这种自然的目标被创造出来的人虽则其行程并没有自己的计划,但却可能有一部服从某种确定的自然计划的历史"[1]。

　　受卢梭主义的影响,康德看到了人性的复杂性。他认为,人类是介于动物和超人之间的存在,人类不可能像超人一样时时受理性的支配,相反,更多时候,是本能、欲望支配着人的行动,用康德的话来讲就是"非社会的本性"[2]。由于这样的本性,人类历史不可能是一部有理性、有计划、简单、透明的历史,而只能是一部充满着复杂性、偶然性的历史;在这样的历史中,什么都有可能发生。然而,又是什么东西在保证着人类不彻底走向毁灭呢?康德认为,不是超自然的智慧,而是自然本身的智慧;自然有自己的目的和计划,人类不过是执行和实现这一计划和目的的工具而已。这就是康德的目的论历史观。诚然,康德的目的论历史观对于人类自身充满着失望,其中隐现着卢梭的感伤主义色彩;但康德的历史哲学却向人们揭示了历史的真实、现实的复杂、人性的多维,

---

[1][2] 康德:《历史理性批判文集》,第2、6页。

这是一种具有生存论关怀的历史哲学，它对于后世哲学家如黑格尔、海德格尔等人的存在论思想不无启示。

三、康德现代性批判的当代启示

随着现代性后果在当前时代的逐渐释放与爆发，对现代性的批判自然而然成为人们的共同选择，尤其在 21 世纪的今天，除了哈贝马斯等少数人对于现代性还依然极尽维护之能事之外，鲜有思想家不把批判矛头指向现代性及其逻辑。正是在这些思想家的共同努力下，人们对于现代性的特征、表现、形态有了更为清晰的指认，如理性主义、普遍主义、本质主义、基础主义、还原主义、绝对主义、中心主义、经济主义、一元论、二元论、决定论、实在论、目的论、线性论，等等；对于现代性逻辑所隐含的现实后果也有着更为自觉的意识，如极权主义、虚无主义、独断主义、父权主义、男权主义、霸权主义、西方中心主义，等等。

在诸多批判现代性的思想家中，我们也许会想到尼采、海德格尔、福柯、德勒兹、德里达、鲍德里亚、詹姆逊，但我们同样不要遗忘康德在批判现代性上所做出的贡献。我们完全可以说，没有康德哲学，就没有后世哲学的深刻性，在现代性批判问题上同样如此。如果要对康德现代性批判的贡献和意义进行概述，大致有以下几个方面：

首先，康德对纯粹理性或工具理性的批判，在知识与信仰、认识与道德之间划界，为人们的精神寄托留有了空间，为抵制虚无主义的蔓延构筑起了一道精神防线。在康德的时代，还没有出现像尼采所说的"上帝死了"这样一种最高价值崩塌的现象。但康德已经隐约感觉到道德的放逐、理想的摈弃这种虚无主义的后果即将登场，他是从当时形而上学的不景气中捕捉到这种气息的。康德敏锐地意识到，理性主义的过度扩张必然会造成重大的精神后果;当理性侵蚀道德和信仰的领域,而良心、忠诚都必须用理性来估计的时候,就意味着道德和信仰、意义与价值、理想与信念的远遁。当理性的普照之光下再也不存在最高价值时,虚无主义的登场是迟早的事,因为人类再也没有最高的精神约束了,可以为所欲为。康德一语成谶,他死后,疯狂的海外殖民、两次世界大战、法西斯主义的兴起、极权主义的扩张、恐怖主义的蔓延,等等,这些都在提醒世人,不能遗忘康德的精神遗产及其启示。

其次,康德在历史哲学中提出的关于自然有理性、有目的的思想,在一定程度上体现了对自然的尊崇和敬畏,对于启蒙运动的自然祛魅化进程起到了某种遏制作用,为后来德国浪漫主义运动在自然问题上的返魅化提供了某种思想支撑,也对我们今天的生态运动有着某种借鉴意义。当代思想家越来越清楚地认识到,今天生态环境的日益恶化,从思想根源上来讲,是过于抬高人类而贬低自然、尊崇自我而贬抑他者、张扬理性而忽视感悟的结果,人类中心主义或者说理性中心主义难辞其咎,而启蒙运动在这一进程中起到了推波助澜的作用。因此,后世的哲学家认为启蒙运动应当为当今生态问题负责也就可以理解了。文艺复兴以前,人们普遍认为自然是神圣的、神秘的、具有生命力的、充满魅力的,因而对于自然充满着崇敬之心,不敢轻易去冒犯自然、干扰自然、征服自然。文艺复兴之后,尤其是启蒙运动的兴起,随着理性和人类成为宇宙的最高主宰,自然逐渐被当作被征服的对象,不再有任何神秘可言,人类可以按照自己的需要随意拆解、控制甚至设计自然。康德在如此甚嚣尘上的对自然的祛魅化运动中敢于提出自然目的论思想,不失为一种有勇气的做法,后来德国的浪漫主义运动延续了康德这一思想路径。遗憾的是,这仅仅是昙花一现,强大的现代性逻辑最终还是吞没了康德与浪漫主义思想家高歌灵动自然的呼声。直到今天,"自然界被看作仅仅是现代经济的外壳"①,可以活生生被人类随意解码的行径愈演愈烈。在地球因人类膨胀的欲望而被榨干,以至于不堪重负的今天,人类到了该倾听康德声音的时候了。

再次,无论是康德的道德哲学还是政治哲学,无论是康德的美学还是历史哲学,都透露出了一种平等主义、万民主义的色彩。这是对霸权主义以及西方中心主义的自觉批判,这种批判直到今天依然有启发意义。在道德哲学中,康德认为道德法则、道德律令不是圣人颁布的,而是每个人内心自由意志的产物;一个人有没有德性,不在于自己的行为是否符合圣人定下的规矩或规范,而在于是否听从了自己内心的召唤。在美学中,康德尽管对于天才有过溢美之词,但在涉及审美趣味和鉴赏的问题上,他更主张"共通感"(Common Sense)②的重要性。一件事物要成其为美,必须符合普通人的共同感觉,而这种感觉是可以普遍传达的。就是从康德的鉴赏"共通感"中,汉娜·阿伦特读出了康德平等主义的政治情怀以及政治得以建构的基础。因为"共通感"是一种判断,这种判断不是将自己的标准强制推行给别人,而更多是在一种公共的空间里通过一种正当的方式寻求或诉求他人的认同。因此"共通感"包含着一种公共性和开明性,这恰恰是政治得以建立的前提。③在康德的历史哲学和政治哲学中,他反对霸权主义、西方主义并主张平等主义、万民主义的思想表现得更加明显。这在康德的"世界和平联盟"主张中得到了集中反映。鉴于当时世界局势的混乱,国与国之间的敌对,他主张建立一个维护世界和平的"世界和平联盟"④。

---

① 斯普瑞特奈克:《真实之复兴》,张妮妮译,中央编译出版社,2003年,第2页。
② 康德:《判断力批判》,宗白华译,商务印书馆,1996年,第137页。
③ Hannah Arendt, *Lectures on Kant's Political Philosophy*, The University of Chicago Press, 1982, p. 72.
④ 康德:《历史理性批判文集》,第113页。

"世界和平联盟"不是以西方国家以及大国为主导的联合国,更不是凌驾于国家之上、拥有暴力机关的超级大国,而是各民族国家的自由联合体;在这个联合体里,任何国家都是平等的,所有的争端都通过平等、公开、坦诚的谈判来解决,而不应诉诸武力。康德认为,有一天,当人们真正实现了这一联盟的理念,世界才有希望。也许康德的想法在今天以现实主义为指导原则的政治家看来显得过于天真和幼稚,但在很多时候,我们需要像康德一样的天真;如果有一天世界上再也没有天真,人类或许真的就走到头了。况且,在那个时代,康德对于西方中心主义及霸权主义就有了自觉的批判,这是更难能可贵的。

当然,康德现代性批判的意义与贡献不仅仅局限于上述这些方面,随着时日的推移,我们会更加看到康德哲学所具有的生命力。思想家永远都不会过时,康德更不会。

然而,话要说回来,尽管康德开启了现代性批判的先河,但并不意味着康德就摆脱了现代性的窠臼。当康德用知识与信仰的二元划界来解决理性的过度膨胀,当康德用绝对主义道德来取代相对主义道德,当康德用目的论历史观来取代线性历史观时,其中所隐含的二元论、绝对论、目的论等思想恰恰是现代性思维的彰显。在这样的意义上,我们依然可以说,康德是在现代性的框架中来批判现代性的。但是,这些也都不能成为我们否定康德重要性的理由。还是郑昕先生那句话,"超过康德,可能有新哲学,掠过康德,只能有坏哲学"[①]。

[①] 郑昕:《康德学述》,商务印书馆,2001年,第1页。

论纽伦堡讲稿在黑格尔哲学体系形成过程中的地位

张东辉

(湖南科技大学 哲学系)

《黑格尔全集》(历史考订版)第 10 卷,即纽伦堡讲稿,收入的是黑格尔在纽伦堡时期(1808—1816)的哲学著作和他作为高级中学校长发表的演说。这些论著包括三类:第一类是他给学生讲课时亲自撰写的手稿;第二类是由他口授和修改的学生笔录;第三类则是所谓的二手流传作品,系卡特·罗森克兰茨(Kart Rosenkranz)收集和编辑的黑格尔这一时期的稿件,收入《黑格尔全集》(逝者友人版)第 18 卷(柏林,1840 年版)。纽伦堡讲稿在黑格尔哲学体系的形成过程中占有不容忽视的重要地位,正是这些讲稿在整体上把《耶拿体系草稿》(1803—1806)在内容方面扩展得更加充实,在形式方面制定得更加系统,从而为黑格尔 1817 年出版的《哲学全书纲要》奠定了牢固基础。然而,国内至今对黑格尔早期的纽伦堡讲稿仍鲜有论及,大都集中于研究黑格尔成熟时期的哲学体系,而没有关注到他的哲学体系的形成过程,尤其是纽伦堡讲稿在其哲学体系形成过程中扮演的重要角色。对此,本文试图从黑格尔纽伦堡讲稿的基本内容入手,为诠释其哲学体系的形成过程提供一次有益的尝试。在此,本文将从以下四个方面加以说明。

一、关于整个思辨体系

我们一般将黑格尔思辨体系的形成过程大致分为这样三个阶段:1. 耶拿时期,他在《耶拿体系草稿》中初步阐述了他自己的哲学思想;2. 纽伦堡时期,他在纽伦堡讲稿中开始用"哲学全书"命名他的思辨体系,并对这个体系首次做了较明确的论述;3. 海德堡时期,黑格尔的《哲学全书纲要》问世,标志着他的思辨体系的成熟。首先,《耶拿体系草稿》是一些关于自然哲学与精神哲学(第一分册、第三分册)和关于逻辑学、形而上学与自然哲学(第二分册)的不完整的手稿,至于黑格尔是如何规定其整个思辨体系的,该手稿没有做出论述。况且,由于部分手稿的遗失,致使我们已然无从查证。但是,他在 1801 至 1802 年讲授的"哲学导论"里曾说过,"绝对存在者的理念是作为思辨理念、然后也是作为宇宙得以表现的","自然哲学将向精神哲学过渡",理念最后"在宗教哲学与艺术哲学中返回纯粹理念,建立起对上帝的直观"[①];并且,他在同时讲授的"逻辑学与形而上学"里也说过,"哲学作为研究真理的科学,以无限的认识为对象,或者说,以对于绝对者的认识为对象"[②]。这些表述说明,黑格尔正在创建的思辨哲学是对绝对理念、绝对者的圆圈式运动的认识;阐述绝对理念在经历自然和人类精神之后,最终在宗教和艺术中回到自身的发展历程。

其次,他在 1808 至 1809 年讲授的"高级班哲学预备科学:哲学全书"里,开始以"哲学全书"命名自己的思辨体系,给它做了这样的规定:

[①②] G. W. F. Hegel, *Gesammelte Werke*, Vol. 5, Manfred Baum/Kurt R. Meist eds., Hamburg, 1998, pp. 262–264, 271.

哲学全书是研究必然的和由概念规定的关联的科学,是研究各门科学的基本概念[和]基本原理在哲学上的形成过程的科学。

全部哲学科学分为三个部分:①逻辑学,②自然科学,③精神科学。逻辑学是关于各种作为纯粹思维产物的纯粹概念及其规律和运动的科学。自然科学和精神科学可以看作应用科学,它们不同于纯粹科学或逻辑学,因为它们是以自然和精神的形式体现的纯粹科学的体系。①

这就意味着,绝对理念的运动是概念的认识和范畴的推演,而且纯粹逻辑与应用逻辑的划分已将整个思辨体系的轮廓基本勾勒成型,要比在耶拿时期更加具体和系统。不过,黑格尔这里的体系表述似乎仍不够周全,因为这个定义显得忽视了理念的圆圈式运动,亦即理念在外化为自然和精神的形式后最终还是要返回自身之内。但我们仍可以在黑格尔的下文以及以后对其思辨体系的阐述和修订中发现这个圆圈式的运动。例如,他在下文继续讲道:"自然相对于绝对存在者的中介,是具有直接性规定的绝对存在者;自然的变易是向精神的变易。"②又在该讲稿的1810至1811年修订稿中补充说道:"从精神在艺术、宗教和哲学中的表现和绝对知识看,[精神学说]是精神的完成。"③也就是说,绝对理念从这里返回到自身。

最后,在1817年《哲学科学全书纲要》中,他就更加确切地规定:"[哲学]科学也把自己分作三个部分,即①逻辑学,自在自为的理念的科学;②作为理念在它的他在中的科学,即自然哲学;

---

①②③ G. W. F. Hegel, *Gesammelte Werke*, Vol. 10(1), Klaus Grotsch ed., Hamburg, 2006, pp. 61-62, 80, 342.

③精神哲学,精神在此作为从理念的他在中返回自身内的理念。"正是基于这样的规定,他在《哲学科学全书纲要》里概括地写到,"哲学全书统含着一切真实的科学""[哲学]科学的整体是对理念的阐述"①,从而真正说明了他的思辨体系的研究对象。

在外在的结构方面,尽管在纽伦堡讲稿中占主导地位的始终是三分结构,但在最初的"逻辑学"和"各门特殊科学的体系"中占主导的仍是二分法,而且两者内部的结构安排也是二分法。"各门特殊科学的体系"二分为自然哲学和精神哲学的做法是很明确的。精神哲学的第一章分为理论精神(现象学和心理学)和实践精神(法权和道德),第二章分为家庭和国家联合体;只有第三章才分为艺术、宗教与哲学科学的三重结构。尽管黑格尔在纽伦堡时期之初已经考虑采用客观逻辑、主观逻辑和理念论的三分法,但主观逻辑与客观逻辑的划分仍具有主导性,并且这种二分结构在《逻辑学》(1812—1816,俗称"大逻辑")中变成现实的形态。当然,黑格尔也曾表明,"不应特别地在意主观东西与客观东西之间的区分",应当"更加确切地"将逻辑学划分为存在论、本质论和概念论。② 纽伦堡时期中期以来,黑格尔对他的体系进行了一种连续的三分法的结构转变。例如,他在与尼特哈默的通信中将哲学划分为逻辑学、自然哲学和精神哲学,并通过逻辑学的三分法将人类学补充进精神哲学而作为理论精神与实践精神的第三者,又将市民社会补充进法权哲学,从而产生了各个三分结构。在1817年《哲学科学全书纲要》中,二分法已不再有任何结构性的意义。

---

① 黑格尔:《哲学科学全书纲要》,薛华译,上海人民出版社,2003年,第11页。
② G. W. F. Hegel, *Gesammelte Werke*, Vol. 11, Friedrich Hogemann/Walter Jaeschke eds., Hamburg, 1978, p. 32.

总的来说，思辨哲学的发展过程在纽伦堡时期尤其是其前半段完整地得到展现。纽伦堡讲稿相对于耶拿体系草稿在一种更高的意义上构成了"哲学全书"的发展史。在其中，黑格尔的思辨体系形成了基本完整的形式，他正是以这种形式在1816年秋赴海德堡后不久写成《哲学科学全书纲要》。

二、关于逻辑学

在黑格尔逻辑学的发展过程中，纽伦堡时期构成了继耶拿和班贝克时期之后的第三个关键阶段。虽然在"概念的自我运动"的细节展开方面，纽伦堡时期的逻辑学由于其课程规定的局限而明显弱于《耶拿体系草稿Ⅱ》的逻辑学，同时又由于其在时间和观点方面与《逻辑学》的接近和重合而几乎没有获得独立的地位，然而它的特殊意义丝毫不容忽视。这种意义在于：纽伦堡讲稿遵循的是《耶拿体系草稿Ⅱ》(1804—1805)的最终修订版的各个步骤，填补了从班贝克文稿到《逻辑学》的研究空隙，揭示出黑格尔在逻辑学的整体结构方面所做的连续工作，尤其是从主观逻辑与客观逻辑的二分法到存在逻辑、本质逻辑与概念逻辑（理念论）的三分法的过渡。

黑格尔最早在《耶拿体系草稿Ⅱ》中开始谈论逻辑学，而且这份草稿是他在纽伦堡讲稿之前唯一专门探讨逻辑学的手稿，所以在黑格尔逻辑学的发展过程中具有特殊的地位。这份草稿不仅在内在结构上，而且在具体内容上都比较接近《逻辑学》。尽管它在结构划分方面分为"一、简单的关系""二、关联"和"三、比例"三个部分，完全不同于《逻辑学》的存在论、本质论和概念论的三分法，但这种划分仍在思想方面表现出与《逻辑学》相汇通的建构类型。例如，黑格尔在"简单的关系"中从质的概念过渡到量和定量，再过渡到无限性，这已然呈现出《逻辑学》存在论的概念框架。

然而，毕竟由于黑格尔耶拿时期的逻辑学是与形而上学彼此分离的，并且是先行于形而上学的，所以它在体系的意义上仍完全不同于《逻辑学》，甚至要逊于纽伦堡讲稿。

如果说在耶拿时期黑格尔还没有真正规定"逻辑学"这门学科，那么，在纽伦堡时期，他比较成熟地阐述了逻辑学的内涵及其与形而上学的关系问题。从纽伦堡1808至1809学年的"高级班哲学预备科学:哲学全书"看：

> 逻辑学不仅包括由存在着的一般知性的概念组成的体系，而且包括由具有自我意识的知性的概念组成的体系。就逻辑学的任何概念都直接将这两个规定统一于自身而言，逻辑学同时是纯粹的和思辨的哲学，因为对事物的思辨考察方式无非是对事物本质的考察，而这种本质既是纯粹的、理性所特有的概念，也是事物的本性和规律。①

在这里，黑格尔将逻辑学定义为康德的纯粹知性概念与费希特的能动的先验自我有机结合形成的体系，亦即思辨逻辑，我们可以看出他试图改造康德和费希特的先验逻辑而做出的努力。在纽伦堡讲稿中，逻辑学第一次作为"纯粹科学"或"纯粹概念的科学"出现，它不再像在《耶拿体系草稿Ⅱ》中那样先行于形而上学，而是作为形而上学体系的导论和第一部分。康德在《纯粹理性批判》第2版序言里提出过一个重要课题，即把逻辑学与认识论结合起来以改造逻辑学，建立一门不完全脱离认识内容和认识对象的新的"先验逻辑"。黑格尔这里试图解决的正是这个课题：建立起一门既不同于旧的形而上学，又不同于传统形式逻辑，而

---

① G. W. F. Hegel, *Gesammelte Werke*, Vol. 10(1), p. 62.

是把形而上学与逻辑学统一起来的第一哲学。但这门第一哲学并非康德开创的先验逻辑,而是扬弃了知性逻辑的思辨逻辑或曰辩证逻辑。其实,黑格尔早在耶拿时期就已开始着手解决这个课题,他在《耶拿体系草稿Ⅱ》里就把逻辑学与形而上学合在一起加以探讨,处处都在内容方面显示两者融合的趋势;但在形式方面,毕竟还是分成两个独立的部分加以阐述的,没有形成一门完整系统的第一哲学。可以说,这个课题正是在纽伦堡时期才真正得到解决的。另外,在组织结构方面,黑格尔在1810至1811年的"中级班哲学预备科学:逻辑学"中,将逻辑学正式划分为三个部分:"一、关于存在的逻辑学""二、关于本质的逻辑学""三、关于概念的逻辑学"。其中存在论包括质、量、尺度,本质论包括本质的规定、现象、现实性,概念论包括概念或形式逻辑、目的论、理念。这种三一体结构已几乎完全呈现出《逻辑学》和《哲学全书纲要》中的"逻辑学"的整体轮廓,表明此时黑格尔逻辑学构想的基本成熟。

有了纽伦堡逻辑学的基础,《哲学全书纲要》的"逻辑学"就成了顺理成章之事。黑格尔在《哲学全书纲要》中正式规定"逻辑学是研究纯粹理念,即研究以抽象思维要素存在的理念的科学";而且,他明确回答了纽伦堡逻辑学面临的亟待解决的问题,强调"逻辑学在本质上是思辨哲学","逻辑学在思辨哲学的根本含义上,成为代替先前曾被称为形而上学并作为一种与它分离的科学而加以研讨的东西"。① 由此可见,纽伦堡讲稿业已完成逻辑学在其发展过程中向思辨逻辑过渡的关键性步骤。虽然黑格尔在耶拿时期晚期草稿中已经草拟出逻辑学的基本形态和特征,但纽伦堡讲稿显然要比耶拿草稿更加接近于成熟的逻辑学。

---

① 黑格尔:《哲学科学全书纲要》,第15、19、20页(译文略有改动)。

三、关于自然哲学

黑格尔在纽伦堡时期并没有专门开设"自然哲学"这门课程,只是在谈到"各门特殊科学的体系"时将"自然科学"与"精神科学"放在一起讲授。他之所以认为自然哲学不适合中学课程,一方面是因为对当时的青少年而言,自然相对于人类精神的活动与形态显得是"一种理论的多余";另一方面是因为考察自然的难度比较大,"因为精神在把握自然的时候,必须把概念的对应物运用到概念中",所以自然哲学要"预先熟知各种自然现象和经验物理学"。①

如果说逻辑学的发展借助纽伦堡讲稿达到了一个新的重要阶段,那么,与逻辑学的情况不同,黑格尔在这一时期讲授的自然哲学主要依据的还是《耶拿体系草稿》。在耶拿时期,黑格尔的自然哲学虽然仍未完全摆脱谢林同一哲学的影响,但它绝不是对谢林自然哲学的简单复制,因为黑格尔在这里已然将自然理解为"绝对本质"通往精神的道路上的一种形态,理解为精神的他在,而不是与精神的简单同一。遗憾的是,《耶拿体系草稿Ⅲ》关于自然哲学向精神哲学过渡的部分章节的遗失,使我们无法详细了解黑格尔当时对自然与精神的关系的确切规定。但可以肯定的是,黑格尔的意图不在于单纯地以自然的实际性来认可自然,而在于把自然的构造与划分理解为一个由各个阶段组成的系统,而这个系统又是通向精神领域的。所以,精神并不是自然之外的又一独特的现实性,而是自然的本质,"在精神中实存着自然,精神是作为自然本质的东西"。在自然中,我们关于"实存着的精神"的认识是一种外在性和非等同性,这种外在性和非等同性最终在精神领域得到扬弃,所以我们的认识实则"精神自身的一种认识",即

---

① G. W. F. Hegel, *Gesammelte Werke*, Vol. 10(2), p. 827.

精神的自我认识。①

纽伦堡讲稿在内容上基本延续了耶拿时期自然哲学的观点。黑格尔是这样规定自然的：

> 自然是绝对理念的反应，或以他在的形式，以漠不相关的、外在的直接性和对象性的形态存在的绝对理念。
> 自然理念的运动是，从自然的直接性回到自身，扬弃自身，并成为精神。②

显然，这一界定是黑格尔在《耶拿体系草稿》中就已做出的。但同时，黑格尔在组织结构方面也对耶拿时期的自然哲学做了适当修订。例如：他在耶拿草稿1805至1806年的"自然哲学与精神哲学"中把第一部分定为"力学"，在谈论时空概念后转而探讨时空在运动中的实在性和物质概念。他在纽伦堡1808至1809年的"哲学全书"中则将第一部分定为"数学"，也是首先探讨时空概念，但随后过渡到算术、几何和微积分的研究。像在1817年《哲学全书纲要》中一样，黑格尔是在第二部分"力学"开头谈到物质和运动。不像耶拿时期的自然哲学，他把第二部分称为"无机物理学"，第三部分称为"关于有机自然的科学"。这些构想以更加详尽的形态展现在1810年的"各门特殊科学的体系"和1810至1811年高级班的"各门特殊科学的体系"里，也保留在黑格尔随后几年着重修订的讲稿里。在《哲学全书纲要》中，自然哲学最终被描述为"理念在它的他在中的科学"，理念经历数学、无机物理

---

① G. W. F. Hegel, *Gesammelte Werke*, Vol. 6, Klaus Duesing/Heinz Kimmerle eds., Hamburg, 1975, pp. 265 – 281.
② G. W. F. Hegel, *Gesammelte Werke*, Vol.10(2), pp. 311 – 312.

学和有机物理学三个阶段的发展而上升到主观精神。而在精神哲学中,理念"从理念的他在中返回自身内"。可以看到,纽伦堡自然哲学的讲稿不论在形式还是内容方面,都对包括"自然哲学"在内的《哲学全书纲要》的问世具有重要意义。

四、关于精神哲学

精神哲学构成纽伦堡体系形成过程中,继逻辑学之后的又一重点。但我们还是首先要从耶拿时期谈起。黑格尔最早在《耶拿体系草稿Ⅰ》和《耶拿体系草稿Ⅲ》两部分中探讨精神哲学,而后者逐步摆脱了前者中的谢林思想的影响,也克服了黑格尔早期信奉的潜能学说,显得更加独立和成熟。相对于前者的意识概念,后者凸显出精神概念的重要性:精神的关联在这里不是一种意识关联,即与他物的关联,而是一种自我关联;精神的对象也不再是一种外在的对象,毋宁说,精神的独立存在得到扬弃,"我的自为存在是作为事物本质的对象",对象在精神中得到接受,在精神中得到保存。① 所以,精神自己把握自己,自己认识自己。在《耶拿体系草稿Ⅲ》中,黑格尔将其精神学说分为"一、遵循其概念的精神""二、现实性精神"和"三、宪政"三部分,分别对应于《精神哲学》的主观精神、客观精神和绝对精神。当然,这种"对应"仍处于一种非常初级的阶段。

及至纽伦堡时期,黑格尔最初是在1808至1809年的"精神学说:各类意识、知识和认识的精气学"课程中探讨精神学说的,随后在"作为哲学导论的精神学说"中继续加以研究。他是这样规定精神学说的:

---

① G. W. F. Hegel, *Gesammelte Werke*, Vol. 8, Rolf-Peter Horstmann ed., Hamburg, 1976, p. 187 以下。

一篇哲学导论首先要考察精神的各种不同性状和活动,精神历经这些性状和活动才能达到科学。当精神的这些性状和活动处于一种必然的关联中时,这种自我认识就同样构成一门科学。①

对此,可以发现,这时的精神学说与《精神现象学》仍具有相同的范围和地位,黑格尔甚至还用"作为哲学导论的精神学说"这样的标题来刻意强调这种相似性。他的这种规定还不是像在耶拿时期那样把精神学说看作其思辨体系的一门具体学科"精神哲学",而是仍受到其刚刚出版的《精神现象学》的影响,把它看作与《精神现象学》地位相当的"哲学导论"。只有1810至1811年的"高级班哲学全书:各门特殊科学的体系"才对精神学说的基本状况做了全面的阐述,对精神学说的体系地位做了系统的规划。但这个讲稿不是来自黑格尔的手稿,而是重新通过传抄笔录流传下来的。其中,精神哲学探讨以下三个部分:1.精神的概念,即一般心理学。黑格尔这时把先前探讨的"精神学说"变成扩充后的草稿的第一部分,《精神现象学》被纳入精神哲学的"主观精神"部分,用于考察意识或显现的精神。黑格尔在1812年给尼特哈默的通信中这样解释说:"我把心理学分成①显现的精神和②自在自为地存在的精神两个部分讲授,在显现的精神中我根据我的《精神现象学》研究意识,但只涉及《精神现象学》中描述的最初三个阶段:①意识、②自我意识、③理性。在自在自为地存在的精神中我研究感觉、直观、表象、想象力等阶段序列。"② 2.精神的实现,即法学、伦理学、国家科学和历史。3.精神的完成,即艺术、宗教和哲学科学。

---

①② G. W. F. Hegel, *Gesammelte Werke*, Vol.10(1), pp. 8, 825.

纽伦堡精神哲学讲稿的意义在于:一方面,在整体结构的三分法即精神的概念、实现和完成中,精神哲学后来的结构(主观精神、客观精神和绝对精神)的一种预先形式第一次呈现出来,而这种结构在《耶拿体系草稿Ⅲ》中是看不到的;虽然艺术、宗教和哲学科学的三分结构最早在《耶拿体系草稿Ⅲ》中就已存在,但在这里,黑格尔还是第一次使它们成为"精神的概念"和"精神的实现"的第三者。另一方面,黑格尔在"精神的概念"中,将考察在其单纯自然的定在中的人类学置于精神现象学之前,再把心理学置于精神现象学之后加以探讨,这样就使人类学构成精神现象学的前提,把自然哲学与精神哲学合乎逻辑地衔接起来,从而使逻辑学、自然哲学和精神哲学成为一个有机统一的圆圈。所有这些构想都标志着包括"精神哲学"在内的《哲学全书纲要》的基本成型。在这部著作中,黑格尔最终将精神的本质规定为自由,是"概念的绝对否定性和自身同一性"。而精神学说包括:1. 精神自身内的主观精神,2. 精神实现自身的客观精神,3. 将精神的主观性与客观性加以统一的绝对精神。① 当然,由于纽伦堡讲稿这一部分的篇幅和课程的限制,它在内容上显得仍要逊于《耶拿体系草稿Ⅲ》的"精神哲学"部分。

最后,在精神哲学各个环节的具体展开中,黑格尔专门讲授了法权、道德和宗教方面的内容。他按照特殊意志与普遍意志的关系,把意志规定为实践领域的普遍基础,规定为法权、义务和宗教学说的基本概念;强调这种意志不是单纯形式的自由意志,即可以将外在的多样性内容纳入自身的意志,而是真正的、绝对自由的意志:它旨在达到的不是任何特殊的内容,而是作为自由的、普遍的意志自身。"自由意志"概念中的"自由"正是在于:它希

---

① 参见黑格尔:《哲学科学全书纲要》,第233—235页。

求其自身。正是凭借自由意志概念,《法哲学原理》的出发点才得以确立。法权、道德与宗教的概念在精神本身中有其根据的领域,因而属于理智的世界,并且通过行动获得一种外在的定在。在此,笔者扼要介绍一下黑格尔纽伦堡讲稿中关于法权、义务和宗教的学说:

1. 黑格尔把"法权"看作以自身为旨归的、普遍的自由意志的实现,其中包括这样的要求:"任何个人都被他人当作一个自由存在者加以尊重和对待",亦即当作人格。像康德一样,黑格尔从"人格自由"概念得出结论:"一切不限制他人自由或不扬弃任何他人行为的东西"在法律上都是允许的;相反,"限制一个他人自由或不将他人承认为自由意志"的行为则是违法的。而为了扬弃这种违法的强制,合理的强制就是允许的。在法哲学的构思方面,黑格尔早在1810至1811年精神学说修订稿的边栏中,就已制订出《法哲学原理》的基本架构:"①法学,②道德,③国家科学。"①

2. 关于义务或道德学说,黑格尔从论述道德性概念开始,同时述及道德与法权的关系。他将责任和外在的遵从归于法权,而将义务和观念归于道德,并结合康德的实践哲学,主张道德性"在本质上涉及观念并且要求行动是出于敬重义务发生的";而合法的行为也可以是道德的,"只要它以对法权的敬重为动机"。道德领域在内容方面比法权领域表现得更加丰富,因为人在道德领域不仅被看作其自由不容触犯的抽象人格,而且从其特殊性和现实性看也要实际被证实为有德性的人。他指出,义务学说的真正内容在于探讨:(1)对自己的义务,(2)对家庭的义务,(3)对国家的义务,(4)对他人的义务。但这里没有提到对上帝的义务。他在

---

① G. W. F. Hegel, *Gesammelte Werke*, Vol. 10(1), pp. 389–399.

此也像通常一样,把婚姻理解为"既不是单纯自然的、动物性的结合,也不是单纯的公民契约",也不是伦理习俗,而是"在彼此的爱与信任中观念的道德结合"。国家进一步表现出一种道德的东西,超越于单纯的法权领域,"作为一个真正更高的道德共同体,获得习俗、教养、普通的思维方式与行为方式的统一"。黑格尔不是出于国家的保护职能而把对国家的义务(包括对政府的顺从、对诸侯和宪法的忠诚以及民族尊严感)建立在一种好处的"算计"之上,而是建立在"国家的绝对性的意识"(即国家相对于个人意志和各类契约论构想的优先性)之上。他还在分权制度的学说中明确反对三权分立,区分了三种"抽象环节"(立法、行政、司法)与"实在权力"(法院和警察、财政和行政、军事和政治方面的权力),认为"在这些权力的每一个当中实际上都有那三个最初的抽象环节"。①

3. 黑格尔此时的宗教学说是从道德法则过渡而来的:道德法则是"永恒的理性法则,我们必须不可抗拒地敬重它","但我们恰恰又直接洞察到我们的个体性与它的不相适,而把它看作一个比我们更高的东西,看作一个不依赖于我们的独立的、绝对的存在者";这个存在者就是上帝,他是在我们的意识中显现出来的。黑格尔这样规定作为绝对精神的上帝:"上帝是纯粹的存在者,这种存在者以自身为对象,在其中仅仅直观到自身。"同时,上帝还具有神圣、权力、智慧、良善和正义的本性。人可能由于他的自由而与作为普遍者的上帝分离开,努力"成为绝对自为的",就此而言他的本性应被看作是恶的;但他的本性同样是"存在者与其自身的等同性",因而仍是"自在的上帝本性"。②所以,人的本性并非真正是上帝本性的一种异己之物,这不仅向人证实了上帝的恩

---

①② G. W. F. Hegel, *Gesammelte Werke*, Vol. 10(1), pp. 403–418, 409–420.

典,并且使人把握到上帝的仁慈,从而实现了上帝与世界的和解,或者说克服了对上帝的异化。

五、结　语

综上所述,本文从黑格尔纽伦堡讲稿关于他的整个思辨体系、逻辑学、自然哲学和精神哲学四个方面的论述,阐述了它在黑格尔哲学体系形成过程中起到的作用,由此我们得以窥见黑格尔哲学体系形成的逻辑发展脉络,这对于我们更加深入和系统地理解黑格尔的哲学思想无疑具有重要的参考价值。

黑格尔对自然权利及"契约国家"的批判

——根据《法哲学原理》

汪 希

（同济大学 哲学系）

我们认为，以洛克和斯密为代表的自然权利学说，其政治目标是要建立"契约国家"，其经济目标是建立自由经济市场。自然权利学说的政治计划是由洛克给定的，其目标是建立一个以所有人都同意为基准的"契约国家"，即"最小国家"①；而自然权利学说的经济计划是由亚当·斯密给出的，其目标是要建立一个自由经济市场。②所以，我们将自然权利学说的总计划归结为洛克加斯密计

---

① 笔者认为"抽象法"一章大致是在考察和重构洛克政治学说。该章直接涉及洛克《政府论》（下）的工作。根据诺尔斯（Dudley Knowles），在"抽象法"第一节和第二节中黑格尔重现了洛克的学说："抽象法中所描述的情况类似于洛克的自然状态。" 参见 Dudley Knowles, *Routledge Philosophy Guidebook to Hegel and the Philosophy of Right*, Routledge, 2002, p.16. 而里德尔（M. Riedel）则认为关于抽象权利的讨论是"再现了自然法理论中的前政治状况，并可以说是在某种程度上再现和发展了洛克的学说"。参见 M. Riedel, *Between Tradition and Revolution: the Hegelian Transformation of Political Philosophy*, Cambridge University Press, 1984, p.67. 我们认为黑格尔在"抽象法"一章中重构了洛克的"契约国家"原则。这个"契约国家"的雏形大致相当于"准市民社会"，所以本文将《法哲学原理》中对市民社会的批判也算作对"契约国家"的批判。"实际上黑格尔将这种契约论式的国家称为'市民社会'。" 参见 Robert Stern ed., *G. W. F. Hegel: Critical Assessment*, Routledge, 1993, p.315。
② 这一部分的内容直接涉"抽象法"第二节的契约（对物的处置、转让等内容）以及市民社会中的政治经济学部分。（转下页注）

划,即"契约国家"加自由经济市场的计划;其总原则为"契约论"加激进的、自由放任的经济原则。

在黑格尔《法哲学原理》中,前者的原则在第一章"抽象法"里得到了揭示和批判,后者的原则和后果则在第三章的"市民社会"一节中得到了讨论和批判。我们认为,一方面,黑格尔对于自然权利学说的原则既有接受的地方(体现在他接受自然权利学说的核心人权定义:自由权、生命权和财产权),但也有拒斥的地方(体现在他对于自然权利学说的"形式性批判"上);另一方面,黑格尔通过对当时英国现实社会的考察,在以下五个问题上提出了对自然权利学说的批判:1. 义务教育的问题;2. 童工的问题;3. 奴隶的问题;4. 贫困的问题;5. 紧急避险权的问题。①

本文将分为四个部分来论证黑格尔对自然权利学说的解构:首先,我将大致描绘出"契约国家"的目的、权限和特征;其次,我将论证这种学说所依赖的是一种"形式的自由"模式,它本身并不足以支撑起自然权利学说的大厦;然后,我将通过对当时英国现实社会的五个问题的考察,去论证自然权利学说如何由"形式的自由"沦为了为私人利益做辩护的"富人的自由";最后,我将揭示出自然权利学说如何一反其初衷,沦为了为少数人的自由辩护的学说。

(接上页注)讲述的是呼吸与泪水的关系:讲述的是泪水的消散、居所的消失,也就是此在的消解,最终要表述的是生与死的关系,即生的被毁与死的降临,而非其他。黑格尔在"需要的体系"一节里说道:"这是在现代世界基础上所产生的若干门科学的一门。它的发展是很有趣的,可以从中见到思想史(见斯密、塞伊、李嘉图)……"参见黑格尔:《法哲学原理》,张企泰、范扬译,商务印书馆,2009年,第204页。根据阿维内里(Shlomo Avineri),黑格尔在"市民社会"一章中借鉴和改造了斯密的诸多理论,对市民社会的批判即对"契约国家"的批判。参见 Shlomo Avineri, *Hegel's Theory of the Modern State*, Cambridge University Press, 1972,第七章"政治经济学和现代社会"。

① 当然,黑格尔还在其他地方提出过更多自然权利学说的问题,但是我们的关注点仅以《法哲学原理》为限。

一、契约国家的特征

我们先来看洛克设立国家的目的和理由:"人们联合成为国家和置身于政府之下的重大的和主要的目的是保护他们的财产。"①"为了避免这些在自然状态中妨碍人们财产的缺陷,人类便联合成为社会,以便用整个社会的集体力量来保障和保护他们的财产,并以经常有效的规则来加以限制,从而每个人都可以知道什么是属于他自己的。"②这样的国家是为了"保护他们的生命、权利和财产起见"③。"它对于人们的生命和财产不是、并且也不可能是绝对专断的。他们的权利,在最大范围内,以社会的公众福利为限。"④

我们再来看看斯密设立政府的目的:"富人的阔绰,会激怒穷人,穷人的匮乏与愤怒,会驱使他们侵害富人的财产。没有司法官保障庇护,哪能高枕而卧一夜哩。富人随时都有不可测知的敌人在包围他,他纵没有激怒敌人,他却无法满足敌人的欲望。他想避免敌人的侵害,只有依赖强有力的司法官的保护。因此,大宗价值财产的获得,必然要求民政政府的建立。在没有财产可言,或顶多只有值两三日劳动的价值的财产的社会,就不需要设立这样的政府。"⑤"民政组织的建立,实际就是保护富者来抵制贫者,或者说,保护有产者来抵制无产者。"⑥但是这个政府做的事情是非常少的:"按照自然自由的制度,君主只有三个应尽的义务——第一,保护社会,使不受其他独立社会的侵犯。第二,尽可能保护社会上的各个人,使不受社会上任何其他人的侵害或压

---

①②③④ 洛克:《政府论》(下),叶启芳、瞿菊农译,商务印书馆,2011年,第77、86、86、84页。
⑤⑥ 亚当·斯密:《国民财富的性质和原因的研究》(下),郭大力、王亚南译,商务印书馆,2012年,第272—273、277页。

迫,这就是说,设立司法机关。第三,建设并维持某些公共事业及某些公共设施。"① 由此,"君主们就被完全解除了监督私人产业、指导私人产业、使之最适合于社会利益的义务。要履行这种义务,君主们极易陷于错误"②。而该国家的目的是:"第一,给人民提供充足的收入或生计。第二,富国富民。"③

由此,我们可以总结出"契约国家"是以保障所有人的生命和财产安全、实现所有人的权利和自由为其目的的国家。但这种国家只是"最小"意义上的国家,其功能仅限于维护社会稳定和保护现有财产权关系。因为"国家没有责任去推测社会本质的那些问题,因为每一个个体都只对他自己负责,不论他是哪一个阶层;国家抵制懒惰、放荡的个体对所有权发动暴力攻击的根源,这就是有意义了"④。在自然权利学说传统中,国家的确是应该最小化的,因为"它必须不能干预现存所有权关系"⑤。"自由主义传统倾向于把国家的角色'最小化',在某种意义上,它甚至于倾向于完全否定国家,把国家降低到私人权利的制度的地位,就像一个股份制公司。"⑥"洛克和霍布斯以抽象的/自然的人组成的国家是一个纯粹的合同国。"⑦ 这个国家政府的职责是非常狭隘的。这个国家的活动仅仅围绕着经济活动来展开,而国家只要承担起经济活动守卫的工作就可以了,其他的事情国家一概不得介入。在这个国家里的每个人不言而喻地均享有抽象法中所演绎出来的各种抽象权利,其行为的限度是自由的、任性的、几乎不受任何限制的。

---

① ② ③ 亚当·斯密:《国民财富的性质和原因的研究》(下),第 253、253、1 页。

④ ⑤ ⑥ 洛苏尔多:《黑格尔与现代人的自由》,丁三东等译,吉林出版集团有限责任公司,2008 年,第 99 页;第 99、102 页;第 99、101 页。

⑦ Peter. G Stillman, 'Hegel's Critique of Theories of Right', in: Robert Stem ed., *G. W. F. Hegel: Critical Assessment*, p. 315.

在这里我们总结一下自然权利学说式国家的特点:1. 财产权绝对主义。其目的首先是以保护私产为前提,甚至可以说这是自然权利学说的最基本的要义:"人们联合成为国家和置身于政府之下重大的和主要的目的是保护他们的财产。"①所以财产成为了缔约的理由:"财产成为拥有权利和各种自由权的基本资格。"②而针对财产权的经济原则是自由放任的经济原则,其强调财产权的绝对性和不可侵犯性,任何干预都是不公正的。2. 个人主义。传统政治哲学认为人生来是合群的、政治的动物。③而近代自然权利理论认为人生来就是自私的、不合群的动物。在霍布斯看来:"人性会使人如此彼此相互异离、易于相互侵犯和摧毁。最糟糕的是人们不断处于暴力死亡的恐怖和危险中,人的生活孤独、贫困、卑污、残忍而短寿。"④ 3. 功利主义。在契约论者看来人们加入国家是为了更好地保护人身安全和财产安全,国家并不存在先验的或高于个人权利的起源和目的。与其说国家高于个人,不如说国家的一切权利都来自于个人。国家是一种用于实现个人目标的工具。4. 平等主义。霍布斯可能是将平等引入政治学的第一人:在自然状态下"我还发现人与人之间更加平等"⑤。当然,霍布斯这里讲的平等是指所有人在面对他人的侵犯和暴力袭击方面都一样平等。洛克对此也谈到:"这也是一种平等的状态,没有一个人享有多于别人的权利。同种和同等的人们既毫无差别地生来就享有自然的一切同样的有利条件,能够运用相同的身心能力,就应该人人平等。"⑥ 5. 契约论。霍布斯和洛克都认为国

---

①⑥ 洛克:《政府论》(下),第77、5页。
② 安东尼·阿巴拉斯特:《西方自由主义的兴衰》,曹海军译,吉林人民出版社,2004年,第193页。
③ 参见亚里士多德:《政治学》,吴寿彭译,商务印书馆,1997年。
④⑤ 霍布斯:《利维坦》,黎思复、黎廷弼译,商务印书馆,2008年,第95、92页。

家是基于个人意愿而签订的,实际上就是代表众人意愿的"契约国家",这里面没有高于契约本身的其他价值存在。①

但是如果我们继续追问到底什么是契约自由,签订契约的人之间是否享有同等砝码?如何保障契约的"现实的自由",而不只是"形式的自由"?我们能说一个童工和工厂主之间所达成的契约是平等的么?一个人自愿签订的卖身为奴的契约是公平合理的么?事实上,在今天看起来不合理的事情,在洛克和斯密的时代被认为是理所当然的。契约人之间条件的不平等和契约国家的任意性等问题显然还没有进入洛克和斯密的视域,但很显然,这个问题已经进入黑格尔的考虑之中。于是便有了黑格尔对自然权利学说"形式的自由"的批判。

二、对自然权利学说形式主义的批判

如果我们要回答到底什么才能算作一个人"自由的决定"这个问题时,我们会发现事情相当复杂。我们可以说自然权利学说的基地就建立在这个"自由"概念上,它强调人能自由地、不受外物或任何人阻挠地做决定、下判断、签订契约或解除契约。在霍布斯和洛克看来,只要这个决定是这个人"自由地"做出的就行了。但是这里的自由还只停在"任性的"、"形式的"的自由维度上。

黑格尔在《法哲学原理》导论中批判了三种流俗的对自由的构想模式:第一种自由观是只希求可能性的自由,是一种纯无规定性、纯抽象性、无区别和不希求任何内容的空虚的自由②,即"我

---

① 对自然权利学说的特征参考了史密斯(Steven B. Smith)的划分。史密斯将自然权利学说的特征归结为五个:1. 平等主义;2. 个人主义;3. 唯意志论;4. 还原论;5. 普世主义。参见 Steven B. Smith, *Hegel's Critique of Liberalism: Rights in Context*, University of Chicago Press, 1989, pp. 61–65.

② 参见黑格尔:《法哲学原理》,第5页。

能摆脱一切东西,放弃一切目的,从一切东西中抽象出来"①的自由。第二种是进入某个特定内容的自由,也就是说,我能自由地选择"区分、规定和设定一个规定性作为一种内容或对象"②。我保有从事任何一种活动或追求一个特定目标的能力。这是对第一种自由的否定和扬弃。第三种是既能自由选择地进入、同时还能自由地退出的自由:"意志可以把已经决定选择的东西同意再予以放弃。"③这种既能自由进入、同时还能自由退出的自由,也同样只是一种抽象:"即无规定性——优柔寡断或无内容的抽象——只是意志的另一个同样片面的环节。"④但是"我既然具有可能这样或那样地来规定自己,也就是说,我既然可以选择,我就具有任性,这一点就是人们通常所称的自由。"⑤

  从上面三种流俗的对自由的构想中我们可以得到以下结论:首先,如果我要始终保持我的自由选择之形式不受损害,也就是说不停留在任何"特定"选择当中,那么我只能始终保持在空想和冥想当中,因为我一旦行动就摧毁了任何潜在的选择。其次,如果当我打算进入某一特定选择,那么我一定要下定决心使自己成为某种"短缺"的东西,成为某种特定的人。但是我始终不能确定我是否满意一直持守在这种承诺当中。最后,所以我只能停留在不做任何决断的"为所欲为"的自由感觉中。但是,由于"当下"的决断被各种冲突的欲望所挟持,"它们彼此阻挠,其中一个的满足必然要求另一个的满足来服从于它,或者要求另一个牺牲其满足,如此等等。由于冲动除了它的规定性之外没有其他方面,从而它自身没有尺度,所以规定使另一个服从或牺牲,只是出于任性的偶然决断"⑥。这种传统自由主义对自由的构想最终将陷入

---

①②③④⑤ 参见黑格尔:《法哲学原理》,第15、16、27、27、26页。
⑥ 黑格尔:《法哲学原理》,第28页。

它自身的矛盾当中,要么始终做不了决断,要么将遭受自身欲望的永无止境的冲突矛盾。在这里,传统自由主义对自由的构想的局限性就显示出来:"任性这一矛盾是作为各种冲动和倾向的辩证法而显现出来的。"[1]它并不能像自己先前所设想那样"自由地"选择。根据它自身的逻辑,"因为它只是在形式上无限的,所以它的本性和外部显示的种种规定方面,它是受这种内容的束缚的"[2]。自然权利学说的自由观就有赖于这种对形式的自由的构想,并且它依赖于这种内部或外部的内容的规定。

在自然状态中,也就是在抽象法对自由的设想中,自由将始终遭受它自身内在逻辑的折磨,最后分崩离析。因为它所要求的只是"无法无天"的、"任性"的自由,而任性本身又是没有尺度的,所以它最后必然要陷入不法当中。"在现代曾经而且还在自命为哲学的东西,就可以垂手得到如下格式:人在自身中找到他希求的权利、财产、国家等等这一意识实施。在这里是以冲动的形态表现出来的。"[3]通过对自然权利学说"形式的自由"理论的分析,黑格尔准确地将洛克的自由构想定位于只是依赖于外物的、自然的、冲动的和任性的自由。这种自由观是一种最浅薄的自由观,还是"处于直接的无教养状态中的人"[4];而对处于这种状态的人,需以教养去除其粗糙性和野蛮性。

我们发现,自然权利学说并不能将其大厦建立在其自由观上。根据我们的分析,一个人并不能像自然权利学说所许诺的那样"自由地"下决定、做判断。他的判断总是受各种外部或内部因素的影响:从外部来看是受环境、偶然、运气等因素的影响;从内部来看是受其本性的影响。因为从根本上来说,这个"自然的人"还学不会自由,他所谓的自由是一种任性,而任性恰恰是离自由最远的东西。

---

[1][2][3][4]　黑格尔:《法哲学原理》,第 28、25、29、29 页。

分析至此,如果我们再来问问先前那个问题:到底一个人要怎样才能"自由地"做决断?我们会发现洛克、霍布斯的自由学说根本不能胜任解决这个问题。这个人的确会做出某种决定,但是这个决定是任性的,他也受制于各种环境和外在因素的影响,还谈不上是自由的。

三、对英国现实问题的五个批判

另一方面,黑格尔对自然权利学说国家的分析还深入到当时的英国社会中。黑格尔在《法哲学原理》"市民社会"一节中具体地提出了关于"契约国家"的五个问题。通过对当时英国现实问题的考察,黑格尔指出了自然权利学说的局限性及其所造成的灾难性后果。

根据我们前面的分析,自然权利学说勾勒的"最小国家"主张自市场会自身调节以实现所有人的自由,用不着政府的干预,因为其任何干预都会侵害到这种自由本身。古典政治自由主义迅速同古典经济学结盟,后者以科学的"看不见的手""工资铁律"和"自由市场"等政治经济学原理为政治自由主义开路。洛克和斯密联手将英国的国家政策打造为"准契约国家"政策,"也许是个巧合,关于政治自由原则的陈述和对于经济自由主义的断言几乎同时出现"[①]。但在黑格尔看来,"契约国家"只是"准市民社会",它还残留着大量自然状态的残余和严重的贫富差距。黑格尔注意到,英国的贫困问题是整个欧洲最严重的,少数人的富裕是以大多数人的贫困为代价而实现的。在这个过程中"富人增强了实力,而穷人则陷入苦难"[②]。也就是说,有些人获得了自由,

---

①② M.波德:《资本主义的历史》,郑方磊、任轶译,上海辞书出版社,2011年,第30、75页。

但有些人却要承受自由的代价。黑格尔认为,这还是由于自然权利学说所主张的自由是一种抽象的和形式性的自由。在下面几个问题上,黑格尔认为传统自由主义的进路只是一种"形式的自由",自然权利学说的自由完全可以被用来为私人利益做辩护:

1. 对待义务教育的问题

鲍比奥、康斯坦特等人认为,儿童乃是父亲毋庸置疑的财产,父母拥有任意处置儿童的权利。康德对此甚至说:"我之所以可以把一个妻子、一个孩子、一个仆役以及一般而言的个别的人格称为'我的'……仅仅通过我的意志占有他们,无论他们在何时何地实存……他们属于我的财产。"①"依照康德的说法,家庭关系完全属于物权性质的人格权。"②鲍比奥等人将主张国家接管对儿童进行义务教育并把他们送进学堂的情况,描述为"可怕的、对个人权利的侵犯"③。

黑格尔不仅仅反对将儿童作为父母的私人财产,也反对家庭以私有权利为由拒斥国家干预。因为,首先"子女有被抚养的权利"④。其次,"把子女当做奴隶,一般来说是最不合乎伦理的"⑤,因为"子女是自在地自由的,因此他们不是物体,既不属于别人,

---

① 康德:《道德形而上学》,李秋零译,中国人民大学出版社,2013年,第43页。
② 参见黑格尔:《法哲学原理》,第49页。因为康德将婚姻和家庭关系放在"私权"的状态下讨论,而不是放在"公共权利"状态下讨论。与此相反,黑格尔将家庭放在国家、伦理、社会的状态下讨论,说明对于黑格尔而言家庭关系并不属于"私权"或"物权"的领域,而是属于"自由"和"伦理"的领域。而在康德那里家庭关系被放在"私法"内讨论,说明康德还是将家庭即其成员的关系看作物权和占有的关系。康德说道:"在自然状态中也可能存在合乎法权的社会(例如婚姻社会、父权制社会、一般而言的家庭社会以及其他随便什么更多的社会)。"引自康德:《道德形而上学》,第10页。这一点黑格尔是不能接受的。
③ 洛苏尔多:《黑格尔与现代人的自由》,第289页。
④⑤ 黑格尔:《法哲学原理》,第187、188页。

也不属于父母"①。之所以对子女加以教育,原因是为了"破除子女的自我意志,以清除纯粹感性的和本性的东西……就是说,使子女超脱原来所处的自然直接性,而达到独立性和自由的人格"②。为子女将来进入市民社会做准备:"子女经教养而成为自由的人格,被承认为成年人,即具有法律人格,并有能力拥有自己的自有财产和组成自己的家庭。"所以,依照黑格尔看来子女根本不是什么家庭的私有财产;正好相反,子女是市民社会的未来的、潜在的成员,也是国家的潜在公民。

由此,黑格尔与自由主义传统相反,他主张一种强制教育权。因为"很难在父母的权利和市民社会的权利之间划分界限"③。"父母们千万不能尽力剥削他们子女的劳动;因此国家必须保护儿童。在英国,六岁大的儿童就被用来清扫狭窄的烟囱;在英国的工业城市,少年儿童被迫工作,只有在星期天才给他们教育。国家绝对有义务去保护儿童接受教育。"④黑格尔的这个看法得到了20世纪的自由主义者霍布豪斯的回应:"我坚决主张,国家是高一级的父母这一总概念既是真正社会主义的,也是真正自由主义的。"⑤

2. 童工的问题

既然黑格尔主张强制将儿童送入学校去学习,我们就可以知道他对待童工会是什么态度。黑格尔的观点在当时遭受了无情的政治和社会抵制⑥,在这一点上我们可以由洛克主张私有权利

---

① ② ③ 黑格尔:《法哲学原理》,第 188、188、242 页。
④ 《法哲学原理:汪南曼笔记》,85a,转引自洛苏尔多:《黑格尔与现代人的自由》,第 279 页。
⑤ 霍布豪斯:《自由主义》,朱曾汶译,商务印书馆,1996 年,第 18 页。
⑥ 具体参见洛苏尔多:《黑格尔与现代人的自由》,第九章。

的不可侵犯性来理解：由于父母拥有对子女的绝对私有权，所以父母有权将子女送去工厂做工；又由于工厂主拥有自由处置和选用员工的权利，所以工厂主有权使用童工。在私有权利不得干预的情况下，儿童顺理成章地被广泛雇佣于工厂中。根据洛克的看法，应该驱使人们尽可能早地去工作。洛克在1697年贸易会议上的报告中建议，超过3岁的儿童"应该在纺纱和编织的技工学校学会养活自己"①，而不是被送去学校。笛福则将雇佣童工看作可靠的财富标志，"除了依赖他的双手以外几乎没有任何超过4岁的人可以自给自足"②。雇佣童工在当时几乎被所有进步资产阶级的理论家所接受，因为其背靠的是"科学的"资本累积逻辑。这是由于，"在自由主义者和反动理论家们之间存在一个危险的连贯，两者都认为教育仅仅属于私人领域……同时也受到了普鲁士兴起的资本主义工厂的现实挑战。在这里，也出现了对此问题的争论，试图禁止或规范工厂童工使用的国家干预在自由主义观点的基础上被拒斥"③。

事实上，黑格尔的看法由于其"反自由主义"的倾向而更接近于今天人们的看法："如果今天某个人要像洪堡、汉泽曼、康斯坦特等人那样应用自由主义的口号来捍卫父母不将其子女送往学校的自由，或是捍卫资本家把尚还年幼的儿童送往他们的工厂工作的自由，这个人将被看做最可鄙的反动派。"④历史证明了黑格尔在这些问题上的看法是正确的。

3. 奴隶的问题

洛克认为奴隶制当然是合法的，甚至认为人们可以经过自己

---

①② 阿巴拉斯特：《西方自由主义的兴衰》，第225页。
③④ 洛苏尔多：《黑格尔与现代人的自由》，第276—279、97页。

的同意而委身为奴。① "洛克承认了西印度群岛上的种植园和卡罗莱纳的奴隶主们的绝对权利——他呼吁雇主对雇员建立起一种父母式的权威。"②而黑格尔认为,洛克对待奴隶的态度是由于他还将人看作"自然的"存在者;"一切关于主奴权利的历史上的观点,都从这一点着想:即把人看做一般自然的存在,看做不符合人的概念的实存(任性亦是如此)"③。而任何"为奴隶制辩护所提出的论证(包括它最初产生的一切理由,如体力、作战被俘、拯救和维护生命、扶养、教育、慈善以及奴隶自己的同意,等等),以及为奴隶主作为一般纯粹支配权所作的辩护"④都是不能成立的。也就是说,洛克所指出的由于征战而"合法地""正义地"取得的奴役权都是不存在的,都是无视人根本的规定性所导致的。由于洛克仍然在"自然的"意义上理解人的存在,所以他才会自然地导向一种"合法的奴役制"的看法。黑格尔对此说道:"所以,不仅仅使人为奴隶和奴役他人的人是不法的,而奴役和被奴役者本身也是不法的。"⑤黑格尔根本不会承认基于奴隶本身的同意而卖身为奴的说法。而且,他还进一步指出,不仅仅奴隶本身是不合法的,奴隶主本身也是不合法的,所以"奴隶有绝对的权利使自己成为自由人,谁都有权撤销这种契约"⑥。

4. 贫困的问题

当时洪堡这样的自由主义者主张把贫困看作个人的问题,"但是对于大众的贫困,他倾向于把社会问题转化为仅仅是个体的问题。由此,贫困并不是根据社会关系的客观构造而得到考虑

---

① 参见洛克:《政府论》(上),第121页。
② 转引自洛苏尔多:《黑格尔与现代人的自由》,第98页。
③④⑤⑥ 黑格尔:《法哲学原理》,第64、64、66、75页。

的,而是成为了贫困个体的无能、习惯和精神状态的问题"①。他主张国家对此只有消极的义务,即保障私人领域的安全和自主性。这样的看法将现存所有权僵化,变得不可挑战。对此,黑格尔则主张自由本身只是一个空洞和抽象的描述,它必须将自己现实化和物质化。个人自由如果没有物质保障,必将沦为一句空话:"在英国,尤其在苏格兰,这些对付贫困、特别是对付丧失廉耻和自尊心……等等的最直接的手段,结果只是使穷人们听天由命,并依靠行乞为生。"②

黑格尔认为,贫困不能被当作一个偶然的、个体的问题,而是制度性的问题;贫困也不是因为资本主义运转失灵,而恰好是它正常运转的结果。"生活资料通过劳动而获得,生产量就会因之而增长。但是祸害又恰恰在于生产过多,而同时缺乏相应比数的消费者——他们本身是生产者。因此,不论前一种方法或后一种方法,祸害只是越来越扩大。"③黑格尔指出,生产过剩是一个结构性问题,而不是个人的问题。进而,在市民社会中,贫困的问题也不单单能被归结为个人懒惰的问题。如果将贫困看作一个社会问题的话,就会要求有国家的介入——介入所有权系统。这意味着国家有权重新分配和调整财产权关系。

5. 紧急避险权的问题

按照洛克的观点,所有权的神圣不可侵犯正好体现在所有权在任何情况下都不得侵犯,无论是来自国家还是个人的。我们应当注意"在任何情况下"这个限定词;在黑格尔看来这就是一种"抽象权利的不法",它是一种典型的抽象和形式性的"法"。

---

① 洛苏尔多:《黑格尔与现代人的自由》,第 171 页。
②③ 黑格尔:《法哲学原理》,第 245 页。

比如，在当时"一个人因为偷盗一先令而被绞死，而一个16岁男孩因为偷了三个半先令和一把小刀，另一个姑娘则是因为一条手帕。一个11岁男孩因为使其主人的房子着火而被绞死。更多的是被判处流放"①。对此，黑格尔指出这种判决是一种彻底的不法。"当生命遇到极度危险而与他人的合法所有权发生冲突时，它得主张紧急避险权。"②在这种情况下，"偷窃一片面包就能保全生命，此时某一个人的所有权固然受到损害，但是把这种行为看作寻常的偷盗，那是不公正的。一人遭到生命危险而不许其自谋所以保护之道，那就等于把他置于法之外，他的生命既被剥夺，他的全部自由也就被否定了"③。因为这个人现在紧要的目的是为了活下去，所以用财产权的不可侵犯性为由抗拒他活下去的理由本身就是彻底的不法："因为克制而不为这种不法行为这件事本身是一种不法，而且是最严重的不法，因为它全部否定了自由的定在。"④也就是说，根据自然权利学说这当然是对私权的侵犯，但是黑格尔主张一个穷人为了活命而偷窃别人的面包不能被视作刑事案件，否则，这本身就是财产权的抽象性所表现出来的一种"不法"，是抽象的财产权对生命权的侵犯，是将少数人的权利和自由建立在大多数人的权利和自由丧失的基础之上的法。

在这里我们发现了一个吊诡的现象：由主张父母对子女的绝对权利，导致父母有可以任意把子女送入工厂或将子女卖身为奴的权利；由主张工厂主对工人的绝对权利，导致工厂主拥有雇佣童工的权利；由主张主人对奴隶的绝对私有权，导致主人拥有政府不可过问的处死、售卖、虐待奴隶的权利；由于自然权利学说所捍卫的财产权的不可动摇性，导致了大多数穷人的自由和权利的

---

① 阿巴拉斯特：《西方自由主义的兴衰》，第220页。
②③④ 黑格尔：《法哲学原理》，第130页。

丧失。这一吊诡的现象使我们看到了传统自然权利学说的局限性。这种学说一开始就宣称自己将为所有人带来自由,而我们却看到只有少数人拥有权利和自由,大多数人则失去权利。最终我们发现"最小国家"的主张与其结果背道而驰。

四、结　论

通过对于自然权利学说所勾勒的"最小国家"的梳理和发展,黑格尔充分地证明了单凭抽象法所规定的自由基础,根本不足以支撑起它的整个理论大厦。如果它被真实地建立起来,那也只能是以大多数人失去自由和权利作为其结局。

黑格尔认为,自然权利学说之所以会按照"形式的自由"去构想现实的国家,是因为它混淆了契约和国家之间的界限;在黑格尔看来,国家绝不能被当作契约的结果[①]。如果将国家当作单个人之间缔结的契约结果,那国家最后只能充当一小部分人的打手,它离现代国家的角色构想还很远。而这样做的现实结果我们已经在18世纪前后的英国历史中看到了,这样的国家在今天是不可想象的。

"随着时间的推移,最坚定的自由主义者也不仅终于接受,而且还积极促进扩大政府对工业领域的控制以及在教育方面,甚至抚养儿童方面、工人住宅方面、老弱病残照顾方面、提供正常就业手段等方面实行集体责任。在这些方面,自由主义似乎是在走回头路,但我们必须深入探讨这种倒退究竟是原则改变的问题,还是用途改变的问题。"[②]我们发现黑格尔在上面所做的对古典自由

[①] 关于混淆市民社会和国家之间界限的后果,参见 Allen Branden, *Hegel's Ideal of Freedom*, Oxford University Press, 1999, p.110;又参见 Shlomo Avineri, *Hegel's Theory of the Modern State*,第七章"政治经济学和现代社会"。

[②] 霍布豪斯:《自由主义》,第16页。

权利学说的批判,在今天统统变成了现实。正如霍布豪斯所说,"因为经验明白地告诉我们:自由而无平等,名义上好听,结果却悲惨可怜"①。黑格尔认为只有对于自由的形式性的构想还不够,还必须考虑实现自由的现实性和制度性条件。对此,黑格尔在《法哲学原理》中提出了一整套实现每一个人自由和权利的现代法权国家。②

但是我们也必须看到,尽管黑格尔针对自然权利学说提出了一系列的批判,但是英国毕竟是第一个成功地实现了现代国家转型,并建立了第一个真正的君主立宪制的国家。反观黑格尔所赞成的普鲁士君主国家,反倒是在现实中和时间上都要落后于英国。③ 对此,我们只能把我们的焦点集中放在黑格尔哲学的理论问题上。

我的结论是:黑格尔通过对自然权利学说"契约国家"理论的梳理和揭示,一方面从逻辑上揭露出其不自洽;另一方面通过对工业革命前后英国的现实情况的考察,揭示出其命题的虚假性,最终提出要扬弃和超越自然权利学说的"契约国家",向着唯一和真实的伦理国家进发。

---

① 霍布豪斯:《自由主义》,第 42 页。
② 根据阿维内里,黑格尔是最早提出福利国家构想的人之一,也是最早提出税收是平衡和再分配社会财富的工具的人之一。参见 Shlomo Avineri, *Hegel's Theory of the Modern State*, p. 101。
③ 比如在韦尔默看来,"与黑格尔的一厢情愿相反,不受其公民控制的普鲁士国家的权力依然是一种本质上不是对话的而是暴力的超越过程的表征"。参见阿尔布莱希特·韦尔默:《后形而上学现代性》,上海译文出版社,2007 年,第 43 页。

论黑格尔哲学的享乐主义实质

李革新

(同济大学 哲学系)

黑格尔哲学是现代哲学的集大成者,对于我们的时代和思想仍然具有巨大的吸引力和影响力。但是黑格尔哲学的真实面目是什么,究竟应该如何解读和评价黑格尔哲学,仍然并不是清楚明确的。如何解读黑格尔哲学,对于我们思考现代性问题,乃至反思整个西方哲学史,仍然是至关重要的。本文试图揭开黑格尔的所谓精神哲学和理性哲学的面纱,揭示黑格尔哲学的实质。我们不能因为黑格尔哲学中大量使用了精神、绝对、真理、思辨等词汇,就认为黑格尔哲学是崇高的精神的哲学,而对黑格尔哲学的实质一无所知。只有通过对黑格尔哲学的享乐主义实质的揭示,我们才能克服对黑格尔哲学的不恰当理解和引用,从而走出黑格尔哲学的迷宫。

一、"哲学的千年王国"的筹划

黑格尔哲学体系虽然复杂晦涩,但是其哲学的根本目的是谋求哲学和政治的结合,试图实现理性、平等和自由的"哲学的千年王国"。

黑格尔的哲学王国首先是理性王国,是绝对知识获得最后实现的王国。他把现代启蒙运动的理性精神提高到至高无上的地位。他认为理性思维不但构成了人的本质,还构成了世界的本质,构成了世界的内在的、固有的本性。一切事物只有凭借理性,并且在理性之中,才能获得自己的存在。理性并不是静态的原则,而是一个时间性的发展过程。

为了重新确立理性的崇高地位,黑格尔提出了思辨理性或辩证理性的观念。思辨理性不同于一般的知性理性。知性思维虽然超越了表象思维,是一种概念认识,但是它坚持概念的抽象的同一性,坚持概念之间的抽象区分和对立,陷入了非此即彼的形而上学观念里,没有把各种概念看作统一的辩证运动的整体;而思辨理性把概念之间的对立看作概念本身的自我发展、自我异化、自我返回的统一整体。在《精神现象学》中,黑格尔揭示了精神从感性阶段到理性阶段的发展过程。他指出,在思辨理性看来,一切偶性都是实体的表达,这样,实体转化为偶性,偶性也转化为实体,这就意味着主词与宾词的同一。同样,在经过辩证的否定后,实体也必然认识到自己就是主体,这就意味着实体与主体的同一。"当实体已完全表明其自己即是主体的时候,精神也就使它的具体存在与它的本质同一了,它既是它自己又是它自己的对象,而知识与真实性之间的直接性和分裂性所具有的那种抽象因素于是克服了。存在于是被绝对中介了,成了实体性的内容,它同样是自我的财产,是自身性的,或者说精神概念。"①因此,在黑格尔的思辨理性哲学中,表象思维和知性思维中的思维与存在、偶性与实体的传统区分消失了,实现了辩证的同一。因此只有思辨思维才是真正的哲学思维,哲学的本质是思维对思维自身的概念式认识,认识不过是精神或者思维的自我认识。思辨理性哲学是绝对的、无限的、普遍的知识,思辨哲学是大全的、具体的、

---

① 黑格尔:《精神现象学》上,贺麟、王玖兴译,商务印书馆,1979年,第24页。

唯一的真理。以此,黑格尔确立了理性对于世界的统治地位。在他看来,真正的后革命国家就是理性的哲学的国家,这样的世界或者国家也就是哲学或者绝对知识自我实现的世界。经过理性的启蒙,人人都应该并且能够成为理性世界的公民主体。

同时,人人都是理性公民的国家才是一个普遍的、人人平等的国家。黑格尔把卢梭的民主制共和国作为自己的政治理想。他的平等主义具体体现在主奴关系理论中。在《精神现象学》中,黑格尔对主人和奴隶的和解进行了论证。他接受了霍布斯的自然状态理论,认为人类社会产生的第一个前提是"一切人反对一切人"的自然状态。和霍布斯不同的是,他认为在这种战争中,总是有人能够克服对死亡的恐惧,获得胜利而成为主人;而有人因为对死亡的恐惧而战败成为奴隶。主人是为了获得承认而战斗的人,体现了人的本质。因此,他把获得他人承认的欲望看作自我意识的本质或觉醒,"自我意识是自在自为的,这由于、并且也就因为它是为另一个自在自为的自我意识而存在的;这就是说,它所以存在只是由于被对方承认"①。而奴隶则是没有获得这种承认、因此丧失了人的本质的人。但是在被迫的劳动中通过对物的改造,奴隶的行动也成为主人的行动,并且奴隶因此逐渐获得了自我意识,"正如主人表明他的本质正是在他自己所意愿做的反面,所以,同样,奴隶在他自身完成的过程中也过渡到他直接地位的反面。他成为迫使自己返回到自己的意识,并且转化自身到真实的独立性"②。他认为斯多葛主义、怀疑主义和基督教是奴隶意识的表现形式,但是只有在现代的理性国家中,主人和奴隶之间的对立形态才能获得认识和克服。在获得承认的欲望的推动下,主人不可能仅仅满足于获得奴隶的承认,他还必须谋求其

---

①② 黑格尔:《精神现象学》上,第122、129页。

他主人的承认。当主人们之间都达成了普遍承认,这种被承认的欲望必然推动他们去解放奴隶,使奴隶也成为具有自我意识的独立的个人;如此一来,主人和奴隶都逐渐获得了自我意识,从而实现所有人的普遍承认。因此理性的国家必然同时是每个人都相互承认、相互平等的国家。"自由的国家必须是普世性的,也就是说每个公民都只因为他们是人,而不因为他们是某个民族、种族的成员而获得认可。自由的社会通过消灭主人和奴隶之间的差别而成为一个无阶级的社会,因此它肯定是一种人人相同、人人平等的社会。"①可以说,黑格尔的平等主义是基督教平等主义的世俗化,也是卢梭的平等主义政治学的思辨化。

只有理性的、平等的国家才能是人人自由的王国。黑格尔认为绝对精神的本质就是自由。"哲学的教训却说'精神'的一切属性都从'自由'而得成立,又说一切都是为着要取得'自由'的手段,又说一切都是在追求'自由'和产生'自由'。'自由'是'精神'的唯一的真理,乃是思辨的哲学的一种结论。"②因此,自由构成了绝对精神的本质。精神是自足自主、自律自决的,它只存在于自己本身之中,是自在自为的存在,因此是自由的存在。他认为理性哲学同时就是自由哲学。人只有凭借哲学思维才能把握世界的本性、普遍力量和根本目的,认识到世界和人类自己的本质都是普遍的理性或概念,从而从自己的表象、异己存在等特殊性和个体性中解放出来,实现自己的本质而达到自由。"哲学也可以看成是自由的科学。因为在哲学中各对象的异己特性消失,从而意识的有限性也会消失,所以也唯有在它之内偶然性、自然

---

① 弗朗西斯·福山:《历史的终结及最后之人》,黄胜强等译,中国社会科学出版社,2003年,第230页。
② 黑格尔:《历史哲学》,王造时译,上海书店出版社,1999年,第17页。

必然性以及一般地同某种外在性的关系才会中止,以此依存性、渴求与恐惧也达于中止。只有在哲学中理性才全然在它自身。"① 这种人人自由,就建立在人人理性、人人平等的基础上。只有理性的平等人才是自由的人。

在《哲学全书》中,黑格尔论证了精神从自然到自由的发展的必然性和合理性。在《逻辑学》阶段,精神经历了从纯粹存在到绝对理念的发展过程,但是精神的自由在这个阶段仍然停留在潜在的阶段。在《自然哲学》中,精神主动外化自身,体现在自然现象之中。由于精神还没有认识到自身,因此没有获得自由。在《精神哲学》中,绝对精神走出这种异在阶段而返回自身,开始在艺术、宗教、并且最终在哲学科学中认识到自己的自由本质,实现了意识和自我意识的"最终的和解",绝对精神的自由最终获得了现实性。"世界精神现在已经成功地排除了一切异己的、对象性的本质,最后把自己理解为绝对精神,并且任何对于它是对象性的东西都是从自身创造出来的,从而以安静的态度把它保持在自身权力的支配之下。有限的自我意识同绝对的自我意识的斗争,即由于后来好像是在前者之外而引起斗争就停止了。于是那有限的自我意识也不再是有限的了,而另一方面绝对意识也获得了它前此所没有的现实性了。"②在这种和解中,绝对精神通过成为有限精神而获得了现实性,而有限精神通过成为绝对精神消除了自己的有限性。从此,人类精神获得了神圣性的本质,成为唯一的现实性的精神。人类不再屈从于任何异己的、外在的神秘力量,成为完全的、彻底的自由精神。可以说,和解的开始就是自由的开始,和解的世界正是自由的世界。在这种和解之前的阶段,只

---

① 黑格尔:《哲学科学全书纲要》,薛华译,上海人民出版社,2002年,第5页。
② 黑格尔:《哲学史讲演录》第4卷,贺麟译,商务印书馆,1978年,第377—378页。

是绝对精神的"史前史"。正是从这种和解开始，人类将进入真正的、自由的历史。

黑格尔认为，理性平等和自由的哲学王国是人类的世界历史的最终目的。他把世界历史看作理性精神和自由精神的发展史。他指出："哲学用以观察历史的唯一的思想便是理性这个简单的概念，'理性'是世界的主宰，世界历史因此是一种合理的过程。"[①]在《历史哲学》中，黑格尔站在世界历史的高度勾画了一个气魄宏大的自由精神发展史。他认为东方人还不知道人的本质是自由，只知道一个人即皇帝是自由的。自由意识首次出现在希腊人中间，但是他们和罗马人只知道一部分人是自由的，而不知道人人都是自由的。只是在基督教中，人类才首次知道"人类之为人类是自由的"，但基督教的自由意识仍然停留在单纯的精神领域，仍然没有落实到现实的国家社会领域中。只有我们现代人才明确知道人人都是自由的，并且致力于把这种自由实现在现实的世界中。最终黑格尔得出结论，"世界历史无非是'自由'意识的进展，这一种进展是我们必须在它的必然性中加以认识的"[②]。既然整个人类的世界历史都是自由精神的自我展现和自我实现的过程，那么在这个过程中发生的一切事件，包括灾难、罪恶、野蛮等，都是有意义的，都是自由精神的自我实现的必要过程和阶段。人类的使命就是使自由的绝对精神得以充分地实现，使自己成为绝对的自由精神借以实现自我的工具。整个人类的世界历史都是理性精神的自我展现和自我实现的过程，人类历史的最终目标就是理性的、自由的普遍王国的实现。

可见，黑格尔哲学体系的最终目的是为实现平等、自由和理性的哲学王国而奋斗，这是近代哲学的唯物主义、主体主义和自

[①][②] 黑格尔：《历史哲学》，第6、19页。

由主义的最高论述。

二、理性王国的享乐主义实质

黑格尔谋求的理性、平等和自由的哲学王国,是对现代性的理性主义、平等主义和自由主义进行的最高论证,是现代性以来的哲学共和国理想的精神化和理念化。由于现代性的哲学共和国的实质是政治享乐主义,因此,黑格尔哲学只是为现代性哲学共和国披上了精神的理想的外衣,标志着现代性政治享乐主义的完成。

从马基雅维里和霍布斯开始,哲学家就谋求哲学和政治的结合,致力于建立哲学的千年王国。马基雅维里力图建立一种全新的千年共和国。为了确保这个共和国通过人类的努力得以实现,以及确保它足够持久千年而不坏,他必须降低这种共和国的精神品质,因此他试图和古代哲学的政治理想主义决裂,把"人们实际如何生活"的政治现实主义作为思想路线。同时,他还试图解除政治与基督教的关系,建立新的政治道德。他的《君主论》的目的就是把基督教的德行驱逐出政治领域,建立全新的政治德行。因此,他的千年共和国最终放弃了古代哲学的理性秩序和基督教的道德制约,以技术主义的方式看待人类的利益纷争,其实质内容就是政治享乐主义。

霍布斯把马基雅维里的千年共和国的政治设想进一步体系化,力图用科学的方式阐释马基雅维里的新政治理想。他根本上反对古代哲学家的政治乌托邦和关于善的思想,认为"幸福不在于心满意足而不求上进。欲望终止的人,和感觉与映象停顿的人都同样无法生活下去"[①]。他把勇敢和智慧排除在德性之外,重新

---

① 霍布斯:《利维坦》,黎思复、黎廷弼译,商务印书馆,1985年,第72页。

把善和享乐等同起来,认为和平和享乐就是善、暴死就是恶。因此,自我保存是人的第一自然权利,舒适和和平是政治生活的首要目的。所以霍布斯是政治享乐主义的创始人:"他试图将政治理想主义的精神贯注于享乐主义传统之中。于是,他成为了政治享乐主义的创始人,这种学说使人类生活的每个角落都革命化了,其范围之广超过了任何别的学说。"①可以说,霍布斯为了实现哲学和政治的结合,一方面他降低了哲学的理想,使哲学成为为国家服务的工具;另一方面,他在解除政治的道德任务时,也同时提高了政治的理想,即把政治国家的永恒存在作为最高理想。

卢梭则第一次为人人平等的现代民主制共和国做了哲学论证。他质疑霍布斯的自然状态假设,认为自然人的实质是同情心和自爱;自爱之心使自然人倾向于自我保存,而同情心使自然人倾向于人类的相互保存。正是这种激情构成了人类现代政治社会的基础。为了民主共和国的长治久安,卢梭还试图恢复道德和宗教在政治生活中的重要性,提出了现代意义上的"公民宗教"的观念。在这种新共和国中,人们必须首先完全让渡自己的自然自由,然后他们才能从政治状态中重新获得自己的公民自由。卢梭的政治哲学进一步推进了现代政治享乐主义,并且成为法国大革命的精神纲领。卢梭的国家主义政治哲学,既是对霍布斯的个人主义政治哲学的批判,同时也和个人主义政治哲学一起标志着现代政治哲学的完成。

黑格尔从根本上接受了现代哲学理想,尤其是卢梭的现代自由哲学以及法国大革命的影响。青年黑格尔曾经参加当时的图宾根政治俱乐部,喊出了"自由万岁""卢梭万岁"等口号,把法国

---

① 列奥·施特劳斯:《自然权利与历史》,彭刚译,生活·读书·新知三联书店,2003年,第172页。

大革命比喻为"一次辉煌灿烂的日出"。他在康德的道德哲学或自由哲学中看到了对"人类的自由"的最高哲学论证,"我认为,肯定人类本身是如此值得尊重,乃是整个时代最好的标志;它证明压迫者们和人间的神祇们头上的光轮消失了。哲学家们正在证明这一尊严,人们将学会感受这一尊严,将不再去乞讨被践踏的权利,而是由自己来恢复它,并把它据为己有"①。黑格尔认为,只有人类的自由才能体现人类的尊严,人类必须去实现和赢得自己的自由,并且由此获得自己的尊严。苏联学者古留加指出:"法国革命和黑格尔的学说血肉相连,甚至当黑格尔成了保守派以后,他还认为,如果没有这一场大变动,欧洲的历史是不可想象的。"②

因此,一方面黑格尔对现代性的启蒙运动进行了批判,比如他以"伦理国家"的观念对资产阶级市民社会所作的批判。但是,另一方面,黑格尔的批判并不是反对现代性政治享乐主义本身,而只是针对现代英法哲学在论证思维上明显的功利主义和唯物主义的低俗倾向。在他看来,现代启蒙运动以有用性的态度看待包括宗教问题在内的一切,因此启蒙运动陷入和信仰意识的斗争对立之中,没有认识到"实体就是主体""思维和存在同一"的真理性。这种对立决定了启蒙运动不过是宗教信仰意识的对立面,因此不可能是对宗教信仰的彻底批判和克服。"启蒙虽然提醒了信仰,使之注意其自己的那些孤立的没联系到一起的环节,但它对自己本身也还同样没有启开蒙昧、同样是认识不清的。"③

黑格尔致力于在整体的和精神的层次上提升和发展现代哲学理想,基本方式就是把古代哲学和基督教融入到现代哲学理想

---

①② 古留加:《黑格尔传》,贺麟译,商务印书馆,1978 年,第 15 页。
③ 黑格尔:《精神现象学》下,贺麟、王玖兴译,商务印书馆,1979 年,第 100 页。

中。一方面,他致力于现代哲学理想和古代哲学的结合。他试图回归古代哲学,提出"一提到希腊这个名字,在有教养的欧洲人心中,尤其在我们德国人心中,自然会引起一种家园之感"①。例如他把理性看作世界的本质,重新建立了目的论的观念,以此超越英法哲学家建立的现代哲学本身的狭隘性和庸俗性。但是,他同时对古代哲学进行了现代改造,使古代哲学适应现代哲学理想的需要,把古希腊理性主义和现代哲学的享乐主义结合起来。另一方面,他致力于现代哲学和基督教精神的结合。他反对现代英法哲学对基督教的片面拒斥,力图把基督教改造成和现代社会并行不悖的意识形态。他认为基督教在人类历史上首次提出了人人自由的观念,并且通过神话和隐喻的方式使人类从普遍的尘世奴役中解放出来。因此,现代哲学和基督教都共同致力于人类的普遍自由,两者在自由精神的基础上统一起来。"自由思维的结果与基督教的教义应该是一致的,因为基督教的教义就是理性的启示。"②所以黑格尔通过把哲学的本质和宗教的本质都解释为自由,实现了哲学与基督教的综合。黑格尔的基督教成为与现代自由社会的基本原则一致的"真理与自由的宗教"。

但是黑格尔进行的这种结合和改造,并不是彻底反对现代哲学享乐主义的理想本身,而是使现代哲学具有了更"高尚"的精神色彩。因此黑格尔的唯心主义哲学是与现代的享乐主义、功利主义的唯物主义一致的。这种国家更多类似于柏拉图所谓的"猪的城邦"。正如尼采指出的:"他们用尽全力想要获取的,是绿茵茵草地上羊群的普遍幸福,是每一个人的生活有保障、安全、舒适和慰藉;他们最常高唱和吟诵的两首歌曲和学说是'权利平等'和

---

① 黑格尔:《哲学史讲演录》第4卷,第157页。
② 黑格尔:《小逻辑》,贺麟译,商务印书馆,1980年,第108页。

'同情所有受苦的人'——痛苦本身被他们视为必须去除的东西。"①施特劳斯也指出:"哲学的目的,在于解除人类的等级状态,或者在于增进人类的力量,或者在于将人类引向一个理性社会,这个理性社会的凝聚纽带或者终极目标,寓于它的每个成员的结果启蒙的个人利益,或者在于每个成员舒适安逸的自我保存。"②可以说,黑格尔的"精神"是享乐主义的精神,黑格尔的"理念"是享乐主义的理念,黑格尔的"理性"是服务于享乐主义的理性,黑格尔的自由王国只能是绝对放纵的王国。黑格尔哲学也是伊壁鸠鲁主义的复活,是伊壁鸠鲁主义的政治学化。如果说伊壁鸠鲁的享乐主义仍然是个人主义的,并不追求建立普遍的享乐主义国家,黑格尔的哲学享乐主义则带有强烈的政治诉求,是政治国家性的;如果说伊壁鸠鲁哲学更多的是追求精神的安宁,而不是肉体的放纵,则黑格尔哲学并不是以追求精神的安宁为目标,而是自我欲望的普遍承认和满足。这都使黑格尔和现代性的享乐主义大大不同于古代伊壁鸠鲁的享乐主义。

对黑格尔哲学的享乐主义实质进行最有力揭示的是马克思和科耶夫。

马克思正确指出黑格尔的理性王国的实现只能是感性王国,而感性王国的实质内容只能是享乐主义国家。他力图把黑格尔哲学的享乐主义本质从思辨的精神的外衣下解放出来。他认为人的自由并不是黑格尔的思维的自由,而是感性实践的活动中的自由。感性的自由的核心就是劳动。因为劳动是人的自我维持、自我保存的基本方式,所以劳动是人的自由本质的显现,是人的本质力量的表达方式。但是在私有制的条件下,劳动发生异化,

---

① 尼采:《善恶的彼岸》,朱泱译,团结出版社,2001年,第47页。
② 施特劳斯:《关于马基雅维里的思考》,申彤译,译林出版社,2005年,第474页。

劳动不再是人的自由本质的体现和确证,反而意味着人的自由本质的丧失。所以,只有扬弃私有制和异化劳动,才能实现人类的自由本质。共产主义就是对私有制的扬弃,"共产主义是私有财产即人的自我异化的积极的扬弃,因而是通过人并且为了人而对人的本质的真正占有;因此,它是人向自身、向社会的即合乎人性的人的复归,这种复归是完全的,自觉的和在以往发展的全部财富的范围内生成的"①。可以说,马克思的共产主义学说是现代自由精神的最高表达。共产主义世界是哲学彻底实现自己的世界,因此共产主义的世界必然是一个彻底感性的享乐主义的世界。

科耶夫的"普遍同质国家"理论是黑格尔的理性国家哲学的法国版。科耶夫是20世纪法国著名的黑格尔主义者。他的"普遍同质国家"就是人人自由和人人平等的国家。他看到,理性国家的实现、绝对知识的产生和人的欲望的最终满足是一致的,"绝对知识是普遍的和同质的,仅仅出现在同样也是普遍的和同质的现实中:它必须以国家,即人的世界的普遍性和同质性,以及这个世界和自然世界之间的对立的'取消'为前提。不过,只有当人的欲望完全地和最终地得到满足,这种情况才能发生"②。因为所有人的欲望都得到满足,所以这个大同主义的理性国家是人类历史上的"最后的国家"。科耶夫的学生、当今美国学者福山在《历史的终结及最后之人》中,进一步把欧共体和美国作为黑格尔的理性国家和科耶夫的普遍同质国家的现实代表,把黑格尔哲学作为自己论证美国式自由民主社会的理论工具。而黑格尔哲学之所以能够被利用,恰恰是因为黑格尔哲学与现代性价值理想的亲和性和一致性。

---

① 马克思:《1844年经济学哲学手稿》,人民出版社,2000年,第81页。
② 弗朗西斯·福山:《历史的终结及最后之人》,第456页。

总之，现代哲学的本质是政治享乐主义。它谋求全新的、哲学和政治同一的国家；这个国家必须是通过人的历史性的实践可以实现的政治理想，而不是柏拉图那种仅仅停留在语言中的理想的乌托邦。现代性认为理性、自由、平等、博爱等是普世性价值理念，可以作为全世界人民的共同价值。通过这些普世价值观念的普及，可以消除人类之间的民族、地域、文化、语言、观念、宗教等之间的分歧和差别，摧毁古老的偏见、迷信、无知和残忍，使人们生活得幸福、自由、道德和正义，使人人都成为自由、平等的道德主体和世界公民，从而建立自由和平等的普遍同质国家，实现人类的大同世界。这个哲学的千年王国的最终形态是一个非政治、非宗教的"自由人的自由联合体"。在这个哲学国家中，哲学和政治的根本性冲突消失了，这必然同时意味着文明中的根本问题的消失。这种哲学和政治的和解意味着再也没有最严肃、最紧迫的问题需要思考和值得思考了，一切思考都是技术性的、甚至消遣性的。因此在没有根本问题关怀的国家中，只剩下普遍的享乐和满足。在这种普遍满足和享乐的国家中，思考和理性服务于人们追求满足的欲望，人们对更高生活理想的向往消失了，为理想奋斗的激情和必要性消失了。可以说，在现代性的条件下，理性主义、平等主义和自由主义不可避免地都是享乐主义的代名词。

三、黑格尔哲学的享乐主义的特点

黑格尔哲学的享乐主义和古代伊壁鸠鲁的享乐主义不同，其特点我们可以从以下四个方面进行分析。

首先，如果说伊壁鸠鲁的享乐主义是唯物主义的，那么黑格尔的享乐主义则是唯心主义或理想主义（idealism）的。黑格尔实际上看到现代哲学的目标是建立纯粹的唯物主义体系。但是这种认识论理想必然导致二元论，即进行认识的主体不可能被包括进这个唯物主义体系之中,因此就必须首先对认识主体性进行研究。其最终结果就是,为了保证认识的真理性就必须假设认识对象不过是认识主体的构造,这就必然转向了唯心主义。换句话说,黑格尔看到,唯物主义本身并不是物质,享乐主义本身也并不是感官享乐,因此享乐主义、唯物主义本身也是一种"思想"或"精神",而单纯的唯物主义和享乐主义并不能够理解自身。所以,要彻底理解唯物主义,必须仍然回到精神哲学里来。只有唯心主义的精神哲学才能说明享乐主义和唯物主义的本质和意义,精神哲学必然包含了唯物主义在内。因此,黑格尔的精神哲学可以说是唯物主义的升华和提高,是唯物主义理想的必然结果;精神哲学是比享乐主义和唯物主义更加彻底和严格的"科学"。

由此可见,现代哲学的二元论结构或现代哲学的唯物主义认识论理想,决定了黑格尔的唯心主义或精神哲学作为对现代唯物主义的彻底拒绝和否定,不过是现代唯物主义和享乐主义的必然结果和补充,因此标志着现代哲学的完成。黑格尔哲学就成为享乐主义的理想主义或理想主义的享乐主义。正如施特劳斯指出的,"所谓'唯心主义'的自由哲学,在否定所谓'唯物主义'哲学的那个行动本身之中,就是以这种唯物主义哲学为先决条件的,这个自由哲学,对于唯物主义哲学加以补充,并且赋予它以冠冕堂皇的高尚色彩"[①]。

其次,如果说伊壁鸠鲁的享乐主义是自然主义的,那么黑格尔哲学的享乐主义则是历史主义的。黑格尔把享乐主义和历史主义结合起来,把享乐主义国家的实现作为人类历史的最终目标。他自觉地把自己的哲学与拿破仑的革命联系起来,把哲学看作时代的儿子,而不是自然的儿子。"哲学与它的时代是不可分

---

① 施特劳斯:《关于马基雅维里的思考》,第475页。

的。所以哲学并不站在它的时代以外,它就是对它的时代的实质的知识。"①在他看来,现代世界继承了古代世界和基督教世界各自的优点,是对古代世界和基督教世界在更高层次上的"综合"。因此,他勾画了一个普遍的人类世界历史进程,这个世界历史的目标就是纯粹享乐主义世界。他的哲学则是对全部人类历史进程的秘密目的的揭示和规划。因此黑格尔把现代享乐主义的历史主义论证推向顶峰,建立了现代哲学中最大的历史主义哲学体系。但是,由于黑格尔不得不假定"历史的终结",结果损害了他的历史主义的彻底性,他的哲学似乎成为"历史之外"的东西,这是黑格尔历史主义哲学不可克服的悖论。

可以说,黑格尔的历史主义的享乐主义是古今之争的产物,没有这种历史主义,现代哲学就无法成立,历史主义是现代哲学文明的必要组成部分。但是现代历史主义使每个历史时代都虚无化了,各个历史时代都不过是走向更高历史阶段的临时阶段,都没有自己的独立价值。它以遥远未知的理想牺牲当下的现实和人生,并且因此否定所有的人生,所以这种历史主义必然是虚无主义的。而且由于历史主义把哲学和历史结合起来,并且使哲学的真理追求屈服于历史的需要,这意味着哲学的真理受制于特定的时间和地点,因此它否定了超历史的永恒的真理,也就是否定真理本身。真正的哲学是超越历史的,它并不服务于或者"先行于"它的时代;它和历史根本无关,它指向自然的永恒秩序,追求的是永恒的超时间的真理。

第三,如果说伊壁鸠鲁的享乐主义是个人主义的,那么黑格尔哲学的享乐主义则是民族主义和国家主义的。现代世界是民族国家逐渐兴起的历史时代,在英国和法国相继建立了现代民族

---

① 黑格尔:《哲学史讲演录》第1卷,贺麟译,商务印书馆,1978年,第56页。

国家之后，德国仍然处于诸侯割据的分裂状态。于是黑格尔自觉承担起他对于国家和民族的历史使命。在他看来，现代世界在经过启蒙运动之后，政治和哲学的关系已经发生了改变。也就是说，哲学已经政治化了，政治已经哲学化了，现代哲学家已经不是处于国家之外而是同样生活在政治国家之中的了。"我们发现他们全都一举一动无不与世界相联系，全部都在国家里面与其他的人处在相同的地位上；他们并不是特立独行的，并不是了无挂碍的。他们生活在公民关系中，也就是说，过着政治生活。"[1]他把普鲁士国家看作建立在理智之上的国家的代表，他的哲学则被普鲁士看作官方的哲学，因此黑格尔哲学成为民族主义和国家主义的哲学。可以说，黑格尔哲学在法国大革命之后承担了对德国民族主义精神的辩护和提升。在以黑格尔为代表的德国人看来，英国人和法国人虽然已经进行了政治革命并且建立了民族国家，但是他们并不"理解"他们所做的；而德国人虽然没有进行这种革命，但是德国人却可以"在精神上"更加深刻地理解这种革命行动，从而比法国人更加崇高和伟大，因此未来的德国革命必定比英法革命更加彻底和深刻。可以说德国哲学的激进性是因为德国现实的落后性，他们试图改变自己国家的落后性。德国哲学家虽然批判英法的现代性价值理念，但是他们的批判不过是以更加激进的方式在相同的方向上推进了现代性价值理想。

但是，真正的哲学家是超越民族和国家的，并不服务于他的民族和国家。由于对永恒真理的追求，哲学家本质上是普遍的人，是宇宙公民，他超出任何民族国家之上，并且对一切民族国家及其价值理念构成批判。而民族和国家必然是封闭的共同体，哲学家的自由思考和探问会破坏民族和国家的道德价值基础，因此

---

[1] 黑格尔：《哲学史讲演录》第4卷，第13页。

哲学家总是和他的民族国家处于紧张的关系之中。哲学家不可能是国家的好公民，他关心的是哲学生活的可能性，而不是民族国家的富强。如果一个哲学家不能从民族主义情绪中摆脱出来，他对真理的探究就不可能达到求真的纯粹性和彻底性。而黑格尔恰恰没有从民族主义中摆脱出来。

最后，如果说伊壁鸠鲁的享乐主义是对万物本性进行智慧认识的结果，那么黑格尔哲学的享乐主义则是蒙昧主义的。黑格尔认为，在他的哲学中，绝对真理已经被发现，一切奥秘和问题都已经彻底解决了；他自己的哲学是人类历史上"最后的哲学"，在他之后的人们不再需要思考真理，只需要学习并且实践他的哲学就够了；如果人们能够把他的哲学的真理付诸世界历史性的革命实践，最终实现人类大同世界，那么他的哲学最终也不再需要学习。因此，黑格尔不再把对真理的追求作为自己哲学的目的，而是有意识地使自己的哲学成为现代人的宗教意识形态。他力图推进现代化进程，而不是对这个过程进行严肃的反思和怀疑，也不是使自己的哲学思考和政治世界本身保持理性的距离。如此一来，黑格尔也就不再是严格意义上的哲学家，而是政治化的意识形态家。

在这里，我们看到，黑格尔实际上不再把对于智慧的欲望看作人的基本欲望之一，而是继承霍布斯的观点，把"承认的欲望"作为人的基本欲望。在他看来，享乐主义的国家是普遍承认的人人平等、人人自由的国家，在这个国家中每个人的欲望都获得最终的满足。但是黑格尔没有看到，这样的世界同样不可能使所有人的欲望都获得满足，因此它不可能是最后的国家。只有社会的虚荣的市侩小人才把获得他人的承认作为自己的奋斗目标，而他对更高的价值和理想必然一无所知。而历史上的哲学家恰恰是不被承认的人，他们被看作怪物，受到人们的耻笑，但是他们并不因此放弃自己的认识理想和追求。因此,哲人根本不把他人的承认作为自己的生活理想,他也不可能在他人的承认中感到满足;只有在对真理的追求中他才能获得最终满足。由此可见,黑格尔根本否定了哲学和智慧,因此牺牲了哲学生活的可能性。在他设想的哲学实现的国家中,哲学恰恰毁灭了。

四、结束语

黑格尔继承了现代哲学的基本理想,谋求哲学和政治的结合,试图建立人人自由、人人平等的理性国家。这个理性国家当然是值得期待的,人人都成为理性的、自律的公民似乎意味着人性的最高实现和最高尊严。但是要实现纯粹理性世界,我们必须诉诸无限制和无休止的人性改造运动,并且同时逐步放弃必要的道德和法律的制约。而且我们还必须通过求助于技术生产力的不断进步和物质财富的持续增长,以满足人类对财富的普遍欲望,从而为消除道德和法律的必要性准备物质条件。但是,由于人类的自然本性和文明教化的有限性,在大规模的人性改造运动中,人性的纯朴性和对法律的敬畏必然随之消失,人性对文明教化的抵制随之增强;因此,纯粹理性王国的实现形式只能是纯粹感性王国,也就是放纵的和享乐的王国。可以说,现代性谋求哲学和政治的结合、谋求所有人的普遍自由和解放的最终结果就是享乐主义世界。

当然,这个纯粹享乐主义的世界也是好的,正如苏格拉底对"猪的城邦"的肯定。但是这个享乐主义世界同样也是不可能实现的乌托邦。因为享乐主义世界是无法自足存在的,它必须以基本问题的解决为前提,以人的欲望获得最终满足为前提,以人性不再需要道德法律的威慑和约束为前提,而这些前提恰恰是不可能实现的。首先,存在之谜仍然是无法彻底认识的,现代人同样不可能认为自己比古代人更好地解答了存在之谜。现代性的进步只不过是一种自以为是的自负。为此，现代性的实证主义不得不把任何对存在之谜的思考视作"无意义"，这样现代性就是新的蒙昧主义。其次，现代性的政治享乐主义谋求建立纯粹享乐的世界，同样无法满足所有人的欲望，特别是人的战斗、冒险等欲望以及最高的对智慧的欲望，因此最终必然会有人起来反对这个纯粹享乐的世界；而只知道享乐的人最终无法保护自己的世界，因此这个世界同样必然灭亡。最后，由于人性的脆弱性，大多数人都不可能达到理性的自我约束，仍然需要外在的道德和法律的权威强制。但是纯粹享乐主义的世界消除了道德和法律制约，而人性作为自然的一部分仍然是充满欲望和激情的，这些因素是不可能通过理性的方式消除的，技术进步不可能消除人类的道德负担，因此，现代性谋求哲学和政治结合的结果只能是哲学和政治的双重毁灭。所以，只有保持哲学和政治的紧张关系，而不是试图消除这种紧张关系，才能使哲学生活得以复兴，使政治生活维持必要的理性秩序。

德国现代哲学

胡塞尔现象学:叙事伦理的奠基与预演

王鸿生

(同济大学 人文学院)

关于"叙事伦理"这一用语,大致可从三个不同的方面来加以理解:首先指叙事活动与伦理价值问题存在着长期的内在纠缠与相互生成关系,因而两者不可分割;其次指叙事活动有道德的与不道德的、秩序性的与非秩序性的区别,这也是承认,存在着非伦理的或反伦理的叙事;再次指叙事活动本身即具有伦理性质,这一性质会因叙事活动具有建构多种价值序列的可能性而显得紧张。很显然,对"叙事伦理"的不同预设,将制导不同的理论旨趣、材料选择和论述方向。

古代汉语世界早已注意到叙事活动的价值奠基作用。在甲骨文里,"叙"为形声字,以又(手)为形,余为声,本义即指排列出高下和先后的次第;用作名词,如《尚书·洪范》"五者来备,各以其叙",指的是次序、秩序;用作动词,如《周礼·天官·司书》"以叙其财",指的是排顺序;而《国语·晋语》《纪言以叙之,述意以导之》,其意则为陈述、记述。诚如当代法国思想家保罗·利科反复指出的,叙述过程所带来的秩序或者统一性、连续性,实际上正是整个价值世界的基础。以此可见,中西古今智者对"叙事"具有建构价值秩序之功能的认知竟然是相当一致的。

1990年代前后,中西方文论界不约而同地出现了"伦理学转向"。在我看来,选择"叙事伦理批评"或"叙事伦理研究",不仅意味着一种批判性地看待现代知识分类的态度,同时也体现着某种在后现代文化语境中重建人文价值的努力。虽然,目前尚未形成叙事伦理学的系统理论和批评范式,但从叙事伦理角度来重新料理现代性知识,或回应后现代价值困境时所显示出来的思想活力和有效性,已日益引起各国学者的重视。

叙事伦理研究,亦有狭义和广义之分。

狭义的叙事伦理研究,当指一种新兴的文学批评方式,其研究对象主要是小说、纪实、影视、戏剧等叙事作品。它关注的题域非常宽广,尤其注重各种关系研究,例如:文学伦理与审美、政治、宗教的关系,叙事伦理与规范伦理或日常伦理的区分与联系,具体的、历史的文学评价变迁和普遍的道德法则的关系,叙事秩序的一与多、显与隐,文学修辞的价值表征作用和价值生成能力,伦理叙事的机制及其效果,文本中竞争与合作的双重性,如何应对语言中心主义和语言技术主义,如何处理消费主义的伦理诉求或快感、趣味的弱伦理满足,以及更重要的叙事实践穿越权力话语的可能性,等等。

广义的叙事伦理研究,则将考察更大范围的哲学、人文社会科学的叙事表达,文学叙事只是其中的一小部分。当前它主要回应的是现代化、全球化过程中所遭遇的价值危机和主体间交往困境,例如:抽象化、多义性或多神论、相对主义、世界的虚拟化和不可理解、意义的缺失性和历史感的消失、方言的价值和翻译的意义、由于缺乏共享价值而造成的认同困难,等等。

后者应是前者的背景,前者则是后者在文学批评层面上的积极表现。可见两者之间关系密切,根本难以断然分离。尽管如此,但就具体研究所采用的视野、材料、方法、侧重点来讲,还是可以有相当的不同。但不管是广义的还是狭义的叙事伦理研究,都会在不同层面与20世纪以来已被意识到的语言学和伦理学方面的诸多悖谬打交道，如语言及物/语言不及物、个体伦理/集体伦理、文本他律/文本自律、再现/虚构、描述/祈使，等等。以关系悖谬和界面意识为契机，叙事伦理研究当能帮助我们从思维方式上摆脱哲学家张志扬一再批判的"普遍主义/相对主义、本质主义/虚无主义、整体主义/零散主义的两极振荡"。然而，对语言实践之伦理效果和意义认同问题的深重关切，肯定是叙事伦理研究的核心旨向。

在《伦理学讲座》中，维特根斯坦曾正确地指出，伦理学的核心其实是"生活的意义"，或者说"什么使生活值得生活"。借此表述的逻辑，叙事伦理的核心其实就是"叙事的意义"或者"什么使一部作品值得存在"。值得或不值得，显然是个价值问题。与一般价值一样，叙事价值也分两类：第一类是关系价值，即满足约定的规范及特定的社会或个体的需求；第二类是自足价值，即满足叙事活动自身的目的。关系价值和自足价值之间的矛盾，使价值信息的传达和接受充满了张力。由于生活世界中存在着大量被迫的或自发的叙事表达，它们的含义、指向和效能是那样纷繁、暧昧而不同，因而，不断地对它们进行意义辨析和价值比较不仅是必要的，而且是不可避免的。叙事伦理研究正是要通过对意义与效果的追问、比较，来参与社会、文化、历史的价值选择过程，它要告诉人们：什么是、且为什么是值得一写或值得一读的。

从叙事伦理研究的问题意识出发，我深感胡塞尔能带给和教会我们的东西仍有大力发掘的必要。"面向实事本身"的基本主张，悬搁、中止判断、还原、生活世界、交互主体性等方法和理论，实际上都体现着胡塞尔现象学特有的伦理面向。这一面向不仅奠定了叙事伦理的基本原则，开启了叙事伦理研究的路径，而且从哲学上预演了理性伦理与叙事伦理相结合的可能。

鉴于胡塞尔一直将他所开辟的这一研究领域叫作"先验现象学",这里有必要先触及一下"经验""先验""超验"等相关概念。人们知道,这三个概念源自中世纪经院哲学,在近代哲学尤其是康德那里获得了明确的区分性的联系。胡塞尔继承和改造了康德的"先验论"思想路线,他的"意向性"虽也属先验领域,但又完全不同于康德的"先天范畴",而保持着与经验领域的亲密的张力。关于"经验""先验""超验"的含义、区分、联系,中外哲学界至今仍有人在继续讨论,并存在相当分歧。但在一般意义上,现在被使用的这三个概念,通常意味着三个不同的对象领域和意识方式:"经验"的对象是有质料、可验证的客观事物,通过感性直观即可予以把握。"先验"与经验相对,它先于经验并使经验成为可能,如先天存在的形式、条件、范畴等;经验与先验的结合构成了知识。"超验"既超出经验范围,也超出先验范围,它指向直观感知和先天形式之外的非知识论的对象,诸如物自体、神、宇宙终极等;超验和先验都具有超越性,只不过后者的超越是"回问"性的或反思式的,所以仍不出认识论范畴。以此观之,胡塞尔意义上的现象学不是神学,但它关切意识活动和精神价值;它是科学,但又不是关于"物"的科学,而是一门关于"人"的科学。

以下,就撮要讨论几点与叙事伦理研究密切相关的胡塞尔命题。

1. 关于"现象"一词的理解。以汉语"现象"对译德语Phänomen、Erscheinung,不仅准确地传达了胡塞尔的原意,而且恢复了中国语境中"现象"一词的古义。自近代西学传入,现象/本质之二元论便开始在汉语世界流行,"现象"也逐渐名化而凝固下来,失去了原先的动词含义。但我们知道,汉语"现象"是一个复合词,依古汉语的使动用法,其原意即为"使象现",既包括显现之动力、过程,也包括显现之样子、结果,两者浑然地结合于体验方式之中。作为"在被给予方式中呈现给意识的那个东西",如胡塞尔为《不列颠百科全书·现象学》条目所写:"现象是指其对象性的统一的显现,这统一是指在这些显现中形成的意义存在的统一。因而这里表明了现象学描述在'意识活动'和'意识对象'方面的双重方向。"[1]按海德格尔后来的说法,作为我们与事物的"照面方式",现象即"就其自身显示自身",也叫存在的"澄明"或"被遮蔽状态的敞开"。

这里的三种理解其实都关涉叙事伦理,因为首先,还原之对象既非"心"亦非"物",而是心物相遇后发生的"现象"。这自然有利于去"心执",也有利于去"物执"。而且意识与意识对象是统一体,如果人为割裂抑或强加主观意愿,就听不到"现象"本身在说什么,达不到"澄明",反而加重"遮蔽"。再者,现象只是"显示",故只能"体验"之、"描述"之,始能达到充分之还原;未及具体描述,就急于诉诸评价,乃是对现象的不尊重。而特别注重具体性的文学叙述与现象学描述,不仅具有亲和力,而且还有交相融合的可能。另外,还原性描述还具有反思性,为了兼顾意识自身与意识对象这双重方向,实现双向关注,其描述过程与方式就要不断进行调整,不断折返自身,向自身发问,而不可一意孤行。还有,现象本身也是信号、标志、征候,已显示的总是携带着未显示的,所以要关注的不仅是静态的现象,还要"察风起于青萍之末",跟进它的变化即"现象流"以形成"体验流",始能使还原工作步步深入。最后,现象学还原的目标是要出示意义关系或存在的统一性,而不是争一个对错;那种为了证明某一种观念的正确性而做出的现象描述,其实是一种"选择性描述",亦即"伪描述"。

2. 关于"朝向"的启示。"意识总是关于某物的意识",这一

---

[1] 胡塞尔:《现象学的方法》,倪梁康译,上海译文出版社,2005年,第183页。

意识的"意向性"特征,帮助胡塞尔成功化解了笛卡尔的心物两元论。"朝向"一词,为胡氏在不同地方反复使用。记得托多罗夫也说过:"词语之于事物就像欲望之于欲望对象。"这道出了语言走向事物、迷恋事物、渴望占有事物又占有不了的奇妙特性。卡夫卡说得更形象、更深刻:"诗和祈祷是伸向黑夜的手。"一种触目的希望与绝望的悖谬式相关,居然可以表述得如此动人。这里的"意向""朝向""走向""伸向",异曲同工,都现象学地还原了一种"绝对真理"与"虚无主义"之外的状态,也是一种极为真实的存在状态。向,朝向,既显示了"意识"在其被给予性中的主动作为,又意味着意识活动无法依其"主动性"而终结自身,就好像"词语"最终占有了事物,一"手"抓住了真理。"向"意味着"当下"与意欲之"前景"之间的距离。但"向"还是不向,"手"伸还是不伸,所出示的生存姿态及其意义则大相径庭。事实上,人只要进入意识活动,意之所"向"也就避免不了,差别只是取"何"为向而已。这正可说明,佛家修行为何要从"断念"开始,即为了终止一切意识活动,让自我遁"空"。而现象学的(生存、叙事)态度则既是谦卑的又是决断的,或者说,是在谦卑中行动,又在行动中保持谦卑。

3. 关于"意义论"。现象学的逻辑既指向思维内部的逻辑,也指向意义的逻辑。比如,意识活动不仅有"被给予性"(即在意识、意向性、意识对象的相关项中,"意识对象"是自身被给予意向性过程的对象;也可以说,事物只能以被给予的方式呈现在人的意识活动中),还有其"权能性"(即每一个意识或意识者其实知道对象能被自己意识,有向自己呈现的可能,故总是寻求对被体验事物的直观的占有)。按黑尔德对胡塞尔的解释:"……意向不是一种与某物的静态联系,而是一种活的、朝原本性的趋向,……它们表明一种有意图的追求……即在对被体验之物的直观的占有中寻找满足。意识想达到明见性;它制定它的目标、它的目的。"①这一意图、目的,导向了意识活动借助概念而形成的"构造性"(意识是有构造能力的,但不是无中生有。黑尔德认为,构造就是"世界的这种产生于意识的、有动机的、超越进行之中的建立"②)。转而言之,这就是说,"意义"虽然是及物的、世界的,但又不是自发地及物的;它是在意向性活动中被给予,又通过"概念"的超越性建构而生成的。

这里有一系列关于"意义"的叙事伦理问题,即:首先意义是独立的、自由的,它可以与事实相对应,也可以与事实不对应。胡塞尔打过一个比方,像"四方的圆"事实上不存在,但逻辑上却有意义,至少有指述"不存在"的意义。进而可以发现,意义世界和真实世界之间存在着一种浮动的、游离的关系,在"世界视域"之内,意义可以独立于所指对象,甚至可以和事实相剥离,这为文学"虚构的及物性"提供了别致的伦理学依据。可再往前推一步,由于胡塞尔所指示的"现实的体验被包围在非现实体验的一个'晕'之中;体验流永远不可能仅仅由现实性构成",因而意识的目光不时会朝向"先前未被关注之物",这就使得意义的"充实性"不可能一次性完成,而是需要在一个关联域中反复进行,不断累积。从而,修改、重写在现象学意义上获得了内在的、运动着的尺度性;它们是一种对待叙述的伦理方式,其目的是为了达到意义的充实、饱和。最后需要注意的是,"意义"自身是一种非常单纯的东西,不能被随意分割,并且因借助了"概念"的构造,所以就有一定的形式要求和形式规则。在叙事上,杂乱、无序、去形式化恰恰是非伦理的。正如胡塞尔所言,只有精神世界才有法可依,而事实世界反而是无法可依的。

---

①② 胡塞尔:《现象学的方法》,第18、137页。

4. 关于"总体性"。何谓思想？通常，人们要么把"思想"视为结构化的思维内容或思考的产物，要么心理主义地把"思想"当作思维运动本身。现象学的"思想"，即如其所宣称的"回到实事本身"。所谓"实事"，按胡塞尔的想法，并非某种自在的"纯客体"，而是发生性的自我与世界之相关性的起源，在本质直观的明见性中被还原出来。通俗地讲，也可把"实事"理解为对意识对象之状况、条件、情境的活的体验过程，以及在这一体验过程中产生的"绝对"知识。这样，"思想"一词对现象学来说就具有双重含义：它既是方式、过程，也是内容、结果。在我看来，这正道出了现象学"总体性"把握世界的要义。

胡塞尔打过一个关于"桌子"的著名比方：桌子不会一下子全部呈现它的样子，由于受站立的位置和观察视角的限制，"我"只能一面一面地去看，从正面、背面、侧面、反面、远处、近处等，需要不断地绕着桌子转；虽然每一次都看到了以前没有看到的东西，但"我"心里仍然会没有底，因为"我"知道，单次认识及其累加都是不完备、不充实的，桌子还有很多面，桌子还有历史，还有和其他事物的复杂的联系……正是在这里，意识体现了它的"权能性"，因为它事先就知道：经验、思想不会一次性完成，第一次获得的东西与第二次、第三次、第 N 次获得的东西一直需要做比较、反思、描述、再描述，才能层层推进，向纵深走去；于是，"我"会不断地处在这种情况里——哦，是这样，哦，不是这样，而是那样……

这种无穷无尽的观察、设定、追索、反思，会不会导向彻底的过程主义、导向虚无呢？胡塞尔坚定地告诉我们：不会！因为"世界总是存在着的"，这种存在具有"终极的有效性"；"桌子"就在这儿，"从未导向完全的无"。他把这一点叫作无法删除的"剩余"，就是这一点"剩余"构成了总体性视域的基础。这就是说，尽管认识视野永远有局限，但世界存在着，且以总体的方式存在着，这样一种信念却不会崩溃——意识的权能性始终知道这一点。知道或者相信这一点，就有了一个普遍基础，前面那一次次围着桌子转的经验便获得了意义的保障。

5. 关于两种普遍陈述。对所谓"普遍基础"的陈述方式，胡塞尔专门做出了区分：第一种是比较级的普遍陈述。就是说由于普遍性程度不同，陈述之间可以相互进行比较。比如，还是看桌子，看一面便形成一个普遍陈述，再换一面又形成一个普遍陈述……当多面看下来以后，形成的陈述相对会比较全面，整个一圈看下来就会更全面。所以比较级的普遍陈述是可以不断修改的。例如，在比较级意义上，百年、千年中国史中的"故事"就已被文学反复书写、涂改。第二种是绝对的普遍陈述。如上面所说的"世界总是以总体的方式存在""意识总是关于某物的意识"等普遍陈述，则无可比较，不可修改，因而是绝对的。如果没有绝对的普遍陈述"垫底"，比较级的普遍陈述也就失去了依傍。

但这里需要停顿一下。陈述既受视域限制，那就有主观性，为什么又赋予陈述以"普遍性"呢？这也是胡塞尔当初以"意识"建立现象学的原点，而后来又一再遭到批评的原因。值得关注的是黑尔德的解释，在他看来：胡塞尔视野的中心点确实在自我，但这并不意味着自我可以支配性地去建构世界秩序，他没有这个意思，他只是强调视域和陈述会随主体位置的变化而变化，自我只是支配着自己的可能性经验。黑尔德的辩护是说得通的。我们不妨回想一下"意向性"活动的工作原理，由于先前已规定的意识的"被给予性"乃是意识之"权能性""构造性"的前提，所以便不能武断地认为胡塞尔落入了"自我中心论"的陷阱。但这里我仍觉得有必要再加个补充：现象学所谓的"普遍陈述"，的确如分析哲学家阿瑟·丹图所言,它不是涉及事件之真实性的"指称"①,而应当指经验上的"意义真实性"被陈述所满足的程度。

6. 关于生活世界理论。在汉语中"世界"一词最早源于佛经,"世"为时间,"界"指空间,世界即时空之结合。西方古典哲学则一向注重研究"存在"而不在意"世界"。胡塞尔与前述两种均不一样,他讲的"世界"既非"存在",亦非"时空之结合"。对他来讲,我们能够意识到的存在就是"现象",所以,"世界"就是所有意向性地显现出来的现象的总体。意向性地显现出来的"世界",既不指物理世界(具体事物),也不指心理世界(主观意识),而是指意识与事物发生了意向性关系后显现出来的东西。

打个不太妥当的比方,可以说现象学不关注"男人",也不关注"女人",而是关注女人和男人碰到一起后的情况,比如爱情、婚姻、生儿育女、生气吵架等。意识之关系、事物之相遇,这才是现象学真正要研究的内容。尽管力求自己思想的贯畅统一,但从"意识"转向"生活世界"、从"意识的构造性"转向"生活世界的构造性",胡塞尔的研究思路毕竟有所转换。导致这一"转换"的根本原因,胡塞尔自己在《欧洲科学危机和先验现象学》里讲得很清楚,"早在伽利略那里就以数学的方式构成的理念存有的世界,开始偷偷摸摸地取代了作为唯一实在的,通过知觉实际地被给予的、被经验到并能被经验到的世界,即我们的日常生活世界",由此,"只见事实的科学造成了只见事实的人"。② 从这段引文可以看出,胡塞尔认为,科学理性越出了自己的边界,科学世界替换了历史地、经验地形成的日常生活世界,这才是造成现代文化危机

---

① 参见阿瑟·丹图:《叙述与认识》,周建漳译,上海译文出版社,2007年,第64页。
② 分别参见胡塞尔:《欧洲科学危机和超验现象学》,张庆熊译,上海译文出版社,1988年,第58、5页。该译本的书名曾将"先验"译为"超验",特此说明。

和生活意义危机的真正根源。因此,即便转向以后,胡塞尔依然坚持着"现象"的统一性,从未对生活世界做区隔化、零散化处理。这一方面是为了堵住非理性主义、怀疑主义对真理的侵蚀,另一方面也是为了堵住无精神的数学主义的僭越。

从叙事伦理的角度来看,胡塞尔的这种态度特别有意思。他是"非科学"的,而不是"反科学"的,是想把"上帝的归上帝,恺撒的归恺撒"。在我的体会中,他的方案的独特性展开在于:首先要保持"生活世界"与"科学世界"的对峙,而不是用一个去"打倒"另一个,比如一味信赖和推崇理性、技术,或者浪漫主义地厌倦科学文明而想返回前现代;进而,在超克了上述思维分裂之后,应实现生活世界对科学世界的包容,让科学世界回归其恰如其分的位置;最后,鉴于人、人性、人的精神、人的生存意义已遭遇严重危机,科学世界的价值必须也应该被纳入并服从于生活世界的价值。当我们这样去理解胡塞尔思想的时候,的确能感受到他的考虑是客观而深远的。

7. 关于交互主体性。生活世界被胡塞尔设定为现象学意义上"意向性地显现"的总体性存在,这里产生了一个疑问:每一个具体的个别意识还原得再彻底,甚至还原得越彻底,就越没有能力与其他主体发生沟通;如果是这样,那么所谓生活世界的"总体性存在"是否会陷于分裂甚至沦为某种假象?胡塞尔承认,生活世界不可能脱离每一个具体意识,但肯定也不受制于每一个具体意识,一个具体意识不可能对生活世界的总体性实现完全占有。正因为如此,胡塞尔指出,生活世界的总体性一定是体现在各种意识间的关系之中。[①] 例如,个别意识在各自的被给予性里,以彼此类同的被给予方式进行交换,虽然意识主体具有多样性,但其

---

① 参见倪梁康:《胡塞尔现象学概念通释》,生活·读书·新知三联书店,1999年。

"被给予性"始终是相等的。在胡塞尔的研究中,主体的多样性始终面对以相同的方式显现给我们的"世界",正是这一点构成了主体间关系即交互主体性的前提。

"交互主体性"的发现,使生活世界理论获得了灵魂,也对后胡塞尔现象学传统的存在哲学(海德格尔)、价值哲学(舍勒)、哲学解释学(伽达默尔)、他者伦理学(列维纳斯)产生了难以估量的影响。尤其是"交互主体性"对哈贝马斯社会交往理论的奠基作用,现已广为人知。

但在我看来,交互主体性问题,恰恰是胡塞尔晚期思想中酝酿着最丰富启示内容,又表述得最含混、最吃力不讨好的问题。由于他的目标是以交互主体性对客观世界的构造性起源做出先验现象学分析,所以其论述绕道之远、受心理学影响之深、抽象化程度之高、导致的误区之多都令人不胜叹惜。此处拟舍去那些过于细密的缠绕,试以切分胡塞尔的表述句并予以改造性链接的方式,将"交互主体性"对叙事伦理研究的系列意义清理、修正如下:

第一,交互主体性的核心问题是,从自我到他人或从他人到自我的一系列关系是怎么被构造出来的?首先要记得,"关系"是构造出来的。胡塞尔将这一关系看作本己的先验构造而不是自发的经验存在,主要是为了强调意识的被给予的权能性或"主观能动性"在交互主体形成过程中的作用。第二,原真自我作为单子化存在,最初怎么会朝向他人?胡塞尔认为,虽然自我的彻底还原只落下一个单子式身体,但精神本己仍具有多样性可能,自我悬置、自我还原后的纯粹"本己"反而成了接纳和体验陌生者的前提。第三,当然,每个人都有他自己的经验,有他自己的"世界现象",如何能打破这种"本己"的固执?这必须缘起于相互体验。这儿的道理在于,世界是为每个人在此存在着的世界,是每个人都能理解其客观意义的世界,故主体间可以、也应当相互体验,并依凭各自具备的相同的先验条件对"陌生经验"产生"同感"。第四,意识有对杂多感觉进行统摄性处理的能力,意识会从杂多的感觉中分辨、提炼、选择意义,也会根据需要(例如沟通需要)为感觉"立义—取向",导致相应行为。例如,感觉到热了,意识就会让人脱掉件衣服或走到荫凉的地方去。再如,感觉到沟通出问题了,意识就会根据相应情境和需要"立义—取向",采取搁置争议、改变话题、换角度继续讨论或沉默、伪装赞同等做法。第五,在已经接纳了陌生经验的"统觉"(即当下共有)的意义上,我在"我"之中经验并认识他人。那个最初的陌生者(最初的非我)也可能是其他的自我,"陌生经验"实际上与另一个自我相关,并可以构造另一个自我,因此,"在意向性中,他人的存在就成了为我的存在","他人就是我本人的一种映现"①。第六,陌生者、陌生经验的意向性作用,与生活及其潜在可能性不可分离。比如,通过回忆,找回在本己的自我统一过程中被作为诸外人经验而排弃的东西,就是更进一步的还原,可使自我在更高阶段上客观地超越其本己存在。第七,回忆包含着他人的世界,回忆介入当下产生的变化超越了活生生的当下自我,共现的陌生的存在也超越了本己的存在。第八,作为属于共同生活世界的交互主体性的有效性来说,都预设了一个人类共同体。一个包括我在内的自我—共同体,是一个互为互依的自我共同体。面对这一共同体而形成的普遍视域,既是你我交谈的场域,也是人们共同思想、共同游戏的场地。第九,先验的交互主体性构造了一个客观世界,先验的"我们"就是这一客观世界的主体性。注意,这一点特别重要,胡塞尔一向强调意识的"我性"规定,而这里,"我们"虽然仍粘连着

---

① 胡塞尔:《生活世界现象学》,倪梁康、张廷国译,上海译文出版社,2002年,第153、156页。

"我",但"我们性"显然已拓展了并优先于"我性","我们性"作为世界主体同样是先验的存在。这当然很有利于回应人们对胡塞尔有"唯我论"倾向的指责。第十,所谓"原真世界"即表现为共在此、共当下、共现;随之,顺理成章地,经验生活的那些令人信任的过程形式和组合形式,在胡塞尔眼里也都是由先验的"我们"共同支配的。第十一,意识的权能性在交互主体性这个问题上被把握为:我知道我有着与其他任何主体建立关系的可能性。从两个人"结对"到"结对"的各种扩展形式,作为意向性主体的组合形态实现着生动的相互唤醒,并相互递推着部分或全部的自身叠合。由此亦可见,主体间的差异和共识,均可能携带着促创性的意义生成价值。第十二,从共同体出发,每个人都拥有通过涌现着的陌生经验这一中介而进入到另一个自我的可能性,从而,每一个人都在他自己的生活及其群体化过程中,通过行动而形成文化世界,形成一个具有人的意义的世界。① 这里,胡塞尔关于交互主体性的每一条思想几乎都涉及叙事伦理问题的核心,极耐琢磨。

  以上,按论题需要大致"撮译"了胡塞尔现象学的七大范畴,在我看来,它们对叙事伦理研究的思想基础与理论方位有着非同寻常的定向作用。胡塞尔对"人成为一种赤裸裸的自然事实"的深刻担忧,对活的生存体验的强调,对意向性打通心物障碍的寄托,对总体性和普遍性的独特考量,对日常生活世界意义的关注,对自我与他者之间转换关系的分析,对共同体价值的重视,都为理性伦理与叙事伦理之结合,以及理性伦理转换为叙事伦理,做出了别出心裁的铺垫。

  同时也不可否认,胡塞尔还表现了和遥远的东方伦理思想的

---

① 胡塞尔:《生活世界现象学》,第160—204页。

特殊亲和力。中华民族拥有漫长的心学传统,自孟子的"万物皆备于我",到陆九渊的"心即理"、王阳明的"心之本体即天理""心外无理,心外无物,心外无事""君子之学,唯求其是"等,都与胡塞尔一样采取了非对象化和生活境域化的思想进路。兹可期待,若把现象学与儒学之心学做比较研究,或将会出现更具世界气象的叙事伦理学问。

本雅明气息(Aura)理论新诠

赵千帆

(同济大学 人文学院)

一、Aura 当译为气息

Aura 是本雅明的一个关键概念,对当代文化研究和文艺理论的影响毋庸赘述。目前国内学界对该词译法众多,张玉能在《关于本雅明的"Aura"一词中译的思索》①(下称"张文")中做了详尽讨论,是一个很好的小结。只是他给出的最终意见"光晕",于义尚有未安。笔者的替代方案是"气息"。这个译法几乎从根本上一扫前见,难免令人讶然,兹先述理由如下:

首先,汉语词"晕"所表达的"天体周围的光圈"之义,在德文中另有词表示,即 Aureole(张文亦提及),引申表示"围绕圣像的光环";它源于拉丁语 aurum(金,金色),与 Aura 形似而实异,只是由于两词在通灵学或"超心理学"中均表示"灵气"或"辉光"②,故常引起混淆,由此误导了许多人对 Aura 的理解。本雅

---

① 张玉能:《关于本雅明的"Aura"一词中译的思索》,载《外国文学研究》2007 年第 5 期,第 151—161 页。
② 艾·格·吉尼斯编:《心灵学——现代西方超心理学》,张燕云译,辽宁人民出版社,1988 年,第 517 页;亦可参见维基百科 Aura(paranormal)条和"灵气"条(2011 年 5 月 20 日版)。

明亦提到 Aureole,在《中央公园》中说到青春友爱的光环,在《论波德莱尔的几个主题》中引用的一则波德莱尔遗稿中说到诗人"光环的失落"①;它与 Aura 之失落允有对应之处,但一指人、一指作品,诚为两类。而且,正如下面就要讲到的,Aura 实非可见或比喻上的"光"。

其次,"气息"最符合 Aura 的词源学实情:它与"气流""呼吸"相关。根据《艾斯勒哲学辞典》中的 Aura 词条(由德文版《本雅明文集》的主编鲁尔夫·蒂德曼撰写),该词源自希腊语 αὔρα,原意为"呼吸、空气的吹拂",罗马名医盖伦用它形容癫痫发作前神色变化的先兆,就此言可译为"气色"。犹太密教法师(Kabbalist)将之当作一种伴随人类的以太(αἰθή,表示"纯净的空气"),其中保藏着人的罪行,直到末日审判。② 张文引用赵勇的说法,指出 Aura 一词非本雅明独创,而源于格奥尔格圈子,被称为"生命的呼吸"。本雅明亦说人能"呼吸到"Aura,或 Aura 在招摇,或说氤氲的嘘息。③ 在思想上与本雅明渊源最深的阿多诺在《美学理论》中就用 Atmosphäre(气氛)作为 Aura 的同义语。④ 凡此种种,皆表明 Aura 指某种流动变化的状态,有非"光""晕""韵"或"气场"⑤等

---

① 参见 Walter Benjamin, *Gesammelte Schriften*, Vol. 1, Rolf Tiedemann ed., Suhrkamp, 1974, p. 661, pp. 651-653。本文所引《技术复制时代的艺术作品》基本用第三稿(张文自称引自第二稿)。
② 参见 Esler, *Historisches Wörterbuch der Philosophie*, Vol. 1, Schwabe Verlag, 1971—2007, p. 652。
③ 参见 Walter Benjamin, *Gesammelte Schriften*, Vol. 1, p. 485, pp. 643-644。"招摇",德语是 winken,意为招手致意;"氤氲"(umwittern),在德语中源于"天气"(Wetter);"嘘息"(Hauch)的本义则是微风、呼吸。
④ 参见 Theodor W. Adorno, *Gesammelte Schriften*, Vol. 7, Rolf Tiedemann ed., Wissenschaftliche Buchgesellscahft, 1998, p. 122。
⑤ 曹雷雨提出将 Aura 译为"气场",根据为"本雅明想表达的是……艺术创作的整体"。参见徐钢:《"气场"到哪儿去了?——对文化研究及新自由主义的反思》,曹雷雨译,载《文艺研究》2010 年第 3 期,第 23 页,注 1。

所能尽者。

最后，当然，Aura 之译为"气息"恰当与否，还要回到本雅明的相关文本和思想中接受检验。下面是一段关于 Aura 的关键性段落，在《技术复制时代的艺术作品》和《摄影小史》中几乎一字不差地出现了两次："气息究竟是什么？空间与时间构成的一种奇异织体：某种遥远尽可能切近地一下就出现。在夏日午后，就着地平线上一道山峦或者一道树荫休憩，山或树把它的阴影投在休憩者身上——这意味着，他在呼吸着这片山、这丛枝叶的气息。"①气息来自某种遥不可及者。本雅明在第三稿本段文字的注解中说，遥远的东西在本质上是"不可接近者"（das Unnahbare）；但遥不可及者却会"尽可能切近地一下就出现"：这是何以可能的？因为呼吸。夏日中移入山和树的光影中，霎然间清凉下来，遥不可及的山和树便在瞬间的凉意中向人显现："凉气袭人"。把 Aura 译为"气息"，可以表明：这种由远而近的显现，山和树的现成此在，不是人"看到"的，而是"呼吸"到的。"呼吸"不仅是个比

---

① 参见 Walter Benjamin, *Gesammelte Schriften*, Vol. 1, p. 440。《本雅明文集》第一卷第二册载有《技术复制时代的艺术作品》第一稿和第三稿两个版本，第一稿这一部分文字与《摄影小史》中的完全一样，第三稿则稍有差异。此处按第一稿引用："Was ist eigentlich Aura? Ein sonderbares Gespinst aus Raum und Zeit：einmalige Erscheinung einer Ferne, so nah sie sein mag. An einem Sommernachmittag ruhend einem Gebirgszug am Horizont oder einem Zweig folgen, der seinen Schatten auf den Ruhenden wirft-das heißt die Aura dieser Berge, dieses Zweiges atmen."就笔者所见，现有对这段话的中译都错了。这里导致困难的是"folgen"（跟随，接着）一词。正常情况下应将之理解为"跟着（山或树的影子）走"；但这与"休憩"相矛盾。张文引王才勇译为"凝视"，即将之解作"视线跟随着（影子）走"，与英译同（参见 H. Arendt ed., *Illuminations: Essays and Reflections*, Harry Zohn tr., Schocken, 1968, pp. 222 – 223)，且不说有增字解经之嫌，亦绝不符合本雅明对作品的在场状态的理解；其硬伤在于，它无法解释为什么这个观看者必须是"休憩者"，又为什么是在"夏日"。笔者解作"就着""随着"，即表示人走到山影或树荫下面去休憩，上述疑点即可冰释。

喻,从生理学上看,"凉气袭人"意味着人的表皮细胞马上调整到另一种热交换状态;亦可以说,那位休憩者用以呼吸树荫山影的,不是口鼻之息,而是身体发肤之息。这种对身体的整体感受力的设想,实际上植根于本雅明早年的摹拟(Mimesis)理论,对此笔者将另文撰述。

二、艺术作品的气息及其凋敝

上面的定义是就自然对象的气息而言,本雅明是要用它来说明历史对象的气息。在历史对象比如艺术作品这里,气息所源于的那个由远及近的显现过程,就不止是空间上的,也是时间上的。本雅明称之为作品的"唯一此在"或"现成存在"(vorhandensein),最好的例子是原初的艺术作品,即在祭礼上的那些器物或造像:"艺术生产开始于处在供事祭礼中的像物(Gebilde)。可以设想,对这些像物来说,它们之现成存在比它们被看见更重要。石器时代的人在他洞穴壁上摹写的羚鹿是魔法道具,他也将它展示给旁人看;但首先是要献给神灵的。"①

最初,艺术作品是通过祭献而使某个遥远的不可接近者来临在场的媒介。人们制作它,不是为了观看,而是让它们"现存"于此,以召唤和承载祭拜者与某个遥远者的交流。设想当人接近一座神庙或一尊神像时,屏息变容,若有所依——依于某个降格于此时此地的遥不可及者:这是气息发生的原初情形。在日常生活中,对不需要或不允许这种交流的场合而言,艺术作品本身则亦处于某种"遥远"和"不可接近"之中。因此,本雅明说,在古代和中世纪,艺术作品常被密藏。密藏所保护的正是那个将在特定场合下"一下出现"的时机,那个"遥远尽可能切近地显现"的时空

---

① 参见 Walter Benjamin, *Gesammelte Schriften*, Vol. 1, pp. 482–483。

的交织点。当这个时机到来,艺术作品就在其所在之处呈现它的"唯一此在"(einmaliges Dasein),而观者即呼吸到它的气息。这里要注意德语词 eimalig(唯一,一下)的双重含义:它既表示"一下就、一次性……"在形容作品时也可以表示"了不起、再也不会有了"。在找不到更好的词之前,姑且以"唯一"译之,但切不可由此而将之理解为在说"原作只有一件"。"唯一此在"想表达的是:作品"一下"①就在这里了,带着它流传至此的全部物理状态和社会关系,就存在于此时此地了,别无其他的所在——正是在这个意义上气息是"时空的交织"。有时本雅明亦称之为艺术作品的"独一状态"(Einzigkeit)。呼吸到艺术作品的气息,就是感受到时空在作品周遭独一无二的瞬间聚拢:某种"不可接近者"在"此地此时"一下就现成存在于此了。

气息植根于仪式——"礼"。宗教衰退之后,在非宗教的审美活动,本雅明称之为文艺复兴以来 300 年的"世俗审美事业"(der profane Schönheitsdienst)中,亦有一套礼俗,今日还残留于艺术院校、展馆、沙龙和个人鉴赏活动当中。直到 19 世纪下半叶,随着摄影术的产生和生产关系的转变(其前奏则是印刷术和报纸的发明,同期又伴随新形式的群众运动),局面才发生根本性的转变。艺术作品被拔擢出仪式之外:它在技术上可以复制了。

所谓"原作"的概念,并没有受到特别大的影响。艺术作品自古皆有原作与仿品之别;以摄影术为代表的复制技术出现之后,根本的转变是,复制品有了自己独特的地位,它随着技术和机器而广泛嵌入社会机制中,不但对被复制者做出极大的变形(比如

---

① "一下"实为"einmalig"的最好译法。中文的"一下××"和"××一下"两种表达的反差,还揭示出本雅明所念念不忘的这种"瞬间到场"的吊诡之处:"一下"既可能表示一个状态蓦然的实现(弥赛亚出现,历史凝结为晶体),也可能只是临时的过渡(革命的失败,历史僵化为空洞的连续体)。

电影的慢镜头),而且可以把被复制者放到之前它无法达到的时间和空间(如交响乐可以在卧室内听)。当本雅明说气息不可复制的时候,他指的不是原作和复制品的自然差别,而是作品本身的存在方式被复制品改变了:原作当然还在展览柜或保险箱中,在物质层面上延续;但是作为作品,它的历史见证性(见本文第六节)却动摇了。原作不再是"现存于此"的了,它丧失了专属于它的"此时此地",处于技术上可复制的历史语境中的艺术作品——以及自然,比如一块可以被拍摄的风景(但技术复制对自然对象的伤害不如对艺术对象的伤害大)——再也不能作为某种不可接近者、作为某种遥远而一下显现于观者面前。气息衰败了。

可是,人们难道不能到展览上去看画吗?在那里,不是还可以感受原作的切近显现吗?不是还可以去大自然、在光影中散步吗?不是还可以跟 300 年来的艺术爱好者一样,去感受那些大师们的原作吗?——在现代社会,观赏原作不就是代价更加高昂、步骤更加繁琐一些吗?不。本雅明的回答是明确的。因为艺术作品的总体效应和艺术的行事方式(die künstlerischen Verfahrungsweisen)已经改变了:"在 19 世纪末 20 世纪初,技术复制升到一个水准,使它不但把流传的艺术作品的总体状态(Gesamtheit)做成自己的对象,使其效应开始遭受最深刻的改变,而且还跻身于艺术诸行事方式之列,占到了一个专属自己的位置。"①

气息的凋敝的背后是一个根本性的变革:

> 这个过程[引者按:即气息的凋敝]是征候;其意义远远超出艺术领域之外。且做个普遍化的表述,复制技术把被复制者从传统中解脱出来。它多倍地进行复制,从而用被复制

---

① 参见 Walter Benjamin, *Gesammelte Schriften*, Vol. 1, p. 475。

者的大众式到场(massenweises Vorkommen)代替了它们的唯一到场。因为技术允许复制,所以,在处在其各自情境中的摄录者的配合下,技术实现了被复制者。这两个进程导致对传统的强烈震撼——对那个构成当前危机和全人类之革新的背面的传统的一次震撼。①

变革的机理具体可以分成两个方面来分析:人类感知方式的转变和艺术作品与公众关系的转变,它们又共同导致整个资本主义文化领域的结构性变化,革命的契机亦于此闪现。艺术作品气息的失落并非消极之事,却正是在顺应这个整体转变。

三、人类知觉的新任务

本雅明有一个黑格尔式的艺术史假设:"在伟大的历史时空,与人类集体的总体此在方式一道,人类集体的感性知觉方式也发生了改变。人类感性知觉的自行组织方式——即知觉在其中得以达成的那种媒介——不仅有其自然的条件也有其历史的条件。"②

气息之凋敝对应的正是人类知觉方式的根本性转变。本雅明的思路大致是:由于复制技术和大众的同时出现,人类现在习惯于大规模地同时感受某种处于被复制状态中的对象,已无法亦毋须去感受遥远和唯一之物的当下显现,而是倾向于去反复"狎近"事物,在此过程中,对艺术作品的触觉接受主导了原先的视觉接受。气息的消失有两个原因:一个是以摄影术为代表的复制技术;另一个就是大众(die Massen)。两者之间并没有直接关系。有时本雅明也说,一个是技术的原因,一个是政治的原因。大众

---

①② 参见 Walter Benjamin, *Gesammelte Schriften*, Vol. 1, pp. 477-478, 478。

是个矩阵①;在大众中,感受着的个人的数量改变了个人感受的质地。气息所赖以产生的距离被摧毁了,围绕着的艺术作品的时空织体亦悄然解体:"在空间上和人性上去'狎近'事物,是当前大众的一个热切盼望。大众还有个同样热切的趋势,要通过对每一个当下状态的复制品的摄取,克服掉当下状态的唯一性因素。这其实就无可避免地使那种需要生效了:要在图像、毋宁是映像(Abbild)中,从最近的近处获得对象。"②

注意这里的"摄取"(Aufnahme)一词,它同时有"摄制、录制""接纳、容受"和"摄取、食用"之意。这暗示大众的知觉方式也在模仿着他们用来复制的机器,他们在用一种与复制品相称的观看方式在看复制品,他们对复制品的接受是对复制的复制。对摄影作品的看和对绘画作品的看是完全不一样的:"图画中,唯一性和绵延如此紧密地交叉在一起,正如相片中的瞬时和可重复性。对象的外表的剥除,即气息的凋敝,是一种知觉的标志,这种知觉的'针对世界中同类之物的感官'成长到这样的地步,以至于它借助复制,从唯一之物中亦摄取到类同之物。"③

"克服掉当下状态的唯一性因素"和"从唯一之物中亦摄取到类同之物"这样的晦涩表达,说的其实是远近关系的破坏。作品所唤起的从遥遥向切近处的显现是"唯一之物";而当人们同时面对作品和它的一系列复制品时,眼睛所被要求去看的那种重复出现之物就是"类同之物"(das Gleichartige),以此而狎近事物。所谓"狎近"(nahebringen,同时有"了解、熟悉"和"带近"的意思)者,是指对任何当下出现者都加以或倾向于加以贴近把玩的态

---

① 参见 Walter Benjamin, *Gesammelte Schriften*, Vol. 1, p. 503。"矩阵"(matrix),就其数学含义来说,表示大众中的单个人不再有一种自在的个体地位,而是要依据他所处的大众中的位置(犹如矩阵行列式中的行列数)来加以标记。

②③ 参见 Walter Benjamin, *Gesammelte Schriften*, Vol. 1, p. 479。

度;持此态度之人正是由此把所狎玩之物当作和弄成自己的同类,即与自己相似而可近者。

就绘画而言,"从唯一之物中亦摄取到类同之物"表明,人眼已经不习惯于感受画作本身的现成存在,去体认它在画家一笔接一笔的努力之后于此时此地的显现("唯一性和绵延的交织");倒是要把这一层像表皮一样掀开,转而摄取画面中的"类同之物",那种可以反复狎近之物。这就是人们在相片的熏习之下模仿照相过程而复制出的那个部分,那个被"可移动且武断选取视点的镜头"裁取下来的部分。它本来是自然人眼所达不到的,但现在摄影术将之切下来,也就是说,深入到此前的自然视觉无法达到的部分;其结果是:图像搅碎现实,切断了人和世界之间的既定联系。

传统绘画要求对作品作"自在游移的观照"(freischwebende Kontemplation)和"观照入神"(kontemplative Versenkung)[①],也就是在要求注意力。在《论波德莱尔的几个主题》中,本雅明说到,对气息的呼吸正是基于这种"注视",它的核心是期待被看地看:

> 目光本包含着期待,期待从目光所投注者那里得到回应。如果这样的期待得到回应了……在期待的满足中,目光便获得对气息的经验。"可知觉状态",按诺瓦利斯的判断,是"一种注意力"。他这样谈到的可知觉状态,无非就是气息的可知觉状态。[②]

---

① 参见 Walter Benjamin, *Gesammelte Schriften*, Vol. 1, pp. 485, 501。"观照"(Kontemplation)概念在西方思想史中的漫长背景此处暂不深究,且将之理解为一种可连通于精神性思考活动的凝神观看。

② Walter Benjamin, *Gesammelte Schriften*, Vol. 1, p. 646.

而摄影却拒绝提供"气息的可知觉状态",因为它拒绝人类目光对回应的期待;镜头只把目光吸进去,没有反馈。绘画作品的气息把"沉浸"到艺术作品中的观者"聚集"起来;而通过对目光的拒绝,无气息的相片和电影却使观众走神而"涣散",同时让自身"渗透"到观众中。① 观照需要紧张的注意(gespannt Aufmerken),涣散的大众却是在一种"顺带觉察"(beiläufig Bemerken)中从作品那里受到接触熏习。前者,本雅明称之为"视觉接受",后者则是"触觉接受"。这里要注意:两者的区别不在于经由不同的感官,而是认知结构的不同。前者是单个主体把对象当作客体来观看,基于这种主客体模式的感官接受实质上都可以看作一种视觉接受,比如我们可以说"听见"或"摸见",它们和"看见"乃基于同一种认知结构。而后者不是指观众去触及作品;观众对摄影和电影当然依旧是观看,但这时是作品在触及并"渗透"观众,单个主体作为大众矩阵中的一个点的感受而汇聚成大众反应;结果是,用本雅明的话说,大众让作品没入自身。两者的区别亦不是古典与现代的区别。触觉接受的范例是建筑,是本雅明认为最古老和最有连续性的一门艺术。至于这种接受扩散到整个现代艺术的领域,则是当时已经箭在弦上的那个历史变革的要求:"在历史转折时期,人类的知觉器官所承担的那些任务,仅仅通过视觉的道路,即通过观照的道路,根本无法完成。那些任务会在触觉接受的引导下逐渐得以克就。"②

---

① 参见 Walter Benjamin, *Gesammelte Schriften*, Vol. 1, pp. 504–505。这里的"入神""沉浸"和"渗透"本雅明用的是一个词 versenken,但在传统艺术和复制时代的艺术中,versenken 表达的是两个方向相反的过程。复制技术把原来发生于观照主体和艺术作品之间的鉴赏结构颠倒过来,不是主体进入作品,而是作品进入大众;同时,单个主体的入神变为大众的走神(ablenken)。

② Walter Benjamin, *Gesammelte Schriften*, Vol. 1, pp. 504–505.

本雅明也称这些任务为"统觉的新任务"(neue Aufgaben der Apperzeption),而胜任这些任务的将是以触觉引导视觉的"涣散的接受"(Rezeption der Zerstreuung)。历史有其惰性,单个人始终会忍不住要逃避这些任务和这种新关系,在文艺小团体中聚集起来,回到传统的感知习惯中去,去气息中入神。复制时代,艺术作品向大众的触及和没入,可视为是一种动员,发动大众来承担统觉的新任务。此唯摄影与电影能之。

四、触犯:艺术作品的社会化

主要体现于绘画的艺术作品的视觉接受和"聚集"作用,及摄影以及电影所促成的触觉接受和"涣散"作用,分别表示艺术活动的非社会化和社会化两个不同的倾向,也表明艺术作品的根基从宗教领域转到政治领域。艺术作品的"聚集"效果源于宗教活动。在本雅明看来,人类对起源于祭礼的艺术作品的接受,在两个极点间移动:或是着重于艺术作品的祭礼价值(Kultwert),或是着重于其展示价值(Ausstellungswert)。文艺复兴以来,随着艺术活动从祭礼中解放出来,艺术产品越来越多地被展示,但展示本身仍然在试图维持礼仪性。是复制技术使得展示次数以新的量级剧增,终于,跟个人感知方式的变化一样,展示的量反过来改变了展示的质,作品不再在某种仪式中与大众照面,却变成一个有着全新功能的社会像物(Gebilde),而原来那个"艺术性"功能遂为附庸。① 与此相应的是大众的出现。如前所述,大众塑造了一种新的对作品的参与方式,绘画对它不能适应:"出现于19世纪的那种情形,一个大规模的公众同时观赏画作,是绘画危机的一个早期征候,引发这个危机的,绝不是摄影术单方面,还有跟这个相对

---

① 参见 Walter Benjamin, *Gesammelte Schriften*, Vol. 1, pp. 482 – 484。

没有什么关系的一点：艺术作品对占有大众的期许。"①

跟建筑和电影不一样，绘画没有能力把对象呈现给某种同时发生的集体接受，它始终只限于少数或单个的观者；即使最公开的宗教壁画，也是以层层递展的等级方式诉诸人群。沙龙和美术馆解决不了对大众的组织和控制的问题。在此情势之下，要抛弃的就是与绘画相依相就的非社会化的观看—聚集方式本身。因为这种方式，以及它所诉诸的艺术作品的气息，本身就是反社会的："后者[引者按：画布]邀请观赏者进行观照；面对它，观赏者能够把自己放任于自身的非社会化流程中。"②"对气息的经验的基础是，从一种通行于人类社会的反应形式变换为无生命之物或自然与人类的关系。被注视者或相信自己被注视者，把目光打开了。经验到某种显现的气息意味着，赋予自己睁开眼睛的能力。"③

正是出于这个原因，以达达主义者为代表的前卫艺术要做的就是主动剥去艺术作品的气息，不让观赏者入神："入神，在资产阶级的蜕变中成了一所训练非社会化行止的学校，与它作对的是走神，社会行止的一个变种。事实上，达达主义者宣言担保的就是一次真正激烈的走神，它把艺术作品置于某个轰动的中心。这首先是要满足一个要求：激怒公众。"④

在达达主义者这里，作品是射击，打向观赏者，有了一种触觉，或者说触犯的品质。但是这有悖于绘画的本性，因此亦对绘画产生了某种侵蚀（本雅明没有提到，但可以类推出来的是，后来在雕塑、音乐中亦渐次发生这种侵蚀，经典现代主义实际上就是这种侵蚀在审美上的表现）。达达主义者想在绘画中做到摄影和电影所做到的事，却注定要失败。因为两者与世界处在根本不同

---

①②③④ 参见 Walter Benjamin, *Gesammelte Schriften*, Vol. 1, pp. 497, 502, 647, 502.

的关系当中。对此,本雅明用巫术和现代外科医学的区别来说明:

> 把手放到患者身上来治病的巫师的姿态,跟外科大夫不同,后者要动手介入患者内部。巫师维持自己跟所治疗者的自然距离;更确切地说,对此距离,他很少——借助他放上去的手——缩小之,却经常扩大之——依恃他的威信。外科大夫则相反:他大大缩小跟所治疗者的距离——他侵入其内部——,却很少扩大之,虽然他也是伸着手在器官间动作。……巫师之于外科大夫正如画家之于摄影师。画家在他的工作中观察着一段与既定对象的自然距离;摄影师则相反,他侵入既定状态的肌理之中。两者获取的画面迥然不同。画家的是一幅总体性的画面;摄影家的是一个碎散的画面,散开的部分又根据一个新的法则重新合成起来。①

本雅明认为,摄影机和摄像机实际上是深入到生活的非自然层面的,就像弗洛伊德的心理分析技术深入到无意识层面一样。影像能够对付当前被技术以及其物质化身的机器侵入的现实:它切进去,把原来自然连贯的世界捣碎。这才触犯大众并使大众不安(beunruhigt)。但这又正是与此现实相互交缠的大众所期待的。大众对此有充分准备:

> 艺术作品的技术可复制状态改变了大众对艺术的态度。从那种最退缩的、比如面对一件毕加索的画的态度,幡然变为最进取的、比如面对一场卓别林的电影的态度。在这里,

---

① 参见 Walter Benjamin, *Gesammelte Schriften*, Vol. 1, pp. 495 - 496。

进取行为的表现是,这时观看和体验的乐趣跟专家的评判当即内在地融合在一起。这种融合是一个重要的社会迹象。也就是说,一门艺术的社会意义越是减小——正如在绘画方面清楚地表明的——,公众中的批评姿态和享受姿态之间就越发分裂。传统的东西是被无批评地享受着的;真正新的东西,人们则带着反感批评它。①

这里的批评指的不是今日由少数专家用特定话语制作的专业批评,而是观众被艺术作品的触犯和扰乱弄得"炸开锅"的瞬时反应:涣散(Zerstreuung)。大众是一个注意力涣散的考官。②涣散既指个体心性层面一种精神不集中、心不在焉的状态——作品使他们对自己的生活心不在焉,也指社会层面没有组织、不受规训的状态。在本雅明看来,大众的革命性恰恰就蕴含在他们的涣散状态之中。涣散是让整个社会关系的危机集中爆发的必要条件。

五、眼的饱足、手的解放和大众的涣散

气息的凋敝对应的另一个艺术史上的重大转变是:眼和手的分离。在复制技术的带动下,眼卷入被切开的现实;手则相反,解放于艺术之外。观众对艺术生产的批评性姿态中所包含的革命契机,亦唯有在这个前提下才得以实现。

从本雅明关于艺术作品祭礼价值的分析中,可以得出一个启发性的推断:艺术作品之脱离于祭礼,是跟脱离于手同时发生的。最初,艺术作品通过它的手工性而寄生于礼仪。或许可以这样说:艺术的源始力量就在于,人类很早就发现,唯有手的缓慢制

---

①② 参见 Walter Benjamin, *Gesammelte Schriften*, Vol. 1, pp. 496-497, 497。

作,能让手所无法直接触及把握的那个遥远者"在最切近之处一下显现"。对气息的呼吸,亦是对结晶于作品的手的节奏的感应。这方面最极端的例子是歌舞,也即最初的诗。当艺术作品的祭礼价值衰微、展示价值寝盛之际,也就是尼采所说的文艺复兴以来欧洲人用艺术代偿宗教的时期,手工产品不再侍奉于宗教,其本身却成为观照的对象。眼和手于是发生了初步的分离。原先,艺术的手工劳作(对供品和供奉仪式的制作)依托的是宗教性的操练,最终休止于一种静态的持守(常常用划十字、合十、揖拜等特定手势来象征);现在,人们却直接"观照入神"于大师们的手工产品:手静止了,观看才精神化了。无可避免地,Mannerism——手法主义——产生了。在艺术家这方面,与手的僵化——手的手法化——的搏斗从未停止;而对观者来说,观照不再带动双手去迎接那个遥不可及者,在艺术展览上他虚垂双手地沉浸于对大师的手法的静观中。

在本雅明看来,这种尴尬的状态实际上亦是19世纪中期开始的绘画危机的一部分,直到复制技术把它彻底打破。摄影出现之后,有史以来第一次,手不再是艺术最重要职责的承担者;现在承担这一职责的只有眼睛了。手和眼彻底分离。在对事物外观的把握上,眼比手快[1],所以,复制技术所生产的复制作品才第一次以巨大的加速度把大众裹挟到一个前所未有的境地。图像复制的进程和对图像的观看皆与言说同步了。传统的绘画要求的是静观,言说作为对静观体验的总结而低缓、零星地出现。现在,大规模复制、观看与言说的同步乃使得观众的看实际上是一个动

---

[1] 值得注意的是,"眼比手快"这样的断语其实和我们怎么定义"行动"有关。恰恰在一个行动受到(技术的)限制和引导的时代,手才比眼慢。这也是文艺复兴以来艺术中手僵化和缺席的原因之一。

态的解读和反馈过程;一个与之相应的现象是,艺术作品这时都需要一个说明性的标题或旁注。① 这样就可以理解本雅明为什么说摄影和电影可以"喂养"观众。在《论波德莱尔的几个主题》中,他引用瓦雷里的话说,人们之所以被逼着去创作艺术作品,是因为,比如,在闻到一朵花的香气之后,用其他任何方式均无法复制出这种馨香,唯有去创作。接着本雅明解释,为什么这样的创作不再适应于当下了:"按照这种观赏方式,一幅画在一次注目中所复现的东西,是不能让眼睛看个饱足的。满足这种从其根源处映射出来的愿望的,将是某种持续喂养这种愿望的东西。使摄影术与绘画相区分的……于是显然是:在对一幅画看不饱的目光看来,一幅相片则意味多得多的东西,它是充饥的食物、解渴的饮料。"②

手的手法化跟观看的趣味化是同时出现的。面对传统艺术时,品味(Taste, Geschmack)性质的观看具有一种饥饿感,犹如斋戒。一切宗教斋戒,皆可视为用特定状态的呼吸代替饮食等剧烈的生理活动;而观赏者对气息——作品于切近处的一下显现——的安静呼吸,实则是审美的精神斋戒,是一种心斋。宗教的规定是,斋戒之后乃可以迎神;艺术鉴赏中,唯有无利害的愉悦才是美。正如"持斋""持戒"这样的汉语搭配透露的,斋戒所要求的正是手从日常用途中摆脱出来,进入某种特定的手势。眼的饥饿与手的安定是一致的。但这种饥饿状态被复制技术打破了。如前所述,摄影和电影给出与绘画完全不一样的艺术产品。与画家不一样,摄影家不是处在与世界的自然距离之中,却是侵入世界的肌理,获得的是碎散的画面。而观众则学会"吃进"这些碎散的画面,"根据新法则重新合成"它们。本雅明在说到视觉接受和触

---

①② Walter Benjamin, *Gesammelte Schriften*, Vol. 1, pp. 485, 645.

觉接受的不同时曾说,前者是(以个体为单位的)感知;后者是(大众在矩阵中的)"使用",Gebrauch①,其词源可以追溯到古高地语brūchen,汲取食物,与本文第二节提到的 Aufnahme(摄取)相通(汉语中"摄"和"用"亦皆可表示吃)。从这一点来看,上面所谓观众对作品的"狎近",所谓大众让作品"没入"自身,所谓观众受到触犯从而批评性地参与到艺术生产中去,都是在说这种如同"吃进"一般的"使用"。气息的消失,正是这个转变的前提。人们不能吃进有气息的东西。只有通过复制把气息剥离,艺术那斋戒般的扶持功能和与特定精神状态的关联才会断裂,才有大众对艺术生产的主动摄取与参与。而这时,观照—斋戒的聚集作用也消失了,观众处在一种涣散的状态。涣散的实质是:手的解放。

任何一个时代都害怕"游手好闲"者。手的解放使手的主人跟社会脱节。一旦手脱离了特定的宗教手势或对手工产品的悠缓制作或把玩,大众便有失序的危险,用传统社会的秩序标准来衡量,这个危险是相当可怕的。从文艺复兴到复制技术出现之前,旨在引导观者作入神观照的所谓美的艺术,一直是在延缓这个危险的到来,并事实上不得不堕为"为艺术而艺术"的新神学,与资本主义生产方式对手的剥夺相互补充。饥饿的眼和操劳的手并存。而复制技术时代艺术作品气息的丧失,则是这个秩序将要瓦解的先兆。迎合这一变革的艺术作品,将帮助大众获得眼的饱足和手的解放,让那个危险彻底释放出来。艺术生产的功能转变了,作品的根基从宗教彻底转移到政治:"当用以衡量艺术生产的真切性标准失效之时,艺术的总体社会功能也发生翻转。作品之根基不再是仪式,却代之以另一种实践,即以政治为根基。"②

本雅明想说的实际上是:恰恰要手和眼的分离,才会有看和

---

①② Walter Benjamin, *Gesammelte Schriften*, Vol. 1, pp. 504, 482.

做的同步。手和眼的结合是历史的开端。人们当初想在伟大手工的帮助下,通过入神的观照融入那个永恒。当作品的气息消散,入神的通道被堵住,眼和手相分离,政治行动的时刻便到来,原先依托于伟大的手工的历史遂亦凝止(still-stellen)。用本雅明最喜欢的一个词来说,是历史进程将要"结晶"。① 物理学上,结晶的前提是一种饱和状态。手的解放、眼的饱足和观众的涣散,皆是在促成这种饱和。当其实现之际,即历史凝止之时。而技术可复制时代的艺术作品,则作为单子率先预演这个结晶过程。

六、历史的凝止和艺术的政治化

气息概念中本来就包含着本雅明后期在《论历史概念》中发挥出来的历史哲学命题。艺术作品的气息就是作品的历史性,复制则抹除了它:"即使最完满的复制也缺失一样东西:艺术作品的此地和此时——它在它所处的位置上的唯一此在。而历史就发生于这个唯一此在,而不是在别的什么地方。这既包括在时间的流逝中作品物理结构的变化,也包括它所可能进入的占有关系的变更。"②

如前所述,宗教场所是艺术作品的"现存于此"的最初之地,但不是唯一之地。推广来说,在任何一个"传统"中,即在任何涉及某种遥远和不可接近者的情境中,艺术作品都处在某个"此时此地",都以它的"一下出现"、它的气息影响周遭:

艺术作品的独一性跟它被嵌裹在传统境况中的存在状况是一致的。这个传统本身当然是一种活泼的东西,一种可以超乎常规地变化的东西。比如说,一尊古代的维纳斯像,在曾经将它当作祭礼对象做出来的希腊人那里,就处于一种

---

①② Walter Benjamin, *Gesammelte Schriften*, Vol. 1, pp. 703, 475–476.

与在中世纪的教士那里不一样的传统境况,教士们从中看到一个大有害处的偶像。但是,两者以同一种方式遭遇的是它的独一性,用另一个词说就是:它的气息。①

就此而言,气息的凋敝亦表明,受到大规模复制的艺术作品丧失了它的历史处境,也就是它的本真性。"一件事物的真切性是可能从起源处传承到它身上的所有东西的总体,从它的物质性延续一直到它的历史见证状态(geschichtliche Zeugenschaft)。因为后者是基于前者的,所以,当前者在复制过程中与人类脱离开来,后者亦然:事物的历史见证状态动摇了。"②

作品的真切性和历史见证状态(以及依附于此的入神的观照)是作品最初和最主要的使用价值,当作品脱出它与礼仪的关系而进入市场之后,它也是艺术商品的交换价值的虚拟依据。支撑这个依据的是本雅明眼中的历史主义叙事,是它树起所谓艺术作品——以及更广义的文化遗产(Kulturerbe)——超时间的"永恒价值",并将之与特定的文明史观联结起来。而复制技术本身是非历史的,因此它打破了传统艺术的历史主义叙事:由于气息不可复制,传统的艺术作品逐渐丧失其真切性和历史见证性,摄影和电影(以及受它们激发的前卫艺术)则主动舍弃这些。"事物的历史见证状态动摇了",艺术史的框架事实上脱落于鉴赏之外了:这是历史的连续体即将破裂的征兆。丧失气息的作品逸出原有的定价机制,不但触犯了大众,而且把他们带出了原有的社会处境。传统的历史书写(以及它的另一面:无权势者的历史观看)崩溃了,大众将开始自己的历史书写:看与做开始同步。

正如印刷术的发明,使得读与写开始同步,读亦同时成为写,

---

①② Walter Benjamin, *Gesammelte Schriften*, Vol. 1, pp. 480, 477.

德国现代哲学

作者与公众的区别开始消失——这不是说,每个人都有可能成为作家,而是说,现在每个人都有可能去表达一种关于自己的可读的经验——,同样,复制技术的发展使得看与做开始同步,——这不是说,每个人都可以去拍电影;而是说,每个人都知道有可能在影像中呈现出他自己的可看的经验。——当然,在本雅明看来,这是一种跟自然经验不同的、被搅碎的、令人震惊的经验。大众对电影的批评性参与,最终必须包括大众对自身在电影中的被复制状态的反观,本雅明称之为"被复制"的权利主张,这跟每一个读报的人都有把自己的经验写出来以供阅读的预期是一样的。它在当时的苏联实现了,而在西方则被阻止了:

> 今日每个人都可以主张一项权利,被拍成电影。……在俄国电影中出场的演员中有一部分不是我们所理解的演员,而是人们。他们表演自己,而且首先是在他们的劳动过程中。在西欧,资本主义对电影的剥削不允许考虑今日人类所应享有的被复制权。在这种情况下,电影的百般兴趣皆在于,通过虚幻的想象和模棱两可的冥思来激起大众参与。①

人被拍成电影、被复制意味着什么?跟艺术作品一样,人也要剥落其气息。因为人主要是在跟机器(包括镜头及相关的机制)打交道,而不再是与同样有生命的人打交道。剥落气息意味着,人丧失他于此时此地的唯一存在。本雅明引用皮兰德娄的话说:

> 电影演员感到自己犹如处在流放中。不只是被流放出

---

① Walter Benjamin, *Gesammelte Schriften*, Vol. 1, pp. 493–494.

舞台，而且被流放出他那个专属自己的个人。在一种阴暗的不适中，他觉察到那个含糊的空洞，它源于这样的情形：他的身体成了脱落性现象，他搅动自己，他被剥夺，好让自己化为一张喑哑的图画；于是他溜出了他自己和他的实在性、他的生活、他的声音和他造成的声响，而那张图画则在投在屏幕上的目光前颤抖，然后化入静寂。①

如果按照本雅明的设想，每个人都行使拍摄与被拍摄的权利，则人人皆将在被复制的同时脱落于他原有的个人情境之外，犹如移置到一个可传送的镜子上，最终传向被复制者自己亦身在其中的公众。② 大众从而看到自己的做；他们在做中看，又在看中做。正是在这个相互协助地集体反观自身的瞬间，大众抛弃了他所处的那个"此时此地"，赢得了集体书写历史的"当前"。本雅明在《论历史概念》中说："当前不是过渡，却是时间栖息在它之中，并趋于凝止。历史唯物主义者不能放弃这样一个当前的概念，因为它定义着那个他在其中为他个人书写历史的当前。"③

"当前"的德语是 Gegenwart，在古德语中表示"在场"(Anwesenheit)，18 世纪起才表示时间。它由表示"相对、相反"的前缀 gegen 和表示"观察、监视、守候"的 wart 组成，字面意思是"对看、反观"。赢得"当前"，就是赢得对自身的反观，这——在神灵退隐的时代——唯有在跟机器的对峙中才可能。是机器（复制只是作为总体的人类机器的功能之一）切入现实，把人类（以及作为人类产品的艺术作品）的气息剥离，把人和他的产品拔出由传统

---

① Walter Benjamin, *Gesammelte Schriften*, Vol. 1, p. 489. 皮兰德娄说的是无声电影，而且对之持否定态度，但本雅明认为他的见解是敏锐的。
②③ Walter Benjamin, *Gesammelte Schriften*, Vol. 1, pp. 491, 702.

所保护的历史境遇("此时此地的唯一显现")之外。人类唯有也通过与之对峙来表达和反观他所身陷的处境,才能治疗他在这里所受的伤害,并最终通过改变生产资料的占有关系来改变自己与技术的关系。复制时代的艺术作品,尤其是电影,应该与大众一起对此进行排练,对革命的排练:到革命翻开新日历的那一天,也无非是历史的一个快镜头。这就是本雅明说的"艺术的政治化"。

如果不能做到这一点,如果从一开始就要回避气息的凋敝、回避技术宰制人类这一现实,最好像历史主义者那样,重新立起关于过去的"永恒"之画。在艺术上,就是对伟大作品的修复珍藏,对古典传统的断肢再植,维持对复制技术和所谓消费文化的高雅厌恶,以及"为艺术而艺术"的洁癖:艺术作品经过钱或权的管道重新被灌以某种祭礼价值。而在政治和经济上,则要求重新协调眼和手,重建一种看与做的同步——比如军队中的注目和敬礼,或福特生产线上对工人操作的机械化训练——来组织和控制大众。[①] 这时,看与做的同步又堕为眼与手通过技术机制的重新结合;人不但不能与技术相峙,反而被彻底整合到技术操作中去。最极端的情形就是战争——可以理解为人类文化"气息"的大规模灭绝。本雅明看到,未来主义者对战争的歌颂表明,人竟也可以用传统的方式享受被技术操作的过程,在"断气"之前,大众可以又一次被号召去呼吸伟大领袖、伟大祖国、伟大历史、伟大技术[②]的"气息",沉醉于对自身的死亡场景的新的"入神观照"。因

[①] 参见 Walter Benjamin, *Gesammelte Schriften*, Vol. 1, pp. 701–702。顺带提一句:电子游戏和网络游戏实际上是强化眼手同步的最新形式。

[②] 这里无暇详究,但不能不提一下的是技术与艺术这一对概念的复杂关系。眼和手的分离,其实亦是艺术独立于技术的过程。艺术手工摆脱对宗教的寄生,就是美的艺术与实用技术区分的过程。复制技术与纯艺术概念也是几乎同时产生的,而复制时代的艺术作品则是一种"技术的艺术"。

此,他在《技术复制时代的艺术作品》的末尾引用了马里内蒂的话写道:"法西斯主义说'Fiat ars, pereat mundus'(让艺术被创造吧,虽然生命会消失),并希望艺术来抚慰那种被技术改变了的、对战争的感知(就像马里内蒂所承认的那样)。显然,这是为艺术而艺术的完成。许久以前在荷马那里曾是奥林匹斯诸神的一个观看对象的人类,现在成了自己的观看对象。"①

"政治美学化"实际上是技术复制时代的一大趋势,要与之对抗,就要让艺术率先政治化。这是本雅明给出的解决之道,从今天的电影和艺术界来说基本没有实现。现在互联网实际上又是另一个量级的复制技术的化身,它是不是能唤起一种新的政治化的艺术生产和艺术交往呢?我们大概也只有边做边看。

---

① Walter Benjamin, *Gesammelte Schriften*, Vol. 1, p. 508.

论卡尔·拉纳的先验认识论
——基督教的启示神学之形而上学奠基

车 桂

(武汉大学 哲学学院)

卡尔·拉纳①(Karl Rahner,1904—1984)的先验哲学,是 20 世纪天主教神学学术的奇异景观。根据海德格尔和马雷夏尔(Joseph Maréchal)对于康德哲学的诠释,康德先验哲学的目标在于奠定"科学的形而上学"的认识论基础。康德通过对于主体认识结构之中经验(sense experience)和理解(understanding)两种彼此区分的知识源泉的分离,将严格意义上的真实知识限定于"可能经验的客体",否定认识主体对于上帝的确凿知识的可能性,否认基督教神学作为对于上帝的确凿可靠的形而上学知识的可能性。卡尔·拉纳的先验哲学,奠基于海德格尔和马雷夏尔对于康德哲学的诠释,根据康德哲学的先验方法,深刻阐述托马斯·阿奎那关于存在和认识的形而上学,在现代哲学的语境之中重新阐述作为有限精神的此在关于作为无限奥秘的上帝的确凿知识的形而上学根基和认识论源泉,奠定了作为基督教本

---

① 卡尔·拉纳(Karl Rahner,1904—1984),20 世纪最卓越的天主教神学家,先验托马斯主义神学大师,德国明斯特大学教义学、教义史和宗教哲学教授。除 16 卷(德文版)《神学论集》外,主要著作有《世界中的精神》《圣言的倾听者》《论三位一体》《论死亡》和《基督信仰基础教程》等。

质的启示神学的形而上学基础。卡尔·拉纳根据托马斯《神学大全》第 1 卷第 84 题第 7 条的中世纪经院哲学的认识论论题,表述康德先验哲学的认识论课题:"倘若人类知识必须涉及感性直观,即必须通过转向显现而实现,形而上学何以可能?"①卡尔·拉纳根据海德格尔关于"毕竟在"(Being in general)②和此在之间本体论的循环结构,从此在对于毕竟在的本体论发问,论证此在对于毕竟在的先验知识(a priori knowledge of Being),即此在对于毕竟在的在先把握(pre-apprehension of Being),并论证作为托马斯形而上学基本原则的存在与认识的同一性。③卡尔·拉纳根据马雷夏尔对于康德先验哲学的诠释学,运用康德哲学的先验分析方法,深刻阐述托马斯关于存在和认识的形而上学,扬弃了康德的先验哲学对于传统形而上学和基督教神学的扬弃,深刻揭示了作为基督教本质的启示神学的形而上学根基和认识论源泉。④

一、基督教的启示神学如何可能?

作为 20 世纪最卓越、最深刻、最著名的天主教神学家,卡尔·拉纳毕生的学术生涯可以分为两个阶段:第一阶段是早期的先验哲学,第二阶段是毕生的先验神学。早期的先验哲学表述在卡尔·拉纳的两部经典著作《世界中的精神》(*Geist in Welt*,1939)和《圣言的倾听者》(*Hörer des Wortes*,1941)中。在这两部经典著作中,卡尔·拉纳在现代哲学(康德的先验认识论和海德格尔的基础本体论)的语境中深刻阐述作为先验哲学的托马

---

① ③ ④ Francis P. Fiorenxa, "Karl Rahner and the Kantian Problematic", in: Karl Rahner, *Spirit in the World*, Sheed and Ward, 1968, pp. xxxvi, xli – xliii, xix – xlv.

② 毕竟在,德文 Sein Überhaupt,语出莱布尼茨在《论天性与恩典》中的著名问题:"我们被正当提问的问题是:为什么不是无,而是在毕竟在?"

斯神学——认识论、人类学和形而上学。①关于卡尔·拉纳早期的先验哲学和毕生的先验神学之间的内在关系,基督教学者时常认为:卡尔·拉纳首先奠定自己的哲学基础,然后在此哲学基础上呈现自己的神学视野。然而,基于神学和哲学的双重根据,卡尔·拉纳自己完全拒绝这样的见解。在 1980 年,晚年的卡尔·拉纳被问及自己的哲学,享誉全球的他断然而简洁地回答说:"我没有哲学。"对于卡尔·拉纳而言,"倘若基督教神学要保持自己的真实本质并以真正的基督教方式言说上帝,基督教神学就必须以在我们时代的文化之中探讨知识的意义作为自己的开端。"②换言之,在我们时代的精神处境之中,倘若基督教神学要保持自己的真实本质并以真正的基督教方式言说上帝,就必须在现代哲学的语境之中重新阐述自己的认识论基础,以基督教神学的认识论基础的陈述作为真实基督教的神学陈述的根基和开端。

在卡尔·拉纳的经典著作《圣言的倾听者》中,拉纳把自己的先验认识论称为"作为对于启示之顺从能力(Potentia Oboedientialis)的本体论的宗教哲学"③。卡尔·拉纳的先验认识论的哲学目标在于,阐明作为基督教本质的启示神学的认识论基础,即在我们时代的精神处境之中,通过对于主体认识结构的先验认识论的深刻分析,阐述基督教神学的认识论课题:作为基督教的本质,"启示神学是如何可能的",也即阐述伫立在作为绝对奥秘的上帝面前作为精神的此在,"对于上帝可能发出的启示的倾听能力的

---

① Thomas Sheehan, "Rahner's Transcendental Project", in: *The Cambridge Companion to Karl Rahner*, Declan Marmion/Mary E. Hines ed., Cambridge University Press, 2005, p. 29.
② William Dych, *Karl Rahner*, Geoffrey Chapman, 2000, p. 18.
③ Karl Rahner, *Hearers of the Word*, Herder and Herder, 1969, p. 3.

先验可能性"①。在这个意义上,拉纳的先验认识论的哲学目标是"揭示启示神学的本质"②,即作为基督教本质的启示神学的认识论基础。卡尔·拉纳在我们时代的精神处境之中,在现代哲学的语境之中,深刻揭示作为神圣启示的基督教神学的认识论奥秘:面对作为神圣奥秘的上帝,作为伫立在神圣奥秘面前、作为精神的此在,"我能够知道什么?"卡尔·拉纳的先验认识论,深刻揭示出作为神圣位格的上帝与作为有限精神的此在在神圣历史之中真实相遇的场所:位格性的上帝在人类历史中所发出的可能启示的言辞形式,"在理论思考的领域完成了一个人为探索是否'活的上帝渴望着在他自己的生命历史和整个人类的历史之中与他相遇'这个问题的答案,而在自己的生存论抉择的领域之中所必须完成的思维使命"③。

在康德的先验哲学中,根本不存在位格性的上帝与作为精神的此在在神圣历史之中真实相遇的场所。康德的先验认识论断言,我们没有关于上帝的可能经验,关于上帝的理论知识是不可能的。卡尔·拉纳的先验认识论,是运用康德先验认识论的分析方法阐述托马斯关于存在和认识的形而上学,运用托马斯关于存在和认识的形而上学的基本原则"存在的本质是原初统一之中的认识和被认识",去回答康德先验认识论对于基督教的启示神学所提出的难题。卡尔·拉纳指出,作为有限精神的此在对于作为神圣奥秘的上帝的基础性的先验理解,即在先把握,是关于客体的人类知识的普遍而必要的前提条件和基本原则。作为精神的此在对于作为神圣奥秘的上帝的在先把握,作为知识和现实的原则,构成了卡尔·拉纳全部神学的核心。晚年康德宣称,哲学不是科学或奥秘的主题,而是实践和智慧的教导:"康德为了上帝的

---

①②③ Karl Rahner, *Hearers of the Word*, pp. 9, 27, 177.

实践公设而拒绝关于上帝的理论知识;卡尔·拉纳为了基督教会的神学实践而殚精竭虑地论证作为关于上帝的理论知识的基督教神学的确凿性。"①卡尔·拉纳的先验认识论,在现代哲学的语境之中奠定了作为关于上帝的确凿可靠的形而上学知识的、构成基督教本质的启示神学的认识论基础。

卡尔·拉纳运用康德的先验认识论的分析方法,通过如下的先验分析的途径,探讨关于存在和认识的形而上学:"第一,研究特殊的人类认识——判断的知识;第二,确定作为理论的认识者的人类存在的结构;第三,确立形而上学经验的可能性、必要性和限度;第四,确立形而上学知识的有效对象的范围。"②通过如此的基本途径,卡尔·拉纳把作为基督教本质的启示神学的可能性奠基于对于作为有限精神的此在认识结构的确凿可靠的先验分析,阐扬并拓展了托马斯关于存在和认识的形而上学。卡尔·拉纳在《圣言的倾听者》中,通过本体论和人类学彼此关联的形而上学的命题范畴,阐述作为基督教本质的启示神学的认识论根基:第一,毕竟在的照亮状态和此在对于神圣奥秘的在先把握;第二,作为自由恩典的启示和作为自由承纳的倾听;第三,上帝启示的神圣逻各斯和圣言的倾听者。卡尔·拉纳的先验认识论的基本结论是:一切在者都可以通过圣言在世界显现的视野之中被给予,上帝的启示一旦来临,便在历史中并作为历史的最高现实以人的言辞形式发生。"人是这样一个在者,这个在者必须在自己的历史中倾听着那可能以人的言辞形式来临的历史性的上帝启示。"③

---

① Francis P. Fiorenza, "Introduction: Karl Rahner and the Kantian Problematic", in: Karl Rahner, *Spirit in the World*, p. xlv.
② Thomas Sheehan, "Rahner's Transcendental Project", in: *The Cambridge Companion to Karl Rahner*, p. 30.
③ Karl Rahner, *Hearers of the Word*, p. 161.

卡尔·拉纳的先验认识论的基础命题是:作为精神的此在(spiritual being),是上帝圣言的倾听者。

二、毕竟在的照亮状态和此在对于神圣奥秘的在先把握

作为对于托马斯关于存在和认识的形而上学命题的重新阐述,卡尔·拉纳宣称自己的先验认识论所承担的形而上学思维课题,是在作为精神的此在知识的先验结构之中发现"盛放上帝的神圣而必然的启示珍宝的空间"①。卡尔·拉纳根据托马斯关于存在和认识的形而上学,提出关于毕竟在的一般本体论的第一个基本命题:"在者之在的本质即处于原初统一之中的认识和被认识,我们将这种统一性称为在的自身呈现之在,在自身的照亮状态,即在的'主体性'。"②作为原初统一之中的认识和被认识,在者自身的先验存在是在的照亮状态——在者之在的可理解性和自身理解就构成一切在者的先验规定。作为原初统一之中的认识和被认识,在者之在的先验本质是认识与被认识的原初完整的认识论同一,是作为"在理解力"(understanding of being)③的认识者与呈现在在先把握的无限视野之中的被认识者的原初完整的本体论同一,是自身照亮状态之中的存在和认识的原初完整的形而上学同一:在的本质是在者照亮状态之中的自身认识。在者照亮状态之中的自身认识,就是在者的自身呈现之在,就是在者之在的在理解力,就是在者的主体性。这种在者的主体性——在者照亮状态之中的自身认识,就是在者在自身的照亮状态之中面对自己、返归自己、倾听自己、认识自己、理解自己、把握自己、秉有自己。④

---

①② Karl Rahner, *Hearers of the Word*, pp. 32, 44.
③ 参见卡尔·拉纳:《圣言的倾听者》,朱雁冰译,生活·读书·新知三联书店,1994年,第40页。
④ 参见 *Hearers of the Word*, pp. 31–44。

根据托马斯关于存在和认识的形而上学,"从单纯质料到三位一体的上帝的内在生命,所有在者的全部作为和行动,都只是这个唯一的形而上学主题——秉有自己,主体性——的变形"①。作为有限精神的此在,必然伫立在作为神圣奥秘的绝对者面前。此在对于作为神圣奥秘的绝对者的无限视野的先验意识,寓于此在的全部思想和行为之中。作为自由的存在者,此在在认识对象世界的过程中完全返归自己的主体性,使此在秉有自在于对象世界的自由。正是这种认知的自在性构成此在在对象世界中全部判断和行动的自由的基础。而此在认知的自在性的先验条件,乃是作为精神的此在的抽象能力,即借助纯粹概念把握个别在者内在本质的无限性的抽象,即作为认识之光的主动理智。主动理智洞悉寓于个别在者之中的本质的无限性,必须以对于个别在者的有限性意识为前提。作为精神的此在只有置身在对于神圣奥秘之无限视野的先验意识之中,才可能拥有关于个别在者的有限性意识。作为精神的此在对于神圣奥秘的无限视野的先验意识,即此在对于神圣奥秘的在先把握,是抽象的先验条件,是作为精神的此在的认知自在性的先验条件。此在对于神圣奥秘的在先把握是抽象的先验条件,是主动理智的先验条件。在这个意义上,此在对于神圣奥秘的无限视野的先验意识,即此在对于神圣奥秘的在先把握——此在对于上帝的先验意识,是纯粹理性的根据。卡尔·拉纳的先验认识论的结论是:倘若抽象判断和自由行动是作为精神的此在的必然本性,那么,此在对于神圣奥秘的在先把握,必然构成作为精神的此在的先验本质。②

作为理性的存在者,作为自由的存在者,此在乃是永远在

---

①② Karl Rahner, *Hearers of the Word*, pp. 49, 53 – 63.

关于神圣奥秘的无限视野的先验意识之中,完成自己对于对象世界之中的有限在者的抽象判断和自由行动;此在乃是永远在对于个别在者的真实判断和自由行动之中,经历着此在对于神圣奥秘的无限视野的先验意识,经历着作为精神的此在对于作为神圣奥秘的上帝的真实临在的在先把握。在对于对象世界之有限在者的抽象判断和自由行动之中,具有认知自在性的此在,乃是永远在对于神圣奥秘的无限视野的先验意识之中确实肯定着作为绝对秉在的上帝之在。作为精神的此在,在对于世界之中的个别在者的抽象判断和自由行动之中,在对于神圣奥秘的无限视野的先验意识之中,在对于作为神圣奥秘的上帝的在先把握之中,经历着作为神圣奥秘的上帝的真实临在。通过对于人类心灵认识结构的先验分析,特别是对于抽象本质的先验分析,卡尔·拉纳从此在作为理性的存在者和自由的存在者的基本前设下,推论出三个基本结论:第一,此在对于作为神圣奥秘的上帝的在先把握是纯粹理性的根据;第二,对于神圣奥秘的在先把握是作为精神的此在的先验本质;第三,此在在对于神圣奥秘的在先把握之中经历着作为神圣奥秘的上帝的真实临在。卡尔·拉纳宣称自己所完成的先验认识论的推论,仅仅是基督教"传统关于上帝存在的本体论证明的认识论表述"[①]。毋宁说,这是卡尔·拉纳根据托马斯关于存在和认识的形而上学所阐发的关于上帝存在的先验认识论的证明,是对于康德的先验认识论的分析方法的实现,同时是对于康德的先验认识论的哲学目标的扬弃。

作为精神的此在对于作为神圣奥秘的上帝的在先把握,是此在与生俱来的、向着作为神圣奥秘的上帝的形而上学发问的、"合

[①] Karl Rahner, *Hearers of the Word*, p. 64.

目的性"的先验能力,这种先验能力就是作为有限精神的此在之确实秉在(having being)①的先天形而上学倾向。作为精神的此在对于作为神圣奥秘的上帝的形而上学发问,此在对于作为存在的本体论根基的神圣奥秘的先验意识,此在对于作为绝对秉在的神圣奥秘的无限视野的先验意识,此在对于作为神圣奥秘的上帝的绝对存在的先验意识,此在对于作为神圣奥秘的上帝的绝对开放性,恰恰是作为精神的此在的先验本质。此在是向着作为神圣奥秘的上帝绝对敞开着的精神。作为精神的此在只能在对于神圣奥秘的绝对开放性之中实现自己的生命,此在总是在向着神圣奥秘的发问之中走在通往上帝的途中,此在对于作为神圣奥秘的上帝永远保持无限的开放性。现在,卡尔·拉纳提出形而上学人类学的第一个基本命题:"对于绝对存在的知识的先验性,是作为精神的此在的基础结构。"②恰恰由于作为精神的此在对于作为神圣奥秘的绝对存在的先验意识,即在先把握,此在得以认识处于照亮状态的作为神圣奥秘的上帝,得以倾听上帝的启示而认识启示着的上帝:"人是精神,有一双开放的耳朵,去倾听任何可能出于永恒者之口的圣言。"③这是把握作为精神的此在的先验本质的基本命题。

三、作为自由恩典的启示和作为自由承纳的倾听

作为绝对存在的上帝是自身照亮状态的上帝,在绝对照亮状态之中的上帝同时是自我遮蔽的上帝。对于作为有限精神的此在而言,在绝对照亮状态之中的上帝始终是神圣奥秘。作为精神的此在以对于神圣奥秘的在先把握肯定着上帝的真实临在,然

---

① 参见卡尔·拉纳:《圣言的倾听者》,第49页。
②③ Karl Rahner, *Hearers of the Word*, pp. 67, 68.

而,上帝的神圣奥秘依然对于此在遮蔽着;对于作为有限精神的此在而言,无限的上帝依然是自身遮蔽的上帝。只有确认上帝的自身遮蔽性,作为精神的此在才可能把握作为上帝的自由行动的启示的可能性。对于作为有限精神的此在而言,作为神圣奥秘的上帝是自由的未知者。作为神圣奥秘的上帝是自由的神圣位格,是自由的历史主宰,是自由的行动者。上帝是自我遮蔽的神圣奥秘,在自我彰显之中依然自我遮蔽的上帝可以言说或者沉默。作为上帝的自由恩典,上帝启示的真实言辞一旦发出,上帝对于作为精神的此在的"位格性慈爱所表现出的无价的、令人惊诧莫名的行动,使人俯伏在上帝脚前屈膝敬拜"[1]。作为关于上帝的绝对存在的陈述,卡尔·拉纳提出一般本体论的第二个基本命题:"上帝的绝对存在是自由的存在。"[2]作为精神的此在所面对的作为神圣奥秘的上帝,是一个自由的位格性上帝。此在伫立在作为神圣奥秘的上帝面前,乃是伫立在那位自由的自我揭示者或自我缄默者面前,伫立在"无法探究的奥秘"面前。

作为精神的此在是自由的存在者。作为神圣奥秘的位格性的上帝,在绝对的自由之中向作为精神的此在发出可能的启示;面对可能来临的上帝启示,此在做出自由抉择:或者拒绝,或者倾听。倘若对于上帝启示的倾听能力是此在的先验本质,对于上帝启示的倾听或者拒绝则是此在的自由决断。作为精神的此在的这一决断,规定着此在对于上帝恩典的态度,规定着此在与上帝之间真实的位格关系,规定着此在的存在本质和历史命运。"对有限在者的这种规定,有限在者将自身奠基于上帝的绝对存在之中这个事实,必须被理解为意志和自由的现象。"[3]对于卡尔·拉纳而言,基督教启示所揭示的人类自由,是此在面对作为创造者

---

[1][2][3] Karl Rahner, *Hearers of the Word*, pp. 82, 94, 97.

的上帝的自由。作为自由的存在者,此在在自由的抉择之中决定着自己面对上帝的倾听或者拒绝的态度,因此决定着此在自身的存在本质和历史命运。作为创造者的上帝,不是此在的作为客体对象的自由选项,而是此在的自由的、超自然的根基、源泉、主题和鹄的。此在的自由,是作为位格性的存在者此在从作为创造者的位格性的上帝处所接受的礼物,是指向作为绝对存在的上帝的先验性的此在本质的自身实现。基督教启示所揭示的自由,总是指作为精神的此在在所有特殊而具体的抉择之中,对于作为创造者的上帝的选择或拒绝。①

作为创造者的上帝是作为精神的此在的自由的根基、源泉、主题和鹄的,基督教启示所揭示的自由来源于作为创造者的上帝而指向作为救赎者的上帝。基督教的自由是作为精神的此在面对作为创造者的上帝的选择能力,是此在无法放弃的责任:此在在如此的决断之中选择或拒绝上帝,完整而终极地决定自身的存在本质和历史命运。基督教的自由总是伫立在上帝面前的自我抉择的个体生命的自身实现,是作为精神的此在的存在本质的自身实现;这样的自身实现是作为个体的生命存在的完整事业。②基督教的自由,作为此在存在本质的自身实现,是通过作为精神的此在与作为创造者的上帝之间位格性的爱的交流对话而实现的,是通过恢复作为精神的此在与作为创造者的上帝之间的位格关系而实现的。作为精神的此在,唯独在上帝的爱之中可以实现自身作为受造者的存在本质。基督教意义的自由,永远是作为精神的此在面对作为创造者的上帝的完全信靠的降服的行动。对于救赎历史之中受伤的灵魂而言,这个信靠而降服的自由行动决定于作为救赎者的上帝的预先恩典。上帝在救赎和启示的全部历

---

①② Karl Rahner, *Theological Investigations*, VI, Helicon Press, 1969, pp. 182, 186.

史之中,已经将自己的终极旨意彰显出来:在基督里释放/实现人类的自由——正是在基督耶稣里,"上帝已经在自身最深处的神性之中使自己降服于自由——将自身完全降服于上帝的无法预见的方式的自由"①。

卡尔·拉纳提出形而上学的先验人类学的第二个基本命题:"人是在自由的爱之中伫立于一个可能发生的启示的上帝之前的在者。人在自由的爱之中对启示的上帝以言说或沉默所发出的福音保持着开放,在这种情况下,他也就倾听着上帝的言说或者沉默。"②作为精神的此在是这样一个在者,其在自由的爱之中伫立于可能发生启示的上帝面前。只要作为精神的此在在正确的爱的秩序之中保持着对于作为神圣奥秘的上帝的开放状态的绝对视野,作为精神的此在就倾听到自由的上帝的福音。作为精神的此在对于作为神圣奥秘的上帝的绝对开放性是此在的先验本质,此在对于可能来临的上帝启示的自由倾听,将作为创造者的上帝赋予自己的先验本质——"上帝的形象",在上帝的创造和救赎的自由恩典之中从潜在变成现实。作为精神的此在是自由的存在者,是自由的思想者和行动者。作为精神的此在在自由的爱之中伫立于可能启示的上帝面前,倾听上帝以言说或沉默所发出的自由启示。作为精神的此在是上帝启示的自由倾听者。在卡尔·拉纳的先验认识论之中,上帝的启示是自由的恩典,此在的倾听是自由的承纳。恩典与承纳、启示与倾听,构成作为创造者的上帝与作为精神的此在之间自由的位格关系的存在论基础。

四、上帝启示的神圣逻各斯和圣言的倾听者

卡尔·拉纳关于上帝启示的言辞形式的先验认识论的阐述,

---

① Karl Rahner, *Theological Investigations*, VI, p. 195.
② Karl Rahner, *Hearers of the Word*, p. 108.

肇始于对于托马斯·阿奎那《神学大全》第一卷第 84 题第 7 条的主题信息的发现和诠释。① 阿奎那在这里所讨论的认识论问题是:"倘若不转向显现,智慧存在者是否可能借助自身所拥有的诸般理解力去认识任何事物?"② 阿奎那在论述中确认了亚里士多德的认识论陈述:倘若离开感性显现,灵魂是无法认识任何事物的。阿奎那的结论是:除非转向显现,我们作为智慧存在者是无法认识任何事物的。"对于我们在今生状态之中的智慧存在者而言——在今生状态之中,我们作为智慧存在者乃是和作为感官的身体相结合——倘若不是转向显现,就无法真实地认识任何事物。"③ 对于卡尔·拉纳而言,先验认识论的基本结论是:作为精神的此在必须转向显现,才可能认识作为神圣奥秘的上帝。倘若在作为神圣奥秘的上帝和作为感官对象的显现之间存在着一道鸿沟,跨越这道鸿沟的桥梁就是作为上帝启示的神圣逻各斯。上帝启示的神圣逻各斯,同时意味着超验的否定和被否定的显现。第一,显现作为显现,是作为精神的此在的感性承纳的认识对象;第二,在对于感性显现的承纳性认识之中,在先把握敞开着瞥视神圣奥秘的无限视野;第三,在上帝的神圣逻各斯之中,存在着显现与在先把握的综合。作为精神的此在,必须转向显现,把显现作为在者来认识,依托显现而通过神圣逻各斯认识作为神圣奥秘的上帝。④

作为神圣奥秘的上帝只是在显现之中才向作为精神的此在

---

① 参见 Karl Rahner, *Spirit in the World*, pp. 1–54。
② Saint Thomas Aquinas, *Summa Theologiae*, I, Cambridge University Press, 2006, Question 84, Article 7, The title of the article: "Can the intellect actually know anything through the intelligible species which it possesses, without turn to the phantasms?"
③ Saint Thomas Aquinas, *Summa Theologiae*, I, Question 84, Article 7, The Solution.
④ 参见 Karl Rahner, *Hearers of the Word*, pp. 143–144。

敞开自己,作为神圣奥秘的上帝乃是依托显现向作为精神的此在敞开自己。① 一方面,在先把握敞开着对于作为神圣奥秘的上帝的无限视野;另一方面,作为神圣奥秘的上帝是超世界的在者,并非总是以显现的方式向作为精神的此在敞开自己。上帝启示的神圣逻各斯—言辞形式,作为跨越此在对于神圣奥秘的在先把握和作为在者的感性显现之间的本体论鸿沟的桥梁,被理解为认识超世界的在者的否定方式。作为从显现方面以否定方式获得的关于超世界的在者的概念载体,神圣逻各斯—言辞形式是超验的否定和被否定的历史的具体性两者的统一;毋宁说,神圣逻各斯—言辞形式是在先把握的否定和被否定的显现两者的统一。卡尔·拉纳提出一般本体论的第三个基本命题:"一切存在者都可以通过圣言—神圣逻各斯在世界显现的视野之中被给予。"② 卡尔·拉纳归纳关于一般本体论的三个基本命题,提出先验认识论的基本结论:"一个超世界的在者,单单依托显现并通过人的言辞形式——作为从显现方面经过否定而获得的此一超世界的在者的概念载体——便可以向人敞开自己。"③ 卡尔·拉纳通过发现在先把握和感性显现之间的认识论关联,完成对于上帝启示的神圣逻各斯—言辞形式的先验论证。在这个意义上,作为精神的此在是自由的上帝的可能启示的必然倾听者。

作为精神的此在的先验认识结构,是对于神圣奥秘的在先把握和对于作为在者的显现的感性承纳的统一。作为神圣奥秘的上帝——超世界的在者,乃是通过否定的方式,依托显现而借助神圣逻各斯—言辞形式向作为精神的此在敞开自己。通过否

---

① 参见 Karl Rahner, *Hearers of the Word*, pp. 145 – 147。
②③ Karl Rahner, *Hearers of the Word*, pp. 150, 155.

定方式依托显现而借助神圣逻各斯—言辞形式向作为精神的此在敞开自己的上帝,是作为神圣奥秘的上帝,是作为无限位格的上帝,是作为自由主体的上帝。上帝的启示一旦发生,必然在人类历史之中并作为历史的最高现实以人的言辞形式来临。作为精神的此在的先验本质,是上帝启示的神圣逻各斯—言辞形式的必然倾听者。卡尔·拉纳提出形而上学人类学的第三个基本命题:"人是这样一个在者,他必须在自己的历史之中倾听着那可能以人的言辞形式来临的历史性的上帝启示。"①卡尔·拉纳的先验认识论,已经揭示出自由的位格性的上帝与作为精神的此在在人类历史之中真实相遇的场所——自由的位格性的上帝在人类历史之中所发出的可能启示的言辞形式。第一,自由的位格性的上帝渴望着在人类历史和此在的生命历史之中与作为精神的此在相遇;第二,自由的位格性的上帝与作为精神的此在在历史中相遇的场所是上帝启示的神圣逻各斯—言辞形式;第三,作为精神的此在是在自由的爱之中伫立在作为神圣奥秘的上帝面前的在者。

　　卡尔·拉纳的形而上学人类学的基本命题,是对于作为精神的此在的先验本质的认识论规定:作为精神的此在,是伫立在上帝面前的圣言的倾听者。这是关于此在本质的圣经命题:"圣灵向众教会所说的话,凡有耳的,就应当听。"②(启示录2:7,和合本)卡尔·拉纳对于这个圣经命题的直接表述是:"人是精神,有一双开放的耳朵,去倾听任何可能出于永恒者之口的圣言。"③作为精神的此在,是伫立在上帝面前的圣言的倾听

---

①③ Karl Rahner, *Hearers of the Word*, pp. 161, 68.
② "Οστις εχει ωτιον αs ακουση τι λεγει το Πνευμα προs ταs εκκλησιαs." (现代希腊语版)
　　"He who has an ear, let him hear what the Spirit says to the churches."(新国际版)

者;这是把握此在的先验本质的基本命题。卡尔·拉纳的先验认识论是对于古老的圣经命题的完整阐述:"人是具有承纳性的对于历史开放着的作为精神的在者,这个在者在自由之中并作为自由的存在者伫立在可能启示的自由的上帝面前,而上帝的启示一旦来临,便在人的历史中并作为历史的最高现实形式以人的言辞形式发生。人是在自己的历史之中聆听自由的上帝启示言辞的倾听者。只有如此,人才是自身所必然是者。"① 启示神学的先验认识论的基本课题,是关于对于超世界的上帝启示的顺从能力的先验分析。卡尔·拉纳的先验认识论的基本结论是,作为神圣奥秘的上帝的启示言辞是神圣逻各斯:"太初有道,道与神同在,道就是神。"②(约翰福音 1:1,和合本)上帝的神圣逻各斯是上帝在全部救赎历史和全部启示历史之中的自我彰显。上帝的神圣逻各斯在神圣救赎历史之中道成肉身,就是被钉十字架的基督。上帝的神圣逻各斯在神圣启示历史之中借着旧约先知和新约使徒宣扬上帝的启示信息,就是圣灵默示的圣经。

五、基督教的启示神学之形而上学奠基

作为对于基督教的启示神学的认识论奠基,卡尔·拉纳在自己的先验认识论之中提出三个认识论的基本原则。卡尔·拉纳提出的第一个先验认识论的基本原则是:对于作为神圣奥秘的上帝的先验观念是纯粹理性的根据。这个先验认识论的基本原则所阐述的是作为普世性恩典的上帝启示和纯粹理性之间的内在

---

① Karl Rahner, *Hearers of the Word*, p. 162.
② "Εν αρχη ητο ο Λογος, και ο Λογος ητο παρα τω Θεω, και Θεος ητο ο Λογος."(现代希腊语版) "In the beginning was the Word, and the Word was with God, and the Word was God."(新国际版)

关联。上帝在普世性的创造恩典之中赋予所有人先验的上帝观念①,这里包含着三个神学范畴:作为创造者的上帝;普世性的先验的上帝观念;作为神圣奥秘的上帝。卡尔·拉纳提出的第二个先验认识论的基本原则是:对于作为有限精神的此在而言,自由的含义是对于上帝启示的倾听和顺服。这个先验认识论的基本原则所阐述的是作为自由的根基、源泉和鹄的之上帝启示和作为主体的此在的自由实现之间的内在关联。作为自由恩典的启示和作为自由承纳的倾听,构成上帝与作为精神的此在之间自由的位格关系的基础,构成此在的存在本质的完满实现。卡尔·拉纳提出的第三个先验认识论的基本原则是:自我彰显的上帝在全部救赎历史和启示历史之中与作为精神的此在真实相遇的场所是作为特殊启示的神圣逻各斯。这个先验认识论的基本原则所阐述的是作为在先把握的普世性的上帝观念和作为神圣逻各斯的特殊启示之间的内在关联。基督教的启示神学,是对于上帝在全部救赎历史和启示历史之中的特殊启示的神学言说。

作为精神的此在,在对于作为神圣奥秘的上帝的在先把握之中经历着上帝的真实临在,这是基督教传统"关于上帝存在的本体论证明的认识论表述"②。毋宁说,这是卡尔·拉纳关于上帝存在的先验认识论的证明。卡尔·拉纳关于上帝存在的先验认识论的证明,不在于证明上帝的真实存在,乃在于证明:作为精神的此在对于作为神圣奥秘的上帝的先验观念,作为精神的此在对于作为神圣奥秘的上帝的在先把握,在先把握所敞开的关于作为神

---

① "神造万物,各按其时成为美好。又将永生安置在世人心里,然而神从始至终的作为,人不能参透。"(传道书 3:11,和合本) "He has made everything beautiful in its time. He has also set eternity in the hearts of men; yet they can not fathom what God has done from beginning to end."(新国际版)

② Karl Rahner, *Hearers of the Word*, p.64.

圣奥秘的上帝的无限视野,作为精神的此在对于作为神圣奥秘的上帝的无限性意识,是作为精神的此在对于世界之中的个别在者的全部判断和全部决断的认识论根基,是作为精神的此在对于世界之中的个别在者的自由判断和自由行动的认识论根基。在这个意义上,作为精神的此在对于作为神圣奥秘的上帝的在先把握,是抽象认识的根据,是主动理智的根据,是此在认知的自在性的根据,是纯粹理性的根据。毋宁说,作为精神的此在对于作为神圣奥秘的上帝的先验观念是纯粹理性的根据。在这个意义上,作为普世性的创造恩典,作为普世性的先验的上帝观念,上帝在人类心灵之中的一般启示是纯粹理性的根据。在这个意义上,对于作为神圣奥秘的上帝的在先把握是作为精神的此在的先验本质。此在对于作为神圣奥秘的上帝的在先把握,构成卡尔·拉纳全部神学的核心。

  作为精神的此在是这样一个在者,其在自由的爱之中伫立在作为神圣奥秘的上帝面前。作为自由恩典的上帝启示一旦来临,作为精神的此在自由地决定着自己对于上帝启示的倾听,或者拒绝的态度,从而终极而完整地决定着此在自身的存在本质和历史命运。作为创造者的上帝,不是作为客体的此在的自由选项,而是此在之自由的根基、源泉、主题和鹄的。作为精神的此在的自由,是作为上帝创造恩典的礼物,是指向上帝的此在精神的先验性,存在于作为精神的此在朝向作为神圣奥秘的上帝的超验性的无限精神之中,是此在自身的存在本质的完满实现,是作为个体存在的此在精神的终极目标。在作为精神的此在面对作为神圣奥秘的上帝作出关于自身存在的"顺服或者拒绝"的决断的意义上,基督教含义的自由永远是面对作为神圣奥秘的上帝的完全信靠而完全降服的行动。对于作为精神的此在而言,这个完全信靠而完全降服的抉择,在于作为上帝创造和救赎作为的先行恩典。

在这个完全信靠而完全降服的自由之中,作为精神的此在沐浴在作为创造者的上帝的爱之中,置身于恢复重建的与作为创造者的上帝的神圣位格关系之中,在对于作为创造者的上帝的信靠而顺服的位格性关系之中,实现作为精神的此在自身的存在本质。在这个意义上,作为对于基督教的启示神学的认识论奠基,卡尔·拉纳的先验认识论是关于"对于启示之顺从能力"①的先验分析。

上帝启示的神圣逻各斯—言辞形式,是作为神圣奥秘的上帝与伫立在神圣奥秘面前的作为精神的此在在人类历史之中真实"相遇的场所"②。作为神圣奥秘的上帝与作为精神的此在在人类历史之中真实"相遇的场所",是作为创造者的上帝对于特殊启示途径的本质规定。基督教的启示神学是关于作为上帝的特殊启示的神圣逻各斯—言辞形式的神学言说。作为神圣奥秘的上帝已经进入历史,已经在人类历史之中并作为神圣救赎历史和神圣启示历史的最高现实以神圣逻各斯—言辞形式发出作为上帝的自由恩典的特殊启示。卡尔·拉纳根据托马斯关于存在和认识的形而上学,确定作为精神的此在的先验认识结构,确立此在的真实的上帝经验的可能性、必要性和限度——作为精神的此在的"形而上学经验的可能性、必要性和限度"③,进而确立作为基督教本质的启示神学的经验基础,确立启示神学作为确凿可靠的形而上学知识的确据:上帝经验的敞开和诠释,是基督教神学的精髓、本质和真谛。在这个意义上,卡尔·拉纳的先验认识论的命题陈述,决定着基督教的启示神学的全部神学陈述。④"人是圣言的倾听者",作为精神的此在是伫立在神圣奥秘面前的上帝圣言

---

①② Karl Rahner, *Hearers of the Word*, pp. 3, 156.
③④ Thomas Sheehan, "Rahner's Transcendental Project", *The Cambridge Companion to Karl Rahner*, pp. 30, 29–30.

的必然倾听者。作为"对于启示之顺从能力"的本体论,卡尔·拉纳的先验认识论的神学鹄的,是阐述作为基督教本质的"启示神学的本质"①,是对于作为启示神学的基督教神学的唯一可能的形而上学的"自下而上的奠基"②。在这个意义上,卡尔·拉纳运用康德哲学的先验方法,扬弃了康德先验哲学的认识论结论,在现代哲学的语境之中重新奠定了作为基督教本质的启示神学的形而上学根基。

---

①② Karl Rahner, *Hearers of the Word*, pp. 27, 15.

在碎片中破土

——从"震惊"看《发达资本主义时代的抒情诗人》

张 萍

(北京师范大学 文学院)

引 言

任何以确定概念来定位瓦尔特·本雅明的企图都是危险的。本雅明的身份,正如汉娜·阿伦特所说,充满了丰富的悖论。① 或许他首先是一个文人,而"文人"本身又是一个暧昧的词语,因此,不论是他的思想、态度还是书写方式,都有一种"握手已违"的不确定性。但是,在看似零乱无序的表象下,必定存在一个有着凝聚力的核心,虽然这种认识也可能会遭到本雅明本人的反对。要踏上认识事物的道路,就不得不暂时借助于一种整合的思路,即使这个事物以颠覆为本质。

"现代性"是一个众说纷纭的概念,而每个人的认识都在一定程度上与其演绎这个概念的角度和方式有关。那么,本雅明的现代性是怎样的呢?"世界借幻象的统治,那就是……现代性"②;

---

① 汉娜·阿伦特:《启迪——本雅明文选》,张旭东等译,生活·读书·新知三联书店,2008年,第23—24页。
② 戴维·弗里斯比:《现代性的碎片——齐美尔、克拉考尔和本雅明作品中的现代性理论》,卢晖临等译,商务印书馆,2003年,第252页。

"这是与古代相对峙的现代,与永远同一相对峙的新奇"①。可见,本雅明的现代性似乎明显倾向于对"形而下"的关注,表现于文本中是纷繁意象的直觉展示,包括形形色色的人与物。这与他的"寓言"理论密切相关。正如有学者所指出的,"这种诗学的方法,用诗的方式来阐释诗作,在审美陶醉中揭示其意义,这也正是寓言直觉的方式,而非抽象理性的方式"②,这是以《德国悲剧的起源》来注《发达资本主义时代的抒情诗人》,此种做法颇具启发性。但是,从1928至1939年是一个大的跨度,有理由相信,在《发达资本主义时代的抒情诗人》时期,本雅明的思考一定包含了某些新质,并且这些新质已在1936年的《机械复制时代的艺术作品》中初露端倪,这就是以"震惊"为核心的思考。

一、心理溯源

《发达资本主义时代的抒情诗人》的第二部分《论波德莱尔的几个主题》曾因为受到外界干预做出一定程度的调整。做出妥协的本雅明一定考虑到了普遍的接受习惯,因而,可以把这一部分理解为他对自己思路的一个梳理。他的思考可以追溯到心理层面。

本雅明从法国哲学家亨利·柏格森的"生命哲学"入手,通过引入法国作家马塞尔·普鲁斯特来揭示从"纯粹记忆"到"非意愿记忆"的变化;后者又对应着"意愿记忆",而"意愿记忆"是为理智服务的,这样一来,为说清问题就不得不借助于奥地利心理学家西格蒙德·弗洛伊德的意识与无意识理论。

---

① 戴维·弗里斯比:《现代性的碎片——齐美尔、克拉考尔和本雅明作品中的现代性理论》,第252页。
② 朱立元:《法兰克福学派美学思想论稿》,复旦大学出版社,1997年,第124—125页。

"意识与所有发生有心理系统的事物不同,它的兴奋过程并不在它的成分中留下一种内在变化,而是在成为有意识的现象中消亡。这是意识的特殊性质。"①"进入意识和留下一个记忆的踪迹在同一个系统中是不能兼容的两个过程。"②既然意识得不到记忆的踪迹,那么其存在有何意义呢?"这样的意识怎么也得不到记忆踪迹,但却另有一个重要的功能:抑制兴奋。对于一个生命组织来说,抑制兴奋几乎是一个比接受刺激更为重要的功能;保护层由它本身的能量储备装备起来,它必然力求维护一种能量转换的特殊形式,在这种形式中,它的能量抵制着外部世界过度的能量的影响,而这种过度的能量会导致潜势的均等以致导致毁灭。这些能量对人的威胁也是一种震惊。意识越快地将这种能量登记注册,它们造成伤害的后果就越小。"③可见,意识的功能源于人类自我保护的需要,只有保证内外的能量均势,人才不会因外界能量的冲击而受到震惊;而震惊对于人来说是一种潜在的威胁,如果没有意识尽快给它一个确定的位置,就会对人造成伤害。因此,震惊的破坏性功能存在于对焦虑缺乏任何准备之时。

那么,对于暴露在震惊面前的人们来说,应该怎样保护自己呢?"对震惊的接受通过妥善处理刺激的训练而变得可能了。"④例如弗洛伊德所研究的阵发性精神病患者的梦特征:患者重演之前的灾难,回溯性地把握事发当时因没有抵御住震惊的侵入而受到的刺激。虽然这一回溯的过程反而发展了他当时因没有准备而面临的焦虑,但这是一种弥补性措施,在回忆中他有了时间来从容地组织原先没有办法接受的刺激,也就是说,一种时间上的

---

①② 弗洛伊德:《超越快乐原则》,1923年,第31页以下。转引自本雅明:《发达资本主义时代的抒情诗人》,张旭东等译,生活·读书·新知三联书店,2007年,第134页。
③④ 本雅明:《发达资本主义时代的抒情诗人》,第135、135—136页。

滞后性给他提供了缓冲的空间。这个例子比较明显,但还只是一种追加性的补偿。

如果不是补偿而是预防呢?"这种训练是在清醒的意识之上发展起来的,……这给事变带来了一种严格的意义上的体验特征。如果它直接在有意识的记忆的登记注册中联合起来,它就把这个事变对诗的经验封闭起来。"①也就是说,如果经常面临震惊,有意识的训练发展起来,人们就可能习惯于把一种防御的不正常状态当作常态,这样一来,人们的非意愿记忆就不可避免地萎缩了。

震惊使经验变得贫乏了。意愿记忆是通过剥夺事件的感性冲击力来缓冲震惊的,必然以牺牲事物的完整性和鲜活性为代价,而只有"那种以经验的形式在主体身上发生的事才能成为非意愿记忆的组成部分"②。也就是说,通过意愿记忆的作用而带有体验特征的事件与组成非意愿记忆的经验分属两个系统,互相封闭,体验无法进入经验,经验不可避免地越来越贫乏。因此,经验的贫乏不只是因为战争过后它被揭穿了——"战略经验被阵地战揭穿了,经济经验被通货膨胀揭穿了,身体经验被饥饿揭穿了,伦理经验被当权者揭穿了"③——还在于由此而来的人们对经验的不信任:人们已经为了对付震惊而发展出一套有针对性的戒备机制,在这套机制面前,震惊被有效地阻止在体验层面。"哀莫大于心死",异化一旦深入到心理层面,人就很难再找回真实的自我。

---

①② 本雅明:《发达资本主义时代的抒情诗人》,第136、134页。
③ 本雅明:《经验与贫乏》,王炳钧等译,百花文艺出版社,1999年,第253页。

二、美学课题

震惊的影响波及文学艺术,是"光晕"①的消失。这一点在《机械复制时代的艺术作品》中有清楚的表达。并且,本雅明在书中的态度比较明朗,主要是肯定技术进步带来的革命性力量,虽然他对于光晕的描绘仍然有温情脉脉的一面——"在一个夏日的午后,一边休憩着一边凝视地平线上的一座连绵不断的山脉或一根在休憩者身上投下绿荫的树枝"②——但他对于这些描绘的分析是冷静的,这来自于他被阿多诺等人所指责的"技术决定论"的乐观主义。然而,在《发达资本主义时代的抒情诗人》这里,本雅明忧郁了,因为震惊剥夺了以抒情诗为代表的传统艺术的灵魂——光晕。这里的本雅明不再是一个革命者,他是一个诗人。"在感知过程中,只有那些不能被意识警觉记录的刺激才会进入大脑的无意识层面,并留下记忆的印迹;而这些记忆印迹一旦被激活,则成为光晕的根源。因而,充分清醒地'亲历'某一事件,避开刺激的震撼,而非让刺激渗入大脑深处,其实对'光晕'伤害极大。"③ 这里的逻辑是:光晕来自于激活的记忆印迹,而记忆印迹留存于大脑的无意识层面,也就是经验层面;为应对震惊而把刺激截留在体验层面而使经验层面日益贫乏,光晕就会成为"无米之炊"。

因此,这是一个不适于抒情诗生存的年代。发达资本主义时

---

① 关于"光晕",参见方维规:《本雅明"光晕"概念考释》,载《社会科学论坛(学术评论卷)》2008年第9期,第28—36页。据此文,本文在引用中译本时,将"Aura"统一为"光晕"。
② 本雅明:《机械复制时代的艺术作品》,王才勇译,中国城市出版社,2002年,第13页。
③ 特里·伊格尔顿:《沃尔特·本雅明——或走向革命批评》,郭国良等译,译林出版社,2005年,第45页。

代没有抒情诗人,而这也正是本雅明倾心于法国诗人夏尔·皮埃尔·波德莱尔的原因:他有着"明知不可为而为之"的勇气,并开创了前无古人的事业。正如其诗集之名"恶之花"所暗示的,他从被传统艺术所排斥的事物中发掘出艺术的特质,使"恶"之事物开出艺术之"花","波德莱尔的诗担负着一个使命。他发现了一个空旷地带并用自己的诗填补了它"①,《恶之花》"之所以独特是因为它能从同样的安慰的无效、同样的热情的毁灭,和同样的努力的失败里获得诗"②。简言之,波德莱尔伟大的事业是摆脱了经验的束缚,把震惊引入了抒情诗。

那么,波德莱尔何以做到这一点呢? 回到心理层面,其实,本雅明从未放弃过把两种记忆融合起来的可能性。首先,对于普鲁斯特所说的人能否在有生之年遇上过去全凭机遇,本雅明不以为然,他认为,"人的内在关怀并非本质上就有无足轻重的私人性质,这只有在人用经验的方式越来越无法同化周围世界的材料时方才如此"③。因此,本雅明所说的震惊其实有两层意义:"一是外部突发、强大能量对心灵的刺激,及意识保护层防御机制对此刺激的抑制、缓冲时获得的瞬间体验;二是人们过去经验无法对外部世界巨量材料适应与同化,二者产生断裂时的心理体验。"④在这种复杂的情况下,有一些特定的时刻和特定的方法可以在第二层意义上突破经验与体验之间的壁垒。"在严格意义上的经验之中,个体过去的某种内容与由回忆聚合起来的过去事物(材料)融合了起来。庆典、仪式、他们的节日(很可能普鲁斯特的著作里并没有这些回忆)不断地制造出这两种记忆成分的混合体。它们在某一时刻打开了记忆的闸门,并在一生的时间里把握住了回

---

①②③ 本雅明:《发达资本主义时代的抒情诗人》,第136、162、132页。
④ 朱立元:《法兰克福学派美学思想论稿》,第151页。

忆。这样,意愿回忆和非意愿回忆就不再是互相排斥的了。"①这样一来,"震惊"与"经验"也就不再是不可能的组合了。

在文学艺术层面,本雅明用"通感"来证明这种融合的可能性:"'通感'记录了一个包含宗教仪式成分在内的经验的概念,只有通过自己同化这些成分,波德莱尔才能探寻他作为一个现代人所目睹的崩溃的全部意义"②;"'通感'是回忆的材料——不是历史的材料,而是前历史的材料。使节日变得伟大而重要的是同以往生活的相逢"③。"通感"是一个具有神秘色彩的概念,介于体验与经验之间,与回忆相关,因此可以借助于上文提到过的精神病患者的梦来做类比理解。"这是一种用'现代人'眼光在目睹传统崩溃(即'过去'的失落)时的一种心理体验,其中有宗教成分,但主体将它'同化'在自己的体验中;⋯⋯这是寻求在'以往'即传统的失落和'危机'中重建自己的经验,因而具有现代的意味,它不单纯是过去的挽歌,而且是对现时代的'寻求'与参与。"④

正是在这个意义上,波德莱尔才被称为"第一个现代主义者"。或者说,现代主义之所以成为现代主义,是因为它不再盲目地认同经验和传统,也无法再这样做;而其之所以不同于后现代主义,则是因为它也不满足于停留在体验的层面,不甘心在一个"一切都烟消云散"的时代中放弃作为主体性的存在。

三、社会景观

震惊无处不在,在对震惊的应对中社会上产生了新的人群。"游荡者"是最具有代表性的,他们在人群中流连却并没有成为人群中的人,而是保有一个转身的余地;这就决定了他们与人群的

---

①②③ 本雅明:《发达资本主义时代的抒情诗人》,第133、159、161页。
④ 朱立元:《法兰克福学派美学思想论稿》,第156页。

特殊关系:人群纷至沓来,游荡者为了避免受到震惊的侵扰而自觉地站在观察者的立场。与其说这是一种自由的姿态,不如说是出于自我保护的需要:所有的高傲都能在脆弱中找到答案,面对外界的变化,无能为力的人们只能改变自己以求生存。

"过往者在大众中的震惊经验与工人在机器旁的经验是一致的。"①工人为了应对流水线上不期然地闯入和闯出的被加工物体所带来的震惊而接受着机器的训练。他们的工作与经验无关,这一点与手工业中的实习迥然不同。分工日臻完善,但在分工的日益细化中,劳动和劳动能力的整体性变得支离破碎,训练的结果不是技艺的浑然天成,而是荒谬的统一性:就连微笑都不再具有内容而变成了"震惊吸收器"。

"赌徒的样子甚至应和了那种工人被自动化造就出来的姿势,因为所有的赌博都必不可少地包含着投下骰子或抓起一张牌的飞快的动作。工人在机器旁的震颤的动作很像赌博中掷骰子的动作。……劳动的单调足以和赌博的单调相提并论。两者都同样缺乏一种实质。"②但赌徒在震惊中的暴露更为彻底,也更为无助。赌徒的命运不依赖于先前的事件而完全取决于当下,因此他们斩断了与过去经验的联系;同时,由于他们想赢的欲望过于强烈,以至于不能产生出对未来的希望。也就是说,赌徒只活在对当下发生的、关乎自己命运而又完全处于自己控制范围之外的事件的关注中,是一个彻底的、焦虑的体验者,只要他是一个守规矩的赌徒,他就无法摆脱这个身份为他带来的震惊。

"拾垃圾者"是文人的化身,他们应对震惊的方式是相同的,即通过收藏实现救赎。所谓收藏,不只是在对抗商品拜物教的意义上还书本以自由,还包括收藏片断。一个具有代表性的例子是

---

①② 本雅明:《发达资本主义时代的抒情诗人》,第 154、154—155 页。

引文。引文从它原来所在的文本中分离出来,成为一个碎片式的孤独存在,如果把它置于新的文本,它就面临着一种在猝不及防的陌生环境中遭受震惊的命运;但这同时又是一种机遇、一个挑战,因为只有在新的文本中才能产生新的意义,获得真正意义上的自由。自由不是躺在收藏家的书橱里成为传统的木乃伊;或者说,那种自由只是消极的自由、无奈的自由、自我安慰的自由。文人本身与大众的关系要比游荡者与人群的关系更为复杂。"在本雅明的设计方案里,大众首先不是批判的对象,也不是一种孤零零的存在,而是城市的认知对象和确证文人存在与变化的一种手段,或者说是文人在一个新的现实处境下必须与之交往的对象。"①这与引文在新的文本中的出现何其相似!文人从传统中被剥离出来抛进了大众,他不得不在这个新的环境中感受震惊的刺激。但在这个环境中他并不完全被动。他虽然不得不与大众维持一种共谋关系,虽然不得不像商品一样走进市场寻找一个买主,但他没有被同化,他仍然有着文人之所以为文人的特质。波德莱尔就是一个范例,他为了这种新的体验付出了全部的经验,做出了化体验为经验的努力,从而成为发达资本主义时代的抒情诗人:"他的诗在第二帝国的天空闪耀,像'一颗没有光晕的星'。"②他就像从破碎的旧文本中跌落在新文本中的一段引文,怀着深深的感伤,吟着低低的挽歌,同时开创了一个属于自己的新时代;这是他的新生,他真正的自由。

物的世界无不作为震惊的引文而出现。在第三部分"巴黎,19世纪的都城"中,这些意象得到了较为集中的呈现:拱门街、达

---

① 赵勇:《整合与颠覆:大众文化的辩证法——法兰克福学派的大众文化理论》,北京大学出版社,2005年,第127页。
② 本雅明:《发达资本主义时代的抒情诗人》,第175页。

盖尔相机、世界博览、居室、巴黎街道、街垒……本雅明之意象的辩证法在物的世界中展开，他看到了商品类似于光晕的闪光，他把它们称为梦幻世界的余烬，并预言了资产阶级的废墟。"蒙太奇"是震惊的另一种表述。摄影带给人们的震惊可以从其与绘画的对比中揭示出来，两者实质性的不同在于它们与观众之间有没有交流与回应。这一点扩展开去，则形成了"大街上的现代主义"："在人行道上，各种各样分属各个阶级的人或坐或行，彼此相互比较，从而认识自己。在车行道上，人们为了保全生命奔走，被迫忘记自己的身份。林荫大道所带来的新的力量、把主人公的光环刮走并促使他进入一种新的心境的力量，是现代的车流。"①"我们在这儿看到的现代人原型，是一个被抛入了现代城市车流中的行人，一个与一大团厚重的、快速的和致命的物质和能量抗争的孤独的人。"②街道的变化使人们不得不像被剥离出来的引文一样，经常性地面对大街上的震惊。

于是，带给大街上的人们以震惊的就不仅是车流，而且还有人流。他们没有身份，疲于奔命，对于迎面而来的人来说，他们与车流扮演着同样的角色。人们彼此之间只有机械而漠然的反射，不再有温情脉脉的回应，目光抛入大街就像进了黑洞，听不到回声。人们为了自我保护，不得不退而求其次，与物等量齐观，也许这就是异化：为了避免震惊而把自己训练成麻木的物，为了生存而舍弃作为人的生活。丧失光环的何止是诗人？这是所有现代人的生存困境。

结　语

综上所述，在《发达资本主义时代的抒情诗人》一书中，本雅

---

①② 马歇尔·伯曼：《一切坚固的东西都烟消云散了——现代性体验》，徐大建等译，商务印书馆，2003年，第203、204页。

明从心理层面上的震惊出发，提出了一个现代性的美学课题，展现了现代人的生存困境，以小见大，抓住了问题的根本。那一个个纷然杂陈的意象是震惊的碎片，而本雅明就从这些碎片的废墟中发掘出了现代性的种子。

为了把震惊观念更好地作为本雅明思想的一个有机组成部分来理解，不妨借助于本雅明对人与梦之关系的认识："一个广为人知的传统警告人们说，千万不要饿着肚子复述你做过的梦。因为在这种状态下，虽然做梦的人已经醒来，他还是受着梦境的牵制。……人若试图在此时复述他刚做过的梦，后果必然是灾难性的——因为他一面仍旧和梦境暗通款曲，一面又试图用言语出卖它，就必然招致梦的报复。用句更时髦的话来说，他背叛了自己。……已逝的梦境也许能够结出美丽的果实，然而前提是要经过暴风雨的洗礼——把现实和梦境撕裂、远隔、肃清；并由此把梦谨慎地折射到自觉的人生中来。……只有通过过去和现在的彻底断裂，通过被它们互相偏离所掏空的空间，才有可能将前者与后者猛烈地挂上钩。任何试图直接而温和地复原过去的努力都是徒劳的，只会无奈地沦为过去的同谋。"[①]因此，如何在震惊中重现光晕、在破坏中重续传统，是本雅明的思考。他的忧郁是一种清醒的忧郁，他的决绝是一种回归的策略，他的怀旧是一种新的层面上的认同。不论其解脱之道是否可行，可以肯定的是，正是这个矛盾而复杂的本雅明，为人们提供了丰富且独特的启示。

[①] 伊格尔顿：《沃尔特·本雅明——或走向革命批评》，第55页。

德语诗学与文化研究

透明的翻译:西方诗歌翻译所涉及的句法问题和翻译哲学

刘皓明

(美国凡萨学院 亚洲研究系)

近十年来,我先后出版了奥地利诗人里尔克和德国诗人荷尔德林部分诗歌的中译:《杜伊诺哀歌》①和《荷尔德林后期诗歌》②。在这两部诗集翻译中,我在不同程度上实践了我对德语、德语诗歌、翻译哲学以及汉语等的观点和主张。虽然在《荷尔德林后期诗歌》(评注卷)的导论里,我曾就翻译问题做过一些阐述③,但是因体例和篇幅所限,在那里并未更系统、更深入地讨论同翻译有关的更深层次的问题。本文在那个导论中相关论述的基础上,进一步探讨西方诗歌汉译,特别是像用德语这样的屈折语写作的诗歌翻译为汉语的问题。本文的讨论是对此前的讨论的继续和扩展;既不是对以前观点的简单复述,也绝非我在这个问题上最后的阐述。在本文中,我将主要结合荷尔德林诗歌的翻译,侧重讨论:1. 像德语这样的屈折语同中文在句法上的区别及其在诗歌翻译中的后果和影响;2. 以本雅明为代表的西方诗歌翻译讨论对西方诗歌汉译的启示。

---

① 参见里尔克:《杜伊诺哀歌》,刘皓明译,辽宁教育出版社,2005年。
② 参见荷尔德林:《荷尔德林后期诗歌》,刘皓明译,华东师范大学出版社,2009年。
③ 荷尔德林:《荷尔德林后期诗歌》评注卷,上册,第104—156页。

一、"语感"的语法和修辞基础

在诗歌翻译中,普通读者在评判一个译本的优劣时,其最重要、也往往是唯一的评判标准,是个含义十分模糊的所谓"语感"。诗歌译本的普通读者以"语感"为最感性、最直接的评判取舍理由,本身似乎是无可厚非甚至天经地义的,但是要阅读像贺拉斯(Q. Horatius Flaccus)、荷尔德林等西方古今诗人那样高度复杂的诗歌,我们有必要超出整体论式的、笼统含糊的"语感"反应,对构成语感的语言要素做些分析。[①]

不言而喻,一个人的"语感"首先应该是由其所操语言决定的,语言在这里包括发音、词汇、语法、句法等的基本语言学特征,这些特征和建立在其上的包括修辞在内的风格特征,无疑是决定这种"语感"的最基本和最根本的因素。这些因素连同历史和时代所形成的语言习惯,共同形成人们所说的语感的主要成分。

在所有这些构成"语感"的因素中,发音和词汇对于汉语和拉丁语或德语这样两类毫无亲属关系的语言来说,是最偶然的,也是无法互通的,因此虽然它们深刻地影响着语感(比如德语的辅音多,而汉语的辅音少),我们却只能在此搁置不论。而句法和语法则从认知学和认识论角度出发,可以期待有某种最终的相通性,因此探讨两种语言在句法和语法方面的同异乃至翻译的可行性,才是有意义的话题。但经验告诉我们,包括句法在内的语法,正是让西方诗歌的中国读者乃至中译者最容易遭遇困难的地方。在这方面,荷尔德林后期诗歌对他们又是一个特别艰巨的挑战。中国读者要了解西方语言在这方面同汉语的差异,并借助这种了

[①] 对汉语,特别是现代汉语的语感状况,从节奏角度所做的迄今最出色的描述和分析是冯胜利的《汉语韵律语法研究》,北京大学出版社,2005 年,可供参考。

解来更好地阅读像贺拉斯和荷尔德林这样用屈折语言写成的诗歌,需要首先掌握几个关键的句法概念;从这几个概念出发,才能进一步探讨一般的和特殊的翻译问题。

在西方古典语言的句法中,把简单句或不用连词并置起来,或用非从属关系的连词并置起来,被称作 **Parataxe** 或者 **Beiordnung**(**简单句并置**)。在西方的语法传统中,简单句的并置句法,除非是有意为之,一般被看作一种比较低级原始、甚至粗鄙的句法;这种句法所表达的思想比较简单,所刻画的事物关系是单纯的、孤立的。作为自然生成的简单句并置句法,出现于语言发展的早期。[1]在古希腊诗歌中,这种句式在时代古邈的荷马那里较后世诗人更多见。在印欧语系的语言和文学发展成熟之后,简单句并置更多是句法安排上的例外而非常规。当两个或更多的彼此有从属关系的想法用彼此并列和独立的简单句并置来表达时,这种句式甚至被目为一种修辞式,用以制造某种冷峻简略的效果[2],例如古罗马独裁者尤利乌斯·恺撒的名言:veni, vidi, vici(我亲临,我亲见,我全胜)。相反,如果两个乃至多个句子通过表达不同从属关系的连词、代词和副词或从属关系结构合成起来,构成包含一个乃至更多从句的复句,在句法上就被称作 **Hypotaxe** 或者 **Unterordnung**(**分层句式**)。在印欧语系的语言中,分层句式结构的复句被认为是能表达复杂思想和事物复杂关系的语言表达式,而且在其成熟阶段,分层句式在诗歌和美文中是句法的常态。[3]依照从句在全句中从属关系的不同,分层句式的复句可以包含时间从句、条件从句、目的从句、结果从句、原因从句、让步从句、限定名词代词的定语从句等中的任何一

---

[1] Raphael Kühner, *Ausführliche Grammatik der Griechischen Sprache*, Hahn, 1904, p. 224以下,特别是 pp. 226 – 231。

[2][3] Raphael Kühner, *Ausführliche Grammatik der Griechischen Sprache*, pp. 232 – 234, 347 – 351.

个或者任何数个,而且从句中也可以再包含从句。在从句之外,印欧语系的语言还有一些其他独立的或补足的结构,常常使用动词的分词形式,在语义方面担负类似于从句的功能。此外,在印欧语系语言的句法规则中,依照句子所陈述的是否是事实、是否是命令要求,句子还可以分为直陈式和虚拟式乃至命令式。西方语言的句法还有更精细的划分,这里不必一一详列。

并置句式和分层句式这两种句式在西方传统诗歌中有不同的联系和意义,它们分别同特定的传统、体裁、时代、风格等因素有特定的关系。现代派出现之前的西方传统诗歌①在体裁和语言风格上可以分为两大类,一类是源自希腊罗马的古典传统的诗歌,一类是源自宫廷和民间乃至异域文学的诗歌。严格地说,所有诗歌都最终起源于说唱,但是在第一类里,作为诗歌创作的说唱行为在欧洲历史的早期就让位于博学的书写行为,并且在其过程中形成了系统而严格的形式规范。这些规范虽在"黑暗的中世纪"大都沦丧,但在文艺复兴以来得以复兴,形成了西方经典诗歌的正统。第二类则大都缘起于中世纪中后期的宫廷和民间的说唱文学,其中很多始终没能形成像古典诗歌那样严格、系统并且统治持久的形式规范。第一类的诗歌包括古典定义上的史诗(荷马、维吉尔、奥维德、弥尔顿、克洛普施托克[Friedrich Gottlieb Klopstock])、竖琴诗(Lyrik,又译抒情诗;品达、萨福、贺拉斯、龙沙、本·琼生、席勒、荷尔德林)、哀歌(普罗佩耳修、约翰·道恩[John Donne]、托马斯·格雷[Thomas Gray]、席勒、荷尔德林)、田园诗(Bukolik;忒奥

---

① 有必要把19世纪末以来出现的现代派诗歌作为另类的范畴从这里的讨论中排除出去。关于现代派诗歌的语言特点,参阅 Hugo Friedrich, *Die Struktur der modernen Lyrik: Von der Mitte des neuzehnten bis zur Mitte des zwanzigsten Jahrhunderts*, Rowolt, 1975,pp. 149 - 161;中译本参见胡戈·弗里德里希:《现代诗歌的结构:19世纪中期至20世纪中期的抒情诗》,李双志译,译林出版社,2010年,第137—148页。

克里托斯[Theokritos]、毕昂[Bion]、维吉尔、马维尔[Andrew Marvell]、歌德、席勒)和讽刺诗(贺拉斯、尤维纳利斯[Iuvenal]、马耳提亚利[Martialis]、德莱顿[John Dryden]、蒲柏),等等;第二类包括中世纪的宫廷史诗、情诗(其中德语文学在这一时期的杰出代表是施特拉斯堡的哥特弗里特[Gottfried von Straßburg]、艾申巴赫的沃尔夫兰[Wolfram von Eschenbach]和训禽甸的瓦尔特[Walther von der Vogelweide])。当然,这两类诗歌并非完全彼此独立、泾渭分明:中世纪晚期和文艺复兴时期主要在意大利出现和完善的一些体裁,就在形式的严格性与稳定性、语言的复杂性以及风格的崇高与体裁的总体成就方面达到了同古典传统的诗歌相媲美的水平,其中最突出的要数以但丁《神曲》为代表的咏章体(canto,又译长诗)和以彼得拉克为代表的商籁体(sonetto,又译十四行诗)。但尽管如此,我们对西方诗歌的两类划分仍在总体上是可行的。从形式上讲,第一类,即古典和师法古典传统的诗歌,几乎全都十分严格,有固定而严格的格律;第二类,即产生于中世纪的诗歌及其传统,则大多相对比较宽松,除商籁体和亚历山大体(l'alexandrin)之外,并无严格的固定格律。从风格角度讲,第一类的特征主要有崇高、庄严、凝重、沉思、节制、雅致、精微等;第二类则更显活泼、甜美、亲昵、简朴、天真等。从语言方面看,第一类充斥分层复句结构,语言盘综错杂,由于起源于印欧语言中屈折程度最高的一些古代语言,致使后世哪怕在屈折程度大为减弱的语言中也必须趋近其古典的范本;[1]第二类的语言大都相对简单,常常含有很多简单句并置句法[2],离近代口语更近。从

---

① 例如弥尔顿《失乐园》(*Paradise Lost*)的英文就是非常拉丁化的。
② 奥尔巴赫曾对此做过论述,虽然他是在为简单句并置句式辩护,见 Erich Auerbach, *Mimesis. Dargestellte Wirklichkeit in der abendländischen Literatur*, Francke, 1994, pp. 107–108。

诗歌形式规范角度看,第一类中的每种体裁一般都有一种或多种的复杂而严格的格律,遵循其古典范本,大都不押行尾韵,甚至还要专门避免偶然的行尾韵;第二种形式则要求相对自由,但几乎一律押行尾韵。第一类的诗歌从音乐角度讲,如同交响乐、协奏曲、四重或五重奏等;第二类则更像民歌、圆舞曲、小夜曲等。如果有必要用中国自己的诗歌传统来做个模糊类比,那么第一类诗歌可视作相当于大雅、颂、某些小雅,汉魏的一些古诗,隋唐以来产生的律诗中的七律、五律乃至七言长律和五言长律;第二类则类似于国风、某些小雅、乐府(特别是齐梁体)、唐宋兴起发达的词和后来的一些散曲。

把西方诗歌做了这样的分类后,如果以荷尔德林的诗歌为例,那么我们应把他的诗歌(特别是后期诗歌)划归为哪一类呢?答案是毫无疑问的:他的这些诗歌属于第一类,即承继西方古典诗歌传统的诗歌。因为他的后期诗歌在体裁上主要包括哀歌、颂歌(Hymnen)、赞歌(Oden)和效仿品达的父国咏歌(vaterländische Gesänge),①这些体裁无一不出自古典诗歌。在诗律方面,除一首应酬诗外,这些诗歌均不押行尾韵,并大多遵循古典诗律(六音步格[Hexameter]、偶行格[Distichon]等)。与之相应的是,在语言方面,这些作品也是更趋近希腊和拉丁语言的古典诗歌的语言特性和风格,注重分层句法的运用。② 同他的同代诗人、浪漫派的主要诗人诺瓦利斯(Novalis)相比,荷尔德林的古典传统归属更明显,因为诺瓦利斯明显属于中世纪传统,同荷尔德林形成鲜明对

---

① 这里所列荷尔德林后期诗歌的体裁分类和篇目,除赞歌以外,其余均见拙译《荷尔德林后期诗歌》,文本卷目录。
② 阿多诺认为荷尔德林后期诗歌的句法多是无连词简单句并置,但这一观点是站不住脚的,见 Theodor W. Adorno, "Parataxis. Zur späten Lyrik Hölderlins", in: his *Noten zur Literatur*, Suhrkamp, 1981, pp. 447–491.

比。因此要阅读荷尔德林这样的主要来自西方古典传统的诗歌，分层句法是读者必然要经常遭遇的语言特征。对于中文读者乃至译者来说，这种遭遇其实是很大的挑战。这是因为，虽然汉语并非完全不能构造分层句法，但是从复杂性上说，在汉语乃至大多数东方语言中，分层复句的构造是有较大局限性的。这一点在东西方诗歌中有明显的反映：在西方文学史上，是主要运用复杂的分层句法，还是主要运用简单句并置句法，往往是区分东西方诗歌的一个语言学标志。这在西方语言对东方诗歌的翻译中表现得最为显著。例如属于闪含语系的希伯来文旧约诗篇第二首的德语译文的开头就是这样：

Warumb toben die Heiden,	外邦为什么争闹？
Vnd die Leute reden so vergeblich?	万民为什么谋算虚妄的事？
Die Könige im Lande lehnen sich auff,	世上的君王一齐起来，
vnd die Herrn ratschlagen miteinander	臣宰一同商议，
Wider den HERRN vnd seinen Gesalbeten.	要敌挡耶和华并他的受膏者。
（路德译文）①	（和合本译文）

在德文译文里，这一段诗完全是由两个含有连词（vnd）的简单句组、共四个简单句构成的；中译文也反映了这种语法特点（中译文的最后一行在德译文那里只是一个介词短语），由四个简单句并列构成。

如果说简单句并置句法多见于近东的希伯来语诗歌，它在远东的汉语诗歌中就更常见了。汉语诗歌、特别是有民谣特征的诗歌对简单句并置的广泛使用，在下面这首美国诗人以斯拉·庞德

---

① 路德圣经译本用 Martin Luther, *Die gantze Heilige Schrifft Deudsch, Der komplette Originaltext von 1545 in modernem Schriftbild*, 2 Vols., Lempertz, 2004。

(Ezra Pound)①翻译的《诗经·召南·鹊巢》中看得更明显:

Dove in jay's nest to rest,	维鹊有巢,维鸠居之;
she brides with an hundred cars.	之子于归,百两御之。
Dove in jay's nest to bide,	维鹊有巢,维鸠方之;
a bride with an hundred cars.	之子于归,百两将之。
Dove in jay's nest at last	维鹊有巢,维鸠盈之;
and the hundred cars stand fast.	之子于归,百两成之。

在语法学和东西方诗歌传统比较上明白了分层句法和简单句并置句法之区分之后,让我们更具体地看一看分层句法在西方古典诗歌和继承了古典传统的诗歌中是如何被运用的。首先看一首古罗马竖琴诗中的分层句法:

Iam satis terris nivis atqque dirae		已然朝大地把恐怖的雪与	
grandinis misit pater et rubente		雹父已降够,他还用彤赤的	
dextera sacras iaculatus arcis		右手震击那些神圣的戍楼,	
terruit urbem,		吓坏了此城,	
terruit gentis, grave ne rediret	5	吓坏了万邦,害怕庇拉哀怨	5
saeculum Pyrrhae nova monstra questae,		异兆的沉重世纪将会回返,	
omne cum Proteus pecus egit altos		那时普罗透驱赶全部畜群	
visere montis,		去造访高丘,	
piscinum et summa genus haesit ulmo,		鱼族则黏附于榆树的冠杪——	
nota quae sedes fuerat columbis,	10	而这曾是鸽子的寻常栖处——,	10

---

① Ezra Pound tr., *The Classic Anthology Defined by Confucius*, Harvard University Press, 1976, p.7.

et superiecto pavidae natarunt   还有胆怯的麋鹿在泛滥的
    aequore dammae;   大水中游泳。

(翻译：刘皓明)

这是古罗马大诗人贺拉斯的名作《赞歌集》(Carmina)中第二首的前三阕，在原文里是由一个分层复句贯穿到底的。第一行到第五行的前一半是全部分层复句中的主句，其后紧接以 ne(汉译以"害怕"开始)开始的结果从句，但是这个结果从句中的主句只随第六行的结束而结束，从第七行开始到这一段的最末，都是以 cum(汉译"那时")引导的隶属于这个结果从句的时间状语从句，而在这个从句中，又含有一个为关系代词 quae(汉译"而这")引导的定语从句(第十行)。因此这个贯穿三阕的分层复句至少包含四层从属关系。这里提供的汉译基本保存了原文的词序，虽然汉语由于缺乏明确的标示从句关系的连词和关系代词而模糊了分层复句内部的从属关系，我们仍然可以比较直观地观察分层复句句法在这样的竖琴诗中实际应用的情形。贺拉斯是西方古代竖琴诗的集大成者。这样层层叠置的句式是他的《赞歌集》及古罗马散文和诗歌中最"标准"的语言，体现了拉丁语言在罗马文学的黄金时代与"至尊"屋大维朝所达到的高度，反映了智力的发达、趣味的精微、感受力的敏锐乃至生活方式的迷人。同这首诗相比较，我们只需看一首公元 4 世纪时的拉丁诗歌(作者奥索尼乌[Decimus Magnus Ausonius, 310—395])，就可以明白何以贺拉斯这样的赞歌能成为西方诗歌的经典；而下面这首诗，不过是包括诗歌在内的古代文明全面颓败后思想、品位和语言堕落与低下的标本：

Ogydiadae me Bacchum vocant,   奥癸戈人之子称我为巴刻库，

Osiris Aegyti putant,	埃及人以我为俄西里,
Mysi Phanacen nominant,	弥梭人叫我法拿坎,
Dionyson Indi existimant,	印度人视我为丢尼索,
Romana sacra Liberum,	罗马人的法事立我为利倍耳,
Arabica gens Adoneum,	阿拉伯民族唤我阿多奈,
Lucaniacus Pantheum.①	卢坎庄主[即奥索尼乌自己]说他是全神。

　　这个段落中的每一行均是一个简单句,而且没有任何连词彼此连接,是最标准的简单句并置句型。然而同前面所引的诗篇相比,完全不具备那种强悍精干的效果,因为在这里并置句型并非匠心独运的修辞手段,而只是思想低下、语言退化的反映。显而易见,这样的诗歌语言毫无力度、激情、精微、智慧与感染力。这样的诗与其说是文学作品,还不如说是文献,因为它毫无文学价值,只有历史文献的价值。

　　展示了分层句式在古典诗歌中的范本之后,让我们直接跳到荷尔德林的时代。在荷尔德林之前的德国文学里,18 世纪的诗人克洛普施托克曾大力倡导师法古典诗歌,在向德语诗歌移植古典诗歌的格律和语言风格方面对荷尔德林产生过深刻影响。他下面这首论竖琴诗对古典传统之继承的赞歌《希腊人的学徒》(*Der Lehrling der Griechen*),能很好地展示复杂的分层句法的应用:

Wen des Genius Blick, als er gebohren ward,
Mit einweihendem Lächeln sah,
Wen, als Knaben, ihr einst Smintheus Anakreons
Fabelhafte Gespielinnen,
Dichtrische Tauben umflogt, und sein mäonisch Ohr   5

---

① H. G. E. White ed, *Ausonius*, W. Heinemann, 1921, pp. 186 – 187.

德语诗学与文化研究

Vor dem Lerme der Scholien
Sanft zugirrtet, und ihm, daβ er das Alterthum
Ihrer faltigen Stirn nicht säh,
Eure Fittige lieht, und ihn umschattetet,
Den ruft, stolz auf den Lorberkranz,   10
Welcher vom Fluche des Volks welkt, der Eroberer
In das eiserne Feld umsonst,
Wo kein mütterlich Ach bang bey dem Scheidekuβ,
Und aus blutender Brust geseufzt,
Ihren sterbenden Sohn dir, unerbittlicher,   15
Hundertarmiger Tod, entreißt!
Wenn das Schicksal ihn ja Königen zugesellt,
Umgewöhnt zu dem Waffenklang,
Sieht er, von richtendem Ernst schauernd, die Leichname
Stumm und seelenlos ausgestreckt,   20
Segnet dem fliehenden Geist in die Gefilde nach,
Wo kein tödtender Held mehr siegt.

（大意：有谁在一出生时你们就眷顾，有谁在你们这些古希腊竖琴诗人安纳克勒昂的玩伴鸽子环绕他飞翔，让他的诗人荷马一样的耳朵听不到学究的聒噪，免得他看见古人额头的皱纹，你们为他添翼，为他遮阴，呼唤他，把他，在他被命运交给死神时，从百臂死神的手中夺下，那么他就看到铺展开的尸首，祝福那朝英雄无法征服的旷野飞逸的灵魂。）

　　要想既保持原文的行序和词序，又能比较忠实地用通顺的汉语把这段诗翻译过来，如果不是绝对不可能，至少也是极为困难的。因为这首赞歌开头的句子一口气贯穿了 22 行，而其中前 18 行是形成排比修辞格式（Anaphora）的四个定语从句和从属于这些从句的其他从句和结构，到了第 19 行主句谓语动词（sieht）以及主导它的代词主语(er)才终于出现。显然,这样高度复杂的句子同我们在当代中文中习惯的主谓宾顺序和构造是大相径庭的,因此就难怪在汉译中不易保存其原有句法结构了。克洛普施托克的这首赞歌的主题是对古典赞歌传统的继承,而他所采用的这样高度复杂的分层复句句法本身就来自于古典赞歌,体现了对古典竖琴诗、特别是赞歌传统的继承。

像希腊文和拉丁文这样的古代印欧语言具有一种语言学上的特征,使得古典诗歌在使用分层句法时有极大的运作空间。这种运作空间之大,是大多数非印欧语系的语言乃至印欧语系中大多数现代语言难以企及的。这种语言学上的特征就是希腊文和拉丁文的高度**屈折性**(Flexion 或 Beugung)。所谓语言的屈折性,简单地说即语言是通过词(主要是名词、代词、形容词和动词)的(大多是词尾)变化来标志其语法功能和作用而借以表意的,例如下面的拉丁文:

Filia	amat	rosam
姑娘	爱	玫瑰
(单数主格)	(直陈式现在时 主动式第三人称单数)	(单数宾格)

这三个词在词典中给出的一般形态分别是 filia、amo(amare)和 rosa,依照特定的变格和变位规则具备了上面句中的形态。这些形态清楚地标志出哪个是主语、哪个是谓语、哪个是宾语,可以任意颠倒这三个词的位置却不会影响意义的表达,因为这些词的语法意义不是由词序而是由每个词的词尾变化来表达的。反观现代英文,如果我们把词序颠倒了:"The girl loves the rose. The rose loves the girl."意义就会随之变化。中文当然也是如此:"姑娘爱玫瑰。玫瑰爱姑娘。"意义完全不同。

在现代欧洲语言中,大多数语言或多或少地失去了一些屈折形态。例如罗曼语系的语言中,名词的主格、宾格之分就消失了;英语虽属日耳曼语系,但也丧失了同样的区别。与这些现代语言相反,现代德语是极少数现代欧洲语言中屈折形态保存得相对完整的语言,这就使得德语的语序较大多数现代欧洲语言有更大的运作空间,接近古希腊文和拉丁文在这方面的语言学特性。德语的屈折性和在词序方面较大的运作空间,直接影响着德语诗歌的语法和句法特征。这使得像克洛普施托克那样的德语诗人,构造类似于古典诗歌那样极为复杂的分层句法的尝试更有可行性。

古典语言和德语的屈折性虽然使它们可以在很大程度上不依赖于词序来表意,例如贺拉斯的赞歌就经常使用把修饰词和所修饰词分开、中间隔以数个其他的词甚至数行诗的"**跨步修辞格**"(**Hyperbaton**)。但这并不是说,在这些语言中,特别是在诗歌和美文中,可以完全不讲究词序。毕竟,在任何语言里,词序都是同思维过程密切相连的。再者,从交流的角度讲,有高度屈折形态的语言虽然的确可以不靠词序来表意,但是在现实中,无论是聆听还是阅读,都必然要求词序以某种方式便于理解,起一定的传达意义和感情的作用。换句话说,词序在屈折语中具有极强的风格作用。这种风格上的要求是理解屈折语言的诗歌和美文中句法乃至词序的关键。[①] 举个简单的例子,例如如果说话者强调的是宾语,那么就会把宾语放在句子的第一位;同样,特定的状语甚至谓语动词都能因为强调的缘故被置于句子的首位或其他显著位置(德语中的动词的位置有专门的规定)。本来是同句法密切相关的词序,作为风格手段,一方面突出应用于古代雄辩术,因为

---

① 参见 August Boeckh, *Encyklopädie und Methodenlogie der philologischen Wissenschaften*, Teubner, 1886, p. 810。

雄辩术的目的就是最有效、最直接地打动听者;另一方面则最大限度地应用于以赞歌为代表的竖琴诗歌,因为赞歌既要求直接向诗的对象述说,又因严格的格律而要求最经济、最精悍地使用语言。既然无论是在政治和司法演说中,还是在竖琴诗乃至诗歌之一般中,语言艺术的目的都是为了最充分地利用母语中特有的语言手段来最大限度地达到鼓动、说服、陈述、愉悦、感动等目的,那么,如何最有效地利用包括屈折形态和分层句法等在内的语言手段来达到目的,就是雄辩术和诗歌的语言艺术性之所在。语言的这种艺术就是修辞学(Rhetorik)研讨的对象。①

古代修辞学是一门极其繁复的学问,我们这里没有必要详述,总之是一个修辞炼句的学问。其中同演说或诗歌全篇的效果关系最密切的就是修炼句法的艺术。在西方雄辩术和诗歌乃至比较有文学性的散文中,利用语言特有的屈折形态和句法手段把句子艺术地组织起来,使之朗朗上口,使之所表达的意思通畅明晰,使言语获得最强烈的感染效果,所得到的这样有组织的语句结构——特别是那种句法非常复杂的结构——在诗学和修辞学术语里叫作 **Periode**,译作**浑圆句**。②在古希腊罗马的语法学家和文学批评家那里,浑圆句是那时学生学习演说术和诗歌、方家评判演说和诗歌的一个重要考察因素,甚至有所谓浑圆句学来专门探讨如何构造好的浑圆句。③那么,怎样判断一个复杂的句子是否形成了一个好的浑圆句呢?19世纪的古典语文学教授尼采曾经化繁为简地做过这样的概括:

---

①② 严格地说,雄辩术就是修辞术,就是把话说好的艺术(ars bene dicendi),详见 Heinrich Lausberg, *Handbuch der literarischen Rhetorik. Eine Grundlegung der Literaturwissenschaft*, Franz Steiner, 2008, pp. 40-41, 458-460。

③ 关于 Periodologie,参见 Augest Boeckh, *Encyklopädie und Methodenlogie der philologischen Wissanschaft*, p. 812。

一个浑圆句,在古人那里,首先是个生理上的整体,因它可以用一口气说出的。这样的浑圆句,就像德摩斯梯尼[古希腊演说家,引者注]和西塞罗[古罗马演说家和作家,引者注]的作品中出现的那样,在一口气中包含有两升两降:对于古人来说,这是享受,他们由于他们所受的教育和训练懂得看重把稀奇艰难的东西用这样的浑圆句表达出来的本事:——我们实际上无权拥有这种宏伟的浑圆句,我们现代人,我们这些在所有意义上都气短的人们!这些古人在演说方面统统都是票友,故而也是行家,故而也是批评家,——因此他们也就凭此对他们的演说家们吹毛求疵,就像上个世纪所有意大利人都懂歌唱一样,在他们中间歌咏的技艺(以及与此连带的旋律艺术)曾登峰造极。①

对比演说术乃至浑圆句艺术在古代的发达,尼采像往常一样对德语中的演说术乃至浑圆句的不发达进行了批评:

然而在德国只有(直到最近,才有了一种足够激动人心、足够雄浑的法庭上的雄辩激发起它年轻的声音)实际上是官方的和约略有些艺术性的演说:它就是来自布道台的演说。在德国,只有教士才懂得一个音节、一个字在句子击打、跳跃、跌宕、行进和结束时的分量,只有教士的耳中有良心。常常这个良心里面有愧:因为在演说方面,德语罕能企及优秀,而且就是能也总是姗姗来迟。德语散文的杰作因此理所当然地就是其最伟大的教士的杰作:圣经是迄今为止最伟大的德文书。在路德的圣经面前其他所有的几乎都不过是"舞文

---

① Friedrich Nietzsche, *Jenseits von Gut und Böse*, de Gruyter, 1988, p. 190.

弄墨之作"——即不是在德国出产的东西,因而没有长进、也长不进德国人的心里:不像圣经所达到的那样。①

在这段文章里,尼采的厚古薄今同他一贯的做法是一致的,对此我们可以暂且不论。但是这段话中更明白无误的是尼采对浑圆句精到的解释,对其在西方古典文化中重要地位的承认,以及在当时德语写作中对它的倡导和呼吁。尼采在这里只列举了古今散文的例子,但是浑圆句修炼在诗歌中同样具有至高的地位。只是同散文中的浑圆句相比,诗歌中的浑圆句不仅要顾及发声的情感效果、词与义的协调以及句法规则,还要把浑圆句同诗的格律以及其他诗歌特有的形式规定相协调。

在浑圆句的修炼中,一个非常关键的功夫在于如何处理好不遵循主谓宾这样常规语序的句子。同非屈折语大多要遵循主谓宾词序的语言习惯相比,在屈折语语言的诗歌中构成浑圆句的分层复句对词序常规的逆反,被称作**倒装**(**Inversion**)。② 这个概念不仅对我们理解像荷尔德林后期诗歌这样继承古典诗歌传统的诗歌十分关键,其实也是在句法和风格层面上理解全部西方诗歌的钥匙。对荷尔德林曾有过多方面影响的同代批评家赫尔德(Johann Gottfried Herder),曾经把他那个时代德语诗歌的句法同古希腊罗马的经典进行比较,并呼吁德国的诗人们要大胆使用倒装等复杂多变的句法。赫尔德的这种呼吁,是建立在他从卢梭的语言论基础上发展起来的语言发展观之上的。这种语言发展观认为,文明和理性的发展越来越多地损害着语言的诗性。在赫尔德乃至那个时代几乎所有德意志的诗人、批评家和学者看来,体现

---

① Friedrich Nietzsche, *Jenseits von Gut und Böse*, p. 191.
② 当然,即便是非屈折语中也可以在一定限度内构造倒装句,详见后文。

在荷马、悲剧诗人、品达和萨福这样的竖琴诗人作品中的古希腊的语言,代表了最高水平的诗歌语言。而像德语这样的现代语言,理性因素有余而感性因素不足。赫尔德把倒装看作语言的感性因素的一个主要特征,并因此呼吁德国诗人大胆地使用倒装。他认为,"倒装来源于要在感性上引人注意";并且阐述说,在更原始的民族的语言那里,由于整个民族更感性,语言更不规范,他们的语言就充满倒装、轻重音、甚至手势等肢体比划,来辅助语言。① 对于赫尔德来说,更原始、更感性的民族的语言是更诗化的语言;哪怕是近代那种只供眼看而不供朗诵的诗,也需要倒装来激活读者的想象力。② 倒装句的多少与语言是否有活力成正比,而与其是否僵化死亡成反比:"它[语言]越活,倒装就越多;越堕落为死的书面语,就越少。"③

熟读赫尔德的荷尔德林对倒装句十分重视,对如何用倒装的方法构造浑圆句有很高的艺术自觉。在写于 1799 年,也就是荷尔德林后期诗歌的发轫之时的《七条箴言》(*Sieben Maximen*)中的第二条里,诗人自己说得很清楚:

> 在浑圆句里有字词的倒装,那么浑圆句本身的倒装就一定更伟大、更出效果。浑圆句的逻辑布局——即在其中生成接原因(原因浑圆句),终点接生成,目的接终点,指向主句的各个从句永远只在后面挂靠在主句上——对诗人来说至多只偶尔有些用处。④

---

①②③ J. G. Herder, *Über die neue deutsche Literatur*, I, Deutscher Klassiker, pp. 217 – 218, 221, 219 – 222.

④ Friedrich Hölderlin, *Sämtliche Werke*, Kohlhammer, 1951, p. 233. 标题或作"沉思"(Reflexion)。

这样的诗学反思直接被诗人运用到自己的创作中去了。有了这些思想和美学背景,就很容易理解为什么荷尔德林特别在其后期创作中对句法的锻炼如此重视,以及在这一时期的作品中在句法方面如此恢弘、大胆、富于力度。同他的前辈诗人克洛普施托克相比,在运用浑圆句方面,荷尔德林没有克氏的学究气,不像克氏那样显得机械;在灵活性、有效性和感染力方面,荷尔德林胜出他这位同代的前辈诗人甚多。他实际上越过了他德语诗歌中的前辈,直接效法古希腊竖琴诗人品达和曾高度赞誉品达的古罗马竖琴诗人贺拉斯,在诗歌成就上直追古代的大师。

二、翻译的任务与策略:以荷尔德林后期诗歌为例

既然荷尔德林诗歌的句法和修辞有这样的特点,作为这样的诗歌作品的中译者,就必须说明他在译文中是如何处理原文的这些语言和风格特征的。在具体陈述之前,我认为有必要对翻译哲学进行一些讨论,以为更具体的解决方案提供"形而上"的基础。

歌德曾经指出有三种翻译。其一是散文的、应用文的翻译,其目的只是要我们能用自己的想法知晓异域的东西就可以了。其二和其三则更涉及诗歌翻译。其中第二种是要把异族的作者带到我们这里来,让我们能把他看作我们中的一员;这种翻译原则在当代翻译理论中一般被称作**归化式翻译**(**domestication**)。第三种翻译则正相反,要求我们去异域,要我们迁就异域作者的状况、语言习惯和特性;这种翻译原则一般称作**异化式翻译**(**foreignization**)。[①] 与歌德同时代的几位德国思想家和作家,例如威

---

① Goethe, *Westöstlicher Divan. Noten und Abhandlungen*, *Werke*, Vol. 2, DTV, 1961, pp. 255–258. "Domesticating translation"和"foreignizing translation"二术语为维努蒂(Lawrence Venuti)发明,见氏著:*The Translator's Invisibility: A History of Translation*, Routledge, 1995。

廉·洪堡（Wilhelm von Humboldt）①和施莱尔马赫（Ernst Friedrich Schleiermacher）②，在论及翻译时基本上同意歌德的这种划分，并且几乎全都赞成第三种即异化的翻译原则。20 世纪德国犹太思想家本雅明在其著名的论翻译的《翻译者的任务》（Die Aufgabe des Übersetzers）文中，曾以赞许的口吻引用他人的话来说明归化与异化翻译的差别：

> 我们的翻译，就连最好的那些，都自一个错误的原则出发。它们要把印度的、希腊的、英吉利的德意志化，而不是把德意志的印度化、希腊化、英吉利化。它们对自己语言的用法太过尊敬，胜过对异域作品的精神的尊敬。……这种译者的根本错误在于他坚守自己语言的偶然状态，而非让自己的语言被异族语暴烈地激动。③

在这篇著名论文中，本雅明把歌德表述的归化与异化翻译的对立极大地深化了。他虽然显然支持异化翻译的原则，但却超越了简单的归化与异化的二元对立。在此他提出了一个重要观点，就是诗歌翻译一方面应该同原文有字对字的**极端对译**（**Wörtlichkeit**）——这样做的效果无疑是高度的异化——，另一方面却又不是从原文的本源语言向译者的目标语的翻译，不是从甲语言向乙语言的翻译，而是应力图够到所有的语言最终所共同

---

① Wilhelm von Humboldt, "Einleitung zu 'Agamemnon'", in: Aeschylos' Agamemnon metrisch Übersetzung, Gesammelte Schriften, 1. Abt., Werke , Behr, 1903 – 1936, pp. 117–230.
② 见其著名的„Über die verschiedenen Methoden des Überstzens", Sämmtliche Werke, G. Reimer, 1838, pp. 207 – 245。
③ Walter Benjamin, Illuminationen, Ausgewählte Schriften, I, Suhrkamp, 1977, p. 61.

指向的纯语言、是对这种纯语言的翻译。本雅明认为,所谓纯语言来自于所有人类语言的先天亲属关系:"那种思维中的各种语言之间最内在的关系是一种特定的汇合关系。它产生于此,即语言对于彼此而言不是陌生的,而是先天地、超出所有历史关联之上、在其所欲言者中彼此呈亲属关系的。"①这个"所欲言者"或者所要说的东西是每种语言都要做的,然而只有各种语言的所欲言者或者说它们的意向之总和才是那种所谓的纯语言,任何一种特定语言的所欲言者只是趋向或者构成这种纯语言的一部分。这种先天的、超乎现行的人类语言之上的纯语言的概念,不难让人想起旧约巴别塔之前人类共通的语言;而本雅明由此推导出的翻译者的任务,也为同样的希伯来式思维所决定,因为他把翻译看成是趋向这种纯语言的弥赛亚式的、无限向未来延伸的语言的末日,或者说黄金状态的重来。

本雅明对翻译哲学的思辨并非翻译者可以随时参考的实用翻译手册,但是我们从中仍然可以不时摘撷某些对我们的翻译实践有更直接用途的论述乃至警句。例如他下面这样的说法就对我们的翻译实践有直接的指导意义:

> 真的翻译是透明的,它不遮盖原文,不遮挡它的亮光,而是让纯语言仿佛通过它自己的媒介被强化而愈发丰满地落在原文里。这首先靠句法迻译的咬文嚼字来做到,而且它甚至表明是字词而非句子才是翻译者的原始元素。因为句子是亘于原文语言之前的墙,而咬文嚼字方是走廊。②

把本雅明对翻译哲学的思辨落实到荷尔德林的汉译中来(其

---

①② Walter Benjamin, *Illuminationen*, *Ausgewählte Schriften*, I, pp. 53, 59.

实这适用于所有诗歌翻译),我们认识到,除了坚持对原文句法"咬文嚼字"式的忠实以外,不可能有其他可行的翻译策略。这样咬文嚼字的忠实,显然要求我们从句法到词法上都要使得原文在翻译中透明,显露出其异域的异性。这种异性必然将要动摇我们既有的语感、语言习惯、思维习惯、对内部和外在世界的观察方式乃至世界观。唯有这样的翻译才会是对我们的语言、文学乃至文化有补益的、建设性的翻译。

然而在汉语的语境中,本雅明所阐述的翻译原则既非公认的衡量翻译的标准,也非大多数译者为自己的翻译自觉设立的目标,更不能反映汉语诗歌翻译主流的现状。① 但在我自己的诗歌翻译实践中,我在根本上认同本雅明对翻译的哲学反思,并且坚持以他所阐述的翻译原则作为荷尔德林乃至任何西方诗歌翻译的根本原则。这就意味着,译者追求对原文最大限度的忠实,即便这种忠实会在中文读者这里带来强烈的陌生感。不过,正像本雅明在其论文中谈到的那样,所谓"忠实",其含义就可能是万分复杂的。例如具体到荷尔德林诗歌翻译,所谓"忠实"至少包含以下几个最基本的方面:1. 语义层次;2. 句法结构;3. 修辞格;4. 风格归属;5. 语言的时代特征;6. 文本互证。

狭义的语义层次的忠实是对任何翻译最基本的要求。仍以荷尔德林诗歌为例,在荷尔德林翻译中,语义层次不仅包括最基本的对原文一般语文的理解准确,更包括对原文中专有名词、特定表述、史地背景、名物与名相身份等的通晓和把握。荷尔德林后期诗歌中的语义内涵,是拙著两卷本《荷尔德林后期诗歌》中评注卷所含注释的一个主要内容。对于这样的语义层面的忠实,绝大多数读者和译者想必都不会有异议。但是其余几个方面的忠

---

① 参见笔者的一篇书评《直译者的任务》,载《东方早报》2011 年 11 月 5 日。

实,则可能是许多读者甚至译者没有充分意识到或仔细想过的;而这些方面同基本的语义层次一样,同为诗歌翻译的根本对象和因素,绝非可忽略不计或可有可无的点缀。

有鉴于前面展示的汉语同欧洲语言、特别是具有屈折性的语言之间的巨大差异,对于句法的"咬文嚼字"式的忠实也许是忠实的六个方面中最易引起争议的一个。汉语是非屈折语,无论是在构造复杂的复句还是倒装方面,不仅较之高度屈折性的西方古典语言和现代德语为逊,而且甚至较之英语、法语这样弱屈折性的语言也更为有限。[①] 在外语课上做过一点西方语言文本汉译的人,都遭遇过如何将包含多重从句的复句汉译的难题。在翻译应用文时,最简易可行的办法就是把复句的各个从句尽量拆散为一个个简单句或最简单的复句。但是如果在诗歌翻译中也如法炮制,那么与其说这是诗歌翻译,不如说是对诗歌原文的基本语义梗概综述;因为诗歌作为语言的最高艺术,其内容与形式的关系并非如水瓶与水的关系,因此诗歌翻译并非把水从一个容器倒入另一个容器,然后把原来的容器丢到垃圾桶里。诗歌的器与容是密不可分的一体;翻译作为巴别塔灾难之后的权宜之计,其最高的境界应是在目标语言中全面模拟本源语言的艺术作品。因此,诗歌翻译不仅要忠实于基本的语义,也要如本雅明所说的那样把原文句法咬文嚼字地搬到目标语中。翻译的实践告诉我们,虽然汉语是非屈折语,但是在其中构造较复杂的分层句型、实现倒装

---

① 汉语中对简单句并置和分层复句之区分的认识,最初出现于19世纪末马建忠受西方古典语法学影响写下的《马氏文通》(1898),参见《马氏文通读本》,上海教育出版社,2005年。其中他把分层复句的从句称为"顿"和"读"(第526—553页),把简单句并置分为排句、叠句、两商之句、反正之句(第557—564页),后者的这种分类其实分别对应于希腊语法中(拉丁语和其他欧洲语言亦同)这类句式的 Anreihung、Steigerung、Disjunktive Beiordnung 和 Adversative Beiordnung,参见 Raphael Kühner, *Ausführliche Grammatik der Griedan Sprache*, pp. 235 – 316。

句式并修炼出音义皆佳的浑圆句,并非是不可能的。但是要用咬文嚼字的方式翻译德文的句法,译者和读者都应首先破除一些不好的写作和阅读习惯。这些习惯尤其因为肤浅的"古"诗词的灌输和不当的语文教育,成为妨害当代中文作者和读者阅读理解能力的痼疾。

近一个世纪以前,现代诗人废名曾经批评过像马致远的"枯藤老树昏鸦"那样的所谓传统诗歌,视其为抽象名词的堆砌,算不得诗。相反,他赞赏像李商隐、温庭筠那样的诗词,认为温、李的诗之所以好,是因为它们是"横写"的。① 废名的说法比较玄奥,没能够把自己的洞察很清晰明了、充分地表达出来。他所谓的"横写",其实就是指波折复杂的句法及其所表达的复杂思想。如果我们把他的直觉用分层句法这个概念来说明,则能把他的意思说得更清楚。他所赞赏的"横写"的诗歌,其实都或明显、或隐晦地包含了分层句法式的思维和表达方式。有了这种认识,我们还可以对废名所举的主要来自中古文学的例子做些补充:分层句式和思维其实早就常见于上古时代的散文与诗歌,只是到了近几百年,流行诗歌的语言或者说流行的诗歌语言趣味堕落了,表意让位于写意,复杂缜密的思维与语句让位给反智的所谓意境烘托。而上古的文章却是另一种样子。例如《左传·昭公二十六年》:"先王何常之有,唯余心所命,其谁敢讨之?"无论在句法还是修辞方面,均臻于复杂。又例如《诗经·郑风·子衿》:"纵我不往,子宁不来?"这是虚拟条件复句,表达的思想亦有相当的复杂性。中古时代最好诗人的句法是非常灵活多变的,废名激赏的李商隐固然有"玉玺不缘归日角,锦帆应是到天涯"这样的复句,但类似的

---

① 废名:《谈新诗》,辽宁教育出版社,1998年,第3页。但主要是其中第四篇"以往的诗文学与新诗",第24—34页。

句式恐怕还是学杜甫的,例如《城西陂泛舟》中的"不有小舟能荡桨,百壶哪送酒如泉?"均为类似《子衿》的虚拟条件复句。至于句法的倒装,如《诗经·豳风·七月》:"七月在野,八月在宇,九月在户,十月蟋蟀入我床下",《孟子·尽心下》:"盆成括仕于齐。孟子曰:死矣,盆成括!"都是上古文学中的佳例。后世诗文中倒装句式最极端的例子,也还是来自杜甫,如"香稻啄余鹦鹉粒,碧梧栖老凤凰枝",这是每个研究中国古典文学的人耳熟能详的。

举这些例子是要说明,汉语和汉语诗歌绝非马致远的那首散曲以及其他一些词曲篇什所显示的那样,只是裸词、甚至裸名词加形容词的非语法和非句法的堆砌,也不是只有简单句并置句式,而是可以具有丰富的思维、复杂的句式、甚至活泼的词序。既然汉语中确实有这样的语言资源,我们采纳异化的翻译策略,把原文的句法语式咬文嚼字地翻译过来,就不仅完全可能与可行,而且也能让我们免于洋泾浜中文的指责,在迻译异域诗歌的同时回归更本真的中文。这恰好符合本雅明对翻译和语言的思辨,因为本雅明认为翻译最终是朝再现作为所有人类语言的意向之整体的纯语言或语言的黄金时代的趋近。我们通过援引中国古代的例子说明,遥远如汉语之于德语或希腊语、拉丁语,也有指向相同的纯语言的资源或者痕迹;换句话说,分歧如汉语之于欧洲的屈折语言,它们各自朝本真趋向的同时,也是朝共同的纯语言的趋向。这就使得汉语与这些语言之间的翻译在最后和最高层次上成为可能。

其实,在所有语言的意向性之共同这一点上,本雅明对翻译哲学的看法同德文圣经译者马丁·路德著名的论翻译的观点相去不远。因为在一封著名的论翻译的信中,路德曾这样写道:

> 人们一定不要询问拉丁语中的字在德语里怎么说,这是

那些蠢驴们［路德对拥护教皇派的蔑称］所做的；而是要请教巷间市肆上的贩夫走卒和灶前屋后的孺子老妪，看他们如何动嘴、如何谈吐，再据此翻译，这样他们就会懂，知道是在说德语。①

路德所陈述的他的圣经翻译原则也就是说，翻译不是或者不仅仅是从一种语言到另一种语言的翻译，而是要翻译外国语言背后的意向（在路德这里，语言情境的再现或类似，是展示意向的最好向导）；是这个意向使得所有异化的翻译，无论起初显得多么陌生，最终都将变得不陌生，因为那毕竟是人的意向。尚无研究显示中文圣经和合本的翻译有意遵循了路德的这段陈述，但是在成果和效果上，中文和合本圣经其实同路德的翻译方针是高度符合的。相应地，拙译《荷尔德林后期诗歌》的翻译，也在一定程度上遵循着路德乃至和合本圣经的翻译策略。

在更具体层面上，我在两卷本《荷尔德林后期诗歌》的导论中，曾描述了具体解读力图保存原文句法结构的"咬文嚼字"式的翻译方法。② 这个方法是建立在这样一个语言事实上的，即在任何言说的语言中，句子、尤其是较长的句子，是通过语调、轻重音、节奏单位划分等发音和听力手段来表达和接受意义的。在汉语中，如同在屈折性的德语中一样，构造和理解分层句型乃至各种倒装，在听觉上都是通过这样的手段来达意的。在翻译分层句式和倒装句时，只要很好地把握了这些手段，就能在听觉上构造出意义明白的汉语复杂句式。咬文嚼字地忠实于原文句法的翻译，

---

① Martin Luther, „Sendbrief vom Dolmerschen", in: Werner Burkhard, *Schriftwerke deutscher Sprache. Ein literaturgeschichtliches Lesebuch*, Sauerländer & Co., 1943, p. 252.
② 荷尔德林：《荷尔德林后期诗歌》，评注卷，上册，第 151—155 页。

乍看上去似乎比散文的解释难明白,但我们要知道,作为诗,原文这里也远非可以一目了然。然而我们一旦明白了其句法结构,并能正确地把这段诗朗诵出来,这个看似晦涩的句法就变得相当易懂了。让我们把书中《莱茵河》一诗中这段的朗诵要求标注一下:

  然后他歇了,带着蒙福的谦和,
  因为他所要的一切[——这里用悬置的语调而非结束的语调],
  那个上天的,他自行拥护
  不受强制,微笑着
  <u>此时既然他消停了</u>,朝那些猛者。

  这里的第一行用最平常的语调。第二行由于是解释原因,所以应使用略高的语调;而且在这一行结尾时不要像我们平时处理一个完整句子的结尾时那样让语调下降,而是故意要把这个较高的语调保持到最后,戛然而止;但一直不降落,让听者产生悬念,因为这一行不是自足的,而不过是下面贯穿三行的句子的宾语。接下来三行(不包括加下划线部分)是这个"因为"句的主干,朗诵它们的语调和速度应大致平均。但是最后一行加下划线部分的这一从句,是个塞进那个主干句里的解释的话,应该用较快速度读出,声调甚至声音也要较低。这样,听者将会非常轻易地听懂这个读起来复杂、含有多重倒装的句子。其实,从认知的角度讲,这种复杂句中的语调达意法,就是侯世达(Douglas R. Hofstadter)在其《集异璧之大成》中描述过的"**堆栈**"(**stacks**)的一例,即通过悬置上一个层次的语义操作,让低一层次的操作得以完成之后,再回到上一层次直至其完成。这样的悬置和进入更低一层可以在两层以上水平进行,其结果就是分层句式的实际运作;这种

运作是智能的一个基本操作职能。在我们这里,包括倒装、插入语、同位语以及各种从句等在内的分层句式,就是通过调节语调的手段使听者得以弄清不同的意义层次,并最终把握一个复杂句子的完整语义。①

关于翻译忠实的第三个因素,即修辞式的忠实,其实同句法的忠实密不可分。我们这里不可能详论荷尔德林诗歌所涉及的西方修辞学,但是仅就翻译而言,有多少句法的忠实,就有多少修辞的忠实,读者可以参照我们对句法忠实翻译的论述。至于第四个因素,即风格的忠实,却需特别强调一下,因为很多译者和读者容易忽略这一因素。翻译任何文学作品,译者必须注意所翻译的对象文本在文体风格上属于哪些范畴:是高尚风格还是低下风格,是庄是谐,是诗性辞藻还是官僚文体(德国人把后一种叫作 Kanzleisprache),是华丽还是朴素,是流畅还是迟滞,等等。明白了原文的风格属性,译者必须尽可能保持对原文风格的忠实。无论如何,他不能混淆风格的高与低、华丽与朴素;除非是翻译卡夫卡,否则他一般不应用公文体翻译文学作品,等等。

更棘手的翻译忠实是第五个因素,即如何保持对原文时代的忠实。是应该用 18 世纪末 19 世纪初的中文来翻译同时代的荷尔德林诗歌作品呢?还是应该用 20 世纪中形成的新华体?抑或甚至应该用 21 世纪的网络语、流行语?对这个问题,答案恐怕不会众口一致。但是大多数人想必会同意,在译文中同当代语言保持一些距离感应该是必要的。

关于最后一个因素,荷尔德林原文中有很多对路德圣经字句

---

① 此处可参见笔者参与翻译的译本:侯世达:《哥德尔、艾舍尔、巴赫:集异璧之大成》,商务印书馆,1997 年,第 167—172 页。原文为 Douglas R. Hofstadter, *Gödel, Escher, Bach: An Eternal Golden Braid*, Vintage Books, 1980, pp. 127-131.

的采纳、对当代其他诗人作家作品的指涉、对古希腊等西方经典文学作品的引用,这些援引和指涉在原文语境中的直接效果如何在中文中复制呢?抑或应该索性放弃这个意义上的忠实?

从这些考虑出发,我在《荷尔德林后期诗歌》中所采纳的翻译策略可以概括如下:第一,如该书的评注卷所详尽展示的那样,在语义层次上对荷尔德林后期诗歌的翻译要做到最大限度的忠实。这既包括纠正某些长期以来以讹传讹的错误,也包括不采纳通用的各种德汉词典中"标准"的翻译,而是在对德文和中文考证的基础上不惮自行做更准确的翻译。第二,在句法上对原文保持尽可能的忠实。这一点可能是最强烈冲击中文读者既成语感的激进做法。但是我相信,在句法句式翻译上咬文嚼字的做法是诗歌翻译所必然要求的,前面列举的中文在这方面的语言资源使得这种做法在很大程度上可行。在具体接受上,读者可以尝试我所介绍的多语调朗诵法,以便把握诗人复杂的句法。第三,我充分识别了荷尔德林诗歌的风格属性,认为它属于庄严、崇高、古奥、偶尔流利华美、内省、晦涩等风格范畴,因此在汉译中采纳类似的汉语风格。至于第四和第五是相关联的:针对原文中无处不在的路德圣经德语的深刻影响,汉译所采纳的方针是把中文和合本圣经作为这种影响在文本、文风和语言时代诸方面的坐标,这样,汉译除极个别例外,在专有名词译名和概念、名相、名物翻译上一律遵从和合本译法,并且把全部的翻译风格统一到产生和形成于19世纪并在20世纪初定稿的中文和合本语言上来。这样做,一方面使得汉语译文具有了一定的时代距离感,另一方面也模拟了原文语境中的文本互指关系和效果。因为这样的翻译才在更高的层次上趋近原文,也趋向语言背后的意向或者说纯语言;同时,这样的翻译才与和合本圣经的翻译相一致。因此,读者对《荷尔德林后期诗歌》译文所感到的陌生感,不仅缘于异域的空间距离,也缘于汉语自身的历史距离。

关于和合本语言的重要意义,是一个迄今为止仍未得到应有的广泛认识的大问题,我曾专门撰文做过论述①,这里不再重复。

总之,把诗歌作品从屈折语的德语乃至希腊语、拉丁语的原文翻译到汉语,其中蕴含着极其丰富和复杂的语言学、风格学、美学乃至哲学问题。本文只不过勾画了其中涉及的句法和翻译哲学方面的问题,并结合自己的翻译实践提出了一些翻译策略建议。对这个课题的更全面的探讨,此外必须要包含:其一,对当代汉语和当代文学汉语状况的较深入、较全面的考察和批评;其二,对中西方修辞法和修辞学的检讨与比较。这两个话题我将会在未来展开讨论。

---

① 主要参见《圣书与中文新诗》《从字说到灵》和《"多亏了鲍康宁"》三篇,收入拙作《小批评集》,南京大学出版社,2011年,第205—225页。

论德国流亡文学研究中的政治化倾向问题
——从流亡文学杂志《汇集》风波说起

任国强

(中国人民大学 外国语学院)

一、引言:流亡文学研究的时代烙印

希特勒取得政权标志着德国历史上最黑暗时期的开始,历史向德国作家提出了一个尖锐问题:如何选择未来生活?对此,大批作家用双脚对纳粹当局投下反对票:"一个作家的大规模出埃及记开始了,历史上还从未有过哪个国家在短短数月内失去了自己如此之多的文学代表人物。"[①]伴随着纳粹上台、国会纵火案、焚烧图书、"砸玻璃之夜"、吞并奥地利、"慕尼黑协议"以及二战爆发,每一事变都造成新一波作家流亡潮,近千名作家去国出走,德国几乎一夜之间失去了欧洲文学的中心地位。20世纪德语文学具有影响的精英几乎悉数踏上了流亡之路,这在人类历史上绝无仅有。如此大规模作家集体流亡,开启了德国文学史上的特殊时期——流亡文学时期。

对于这一非常时期的研究,德国文学评论界的反应相对滞后。迟至20世纪60年代中后期,流亡文学研究才悄然兴起,直到70

---

① K. Mann, *Wendepunkt*, Rowohlt Verlag, 1949, p. 334.

年代渐成滥觞。这一现象具有多方面原因,并且不可避免地产生了相应影响。总体而言,战后东西方政治上的分道扬镳,阻碍了从整体上(全德范围)应对流亡文学这一具有鲜明政治色彩课题的挑战,四大战胜国占领当局不同的战后文化政策致使该领域研究举步维艰,但凡涉及价值判断,只有符合随之盛行的、东西方对峙所需要的、敌视和丑化对方形象的终极目标才切实可行;这一状态直到 60 年代中后期伴随着东西方两大意识形态阵营开始解冻、东西两德分别以阿登纳和乌布利希为代表的时代结束而有所松动。"68 一代"发起的全欧洲范围的学生运动,是对战后近四分之一世纪西方所奉行的保守政策的反叛。在西德,1970 年前后全国高校出现空前大换班,一大批纳粹统治时期并没有影响其研究工作、因而对历史反思和社会责任采取搪塞和规避态度的教授年届退休离职,新一代知识分子得以登台亮相,学界乃至社会风气为之改观。其标志性变化是起源于知识界,随后波及全社会的意识形态左倾化。在上述背景下,与意识形态结下不解之缘的流亡文学研究,顺理成章地成为关注的焦点。作为时代变革的产物,这一领域的研究,因其研究对象所决定而强烈地附着上了清算纳粹的印记。从思想和社会发展角度看,这种清算至关重要。这既是对战后阿登纳时代迎合冷战需要、三心二意地开展非纳粹化的反拨,也是社会良知和道德回归社会主流的重要标志。但是,具体到流亡文学评论如何摆脱来自"右"和"左"的意识形态干扰、在"矫枉"和"过正"之间取得平衡、进而客观公正地展开研究,则是一个复杂的问题。就此而论,主要受制于政治原因而姗姗来迟的德国流亡文学研究,似乎并未摆脱政治因素的干扰,总体上表现出为求"矫枉"而不惜"过正"的倾向:在强调该领域反纳粹的必然存在和重大意义的同时,却降低甚至排斥其他相关因素及其作用,留下过犹不及之憾,从而对流亡文学研究产生了不可忽视的负面影响;对此,围绕德国著名流亡文学杂志《汇集》(Sammlung)所引发的风波及相关评论,可以作为典型案例加以说明。

二、《汇集》风波的评价误区

1933年夏末在荷兰创刊的流亡文学杂志《汇集》所引发的风波,在德国流亡文学研究中占有举足轻重的地位,究其原因大致有三:首先,该杂志主编克·曼(K. Mann)身份特殊,其本人不仅由于乃父托·曼(Th. Mann)的光环而备受瞩目,更由于非同一般的流亡背景和转变(纳粹上台之前几乎不问政治并且具有颓废倾向的唯美主义和个人主义作家,之后在生活和创作道路上以强烈的反法西斯立场而著称)而一跃成为德国流亡文学研究的标杆式人物。他的转变在自由派作家中堪称楷模,顺理成章地成为评论界重点关注的对象。其次,这份最早、也是影响最大的德国流亡作家所创办的文学刊物拥有一批重量级撰稿人,①他们的文学地位和声望在一定程度上代表了德语文学界与纳粹划清界限的政治立场,构成德意志民族在其历史上黑暗时期所剩无几的骄傲所在。最后,卷入《汇集》风波的是一些著名作家如罗·穆西尔(R. Musil)、阿·德布林(A. Döblin)、勒·席克勒(R. Schickle)、托·曼、斯·茨威格(S. Zweig)等,他们起先同意出任杂志撰稿人,后因《汇集》发刊后所具有的强烈反纳粹政治诉求而纷纷发表声明退出。这个当年双方各执一词的争执,在时隔近40年后被迟到的德国流亡文学研究大加渲染,甚至以耸人听闻的"丑闻"加以定性,上升成为以此评判当事者双方政治立场正确与否的标准。在大量对于这种被视同所谓临阵脱逃行为的抨击中,尤以对

---

① 《汇集》聘亨·曼、纪德等为顾问,主要作家包括福希特万格、雷马克、约·罗特、安娜·西格斯、阿·茨威格、雅·瓦色曼等。

奥地利作家茨威格的抨击为甚。其中以该领域研究权威哈-阿·瓦尔特（H-A. Walter）的观点最具代表性①，他对茨威格在政治上进行了毁灭性的评论，其根据就是"《汇集》对他（茨威格）而言过于政治，过于反法西斯"②。进而他得出退出者不问政治、屈从纳粹的结论。显然，这一批判之矛不仅指向茨威格，还包括其他退出作家，具有广泛的涉及面。而这一立论之大行其道③，又折射出德国流亡文学研究带有实质性的特点。所以，围绕《汇集》事件是非曲直的澄清势在必行，其举一反三的意义不言而喻。

纵观《汇集》风波的种种评论，谴责退出作家的立论，是建立在认定他们没有信守承诺的先决条件基础之上的。因此，所谓"食言"一说是否成立，无疑构成了相关评论存废的关键。然而，恰恰是在这个节点上，盛行的观点并非无懈可击；相反，对该事件进行有选择的过滤，构成了相关评论不可忽视的缺陷，从而在根本上动摇了这种建立在片面基础上得出的结论。与瓦尔特充满政治性的解读不同的是，被描述成遭受众人"不义"的克·曼，实际上在严格意义上是"食言"的始作俑者。史料充分证明，《汇集》筹办期间，克·曼对办刊宗旨并非旗帜鲜明；相反，定位不清、表里不一伴随着《汇集》一路走来。在旨在与众多作家征稿的通信中，克·曼反复强调的不是杂志的政治性而是文学性④，而正是

---

① 瓦尔特于20世纪70年代著有六卷本《1933至1950年的德国流亡文学》，该书所囊括的时间跨度以及史实和文献资料的丰富构成其突出特点，产生了广泛影响。
② H-A. Walter, "Vom Liberalismus zum Eskapismus. Stefan Zweig im Exil", in: *Frankfurter Heft*, 1970, 25, pp. 421–436.
③ 如在《克劳斯·曼传》中，作者对该事件的评论可视为瓦尔特观点的重复。参见 U. Naumann, *Klaus Mann*, Rowohlt Taschenbuch Verlag, 1984, p. 63。
④ 如在相关通信中，克劳斯·曼反复强调："这份杂志应该是文学性的，没有那种政治意义上的好斗性。"参见 Gregor-Dellin ed., *Klaus Mann, Briefe und Antworten*, Vol. 1, Rowohlt Verlag, 1975, p. 98。

这一点吸引了相当一批作品在纳粹德国遭到封杀的作家,并据此允诺出任撰稿人。政治上低调的赫·黑塞(H. Hesse)尽管多次受到邀请,但执意要等到杂志出版后再说,事实证明黑塞的谨慎不无道理。1933 年 9 月《汇集》发刊,如果将亨·曼(H. Mann)和阿·凯尔(A. Kerr)的政治评论以及该杂志充满政治论战性的办刊纲领联系起来考察,只能得出一个结论:"克·曼原先要办一个'纯文学'刊物的宗旨,就这样被憎恨法西斯的文学理念所改变。"①而正是这一改弦易辙引发了对新的办刊宗旨一无所知的作家的强烈反应。德布林愤然表示:"我不同意与这份杂志出版人有任何创作和政治上的共同点,我对这份杂志的倾向一无所知。"②席克勒声明:"我对《汇集》的政治色彩极为不快,因为我以为只是与一份纯文学杂志偶尔合作。"③托·曼也证实:"我只能确证,《汇集》第一期的特性与其承诺的纲领完全不符。"④在致克·曼的信中,茨威格直言前者的食言行为及其后果:"您当时表明要办一份文学的、非政治的杂志,但您本人却又改变了这一方案,所以导致目前种种回绝。"⑤类似于茨威格的书信内容,黑塞也对克·曼的食言行为给予尖锐的回应⑥。面对各路诘问,一贯以直言无畏著称的克·曼则一反常态地选择了沉默。

由此可见,《汇集》风波的缘起在于克·曼首先违背了事先的承诺,其因果关系至关重要。它表明就事发本身而言,众多作家的退出无可厚非,是对违约行为的正当反应。然而相关评论却对

---

① S. Alexander, *Die Deutsche Exilliteratur 1933 – 1945*, C. H. Beck-Verlag, 1979, p. 109.
②④ M-L. Staiber, *L' Exill de René Schickele 1932 – 1940*, Presses Univ. de Strasbourg, 1989, p. 31.
③ A. Finck, *René Schickele aus neuer Sicht*, Olms Verlag, 1991, p. 134.
⑤ S. Zweig, *Briefe an Freunde*, Fischer Verlag, 1984, p. 234.
⑥ H. Hesse, *Gesammelte Briefe*, Suhrkamp Verlag, 1979, pp. 15 – 18, 515 – 517.

克·曼一手造成该事件爆发的行为讳莫如深,因果倒置地将责任全部转嫁到他人头上,这构成了"食言"说辞并据此对有关作家进行抨击的悖谬所在。此外,值得一提的是克·曼在向不同政治背景作家约稿时采取了不同的说法,从而给同一份杂志定下截然不同的办刊宗旨:在致公开反纳粹人士的信中强调"越尖锐越好",而在给政治上低调的流亡作家的信中则强调杂志将是"非政治的"。① 这种因人而异的行事方式,起码表明他对杂志定位缺乏严肃考虑。这种目的性、功利性行为,无异于把自己的政治意愿强加给他人,并且采取的又是缺乏最基本的尊重他人的行事方式,这为日后招致众叛亲离埋下了伏笔。

毋庸置疑,在纳粹兴起之时把办刊定位由纯文学改变成具有鲜明政治诉求具有积极的现实意义,然而,涉及由此而引发的风波及其对相关作家的评价时,却不能因此而排除克·曼的食言及其所产生的后果:该杂志并没有如其刊名所愿地汇集了各路流亡作家;相反,它直接引起了他们之间的猜疑、指责,在一定范围内导致了流亡作家四分五裂。一个崇高的目标,却由于为实现这一目标的方法不当而受到损害,这恰恰印证了目标和手段两者缺一不可的重要性。一份起先信誓旦旦承诺是纯文学非政治的刊物,仅仅由于临阵变卦而变成政治上是非判断的标准,这不能不视作德国流亡文学研究中这一热议事件的阿喀琉斯之踵,在逻辑上、道义上是难以自圆其说和取信于人的。从研究方法看,存在着因果断裂的缺陷;从研究指导思想看,是将反纳粹的政治作用凌驾于所有因素之上。当一项规则确定之后,必须以此作为衡量、判定达成共识者行为正确与否的尺度;这一客观标准的缺失,势必削弱其说服力。仅根据相关作家不同意一份前后不一、自相矛盾

---

① U. Naumann ed., *Klaus Mann*, p. 62.

的办刊理念就对他们的政治立场得出负面结论,其武断和轻率显露无遗。

总之,回避克·曼误导行为及其对该风波所起到的诱发性作用,彰显出该领域研究具有明显的排他性和选择性,且选择衡量的标准和尺度又是绝对的,即是否公开声讨纳粹。这不能不给相关研究打上了意识形态为导向的烙印。极力推崇这种斗争方式,似乎在暗示只有一种事实上并不存在的"正确"的斗争方式,同时也是排斥在客观上大量存在的其他与纳粹作斗争的方式。对前者的推崇和对后者的贬低,构成了德国流亡文学研究中一个令人瞩目的评论模式。这种非黑即白,以是否公开声讨纳粹来对流亡作家在政治上划线站队的做法,大大缩小了反法西斯阵营多样性构成这一客观事实。对此,相关研究亟待扩大视野,延展反法西斯斗争的内涵,在一个更为宽广的思想和历史背景下展开讨论;这涉及全面评价众多纳粹时期在公开场合保持政治上低调因而受到怀疑甚至谴责的作家。黑塞、德布林、穆西尔、席克勒、茨威格只是几个著名的事例,他们在公开场合所采取的低调态度固然在一定程度上表明了他们的政治观念,但据此对他们反法西斯主义的原则立场产生怀疑甚至否定,并做出以一概全的结论,则是与历史的真实背道而驰的。假如德国流亡文学研究最终确立瓦尔特式的立论方式,那么这类评论肯定会变得清楚和简单得多;然而可以肯定的是,也将与事实疏远得多。

三、流亡作品与作家政治立场

从本质上讲,《汇集》风波双方的歧见并非对纳粹认识及所持政治立场不同,而是对采取何种方式与纳粹斗争的策略选择不同,两者不可混为一谈。谴责退出者的观点,混淆了两者的本质区别,把策略选择的不同上升为政治立场的不同,从而歪曲了这些作家反纳粹的原则立场。具体而言,单方面改变办刊宗旨,无异于强迫对方接受一种他们并不认同的斗争方式,也正是在这一点上导致了冲突。从这个角度看,那些对《汇集》易帜不予认同的作家是在坚守自身所奉行的价值观和政治信念,只有对此全面考察才能评判其政治立场。就此而论,一个重要的参照系无疑是作家在最能全面反映其价值观的本职工作即作品中所表明的观点,舍此根本而刻意去突出是否公开抨击纳粹的意义和作用,势必造成忽视甚至贬低对作家作品的全面理解和客观评价。仅以处在《汇集》风波风口浪尖上的茨威格为例,这位在德国流亡文学研究中几乎被贬抑成克·曼的对应体,并多被定格为用以衬托后者反纳粹斗士光鲜形象的人物,由于受制于对该作家政治上的负面评价,其作品遭到狭隘的解读。例如对他的中篇杰作《象棋的故事》(1942)所包含的揭露和控诉纳粹对人的精神摧残和迫害的内容,盛行的观点却通过强调心理分析而加以排斥,从而剥离了作者在作品中明确无误地表现的主人公精神上受到摧残和迫害的时代背景(如小说中反复强调的纳粹集中营及其种种迫害手段的丑行等)。这种以心理分析取代、拒斥作品丰富思想内容及其现实意义的方法,几乎成为德国评论界评价茨威格及其作品的特定套路;这种方法显然与对该作家政治上的负面评价的指导思想存在着逻辑上的联系,可谓"政治挂帅"造成的必然后果。

相同的遭遇在茨威格另外一部力作《卡斯台利奥反抗加尔文》(1936)中再次得到印证。通行的观点大多以历史题材为借口回避该作品的现实政治意义。对此,有必要重申历史题材在流亡文学中的普遍运用及其积极作用,历史与现实存在着有机的联系。德布林充分肯定"历史题材取得成功的要素正是在于它的现实性和倾向性"①。转向历史题材,反映了反法西斯主义流亡作家的一种普遍诉求:通过分析历史事件和历史上类似现象来认识当代现实;同时,历史也为研究人道主义传统和激励同代人的斗争精神提供了巨大可能。因此,"流亡时期作家创作历史题材作品不是逃避现实,不是遁世,而是与法西斯作斗争的一种方式"②。亨·曼的《亨利四世》两部曲、托·曼的《约瑟夫四部曲》的后两部、列·福伊希特万格(L. Feuchtwanger)的《假尼禄》等,无不是这类借古喻今的范例。取材于历史的作家首先关照的不仅是他所依据的史料,而且是采用这种史料的目的和意图。就此而言,无论是从目的或意图,还是从现实性或倾向性而言,《卡斯台利奥反抗加尔文》的矛头直指纳粹暴政无可争辩,书中振聋发聩的质问:"一个共和主义的城市,怎么能够忍受这样一种萨沃罗拉式的独裁统治?一个迄今为止热情开朗的民族,怎么能够忍受这样扼杀人生的欢乐?一个孤家寡人,怎么能够这样残暴地毁掉成千上万个人的生活欢乐?"③这表明了作者以史为镜,意在使人猛醒的社会责任感和政治立场。这种具有现实意义的大声疾呼,证明茨威格没有远离时代的漩涡。这部书可视为作者的政治宣言,是对其政治立场的系统总结和说明,在当时流亡作家中引起积极反响,对他先前政治上低调多有微词的人成见大大消弭,托·曼致信祝贺:"这本书深深地激动人,把现实中一切憎恶和一切同情都聚集到一个历史题材上,我为此感谢你的大作。"④如同流亡时期大量出现的历史小说一样,《卡斯台利奥反抗加尔文》的文学和历史价值在于超越了对现实急功近利的批判,其张力具有跨时代的

---

① 苏联科学院编:《德国近代文学史》下卷,福建师范大学外语系编译室译,人民文学出版社,1984年,第761页。
② 韩耀成:《德国文学史》第4卷,译林出版社,2008年,第408页。
③④ 张玉书:《茨威格评传》,高等教育出版社,2007年,第361—362、355—356页。

威力,塑造了一个有能力认清当权者真实面目并敢于挑战暴政的主人公,重申了人类的历史就是一部针对压迫和反抗的抗暴史;这无疑在纳粹猖獗的历史条件下具有巨大的鼓舞作用。总之,无论从出版时间还是作品内容上看,该书都是对时代灾变做出的及时而深刻的反思,书中历史题材的选取及其所采用的明确无误的类比方法,加深而不是削弱了这种反思力度,在反法西斯流亡文学中应占有不容忽视的地位。

四、流亡、"内心流亡"的政治内涵及流亡作家多样性

一味强调公开反纳粹的政治立场,并以此为标准来评价流亡作家,在客观上还造成了削弱该领域研究的本质构成即流亡及其蕴含其中的政治意义的后果,从而偏离了议题核心。不谈流亡而大谈流亡文学以及作家的政治立场,无异于舍本求末,致使这一具有特定内涵的命题背负上过多其他因素的重压,因此,将流亡作为研究的出发点具有正本清源的必要。流亡不是简单的标识符号,它本身就包含着鲜明的政治立场和价值取向。选择流亡就是选择孤独、贫困甚至死亡,流亡之路就是不归之路,绝非仅仅是逃亡或逃生。瓦·哈森克勒维尔(W. Hansenclever)在其流亡小说《没有权利的人》中描写自己作为流亡者在异国所遭受到的侮辱,便是流亡作家命运的缩影。书中撕心裂肺地悲鸣:"我们这些失去家园的人,我们这些被诅咒的人,我们还有生存的权利吗?"①此实乃非亲身经历者未必理解。踏上流亡之途后,等待他们的命运就是查抄财产、颠沛流离、陷入赤贫,从而使流亡作家变成了奥德赛式的人物。物质、心理和语言上的困难和障碍使流亡作家承受着难以想象的痛苦和压力,而流亡带来何等灾难性后果,在巨

---

① S. Alexander, *Die Deutsche Exilliteratur 1933 – 1945*, p. 287.

大的精神和物质压力下出现的自杀潮可以说明：穆西尔赤贫如洗，死于物质的极端贫乏；约·罗特（J. Roth）不堪精神重压，沉溺于酒精而亡；图霍尔斯基（K. Tucholsky）、陶勒尔（E. Toller）、哈森克勒维尔、恩·魏斯（E. Weiss）、本雅明（W. Benjamin）、茨威格等一批享誉世界的作家，先后自杀身亡。

抛开面对这种生死攸关的选择而义无反顾踏上流亡之路所包含的鲜明政治立场，一味强调对纳粹口诛笔伐的政治意义，无异于是对流亡做出盲人摸象式的解读。尽管流亡作家背景不同，政治信仰、美学观念各异，但共同的特点是不接受纳粹主义这种意识形态和政治制度，以流亡来宣示拒绝纳粹政权的合法性。同时，选择流亡就是选择忠于人道主义传统和精神，所以，"流亡国外是政治行动。逃亡出去的人便是打算拯救祖国的人，也是祖国不解放决不回来的人"①。忽视流亡本身所表明的政治立场，不仅是对历史的歪曲，也是对大批流亡作家的选择及其命运的亵渎，在这一原则问题上不容有丝毫的含糊，否则便会失去对相关研究的原则把握。值得关注的是，德国流亡文学研究中确实暴露出逻辑和价值取向出现混乱的迹象：一方面，对于选择流亡、然而对通过论战方式与纳粹作斗争持保留态度的作家予以政治上的贬低甚至否定；另一方面，却对滞留在纳粹德国、以沉默面对暴政的作家冠以"内心流亡"而予以肯定。这种评判标准的混乱，不可避免地导致流亡文学研究的混乱。

毋庸置疑的是，德国文学的伟大传统由流亡在国外的作家通过他们的作品得到传承和发展。在纳粹统治的 12 年间，德语文学可以载入史册的作品是由流亡作家创作的（如托·曼、罗·穆西尔、贝·布莱希特等），而绝不是诞生在纳粹帝国的土地上，其

---

① H. Kesten, *Deutsche Exilliteratur*, Verlag Kurt Desch, 1964, p. 16.

中也包括"内心流亡"文学。尽管留在纳粹德国的作家并不都出卖灵魂,他们当中也存在恪守正义的社会立场、不接受纳粹制度和意识形态的作家,从而构成了"内心流亡"这一现象;但是,第三帝国所奉行的中世纪宗教裁判所式的文化政策,从根本上决定了这类作家难有作为。事实上,这类作家的作品整体上表现出遁世特征:避免与纳粹有染,描绘的不是社会冲突,更不是政治冲突,而是心理上、道德上的冲突,充其量试图以人类道德的普世价值来对抗纳粹的道德观;同时,这种意图又打上了不愿或不敢冒犯当局、在两者之间寻求平衡的印迹。因此,使用伊索式语言进行隐晦曲折的表达,以便通过纳粹书报检查,成为滞留纳粹德国、良心未泯的作家的写作常态,这类经蒸馏后的文字所能产生的作用可想而知。"内心流亡"作家虽然以沉默表示不认同纳粹当局,但其作用无足轻重,也正是基于此点,托·曼对所谓"内心流亡"一说进行过无情的、甚至是过激的抨击,认为"1933到1945年间能在德国印刷的图书毫无价值,更不值得去看。这些书都带着血腥气和耻辱味,全都应该捣成纸浆"①。托·曼的过激言论固然有失偏颇,但令人深思:德国流亡文学研究能够留存包容"内心流亡"作家的胸襟,何以不能见容于宁做天涯沦落人而不愿做纳粹臣民的一些流亡作家?仅仅因为这些作家没有发表讨伐纳粹檄文?难道选择流亡不就是无字的决裂书?显然,以是否公开反对纳粹来对流亡作家进行政治上的评判,必然会削足就履地排斥其他因素,限制对流亡文学具有多样性这一总体特征的全面理解,从而陷入自相矛盾、难以自圆其说的尴尬,最终把与纳粹复杂的、全方位的斗争简单化和教条化。

流亡文学是由各种政治信仰、美学观点和身份背景的作家组

---

① 韩耀成:《德国文学史》第4卷,第371页。

成。既有资产阶级民主派作家,也有无产阶级革命作家;既有现代派作家,也有现实主义作家、左翼自由派作家;此外还有人道主义、和平主义、犹太、半犹太作家等等不一而足。由于世界观等原因构成了不同流派,面对纳粹采取了参差不齐的政治立场,应当在肯定主流和本质的基础上加以区别分析;要求具有各种思想倾向的作家在立场表达上统一只能是相对的,他们在哲学、政治和美学观点上存在着相当大、甚至是根本的分歧。然而,纳粹是共同的敌人,摆脱纳粹统治是共同的愿望,流亡作家所表现出的不屈不挠的意志不仅仅在于对纳粹的唾弃和声讨,同样重要的是对人道主义的捍卫和弘扬,而后者更是构成了分属不同文学流派和政治团体的流亡作家最能相互认同的共同点,同时也构成了流亡文学研究的一个重要出发点。然而从相关评论看,由于过于强调前者,客观上导致了排斥甚至抹杀后者的存在和作用;这种比例上的失调,是突出反纳粹作为研究主导思想的必然结果,造成了明显的研究缺陷。与此不无关联的是,倘若强调反纳粹的作用,以诗人贝歇尔(Becher)为代表的流亡苏联的作家无可争议地可以比肩于包括克·曼在内的一批忠实于自由主义的流亡作家;然而前者在德国流亡文学研究中均被打入另册,这又从另一个方面表明该领域确乎存在着政治化倾向,不能不对其研究的全面性和科学性产生质疑。

五、结 语

对《汇集》风波的争鸣,不仅在于探讨历史的真实,还在于彰显反法西斯的多样性和合法性。每一位流亡作家的重要性都不容忽视;当他们不齿与纳粹为伍,拿出舍弃一切的勇气流亡出走,并且在极端艰难的精神和物质条件下继续从事写作遭到纳粹禁止的作品并以此相对抗时,从政治上排斥甚至否定由于种种原因没有以公开论战的形式加入到讨伐纳粹行列的流亡作家①，已经不仅事关流亡文学研究的一个缺失，而且还涉及如何全面、客观地评价流亡作家及其历史地位的重大问题。毕竟与纳粹作斗争不能只局限在政治层面，其本质更是人道与非人道、正义与非正义的斗争，绝不仅仅是不同意识形态之间的斗争。社会的巨变直接或间接迫使人们做出政治上的选择，并不完全取决于当事者政治上积极与否。历史业已证明，不仅仅是政治上的积极分子，至关重要的是无数"非政治"的民众揭竿而起，最终成就了反法西斯大业；他们是沧海一粟，但正是由于他们才汇成了势不可挡的滚滚历史洪流。

流亡作家队伍构成复杂，不可能整齐划一，多样性是其最大公约数。而他们的共同点在于以流亡表示对纳粹的唾弃，对这些作家的历史评价首先应建立在这个原则基础上。具体就《汇集》风波焦点人物茨威格而言，从其世界观看，他是一位彻底的和平主义者、坚定的人道主义者。秉承这种信念的流亡作家不在少数，这从根本上决定了他们与法西斯主义势不两立，对于这类作家在纳粹时期的评论理应结合这一思想背景加以综合考量。客观的现实是，在反纳粹斗争中存在着广泛的统一阵线，对于其中某一斗争形式如克·曼式的公开论战的赞颂，不能以贬低甚至否认其他斗争形式为代价；反抗纳粹不存在正确或是错误的斗争形式，主动选择流亡这一具有划清界限的行动本身已使这方面的是非之争显得苍白和空洞。反法西斯是在全方位战线上进行的斗争，很难提出在某个领域流亡作家不曾与纳粹针锋相对。而涉及

---

① 如作为犹太作家，流亡中茨威格的犹太意识得到觉醒和强化，主张避免因个人的言行连累国内的同族；力主"两个德国说"，即不把德国人民等同于纳粹政权。这一观点在流亡作家中引起强烈共鸣和普遍认可。

到作家的作品,其作用关系重大,正如反法西斯主义著名作家安娜·西格斯(Anna Seghers)70多年前指出的:"与法西斯的搏斗,同时也就是为民族文化遗产,为代表真正民族传统的权利而斗争。"①这种超越狭隘意识形态束缚、高屋建瓴的视野和气度,对于当今德国流亡文学研究仍具有现实意义和指导作用。民族的呼声、民族的良心不仅仅表现在与纳粹不调和地针锋相对;跳出单一的、以意识形态划线的评论臼窠,对于德国流亡文学研究而言并非一句危言耸听的大话,围绕《汇集》风波的评论已经表明了这一点。最后,有必要回顾克·曼表明他当年流亡目的一段话:"一方面涉及向世界警告第三帝国,并且揭露当局的真实面目;另一方面有益于在陌生的环境中生动地维护德意志精神和在其发源地的国家已无立足之地的德语伟大传统,并且通过自身的创造性贡献继续发扬这种传统。"②历史地看,克·曼尽责地完成了第一个目标。而第二个目标则是由包括他本人当年在《汇集》风波中颇有微词的作家群体,通过在流亡时期创作出的作品更好地完成;虽然他们未如克·曼那样表现出值得钦佩的斗争精神,但他们始终坚持人道主义原则,以其不朽的作品讴歌、捍卫着人类的光明与正义,用以对抗纳粹的黑暗与邪恶,此乃一个事物的两个方面,不可厚此薄彼。

---

① 苏联科学院编:《德国近代文学史》下卷,第729页。
② K. Mann, *Wendepunkt*, p. 335.

用德语的帛裂之声作诗

——保尔·策兰《声音》诗文之诠释

吴建广

(同济大学 德语系)

一、导 言

保尔·策兰的诗集《语言栅栏》开篇就是一首长达52行的诗文《声音》①，也可以将其理解成一个组诗，由星号分开的八个长短不一的部分构成；它的纲领性地位使其具备了领唱和定音的功能。这首诗的形式和地位在策兰诗学创作中绝无仅有，是我们理解《语言栅栏》整部诗集不可或缺的重要诗文。②《声音》一诗产生的时间跨度与《语言栅栏》诗集的创作几乎相同，不过写诗的过程并非连续，而是有很大的时间间隔，1956年7月完成第一至第四部分和第七部分，1957年7月完成第五部分、11月初完成第六部分，1958年11月完成增补的第八部分。③

---

① Paul Celan, *Gesammelte Werke*, I-V Vols., Beda Allemann/Stefan Reichert eds., Suhrkamp, 1986, Vol. I, pp. 145–149. 本文凡引该版诗集，均以在文中用括号加卷数(罗马数字)和页码(阿拉伯数字)标注，如"(GW I, 145)"。
② 详见 Christine Ivanovic, "Stimmen", in: Jürgen Lehmann ed., *Kommentar zu Paul Celans Sprachgitter*, Winter, 2005, p.75。以下简称 SGK。
③ 详见 Paul Celan, *Sprachgitter: Vorstufe-Textgenese-Endfassung*, Jürgen Wertheimer ed., Suhrkamp, 1999, p.141。以下简称 TCA SG。

不仅由于这首诗文的重要地位,更是因为策兰诗文的晦涩难懂,其文本拒绝断章取义的解释方法,因此,只有在诗学诠释学结构分析中才能领悟其义。诠释学家伽达默尔对策兰诗文的解读方式①,遭到日耳曼学界的诟病与怀疑②。德国哲学界显然不同意这种指责,同样是哲学家的策兰专家珀格勒为伽达默尔的哲学诠释方式作辩护称:伽达默尔对策兰诗文进行"诠释学的反思",在"古老而优良的传统意义上"为"令人无所适从的诗文"提供"当时性解释","当其他人用从策兰诗文中生拉硬扯出的诗句来服务这样或那样的文学理论时,伽达默尔就已试图对整首诗文进行一字一句、一行一节的解释,最终理解整个组诗"。在进一步的细读和研究中,"我们也可以批评伽达默尔解释的出发点以及某些个别部分;但是每个争论都必须是当下的,对策兰作品更为细致的研究是为后来的研究提供前提条件,今天的努力也会被超越。争论中也允许说错话,因为与这些处于现代性顶尖诗文的快速相遇,对以哲学为基础的诠释学而言实属前所未见"。③

在策兰诗文的解释中,似乎谁也不敢保证不会出现理解上的差错和谬误。伽达默尔也看到了策兰诗文的"锁闭"特征以及解释困境,"要去释义一首晦涩锁闭的诗,肯定会经常遭遇巨大的尴尬"。但他依然坚持的是文本自明的诠释学方法,认为解释者没有"必要知道诗人写诗时的思想","对诗的理解仅仅在于诗本身说了些什么,而不是去猜测其作者的意图,或许诗人也没有能力

---

① 详见 Hans-Georg Gadamer, "Wer bin Ich und wer bist Du? Kommentar zu Celans Gedichtfolge Atemwende", in: *Gesammelte Werke*, Vol. 9, Mohr, 1993, pp. 383–451.
② Jean Firges, *Den Acheron überquert ich-Einführung in die Lyrik Paul Celans*, Stauffenburg, 1999, p. 15; Theo Buck, *Muttersprache, Mördersprache: Celan-Studien I*, Rimbaud, 1993, p. 161.
③ Otto Pöggeler, *Spur des Worts-Zur Lyrik Paul Celans*, Alber, 1986, pp. 179–180.

明白地表述出来。作者的视角来自于'素材'的不变状态。诚然,这种视角对读者阅读完成的诗文有益处,还能够避免错误的理解尝试。不过这仍然是危险的帮助"。伽达默尔担心,把私人的和偶遇的母题解释进文本,就会破坏文本的自在结构,因为这些东西"在诗中却并不存在"。他强调文本的自主性,认为当"理解还处于不确定和粗略性之中",诗还是诗,"只不过以其粗略性和不确定性的方式对我们说话,而不是一个人以经历的或者感受的私人方式向我们叙述"。他宁可保证诗文朦胧的完整性,也不愿意借助诗人给予的私人信息来理解诗文:"一首诗采取拒绝的方式,不提供相当程度的明晰性,在我看来比一切明晰性更富意义,明确性的东西会把读者淹没在由诗人给出意图的纯粹保障中。"①

这种"纯粹保障"可能会阻碍诗文结构的自我彰显,而策兰诗文的锁闭特征却又是文学史上绝无仅有的诗学现象。这也是策兰诗文的解释者所处的两难境地和面临的棘手问题。我们坚持文本自明的诗学诠释学方法,但不拒绝文本之外的知识和信息,这些都应是理解文本的必要前提,在策兰诗文的理解中显得尤为必要。没有文学、圣经、希腊神话、植物学、甚至动物学的知识,也就无法进入策兰的《声音》一诗。坚持文本自明就是突出诗文的自主性原则,不是用诗文去解释诗人所想,也不是用文学去注解社会与历史,而是用知识和信息的帮助来彰显隐匿的深层结构。这就需要在文学诠释的实践中避免逾越文本的言说界限,始终将对诗文自在结构的理解置于首要地位。

目前,策兰诗文研究已经从"断章取义""生拉硬扯"的文本

---

① Hans-Georg Gadamer, "Wer bin Ich und wer bist Du? Kommentar zu Celans Gedichtfolge Atemwende", in: *Gesammelte Werke*, Vol. 9, pp. 383 – 384.

解读进入到对整首诗的细读理解，只有在此基础上得出的结论才具说服力。《〈语言栅栏〉章句评注》(SGK)、《〈无人玫瑰〉章句评注》①、《策兰诗文之解释》②的出版，以及一些专著和论文中对整首诗文的评注和解释，都说明了学术界的共识。本文试图在适应诗文特征的基础上延续诠释学的传统，对《声音》一诗的主题、母题、构造以及诗句、诗节进行解读和释义。

二、主题、母题与形式

抒情诗是心灵对内在与外在现象的感应，诗人在这首诗中感应到的就是声音；它(们)有不同的所在、状态、源起和归宿，回荡在不同的时间与空间。"声音"是一个零冠词复数，表示泛指，意为人或动物(鸟类)发出的具有一定声学特征的声响，用以传递信息，进行交流。人的声音是气息冲击喉部声带引起的振动在共鸣腔(如胸腔、咽腔、头腔、鼻腔等)的共同作用下产生的声学效果，其形式为语言和其他声响如叫喊声、哭笑声、叹息声等；"声音"在声乐上还指声部，即和声中根据歌手或乐器的声音高低而分的各个部分。③诗中的"诸种声音并非一直可以辨认"④，它们之间相互关联、渗透、排斥和抵牾，终因那场人性灾难而聚集到文本中。它可以是死者的低语⑤、孤独者的轻吟；也可以是临终者的哀叹、刽子

---

① Jürgen Lehmann ed., *Kommentar zu Paul Celans "Niemandsrose"*, Winter, 1997.
② Hans-Michael Speier ed., *Interpretation-Gedichte von Paul Celan*, Reclam, 2002.
③ 详见 *Brockhaus-Enzyklopädie Digital*, Bibliographisches Institut & F. A. Brockhaus AG, Sat_Wolf, 2002, Stimme 条。
④ Christine Ivanovic, "Stimmen", in: SGK, p. 76.
⑤ 莱曼(Jürgen Lehmann)将声音主要理解为被害犹太人的声音，显然难以诠释《声音》一诗中多元声音的全部含义。并且他的论据也是《顺风》一诗："这些声音：/……/被火化。"莱曼对诗集《语言栅栏》的评述，详见 Markus Mai / Peter Goßens / Jürgen Lehmann eds., *Celan-Handbuch*, Metzler, 2008, p. 78。

手的笑声、诬陷者的诽谤;抑或是母亲的叮咛、儿子的诗语。

古人云:物动而情生。正是这些多元的声音触动了策兰,才创造出独特的抒情诗篇。各种声音的重叠与组合形成了这首苍凉的哀歌,但策兰却并未告诉我们这些声音具体的信息形式,诗文语词间的不确定性和极大的跨越性致使阅读容易迷失方向。古希腊神话传说《凯伊克斯和阿基奥娜》以隐含不露、点到为止、变异跌宕的陌生化样式贯穿于诗文,其基调使诗文主题结构逐渐显现在读者眼前。母亲形象与希腊神话的互文重叠构成了诗文的首要主题:抒情之我对死亡母亲的念想和爱恋。

爱情与死亡作为双重主导母题在策兰诗中时隐时现,经久不息,就如热恋情人形影不离,融为一体。它们的互动关系彰显策兰诗文的独特风景:爱情因死别而炽烈,死亡因苦恋而苏醒。其他母题如冰鸟、孤独、方舟、蝎草、沉船等形成一个母题群,众星拱月般支撑并丰富了爱情与死亡这双重母题,其因此而悠远、迷离、凄丽和绝望。

策兰诗语逐渐散裂破碎是一个过程,《声音》一诗中已初见端倪。其散裂形状还没有分崩离析,还是以离散的块状呈现。各个板块在诗中散落四处,断章残篇中仍可依稀辨认出语篇结构的关联性和连贯性:[1]那曾是一个完整的世界图像,宁静和谐的绿色水面(第一部分)和完好无损的"心皮"(第八部分)。在诗学上,片段散落表现为扬弃了起承转合的传统模式,读者一眼读到的不是诗学的语篇结构,而是几个互不关联的块状碎片。

隐喻图像、句法形式和诗内准韵(Assonanz)都呈现出诗文的内在结构和紧密关联。水以及与其关联的语词、母题和意象,在

---

[1] 伊凡诺维奇认为,《声音》这首诗在整体上的一致性更多体现在其共时结构中,而不是表现在历时顺序上。参见 Christine Ivanovic, "Stimmen", in: SGK, p. 75.

希腊神话和圣经故事的引导下,结构性地凸显在我们的理解视域中,尤其在一、三、五、七的奇数部分中,如"水面""冰鸟""岸""死贝""游来""细流""小舟""狂风""方舟""打捞""沉沦者"等。诗文也以句法形式来架构散落部分的关联:一、三、五部分中的时间或条件从句"当/如果……,就……"在句法结构上表明了它们之间的关联性。在韵律方面,一、三、五、七部分中 u 和 e 元音的准韵关系,如 Sek_unde(秒)、_Ufer(岸)、-m_uschel(贝)、_Unendliches(无限的)、M_ünder(嘴)等,将失散的部分在韵律结构上关联起来。策兰的早期手稿就显示出这些部分的某种结构关联。①

第四部分的母亲(M_utter)则从中心位置与这些前后的内韵发生诗学的语篇关联,构成诗文轴心。该诗节与其说是母亲给予诗人的任务②,不如说是诗人对死去母亲的眷恋和念想,渴望与母亲见面和对话,也是对这场灾难造成的生死分离的痛苦呻吟和绝望诉说。真有"十年生死两茫茫……无处话凄凉"的意境。诗文奇数部分对这则神话传说的精简、省略、改装、掩饰,均为这一目的服务。

偶数部分的插入割裂了本来就晦涩的奇数诗文,无论是死者的召唤(第二部分)、圣经引文(第六、七部分),还是最后结论(第

---

① 在手稿 AD2.9,6 中,按一、三、二、七部分的顺序排列,详见 TCA SG, p.2。
② 关于策兰诗文得自于母亲给予的使命,诠释者意见颇为一致。菲尔格斯认为:"策兰在艺术风格上将其母亲视为[记忆女神]尼莫西妮。母亲派给他诗文创作的任务,内容为:你所有的诗文只能有一个主题,就是纪念大屠杀的死难者。"(Jean Firges, *Den Acheron überquert ich-Einführung in die Lyrik Paul Celans*, p.64)伊凡诺维奇则认为:"说话的你从'你母亲的心'得到一个任务,这个任务远远超出了对死者纪念,超出了母亲'灵魂'的单一和个体性。"(Christine Ivanovic, "Stimmen", in: SGK. p.54)笔者则认为,策兰的诗文创作是因为他无法接受母亲被害的事实,不能理解、也不能原谅这样的杀戮。恰是这单一性和个体性,构成策兰诗文锲而不舍的中心主题。对这一主题的诠释和超越,更多的是诠释者的任务;而过分超越,是策兰诗文接受中过度解读的普遍现象。

八部分),都从不同角度来支撑诗文主题,使其厚重,形成立体构架,也形成了奇偶相错、阴阳相交的诗学结构。

最后部分与之前的七个部分发生密切的内在互文关联,如词素—语词的互文关联:"迟晚"之晚与"晚材"之晚(第四部分),相同的第二分词"划破"(第一部分),"眼般大"与"眼"(第六部分);否定性的互文关联:"没有/声音"与其他七个部分,"终于"(endlich)与"无限"(Unendliches,第五部分);隐喻性关联:"脂液"与"泪"(第六部分);本质性互文关联:"脂液"的黏稠与"滑黏"(第五部分);时间关联:"时辰"与"秒"(第一部分)。语文的互文关联也增强和紧密了整篇诗文的诗学结构。

三、诗文诠释

开篇诗节中冰鸟①的神话隐喻,直接指向爱情与死亡的双重母题。据德国出版家施维林撰文记载,他与策兰在法国罗舍福尔-昂-伊夫林②河畔散步时,的确见过一只冰鸟疾入水中,据说策兰当时只知道冰鸟的法语名称"martin-pêcheur",德语名词是事后在布莱姆的一本有关动物书籍《布莱姆动物生命》(*Brehms Tierleben*)中查到。③ 法语词"martin-pêcheur"还有"死者墓地"的引申义④;而法语中更为常见和普遍的冰鸟(翠鸟)鸟名是"alcyne"⑤,它与

---

① 原文为 Eisvogel,中文为翠鸟,羽色鲜艳,以鱼为食,独居,发出咯咯声或尖叫声。详见《不列颠百科全书》国际中文版,第九卷,中国大百科全书出版社,2000 年,第 274 页。本文直译为"冰鸟",目的是为了体现策兰诗文重要的冰雪母题。
② 罗舍福尔-昂-伊夫林(Rochefort-en-Yvelines)坐落在法国北部,策兰妻子德·勒斯特让热(de Lestrange)家族在那里有带风车的房地,故策兰一家常去那里度假,详见 Paul Celan, *Kommentierte Gesamtausgabe*, Barbara Wiedemann ed., Suhrkamp, 2005, p. 633。以下简称 KG。
③ Christoph Graf Schwerin, "Bitterer Brunnen des Herzens-Erinnerung an Paul Celan", in: *Der Monat 32*, Heft 2, 1981, p. 74.
④⑤ Christine Ivanovic, "Stimmen", in: SGK, p. 84.

古希腊神话《凯伊克斯和阿基奥娜》①中的女主人公的名字一致。也正是这则神话传说变易、陌生化地贯穿在全诗之中,与诗文时隐时现、直接间接的互文关联,支撑并强化了诗文的中心主题,也使诗文具有凄美苍凉的神秘色彩。

神话的部分细节构成理解《声音》一诗的必要前提:凯伊克斯因受神谕必须跨越爱琴海去小亚细亚克拉罗的阿波罗神殿。其妻是风神的女儿阿基奥娜,深知海上狂风暴雨的危险,却无力劝阻丈夫出行。告别时,阿基奥娜因离别的痛苦而昏倒岸边。醒时,湿润的眼睛遥望丈夫的船只远去,直到白帆在她视线中消失。航行到半途,远离两岸,欧罗斯神掀起海浪,白沫翻滚,风暴乍起。飓风狂作,翻江倒海,船员惊慌,舵手失措。乌云笼罩天穹,黑夜降临人间,唯有令人战栗的闪电偶尔划破黑暗。响雷轰鸣,巨浪滔天,打入船舱。船上的人有的呼天喊地,有的呆若石头,有的索性听天由命,朝天伸展四肢,任凭风吹雨打,思念父母妻儿。凯伊克斯脑海里只有阿基奥娜,他渴望回到故乡的海岸,双手绝望地伸向爱人生活的地方。此时桅杆倾倒,船舱破裂,巨浪"拱起",船沉海底。众船员被漩涡卷走,葬身海底。凯伊克斯抓住一块木板,嘴里呼喊"阿基奥娜";海浪打来,他叹出"阿基奥娜";临终时,沉沦者的嘴依然嘟哝"阿基奥娜"。

在家乡的阿基奥娜对发生的灾难毫无所知,日夜思念夫君,还不忘给诸神献祭,祈求丈夫平安归来。婚姻和分娩的保护神赫拉于心不忍,指派神的信使伊丽丝去睡神处,要他托梦给阿基奥

---

① 有关《凯伊克斯和阿基奥娜》传说主要参考的文本有:(1)"Ceyx und Alcyne", in: Ovid, *Metamorphose*, Lateinisch/Deutsch, Michael von Albrecht tr. and ed., Reclam, 1997;(2)"Keyx und Halkyone", in: Gustav Schwab, *Sagen des klassischen Altertums*, http://gutenberg.spiegel.de/;(3)"Cëyx und Halcyone", in: Ovid, *Metamorphose*, Johann Heinrich Voß tr., http://gutenberg.spiegel.de/。查阅时间:2010 年 3 月 11 日。

娜,传达海难的消息。睡神之子莫尔弗斯能模仿人的姿态、声音、形象和面容,遂派他去完成神的指令。莫尔弗斯扇起无声的翅膀穿越黑夜,来到阿基奥娜的梦境,显现出溺水者的形象,一丝不挂,须发流淌海水,苍白的脸上泪水纵横,对阿基奥娜说道:"可怜的女人,还认识你的凯伊克斯吗?或许死亡扭曲了我的面容?认识我吗?看看我!唉,我不是凯伊克斯,只是他的影子。我死了,亲爱的。在爱琴海上,巨浪打翻了我们的船,我的尸体在漂游。穿上丧服吧,用眼泪祭奠我,我要在这流涕痛哭声中地走入阴间。"阿基奥娜得知消息,悲痛不已,呼喊着:"别走!你要去哪里?我跟你一起走!"她被自己梦中的声音所惊醒。天色微明,她来到送别夫君的海岸,泪眼遥望蓝色的远方,突然发现海浪承载一具人体,越来越近,漂游着接近海岸。"就是他!"她张臂伸手要去抚摸夫君的尸体,"你就这么回到我的身边,接纳我吧,我与你同行!"她纵身跳入波浪。然而,翅膀将她托在空中,凄切的呼唤化为清亮的鸟声,瞬即变为冰鸟,紧贴水面飞翔,落到死去夫君胸前。凯伊克斯也感受到妻子的临近。慈悲为怀的诸神将他也化为冰鸟,赋予生命。这对冰鸟继续旧日的恩爱和婚姻,永不分离。①

　　这里透出的是生死无界的男女情恋,海难的悲怆与爱情的凄美如主旋律在《声音》中再现、变奏、跌宕,尤其在第一、三、五部分。诗文就在冰鸟与海岸的母题中开始:

---

① 恋人化为飞鸟,可比梁山伯与祝英台的化蝶故事;此外,策兰诗中还有沉入地下缝隙的死亡全喻(Allegorie):"时间之深地被栅栏,我们跌落……在脉道里"(GW I, 168),"深/在时间裂口之中"(GW II, 31)。在祝英台殉情中亦有类似描述:"忽然一声响亮,地下裂开丈余,英台从裂中跳下……那飞的衣服碎片,变成两般花蝴蝶,传说是二人精灵所化。"冯梦龙编:《古今小说》(下册),许政杨校注,人民文学出版社,1958年,第418页。

声音,划破   Stimmen, ins Grün
水面之绿。   der Wasserfläche geritzt.
当冰鸟疾入水中,   Wenn der Eisvogel taucht,
秒声唧唧: sirrt die Sekunde:
在每个岸上   Was zu dir stand
面对你的东西,   an jedem der Ufer,
被割刈   es tritt
它走入另一图像。   gemäht in ein anderes Bild.

孤独的冰鸟(单数)打破了完好的"绿色"画面,划破了生机盎然的幻景,刺破了对爱情的渴望、对生命的希冀。① 冰鸟母题早前已或明或隐地出现在策兰诗中,1954 年的《树林茂密》(Waldig, GW I, 116)一诗中就有冰鸟母题,讲"冰鸟映照在水面";同年写就的诗《好》(Gut, GW I, 100)中,也已经隐约显露"我"飞翔在"你"之上的冰鸟母题:"好,我在你之上飞去。/好,我也发出音响,天从你的眼里奔涌而出。/……/声音在你的耳中尖叫,/它疯狂地把我撞到这里。/雨鞭答我,这雨,/为你刻凿一张嘴……"内在的互文关联中,《声音》拓展并深化了这一母题。一切在冰鸟出现的瞬间发生了变化:岸上面对你的东西、你与这个世界的关系,都被割除、消解,变得与你无关。② 岸,即凯伊克斯与阿基奥娜离别的所在,也是诗人策兰看见冰鸟的地方,由此进入另一个图像。

---

① 绿色是自然生长的颜色,象征生机与希望,在中世纪宫廷抒情诗中常表示爱情的开始。详见 Brockhaus-Enzyklopädie Digital, Grün 条。
② 哈布施认为策兰背弃海岸的图像来自兰波《醉船》(Le bateau ivre)第二诗节(此为策兰的德译本,见 GW VI, 103):"Vorbei war der Spektakel, den sie am Ufer machten,/ hinunter gings die Flüsse, wohin, das stand mir frei."见 Ute Harbusch, Gegenübersetzungen: Paul Celans Übertragungen französischer Symbolisten, Wallstein, 2001, p.261。

德语诗学与文化研究

　　星号之后便呈现出另一幅图像,它断开了冰鸟图像的延续,也割裂了与世界的关系,希腊神话传说先是点到为止。第二部分在宗教、哲学与文学的互文性中,描绘了一个枯立于生死之界的孤独者形象:

> **声音来自蝎草之路:**
> 来吧,用手行走到我们这里。
> 孤独掌灯的人,
> 只有这手,供读手相。

> **Stimmen** vom Nesselweg her:
> Komm auf den Händen zu uns.
> Wer mit der Lampe allein ist,
> hat nur die Hand, draus zu lesen.

　　在毕希纳文学奖获奖感言《子午线》中,策兰就引用过这四行诗句(GW Ⅲ, 201)。"蝎草之路"(Nesselweg)是一个生造词。所谓"蝎草",学名荨麻,是一种多年生草本植物。其茎叶具有蜇毛,易刺入皮肤,释出刺激性液体,引发炎症,伴随有强烈的灼痛感。① 策兰在《眼睛》一诗中也提到过"采摘蝎草"(GW Ⅰ, 67)。此外,古时欧洲人也用荨麻(蝎草)纤维纺织衣物,德语中就有荨麻织物(Nesselstoff)、荨麻衫(Nesselhemd)等组合词。因而,发生两个互文关联:安徒生童话(《野天鹅》②)和古希腊神话

---

① 详见 *Brockhaus-Enzyklopädie Digital*,Nessel、Brennnessel、Brennhaar 条。
② 故事讲的是 11 个王子被继母施巫术变成不能说话的野天鹅,飞向远方。在仙女的指引下,妹妹艾丽莎历经千辛万苦找到了野天鹅,并得知了让哥哥们变回原形的方法。在大海彼岸,艾丽莎开始了解救工作,即从教堂墓地里"像火一样刺人"的荨麻中抽取出"绿色的麻",为哥哥们编织 11 件长袖披甲。在此期间,艾丽莎必须忍受荨麻刺痛手指的痛楚以及内心的悲愁,而"不可以说一句话"。即使在她被当地的大主教诽谤、被相爱的国王误会、被视为巫婆而即将被烧死的时候,也只是沉默地编织荨麻披甲。最终,她成功让哥哥们变回人形,澄清了事实,故事在完满中结束。详见《安徒生童话全集之二·天国花园》,叶君健译,上海译文出版社,1978 年,第 79—108 页。

(《涅索斯衬衫》[Nessoshemd]①),涉及爱情、痛苦与死亡等母题。《涅索斯衬衫》象征无法摆脱的极度痛苦与死亡;荨麻则隐喻了变形(Metamorphose)的痛苦之路。诗中追求的是逆向蜕变,是由生向死的变形,从有形到无形的变化是解脱"涅索斯衬衫"的唯一途径。

据诗人1956年7月21日的手稿(AD 2.9,6),冒号之后的三行诗句在外部形式上都左端缩进,意为声音发出的内容。在题名为《两个声音》的最早的现存手稿(AD 2.7,8)中,只有两节诗文,其内容与本诗的第二和第七部分基本一致。② 这两个声音形成一个对话关系:一个来自彼岸的发话,一个来自此岸的回应。这部分中的祈使句向"你"发出了两个要求:行走的方向与行走的方式,要求"你"以手代脚的倒行方式走到复数第一人称"我们"那里去。"我们"就是彼岸世界的死者,声音就是来自因痛苦而死去者给余生者发出的命令和召唤,也是余生者思念死者的此在的苦楚。策兰诗中用手走路的倒立行走的方式与毕希纳中篇小说《棱茨》发生互文关系,对此,诗人在其诗学获奖感言《子午线》中也引用该文:棱茨有时感到不舒服,他不能头朝下行走。③ 策兰将此解释为颠倒的价值理念:"头朝下行走者,对他而言,天就是他身下的深渊。"(*Meridian*,

---

① 涅索斯(Nessos)是希腊神话中的一种怪物,上身为人、下身为马,他守候在欧艾诺斯河岸,帮人渡河;他在抱着德伊阿妮拉过河时对其非礼,被其丈夫赫拉克勒斯用毒箭射杀。涅索斯临终前对德伊阿妮拉说:若将箭头上的血涂抹在她丈夫的内衣上,他不会爱上另一个女人。后来,出于嫉妒,德伊阿妮拉让丈夫穿上"涅索斯衬衫",赫拉克勒斯痛苦万分,像被毒蛇撕咬,衬衫像铸在他身上,无法脱下。详见 Gustav Schwab, *Die schönsten Sagen der klassischen Altertums*, Naumann Göbel, 1984, pp. 129 - 134。伊凡诺维奇从荨麻衫联想到"涅索斯衬衫",开拓了诗文意蕴空间,详见 Christine Ivanovic, SGK, p. 88。
② 手稿研究者估计,这两段诗节最早可能产生于1953年(Konvolut C, 12),详见 TCA SG, pp. 2, 6, 8。
③ 见 Georg Büchner, "Lenz", in: his *Werke und Briefe*, Franz Josef Görtz ed., Diogenes, 1988, p. 117。

GW Ⅲ, 195)在《子午线》草稿中,策兰还提及俄罗斯犹太作家巴别尔就是用手走路。① 因而,用手行走也可以理解为诗人的诗歌写作,用写作的方式回归彼岸。"是时候了,是回归的时候了……扩展艺术? 否。而是与艺术一起走入你最为本己的狭窄。然后将你解放。"(GW Ⅲ, 200)回归就是抒情者的荨麻之路,充满痛苦,却是必然的。

紧接着的两行诗构成一个条件从句,将"孤独掌灯的人"与供解读手相的手联系在一起。这个孤独者与复数的"我们"形成对照,这只单数的手与上一行的复数的手形成对照;独自站在一个没有光明的世界里,掌着一盏灯,这是一种"从人性中出走(Hinaustreten)"(GW Ⅲ, 192)、在"人之彼岸"(GW Ⅱ, 26)的孤独者姿态。就如尼采"在人与时间之彼岸"②,孤独者与尼采文中呼喊"上帝死了"的狂人(der tolle Mensch)产生逆向的互文关系:"当我们把地球从太阳解脱出来,……黑夜不断地涌来了吗? 一早就得要点亮灯笼了?"③在掌灯的孤独者看来,这是一个无光的荒芜世界。手中的灯光就是诗学文字铺就的痛苦之路,回归之路也是孤独者的生命线路,"手相学所说的掌上描绘命运的线纹"④。掌灯的孤

---

① Paul Celan, *Meridian*: *Vorstufe-Textgenese-Endfassung*, Werke, Tübinger Ausgabe, Jürgen Wertheimer ed., Suhrkamp, 1999, p.192. 以下简称此书为 TCA M。伊萨克·巴别尔(Isaac Babel, 1894—1940),年轻时在沙皇统治下饱受反犹排犹浪潮之苦,他热情地拥抱了 1917 年的布尔什维克革命;对他长大成人年代的那种暴力氛围也全盘认同。短篇小说集《红色骑兵队》受到评论界好评,因而成为一颗耀眼的明星。到了斯大林统治时期,他的创作受到极大限制,直至身陷囹圄。1940 年 1 月 27 日凌晨他在莫斯科的卢布雅卡监狱死于行刑队的枪弹之下。他和 1938 年死于劳动营的诗人曼德尔施塔姆成为那个时代声名显赫的牺牲品。详见王天兵:《巴别尔的秘密》(中译本序),载伊萨克·巴别尔:《红色骑兵军》,戴骢译,人民文学出版社,2004 年。
② Friedrich Nietzsche, Kritische Studienausgabe (KSA), Vol. 6, DTV,1980, p.335.
③ Friedrich Nietzsche, *Fröhliche Wissenschaft*, KSA, Vol. 3, pp.480–481.
④ Christine Ivanovic, SGK, p.89.

独者显然"错位(ver-rückt),因为从直到现在的人的层面移出(ausgerückt)……这个错位者越过直至现在的人而移出去(hinausgerückt)"①;海德格尔对"狂人"的解释同样适用于诗文中的孤独者。所谓逆向互文关联,是指策兰诗文中的孤独者与尼采的"狂人"有相同的程度,却有相反的语境。狂人因失去上帝、众人放弃信仰而觉得天昏地暗;他与不信神的众人不一样,他还信神……还在思想,还在寻找神。②策兰诗中的孤独者则因对人性的极度失望而质疑神的存在,手中的灯盏就是诗文,照亮自己的命运之路,"诗就是孤独……谁写诗,就只有孤独"(GW Ⅲ, 198)。手也是策兰的本质性诗艺密码,"只有真正的手才能写真正的诗"(GW Ⅲ, 177);阅读掌纹就是阅读诗句文章,就此将诗学文理与命运纹理视为一体。③两者的基本线路均为跨越生死之界的"子午线",是此岸的儿子念想彼岸的母亲的难以割舍的思绪。思绪在第三部分以隐秘的希腊神话重新显露,由化鸟而联想海上漂游过来的恋人尸体,全喻对逝去不归的母亲的期盼:

声音,穿越夜而生长,绳索,　　　Stimmen, nachtdurchwachsen, Stränge,
你把钟挂在上面。　　　　　　　an die du die Glocke hängst.

拱起吧,世界:　　　　　　　　Wölbe dich, Welt:
当死者之贝游近,　　　　　　　Wenn die Totenmuschel heranschwimmt,
愿在这里鸣响。　　　　　　　　will es hier läuten.

---

① 详见 Martin Heidegger, *Holzwege. Gesamtausgabe. I. Abteilung: Veröffentlichte Schriften 1910—1976*, Vol. 5, Klostermann, 2003, p.266。
② 见 Martin Heidegger, *Holzwege*, p.267。
③ 珀格勒认为:"永恒的回归学说……只将剩余的形而上思想带入最为孤独的孤独之中,这点上策兰与海德格尔是一致的。"详见 Otto Pöggeler, *Spur des Worts-Zur Lyrik Paul Celans*, Alber, 1986, p.249。

德语诗学与文化研究

夜是策兰诗中经常出现的重要母题,通常指向黑暗的历史事实、悲惨的个人经验。声音从这个特定的、对诗人而言唯一的灾难中应运而生,与钟声一起诉说灭顶之灾的掀起及其造成的死亡。"拱起"是指海难中拱起的巨浪,将船沉入海底;诗中的世界,则是发生人性灾难的地方。诗人怀有阿基奥娜的期待和渴望,死者便从海上漂游过来。游(泳)的母题在《带着信函与时钟》(*Mit Brief und Uhr*, GW I, 154)一诗中集中出现。与神话相反,诗中的死者是女性,阴性基本词"-muschel"则可以理解为母亲(die Mutter)、姐妹(die Schwester)和女性爱人(die Liebe)的缩写;在俗口语中,Muschel 也有女性生殖器的意思;①限定词"Toten-"则表明拥有这些属性的人已是死者,死于那场人性的灾难。尸体漂游过来,钟声相应响起,以示哀悼和怀念。即便我们联想到爱神维纳斯站在贝壳上从爱琴海中浮水而出(波提切利的油画《维纳斯的诞生》),也要在否定性意义上去理解,因为母亲不会归来。生死之界横隔在生者与死者之间,即"你的心"与母亲的心近在咫尺,却分割为两行;这两者一方面"意向—回归地被设定在镜照般对称的关系中,同时却又用断行和交错配列[的修辞手法]将两者隔断"②。这就是全诗中占有核心地位的第四部分:③

  声音,面对它们,你的心   Stimmen, vor denen dein Herz

---

① 详见 *DUDEN - Das große Wörterbuch der deutschen Sprache*, 6 Vols., Wissenschaftlichen Rat und den Mitarbeitern der Dudenredaktion unter Leitung von Günther Drosdowski/ Rudolf Köster/ Wolfgang Müller eds., Bibliographisches Institut, 1976. Vol. 4, p. 1831, Muschel 条。

② Christine Ivanovic, "Stimmen", in: SGK, pp. 94 – 95.

③ 策兰手稿显示,《声音》一诗开写于 1956 年 7 月 21 日,修改至 1957 年。1958 年该诗在《年轮》(*Jahresring* 58/59)杂志发表时,只有之前的七个部分,并无第八部分。可以说,第四部分无论于外在构造还是内在结构上都是本诗的中心。

避退进你母亲的心。 ins Herz deiner Mutter zurückweicht.
声音来自绞架之树， *Stimmen* vom Galgenbaum her,
那里晚材与早材将年轮 wo Spätholz und Frühholz die Ringe
交换又交换。 tauschen und tauschen.

这一部分的特殊形式表现在它只由一个诗节构成，也没有其他部分的冒号形式。另一个引人注目的地方便是重复和部分重复的修辞手法，如"声音""心""交换""(晚/早)材""你的"等，显示出诗人对这一诗节的重视和强调程度。重复在同行、跨行或者隔行中出现，从结构上将语词和音韵紧密地交织在一起，呈现出其他部分均不具备的情绪密度。

情绪倾注的对象便是母亲。策兰与母亲的特殊关系以及母亲对诗人的诗学此在(poetisches Dasein)的重要性解释者多有论及，却没有提高到诗文主题和诗学结构的总体层面上。诗人对母亲情感的形上化、神话化和诗学化是其诗文创作的永恒主题，以明晰或隐蔽、晦涩和变异的方式呈现出来；诗文就是将神话传说中的夫妻关系演绎为母子关系而贯穿全文。① 在此，母亲成为诗人因惧怕外在声音而逃遁的避难所，惧怕听见早已经历的那场悲剧，惧怕再次体验失去的痛苦；更有可能的是，策兰遭到剽窃指责的声音，或是他敏感到欧洲反犹主义的回潮之声。"第19行的当头介词'进入'(ins)再次回溯到第1行('进入绿色')"②，伊凡诺维奇的这个提醒同样再次印证了神话传说与失母之痛之间的互文关系。

诗文便由母亲母题转入死亡母题。来自"绞架之树"的声音是

---

① 伊凡诺维奇在解释冰鸟时提及了这段神话，却没将它置于诗文的整体诠释之中；神话意蕴淹没在大量的其他信息中而得不到突显。详见 Christine Ivanovic, "Stimmen", pp. 82 – 83。

② Christine Ivanovic, "Stimmen", in: SGK, pp. 94 – 95。

刽子手的欢呼、狂笑,抑或是受刑者的哀叹、哭泣。诗文两次指出声音的出处:一个来自痛苦,"来自荨麻之路"(第9行);再就是来自死亡,"来自绞架之树"。① 绞架之树是将大树当作绞架的行刑工具。合成词绞架之树"将生命,也就是生长(树)与'斩割'呼吸和死亡(绞架)结合在一起"②。由此,就将神话传说中全体覆没的海难全喻旋即转入那场种族屠杀的灭顶之灾,诗人的母亲就是遇难者之一。地点从句引入一对植物学术语早材和晚材,③诗中"将'早材'和'晚材'顺序倒置的陈列重复了第18、19行中的回归元素"④,也可理解为时间逆转,即回归(Involution),回归到死者那里。⑤

德语中树木的年轮(Ring)与戒指是同一个词,"因而亦可理解为交换戒指,象征婚姻的结盟、友情的结盟"⑥。儿子对母亲的思恋情状再次隐现,神话传说的隐性互文和大屠杀的历史维度超

---

① 联系到策兰写作该诗时被人诬陷为抄袭的毁灭性处境以及经历的反犹呼声,可以从策兰的感受视域将这场诬陷理解为杀戮的继续,尽管这两者并无必然关联。《声音》一诗的写作时间颇长,其跨度为1953至1958年,可分为三个阶段。第一是草稿阶段,诗人遭遇了戈尔事件,即戈尔夫人克莱尔指责策兰抄袭她丈夫伊凡·戈尔的诗篇;其次是成形阶段,1956年4月28日至5月2日在法国韦兹莱(Vézelay)举行的德法作家会议上,策兰亲身经历反闪米特的呼声,让他震惊不已和难以承受;第三个是补充阶段,诗人与英格博格·巴赫曼和内莉·萨克斯结识,并与她们有了紧密的诗学关系。详见Christine Ivanovic, "Stimmen", in: SGK, pp. 74 – 75。
②④ Christine Ivanovic, "Stimmen", pp. 94 – 95。
③ 早材与晚材指树木构成年轮的两个部分。年轮就是以年为周期树干生长所形成的同心圆木质层。由于树木生长期(春、秋两季)的湿度、温度的不同而形成早材和晚材的区别。树桩横截面上有许多同心圆环。早材,也称春材,生于春季,此时气候温和,雨量充沛,树木生长较快,因而材质、年轮疏松,颜色较浅;晚材,即秋材,长于秋季,此时气温渐凉,雨量稀少,树木生长缓慢,因而材质、年轮紧密,颜色较深。如此这样一年四季周而复始,便呈现出年轮的形态。详见 *Brockhaus-Enzyklopädie Digital*, Jahresring、Frühholz、Spätholz 等条。
⑤ 详见Jürgen Lehmann, "'Wege, auf denen die Sprache stimmhaft wird'. Zu Paul Celans Fesichtband Sprachgitter. Eine Einführung", in: SGK, p. 24。
⑥ Christine Ivanovic, "Stimmen", in: SGK, p. 95。

越了念想的个体性,进入到人类思念痛苦之普遍性。念想一直在策兰诗文中延续,其痛苦之处就在于思念者与思念对象存在于不可交往的两个世界。每首诗都企图穿越这无法穿越的两界之隔,是明知不可为而为之的痛苦尝试。策兰诗文就是在一次又一次的企图中,从希望开始到绝望结束,从阳间朝向阴间不停地诉说,收获的却是寂静的沉默。诗文以时间倒序的方式继续,第五部分回溯了那场灾难中致命的一击:

声音,喉头的,粉渣中,	Stimmen, kehlig, im Grus,
那里无限之物也在翻掘,	darin auch Unendliches schaufelt,
(心-)	(herz-)
滑黏的细流。	schleimiges Rinnsal.
孩子,将小船在这里放下,	Setz hier die Boote aus, Kind,
我已配备了人员:	die ich bemannte:
如果狂风成功打入船的中部,	Wenn mittschiffs die Bösich ins Recht setzt,
夹子就来会合。	treten die Klammern zusammen.

声音阻隔在喉头,它的所在是粉渣中,此图像显示了发声的艰难和必然带来的痛苦。无穷无尽、翻江倒海般的挖掘会把声音摔打成碎片[1]。在《夜》这首诗中,"瓦砾和卵石。还有碎片之音,单薄,作为时辰的勉励"(GW I,170)就是碎片之声的写照,也是策兰诗学显现的语言碎裂。括号中的"心"在原文中与下一诗行

---

[1] 哈布施认为"无限之物的翻掘"与《醉船》的第 15 行和第 9 诗节有关联。详见 Ute Harbusch, *Gegenübersetzungen: Paul Celans Übertragungen französischer Symbolisten*, p.265。哈布施在著作中只是集中而周详地讨论了这一部分,强调兰波《醉船》语词和主题对策兰的影响,没有在全诗框架中讨论,更没有关照策兰诗文创作的整体性。我认为,策兰可能受到兰波启发,但不会因此而改变自己诗学的自主倾向和自在主题。

的"滑黏"构成一个词(herz-schleimig)。这种"词素性换行"①把外在情景转化为内在情绪,因而就不能从地理学意义上去理解"细流"②;细流隐喻内心涓涓不息的血和泪,德语使用该词的引申义如是说。③"孩子"这两行诗是母亲对孩子的直接话语,要求孩子将小船(复数)放下,并告诉说她已经在船上配备了船员,给孩子一种安全、呵护和信赖的感觉。大船即将倾覆,放下小船则意味着逃生的希望。冒号之后紧跟条件从句,狂风打入船舱的情境与凯伊克斯海难中相似,让人联想到霎时桅杆倾倒、船舵破裂、巨浪"拱起"将船沉入海底④的图像;也就是这个主句让日耳曼语文学家伤透脑筋,它看似简单,却不甚明了,更无从解释。"夹子"一词严重缺乏理解和诠释所必要的词场,策兰研究专家博古米尔和杨茨也都坦承此句"近乎不解"。⑤ 哈布施的解释建议颇有说服力,他认为这里的夹子具有矛盾性意义,"提供一种帮助的保护和逼迫的挤压"⑥。夹子的出现也可以说是母亲提供的一种保护措施,诗文中没有说明夹子如何保护小船。接着,诗文与圣

---

① 词素性换行(der morphologische Enjambement)是换行的极端形式,指将一个词越过诗行界限的强行分割。详见 Dieter Burdorf, *Einführung in die Gedichtanalyse*, Stuttgart, Metzler, 1997, p. 65。
② 哈布施的观点是:声音的地点是"细流","这里"孩子放下小船;"无限之物也"只是补充而已。继而他认为这里的小船与兰波诗中的纸船相同。见 Ute Harbusch, *Gegenübersetzungen: Paul Celans Übertragungen französischer Symbolisten*, pp. 263, 265。
③ 详见 *DUDEN - Das große Wörterbuch der deutschen Sprache*, Vol. 5, p. 2167, Rinnsal 条。
④ 详见 Ovid, *Metamorphose*, Michael von Albrecht tr. and ed., p. 601。
⑤ 见 Marlies Janz, *Vom Engagement absoluter Poesie zur Lyrik und Ästhetik Paul Celans*, Athenäum, 1976, 1984, p. 65; Sieghild Bogumil, "Zur Dialoggestalt von Paul Celans Dichtung dargestellt am Gedicht 'Stimmen' und seiner Spiegelung in 'Landschaft' und 'Wutpilger-Streifzüge'", in: *Celan-Jahrbuch* 5, 1993, p. 40。
⑥ 见 Ute Harbusch, *Gegenübersetzungen: Paul Celans Übertragungen französischer Symbolisten*, p. 268。哈布施同时指出,美国学者约翰·费尔斯蒂纳在解释《声音》时对难解的部分索性回避不引。参见 John Felstiner, *Paul Celan-Poet, Survivor, Jew*, Yale University Press, 1995, pp. 98 – 100。

经发生互文关系,从历史维度揭示痛苦的根源:

雅各的声音:	Jakobsstimme:
这些泪水。	Die Tränen.
泪水在兄弟的眼中。	Die Tränen im Bruderaug.
一滴泪挂住,增长。	Eine blieb hängen, wuchs.
我们栖居其中。	Wir wohnen darin.
呼吸吧,让	Atme, daß
她(它)散发。	sie sich löse.

本诗节中出现的"雅各"和"兄弟"便与圣经发生了互文关系。创世记第 27 章以下记载了雅各与其兄长以扫的故事:父亲以撒老眼昏花,病卧床榻,要长子以扫出去狩猎为他做美食。母亲利百加乘此机会,要次子雅各冒充长子以扫,骗取父亲为以扫的祝福,以一家之主的身份统领家族。母亲让雅各抓两只羔羊做成美味,因以扫浑身是毛,母亲就用羔羊皮包在雅各手上和颈部,并把美味和面饼让雅各送给病榻上的父亲。雅各欺骗父亲说:"因为你的上帝耶和华让我能有机会很快逮到猎物。"老迈的父亲为证实是否长子以扫,就摸着雅各的手说:"声音是雅各的声音,手却是以扫的手。"雅各再次说自己就是以扫,父亲吃了美味就为他祝福,指定他为正式继承人,愿上帝赐予他天上的甘露、地上的沃土、五谷和美酒,万众侍奉,多国跪拜;同时也是一家之主,亲兄弟也要向他跪拜,"凡诅咒你的愿他受诅咒,凡祝福你的让他受祝福"。以扫狩猎回家,得知父亲已将祝福给了雅各,痛哭流涕。父亲只能说,你得依靠刀剑度日,必须侍奉你的兄弟,到你强盛的时候必会从你的颈项上挣脱他的轭。兄弟俩就此反目成仇。在第 25 章中,雅各就趁人之危以一碗红豆汤买来以扫的长子名分。诗

文中的雅各便是欺诈形象。

在 1957 年 6 月 23 日的草稿中,还是"以扫的眼中";同年 11 月 2 日才在草稿上改为"兄弟的眼中"。这一删改弱化、甚至隐没了以扫的形象,限定了语词的不确定性,确定了语词的意向性。文本自明性的诠释阻止了理解中漫无边际的想象,这里涉及的仅是雅各的声音;诗文不让以扫的名字出现,就是要杜绝对圣经中兄弟具体关系的无限联想,得以强调这个欺骗的声音带来的后果:眼泪。眼泪演化为一个漫长的历史,延伸至今,成为"我们"唯一的栖居空间,并非当年父亲以撒对以扫的许愿:"地上的沃土必为你所住,天上的甘露必为你所得。"文本自主性在此得以确定,诗文由过去式(wuchs)到现在式(wohnen)的演变便将历史事件绵延为当下现实,由圣经故事转换为诗文结构。

那滴千古不干的泪水隐喻了"受骗者"无限延宕的痛苦经历与经验,而"我们"则成了这滴泪的继承者。"雅各的声音"是全诗中唯一单数的声音;冒号之后出现的六行诗文不是声音的言说内容,而是呈说声音的性质及其后果。声音与眼泪构成了对立,欺骗的声音造成的结果就是由无数泪珠串连起来的痛苦历史("这些泪水"),泪水引出受骗人和受害人"兄弟",其中一滴泪便与"我们"发生关联,"我们"成了它的居民。陈述句只是指称一个事实,原本不带感情色彩;然而,这滴泪成为栖居空间的这一事实,不仅是对圣经的反驳,也是对海德格尔"诗意地栖居在大地上"之形而上理念①的解构,形成了策兰文本特立独行的诗学事实。起源于一个欺诈(雅各的声音),是雅各以圣灵的名义使父亲发生错误认识为目

---

① Martin Heidegger, "…dichterisch wohnet der Mensch…", in: his *Vorträge und Aufsätze 1936 – 1953*, *GAF*, Klostermann, 2000, pp. 191 – 208. 另见 Christine Ivanovic, "Stimmen", in: SGK. p. 101。

的的蓄意行为。这里的"兄弟"反讽地隐喻德意志人和犹太人的关系:德国以及东欧犹太人多多少少自愿同化于强势的德意志文化,表面以其为荣,实质含垢忍辱。从诗人的视角看,欺诈可以理解为归化(同化)的诱惑,最终换来的却是一场赶尽杀绝的毁灭。本节最后一句(两行)是一个命令式,是要求,是呼吁,是期盼:呼吸,让泪水散发。直到最后,策兰将"löst"改定为"löse",第一虚拟式是"直接愿望的间接表述"①,由主句的命令式引出,强调这一动词的情态愿望。德语动词"lösen"主要指将某物从某物解开、脱离;获得自由。② 泪珠—居所的拆除便是期盼脱离这个从骗局开始而痛苦弥漫的空间(人间),结束痛苦的时间延宕,走向死亡。呼吸是生命的象征,在策兰诗文中也是诗学言说的同义词③;而居住空间的解散,也就意味着生命的结束、诗语的终结。④

第七部分继续第五部分船的母题,将一般的船只嬗变为圣经中的方舟:

声音在方舟内中: *Stimmen* im Inneren der Arche:

唯有   Es sind

---

① *Duden-Grammatik*, 1995, p.156, §277.
② *Duden-Universalwörterbuch*, p.966.
③ 参见 Jürgen Lehmann, "Atmen und Verstummen. Zu einem Motivkomplex bei Mandelstam und Celan", in: Paul Celan, *Atemwende. Materialien*, Gerhard Buhr/ Roland Reuß ed., Königshausen & Neumann, 1991, pp.187–199。
④ 对此伊凡诺维奇在2002年的释文中说道:"这里涉及的不仅是生命必要行为之一般(这甚至可以理解为从生命回归到先前说到的死者世界),还涉及让声音发出声音……"见 Christine Ivanovic, "Stimmen", in: *Interpretationen. Gedichte von Paul Celan*, Hans-Michael Speier ed., Reclam, 2002, p.57。遗憾的是,她在2005年的解释中放弃了前半部分,只是强调要"在生存与诗学上将此句理解为解放声音来言说的要求",见同上,& Christine Ivanovic, "Stimmen", in: SGK, p.101。释者似乎忘记了这里的主题是雅各的声音及其引发的后果,(转下页注)

嘴巴被	nur die Münder
救捞起来。你们	geborgen. Ihr
沉沦者,也听见	Sinkenden, hört
我们。	auch uns.

诺亚方舟是基督教世界意识中拯救与和平的象征,方舟本身也指让生命受到保护和得到温馨的地方,而制造方舟的起因却是人类的堕落。诗文中的方舟中并没有诺亚一家以及飞禽走兽,也没有幸存者,而只有被拯救的嘴、能够发声与接吻的嘴,尽管发声是何等的艰难和痛苦。此时,生命失去了意义,而存活的嘴的唯一任务就是发出声音;发出声音的唯一目的是让死者听见,或是为死者代言。诗人坚信,死者会听到声音。最后三行半的陈述句直接对沉沦者言,用德意志语言的帛裂之声哭泣、呻吟、叹息和诉说,这就是策兰诗学中多部声调的多元形态。对他而言,诗的声音抵达死者就是遇见,死才是他的此在目的,诗(人)为遇见死者而存在。策兰不止一次地强调,"诗为遇见而生存""在路上,语言发出声音,这就是遇见,声音之路通向一个能感知的你……也算是一种回家"(GW III, 195, 201)。在此,也就解构了古希腊神话传说,一切回到现实当下。诗文中的死者没有像凯伊克斯那样从海上漂游回来,"抒情之我"也没有像阿基奥娜那样化为冰鸟,生死界限依然无法逾越,只有在诗文中开拓与死者遇见和说话的空间。在1958年的文学杂志《年轮》发表时,诗文到此结束。1958年11月2日诗人续写了第八部分,直到《语言栅栏》出版时才收入:①

(接上页注)讲述的是呼吸与泪水的关系;讲述的是泪水的消散、居所的消失,也就是此在的消解,最终要表述的是生与死的关系,即生的被毁与死的降临,而非其他。

① 详见 TCA SG, pp. 2-7。

没有	Keine
声音——一个	Stimme-ein
迟晚的响声，时辰陌生，赠给	Spätgeräusch, stundenfremd, deinen
你的念想，在此，终于	Gedanken geschenkt, hier, endlich
醒到这里：一叶	herbeigewacht: ein
心皮，眼般大，深深	Fruchtblatt, augengroß, tief
划破；它流出	geritzt; es
脂液，不愿	harzt, will nicht
疤愈。	vernarben.

对第一诗句的理解需要句法解释：主语是"响声"，谓语动词是"醒"，即"一个迟晚的响声终于醒到这里"，时间（"时辰陌生"）、空间（"在此"）和原因（"赠给你的念想"）都是对"醒到这里"这一迟来现象的补充，响声"醒到这里"一句省略了被动式的谓语动词。此句不仅在中文翻译中，即便在德语原文中也不易理解。①

最后诗节突兀地否定和扬弃了之前所有声音的存在，代之以响声（Geräusch）②。响声多指两样东西摩擦产生的音响，是对音响无意识的知觉，亦可理解为不期而至。③ 响声隐喻死亡之门朝向生活世界开启④，《轨堤》（GW I, 194）一诗中再次提及"时辰之

---

① 伊凡诺维奇似乎对诗句的句法发生了错误的理解，或者说她竟然放弃了对至关重要的句法关系进行解释，以为这些语词和短语是没有句法关系的孤立存在。详见 Christine Ivanovic, "Stimmen", in: SGK, pp. 104-105。
② 伊凡诺维奇将之理解为"无法逾越的历史距离"，见 Christine Ivanovic, SGK, p. 105。这里不是指历史距离，而是指不可逾越的生死之界。
③ 详见 DUDEN-Das große Wörterbuch der deutschen Sprache, Vol. 3, pp. 1001-1002, Geräusch 条。
④ 伊凡诺维奇的解释为"穿越历史之夜"（p. 105），而我们认为是穿越生死之界。恰恰是这样的解释，让伊凡诺维奇得出了错误的结论："新生命的出现。"（p. 107）她认为，此意象可理解为，敞开伤口的植物概念表达了历史的损伤，构成了一种诗学模式。见 Christine Ivanovic, "Stimmen", in: SGK。

门及/其响声";"此岸与彼岸悲哀的响声迅速凋零"(WG II, 77)也有此意向。还有一种理解就是回归"凯伊克斯和阿基奥娜"主题,指羽翼飞翔的响声。在策兰的早期诗文中就有类似的诗句:"当我奇异地飞越你时/你的眼会因我羽翼的响声而闭上吗?"(KG 405)还有一首题为《翅膀的响声》的诗(GW III, 23)中写到"而我看见鸽子到来,白色,来自阿瓦隆",在凯尔特神话中"阿瓦隆"(Avalun)是一座仙岛,是死去国王与英雄所在的地方(KG 558)。能够确定的是,飞翔的响声与生死的交往直接有关。① "诗不是'语词艺术';它是倾听与服从。"(TCA M, 146)

就如本诗节的产生一样,响声来得"迟晚"。醒是睡的反义词;睡在策兰诗文中常与死是同义词,醒则更多意味着复活。第二分词"醒"带有一个方向性前缀(herbei),意即从遥远的地方朝向说话人的方向,朝向活者的方向"醒"过来。② 时辰的"陌生"确定响声源出的地方——彼岸,德语中"陌生"(fremd)的含义就是来自其他地方、不属于这里的人或事。③ 念想(Gedanken)④则是运思(denken)的东西,意指响声因"念想"至深而出现,是赠予念想的礼物,强调响声作为赠予之物是念想者"你"期盼已久的结果;因而,寓意从彼岸世界到此岸世界的作客。

冒号之后便具体描述这一赠予之物:一叶心皮,受伤而不愿愈合。最后诗句是绝对隐喻,是密码,只有《用不断更换的钥匙》(GW I, 112)才有可能解密。德语"心皮"(Fruchtblatt)是由"果

---

① 维德曼专门论述过策兰早期诗文与《呼吸转换》的密切关联,详见 Barbara Wiedemann, "'Für die Anfänge zeugt'-Paul Celans Frühwerk in der 'Atemwende'", in: Paul Celan, *Atemwende. Materialien*, pp. 225 – 234。
② "Herbei"意即从远处朝说话人的地点移动。详见 *DUDEN-Das große Wörterbuch der deutschen Sprache*, Vol. 3, p. 1202, herbei 条。
③ 详见 *DUDEN-Das große Wörterbuch der deutschen Sprache*, Vol. 2, p. 897, fremd 条。
④ 详见 *DUDEN-Das große Wörterbuch der deutschen Sprache*, Vol. 3, p. 957, Gedanke 条。

实"和"叶"合成的组合词,直接中文翻译是果实的叶;"果实"的动词 befruchten 有使受精、使受孕或授粉的意思。植物学术语心皮是变态的叶,卷合而成花中雌蕊的子房、花柱和柱头(Narbe),即被子植物的雌(母)性生殖器官。①

与第一部分一样,被动式动词"划破"意示形象受到伤害,"深深"则表明受伤的程度。分号之后描述心皮受伤的情状:植物学术语"流出脂液"的沿用以外在的客观描述呈现内在的苦楚;并列句"不愿/痂愈"不仅是拟人的修辞手法,更是经验话语,即叙述者以直接经验的方式表述被叙述者的话语或想法。② 由此,心皮与抒情者的双重视角合而为一,其功能有二:抒情者将自己与抒情对象视为一体;读者的阅读体验更为直接与强烈。心皮的受伤印证了抒情之我的内在情态,心皮创口流出的脂液呼应那滴永远不会流干的泪(第六部分)。结合"赠给"(schenken)的旧义是给某人饮料③,不断流溢的脂液因不得不饮而构成抒情者生命不可或缺的组成部分。动词"痂愈"是一个贯穿植物学、医学和心理学的术语,原本指"留有疤痕的愈合"④,诗文中的"痂愈"则从植物学—医学上升到心理层面,由此反观心皮的受伤状态均为心理的全喻性展现。情态动词是对动词进行特定的补充与修正,"愿"(wollen)既是意志和意愿,也在时间上指向未来。⑤ 否定性的意

---

① 心皮将胚珠包裹在内而形成花的子房以及子房之上的花柱和柱头;心皮折合形成雌蕊时的愈合处,称为腹缝线。见 *Der Brockhaus in Text und Bild 2004*(ISBN 3-411-70702-X[DVD]),Fruchtblatt、Blüte 条。
② 经验话语(die erlebte Rede)原是叙事作品的叙述手法,详见 Franz K. Stanzel, *Theorie des Erzählens*, Vandenhoeck & Ruprecht, 1991, pp. 54 – 55。
③ 详见 *DUDEN-Das große Wörterbuch der deutschen Sprache*, Vol. 5, p. 2250, schenken 条。
④ *Grimms Deutsches Wörterbuch*, Vol. 25, p. 907, vernarben 词条。
⑤ 详见 *Duden Grammatik*, p. 101。

愿则强调意志上的坚定和时间上的持久。

心皮图像在植物学层面上与第四部分的互文关联构成它们之间的密切联系,再次彰显了抒情者与母亲亲密而难言的关系。在《赞美诗》(*Psalm*,GW I,225)中,策兰对玫瑰的细节描述如花柱、花蕊、花冠等,就是对母亲明确的性爱指证。"心皮"的性爱隐喻直接意向母亲形象,第四与第五部分就已表达了对母亲的回忆和怀念之情,最后部分则以花的雌性生殖器极为隐晦地再现了母亲形象。策兰的许多诗中对母亲的性爱意象被解释者所避讳,对这块"被滚动的乱伦之石"视而不见(GW II,214)。①

四、结　语

策兰诗文是德意志语言中一滴不会流干的泪水,是一处"不愿痂愈"的创口。在过去与现在、现实与诗学、纠缠与摆脱、灾难与拯救、欺骗与觉醒、希望与绝望的交互纠缠中,隐匿着策兰诗学一以贯之的双重主题:死亡与母亲。对母亲强烈的念想构成了《声音》这首诗,失母之痛是策兰诗文缺失语言完整性的主要原因,诗文的破碎形式外显了诗人的此在状态;在策兰破碎的语言、割裂的诗文、断续的声音中,呈现出诗人执意的向往与碎心的绝望。

策兰曾将诗等同于声音:"诗:声音"(TCA M,66)。这首以"声音"为题的诗文受一则古希腊神话传说的激发,将多元声音以复合、重叠和交错的复调样式展现出来,形成一片外在与内在互文关联的诗学声音。《声音》一诗开启了策兰碎裂诗学的独特样

---

① 伊凡诺维奇也认为这里的心皮就是"女(雌)性生殖器官",详见 Christine Ivanovic, SGK, p.106。但是,她没有就此意象展开并深入下去,而是由叶或页联想到诗人的写作;德语中是同一个词(Blatt)。

式,从块状语言到碎裂语言的渐变状态使德意志语言成为不可"诗意栖居"的空间①,由此成为《语言栅栏》诗集中的纲领性诗作,其声调贯穿于《语言栅栏》及其以后的诗集。在古希腊神话传说的基调中交织着圣经故事,在诗学叙述中揉入科学术语,用文学引文表达此在痛苦,用哲学思想质疑生存状态,同时又与自己的诗文相呼应,这构成策兰整体诗学文本的含义一体性。

---

① 详见吴建广:《不可"诗意栖居"的德意志语言之家——保尔·策兰〈语言栅栏〉之诠释》,载《同济大学学报(社会科学版)》2010年第6期。

格拉斯《剥洋葱》的文本真实性与历史真实性

王滨滨

(复旦大学 外文学院)

一、自传姓"历"还是姓"文"?

1683年英国文学批评家约翰·德莱顿(John Dryden)第一次提出"传记"这一词,从那时起到19世纪末,人们一直把传记看作历史学的分支。① 这样划分虽牵强但也名副其实。一般人认为历史学探讨的是与人类的过去有关的问题,研究的对象既可以是历史人物也可以是历史事件。如果这样理解历史学的话,自传作为历史学的一种就牵强了,因为历史学研究的人物肯定是在历史上有重大作用的人而非小人物。但在拉丁语中Bio-意为生平,-graphie意为写作,传记(Biographie)即写一个人的生平,从定义上看并非只能写名人或历史大人物,从理论上讲传主可以是任何人。历史研究的人物范围要比传主的范围小得多,从这个意义上讲传记是历史学的一部分是牵强的。理论上传主可以是任何人,但在实践中一般来说都是给名人立传,名人又必然要与他生活的时代发生联系,写他的生平自然是历史学的工作,从这个意义上看,把传记归于历史学也说得通。到了1886年,美国学者菲力普斯·

---

① 参见杨正润:《现代传记学》,南京大学出版社,2009年,第21页。

布鲁克斯(Phillips Brooks)又把传记从历史学中剥离出来,把它看作文学。① 所以传记从它诞生之日起就注定了在历史与文学中纠结。

"自传"一词比传记出现得晚,于1797年首现英国。② 它在德国也差不多同一时间出现,但那时叫 Selbstbiographien berühmter Männer(名人自传);现在意义上的自传源自19世纪。③ auto-意为自己,顾名思义,自传就是自己写自己的生平。德国人格奥尔格·米施(Georg Misch)1907年给自传言简意赅地下了定义:"它(指自传——本文作者注)几乎只能通过它的表述来解释:一个人书写(graphia)他自己的(auto)生平(bios)。"④ 既然自传是传记的一种,也就注定了其定位的困难。德国学者加布里尔·沙巴赫(Gabriele Schabacher)在其著作中把如何看自传分为四个阶段:1900至1920年代人们通常把自传看作文献,1950年代人们把自传看作艺术作品,1970年代把自传看作文体,1980至1990年代把自传看作文本及文化表演(cultural performance)。⑤ 除了对自传是事实还是虚构(fact/fiction)的探讨始终没中断外,另外一个没停止过争论的问题就是自传是否存在。争论的一方给自传献上了花圈,宣告它已死亡,因为自传是一种虚构,和其他任何文本没什么两样;而另一方则坚称自传仍完好无损地发挥着作用。但有一点是毋庸置疑的,后现代的自传作品已不同于传统,它具有两大特征:一是虚构化,二是文学化。虚构化指自传与小说之间的界线模糊;文学化是指自传吸收了文学虚构的表现手法。⑥

---

①② 参见杨正润:《现代传记学》,第22、291页。
③④⑤⑥ 参见 Gabriele Schabacher, *Topik der Referenz, Theorie der Autobiographie, die Funktion „ Gattung " und Roland Barthes' Über mich selbst, Studien zur Kulturpoetik*, Band 7, Königshausen & Neumann, 2007, pp.139, 134, 113–133, 149。

二、自传中的真实性

在这个问题上,理论家们不相信自传中的叙事与外部的真实相符①,认为叙述是真实的,但只是对作者而言。所以自传应有文本真实性与历史真实性之分。不管自传作者怎么想完全忠实于实际地讲述,也不可能在文本真实性与历史真实性之间画上等号。正如罗伊·帕斯卡(Roy Pascal)所指出的那样:"所有的自传在很大程度上依赖于记忆;就算使用文献对记忆进行补充,自传的质量也好不到哪儿去。"②回忆是很主观的事情,回忆什么、怎么回忆、何时回忆都取决于自传作者;他一生经历那么多的事,不可能全都叙述出来,必然有选择。另外,怎么回忆不是完全取决于往事,还取决于目前回忆时发生的情况。③巴尔特特(Barttett)也说过:"记忆总是为了迎合当前意愿的需求而对过去事件加以重构。"④此外,回忆的视角也影响着自传。更重要的是,人的记忆本身不能完全被信赖。心理学研究表明,人的记忆力是相当脆弱的,它不可能像照相机一样把往事原封不动地还原,正如丹尼尔·夏克特所说:"记忆是对我们所体验到的事件的记录,而不是对事件本身的复制。"⑤

如果说自传有虚构性质并不是指作者有意说谎,而是指回忆

---

① 参见 Ingrid Aichinger, "Probleme der Autobiographie als Sprachkunstwerk", in: *Die Autobiographie: zu Form und Geschichte einer literarischen Gattung*, Günter Niggl ed., Wissenschaftliche Buchgesellschaft, 1998, p.180。

② Roy Pascal, "Die Autobiographie als Kunstform", in: *Die Autobiographie: zu Form und Geschichte einer literarischen Gattung*, p.155.

③⑤ 参见丹尼尔·夏克特:《找寻逝去的自我——大脑、心灵和往事的记忆》,高申春译,吉林人民出版社,1998年,第14页、导言第7页。

④ 引自王沛:《自传体记忆研究述评》,载《西北师大学报(社会科学版)》1998年第5期,第2页。

本身是不可靠的,格拉斯在《剥洋葱》里也称回忆这位"女士"是"最不可靠的证人"①,而且它"像孩子一样,也爱玩捉迷藏的游戏。它会躲藏起来。它爱献媚奉承,爱梳妆打扮,而且常常并非迫不得已。它与记忆相悖,与举止迂腐、老爱争个是非曲直的记忆相悖"②,这是用比喻这个文学手段表明回忆的不可靠。回忆的不可靠也被记忆科学的研究所证实。出于各种原因,自传作者都会有选择性地回忆,这是自传作者的有意行为。但回忆还受制于客观因素,因为如记忆专家夏克特所指出的那样,记忆是大脑各种进程与体系综合作用的结果,而各种体系均有它们的神经原结构,记忆不是唯一的统一体系,除了对往事的回忆,还有其他因素纠缠其中,还有内含的、没意识到的回忆。③ 回忆是主观的体验,随着回忆与所经历的事件之间的时间距离拉长以及空间的转换,回忆必然变得模糊,回忆的内容必然不同。所以回忆不可靠不是说回忆者有意"说谎",而是各种客观条件作用的结果。这样一来问题就复杂了。回忆者说的哪些是真?哪些是假?真假只有当事人自己清楚,甚至连他自己也不清楚。当事者本人都无法分辨的是非,我们外人又怎能辨别?

在后现代自传理论家眼里,不仅主观性的内涵有了变化,历史也已不是原来的概念;历史不是事实的堆积,而是在文本的回忆空间中诞生的,是过往与当下完全交织在一起的结果。④ "历史丧失,现实消失,主体消亡"⑤,这导致自传概念界线变得模糊。如今,自传家恰恰要在写作过程中寻找自传的东西,主体性只在

---

① ② 君特·格拉斯:《剥洋葱》,魏育青、王滨滨等译,译林出版社,2008 年,第 52、4 页。
③ 参见 Daniel L. Schacter, *Wir sind Erinnerung*, Rowohlt Verlag, 1999, p. 21。
④ ⑤ 参见 Almut Finck, *Autobiographisches Schreiben nach dem Ende der Autobiographie*, Erich Schmidt Verlag, 1999, pp. 16, 40。

写作过程中展开，作者不是在语言外而是在语言内寻找主体性，寻找这个语言外不存在的"我"，思维也是在语言中逐渐展开。①随着认识论从意识哲学转为语言范式，语言与主体之间的关系也重新表述。换句话说，自传也是一种语言范式。②所以，解构主义者们在喊出"作者之死"后，又宣布了"自传之死"。

三、文本真实性与历史真实性

我们不能完全否认文本真实性与历史真实性有对等的时候，一部自传不可能全是虚构。丹尼尔·夏克特有一个观点是站得住脚的，他说："就往昔经验的一般特征而言，我们的记忆往往是准确的；但当我们要回忆一些具体的经验细节时，我们往往会发生各种类型的偏差和歪曲。"③在《剥洋葱》里，我们能找到文本真实性与历史真实性对等的地方，如格拉斯加入纳粹的事实，在文本外有案可查。德国媒体在《剥洋葱》出版后，在德国军事博物馆找到了格拉斯在战俘营的档案，上面有他在纳粹军队里服役的铁证。④ 此外，格拉斯当矿工、画家、作家的经历都是事实。但就《剥洋葱》整部作品而言，是不是文本真实性与历史真实性完全对等？对此是有疑问的。疑问的依据在于《剥洋葱》完全是用文学手段写就的。

上面已提到后现代自传的两个特点，在《剥洋葱》中表现得尤为突出。其原因一方面如前所述，自传的整个大环境发生了改变，现在的自传与传统的自传已不可同日而语；另外一方面也有

---

①② 参见 Claudia Gronemann, *Postmoderne, postkoloniale Konzepte der Autobiographie in der französischen und maghrebinischen Literatur*, Georg Olms Verlag, 2002, pp.16, 28。
③　丹尼尔·夏克特：《找寻逝去的自我——大脑、心灵和往事的记忆》，导言第11页。
④　参见袁蕾：《君特·格拉斯：第50具党卫军?》，载《南方周末》2006年8月31日，第25版。

作家格拉斯的主观因素。在与媒体的访谈中,格拉斯曾说他不相信自传,也不想写自传。2003 年德国《明镜》周刊问他:"您会在某个时候写自传吗?"他回答说:"这始终是一个以什么形式说谎最好的问题,我不太相信自传。如果我有可能以某种变体来讲述自己的话也许很有诱惑力,但我确实更喜欢以虚构,也就是小说的密语形式写的自传。"[1]在与《法兰克福汇报》的访谈录中说到 60 年后打破沉默写自传的原因时,他说:"在我开始写这本书前,毕竟得需要克服一些东西,因为我基本上对自传持有异议。许多自传想愚弄读者,说事情是这样的,而不是那样的。"[2]由此可以看出,格拉斯喜欢小说与自传相结合的体裁。这种对自传的不信任源于格拉斯对经典的拒绝,他对待现实的方式就有别于传统,把幻想、童话甚至神话纳入现实中[3]。可见,现实的领域在格拉斯那里被大大扩大了;或换种说法,在格拉斯那里现实与虚构的界线被抹杀了。

以文学手法写自传还有客观因素,那就是只要一动笔写,格拉斯就不由自主地滑到虚构中去。在与齐默尔曼的访谈录中,格拉斯说:"我无法写自传体,因为我很快就会陷入文学的谎言之中。"[4]对于自传,格拉斯并不看重叙述的是否事实。他认为自传如能体现作者丰富的逸闻趣事和敏锐的观察力,那么这样的自传体的书就会很美、很重要。把注意力集中在自传中描写的东西是不是事实,对格拉斯来说是很可怕的事情。[5]

《剥洋葱》的自传写作手法有一个突出的特征就是问句多。

---

[1] 君特·格拉斯访谈录:《胜利使人愚蠢》,载《明镜》2003 年 8 月 25 日。
[2] 君特·格拉斯访谈录:《我为什么 60 年后打破沉默?》,载《法兰克福汇报》2006 年 8 月 12 日。
[3][4][5] 君特·格拉斯、哈罗·齐默尔曼:《启蒙的冒险——与诺贝尔奖文学奖得主君特·格拉斯对话》,周惠译,浙江人民出版社,2001 年,第 3、28—29、29 页。

在格拉斯看来,用什么样的写作手法与作家所拥有的素材有关,素材不同则写作方式不同。① 对于《剥洋葱》这部作品来说格拉斯有什么素材呢？除了他的经历与记忆力以外,几乎一无所有。看得见、摸得着的东西也就是一张照片、一个注册证、一个琥珀。仅凭经历与记忆力有许多事情是无法确认的,在格拉斯这个回忆洋葱上很少有准确的日期记录。他在《剥洋葱》中也说："只要涉及时间,我就不得不承认,许多准时开始或结束的事情,在我这儿却是迟迟才响起。"②

大家都知道问句一般是用来对不知情并且感兴趣的事物或人进行提问的。在德语文学中问句的功能大都是修辞作用。③《剥洋葱》中有些问句确实具有修辞作用,但更多的是表现出对往事的记忆无把握。比如："这一切,而且不止是这一切,构成了我的精神食粮。《汤姆叔叔的小屋》或者《道连·葛雷的画像》也在帘布后的图书宝库里？还有哪些狄更斯的和马克·吐温的作品在随时待命？"④"我的'我'又冒出来了,虽然前所未有、后难再现的饥饿折磨我的起始时间只能大致确定：自五月中至八月初？"⑤ 通过众多的问句,文本的真实性也打上了问号。

有些评论家之所以把《剥洋葱》称为小说,是因为它确有文学特征,书中有许多比喻和隐喻；此外,作品中还运用了叙事文学中的间接内心独白(内容是第一人称,语法形式是第三人称),如："他思考什么？想不起来了。"⑥文学中常见的场面描写在书中也比比皆是,哪怕是对战争场面的描写也很具有文学性。如在描写

---

① 君特·格拉斯、哈罗·齐默尔曼：《启蒙的冒险——与诺贝尔奖文学奖得主君特·格拉斯对话》,第6页。
②④⑤⑥ 君特·格拉斯：《剥洋葱》,第336、44、151、186页。
③ 详见李昌珂：《浅谈德语问句的修辞作用》,载《四川外语学院学报》1981年第1期,第72—78页。

第二次世界大战战场时,格拉斯写道:"两腿还在瑟瑟发抖,眼前的惨景扑面而来。幼小的树林被撕成了碎片,白桦树如同被搁在膝上喀嚓一声折断了一般。有几颗炮弹碰到树冠提前爆炸了,周围都是人的躯体,有散落着的,有叠在一起的,有一命呜呼的,有苟延残喘的,有蜷曲着的,有被树枝扎穿的,有被弹片炸得百孔千疮的。有些躯体像演杂技似的打成了结。也许还能找到七零八落的尸块。"①格拉斯以栩栩如生的文学表现手法让我们了解了历史的细节。有时历史不忍细看,而有时历史非要细看。

另外,《剥洋葱》中常有第三人称的叙述。虽然自传体不一定非用第一人称,但格拉斯用第三人称,不像勒热讷(Philippe Lejeune)所说的表明高傲或谦卑的态度②,而是有三个效果,即距离效果、伪装效果和辩解效果。③ 格拉斯在自传中用第三人称仿佛是在谈论他人,讲的是一个虚构人物,而不是叙事者自己:"当时的'我'虽然对我来说并非完全陌生,但是已不存在,像个远房亲戚渐行渐远。"④

在《剥洋葱》中,写战前的部分用"他"比较多,有时也用"你";但写到战后就有了转折,"他"大大渐少,只出现几次,大部分都用"我",到书的最后基本就没"他"了。因为相对战前经历而言,战后的经历他更能把握,能在经历者"我"和叙事者"我"之间画上等号,不必再用第三人称。正如格拉斯在书中所承认的那样,"我现在(指战后——本文作者注)无所顾忌地说'我'已很老练"⑤。

《剥洋葱》的第三个特征是运用文学创作手法表现某些概念,

---

①④⑤ 君特·格拉斯:《剥洋葱》,第118、151、151页。
② 参见菲力浦·勒热讷:《自传契约》,杨国政译,生活·读书·新知三联书店,2001年,第205页。
③ 参见王滨滨:《〈剥洋葱〉体裁刍议》,见《复旦外国语言文学论丛》,复旦大学出版社,2010年,第76—77页。

比如把回忆与记忆用洋葱与琥珀比喻。把琥珀作为记忆的隐喻是格拉斯首创。我们可以把《剥洋葱》中关于记忆的隐喻简化为"记忆是琥珀"。按照隐喻理论，隐喻由本体和喻体构成。按格哈德·库尔茨(Gerhard Kurz)的分类，隐喻有三种：一种是创造性的、有活力的，一种是传统的，一种是已成为辞典中的词的。不管是在日常生活还是在文学作品中，三种隐喻相互作用，且各种隐喻有不同的效果。① 格拉斯把琥珀作为喻体比喻记忆，是属于创造性的。在他之前，也有不少名人对记忆做过比喻，比如亚里士多德的蜡版、弗洛伊德的神奇书写板等。② 按一般人的理解，本体与喻体之间应该有相似性。如果不看上下文，我们很难把琥珀与记忆联系起来。在汉语中，琥珀又作"虎魄"，意为"老虎的魂魄"，即老虎的灵魂化为了琥珀。即使是西方人，说起琥珀也不会联想起记忆，琥珀在中古低地德语中意为易燃的石头。③ 它可以用作饰物、宗教器物或吉祥物。④ 但中西文化也有相似之处，即都可以把琥珀作为护身符。⑤ 为什么格拉斯会把琥珀作为记忆的隐喻？波兰是盛产波罗的海琥珀之地，但泽是琥珀加工业的重镇⑥，而且是格拉斯的故乡。在《剥洋葱》中，格拉斯交待了他拥有琥珀的来历，也许是在波罗的海岸边发现的，也许是在立陶宛一小贩那里买的。⑦ 我们怎么看琥珀与记忆之间的不相似呢？季广茂在

---

① 参见 Gerhard Kurz, *Metapher*, *Allegorie*, *Symbol*, Vandenhoeck & Ruprecht, 2004, p. 20。

② http://publish.dbw.cn/system/2010/02/25/052372233.shtml, 2010 - 10 - 15。

③ http://de.wikipedia.org/wiki/Bernstein。

④ http://wenwen.soso.com/z/q127912570.htm, 2011 - 10 - 17。

⑤ 汉斯·比德曼：《世界文化象征辞典》，刘玉红等译，漓江出版社，2000 年，第 132 页。

⑥ http://old.jfdaily.com/sbyc/node45837/node45838/200806/t20080630_292315.htm, 2011 - 10 - 17。

⑦ 参见君特·格拉斯：《剥洋葱》，第 52 页。

其著作中提到隐喻与相似性的关系时说:"在某些情形下,隐喻先于相似性,相似性是隐喻创造出来的,而不是相反——先有了相似性,才有隐喻。美妙的隐喻并不比较两个假定相似的实体,而是在一般人看来并不相似的不同事物之间发现相似性。这正是妙喻的奇妙之处。"①不从相似性看隐喻是有一定道理的,因为相似性的概念太宽泛。比如说"女人是花",花有许多属性,到底女人在哪方面与花有相似性呢?是说女子有花香?还是说女人像花一样美?还是指女人像花一样容易凋谢?琥珀同样有不同的属性,比如它燃烧时散发香味,摩擦时易生电,生成年代久远,是珍贵的材料,可以包裹植物或昆虫,等等。② 如果没有上下文我们很难知道琥珀的隐喻意义到底是什么,要想理解这个隐喻,必须把它置于《剥洋葱》的整个文本语境中。我们可以知道,格拉斯强调的琥珀属性之一是它里面有包体,"我发现或者买下的这几块琥珀都有包体。在这一块水滴状的化石里似乎是冷杉针叶,而在那一块发现的东西里可以辨认出青苔般的藓类植物,另一块里则是永生的蚊子,细小的蚊脚都能数得清楚"③,"其他琥珀的包体不同:有苍蝇,有蜘蛛,还有小甲虫"④。在《剥洋葱》中,琥珀另外一个重要属性是历史悠久:"有一次我还发现了一块核桃大小的琥珀,里面是一条蜈蚣似的虫子经历了海地特人(居住在小亚细亚东部的古老民族,语言属印度日耳曼语——译者注)、埃及人、希腊人、罗马帝国还有别的什么时代。"⑤

不管是在日常生活还是在文学作品中,用隐喻必有其用。张沛在其著作中将隐喻的功用分为几种:一是修辞作用,二是情感

---

① 参见季广茂:《隐喻理论与文学传统》,北京师范大学出版社,2002年,第25页。
② 《现代汉语词典》,商务印书馆,1995年,第476页。
③④⑤ 参见君特·格拉斯:《剥洋葱》,第53、58、73页。

作用,三是认知作用。① 琥珀在《剥洋葱》里作为隐喻无疑有修辞功用。虽然当代西方学者谈隐喻都是从文化层面上着眼,探讨的是所谓的宏隐喻,但不能否认隐喻的传统修辞效果②,其基本方法就是替换与比较。《剥洋葱》中琥珀既喻抽象的东西,也喻具体的东西。具体的东西如身体中的弹片,"我的琥珀把东西保存得更清楚,能认得出里面的包体:先是一只蚊子或小蜘蛛,然后是另外一个包体——炮弹碎片——能回忆起来,它躲在我左肩膀里,不妨说是一个纪念品"③。此外,包体也隐喻着叙事者"我":"对着光,照上足够多的时间……我就能看到自我,我取代了琥珀包体中的昆虫,刚才还是一只扁虱,现在成了我的全部……"④"但是,树上松脂的香味还是包围了他,终于将他紧紧地裹了起来,宛如虫子在那块琥珀中永生并自称是我的化身。"⑤

但在《剥洋葱》中琥珀主要是记忆的隐喻。格拉斯在作品中以文学手法探讨了回忆与记忆的关系,前者以洋葱喻之,后者则用琥珀。两者不管在分类、材质、味道和作用上都完全不同,我们把这两个事物进行一下对比就可以一目了然:植物—宝石,易腐烂—坚硬,辛辣—芳香。对于前者格拉斯是不相信的,他认为回忆不可靠。他把回忆用洋葱比喻确实很形象,因洋葱是植物,易腐烂,不能长久的东西自然不可信;或用格拉斯书中的话说,回忆这位女士是最不可靠的证人,"她喜怒无常,经常偏头痛发作,此外还有一个随行就市、待价而沽的名声"⑥。但对于记忆,我们可以从本文提及的记忆科学理论看出与琥珀的特征是不一致的。记忆是脆弱的,它和回忆一样是不能完全相信的,格拉斯这个隐

---

① 参见张沛:《隐喻的生命》,北京大学出版社,2004年,第13页。
② 参见季广茂:《隐喻理论与文学传统》,北京师范大学出版社,2002年,第13页。
③④⑤⑥ 参见君特·格拉斯:《剥洋葱》,第181、53、128、52页。

喻运用得是否恰当,我们有理由提出质疑。

解构主义理论家们不承认自传的地位,认为一切小说都有自传性质,一切自传都是虚构,不可能展现真实的自我,因为自我不存在于文本内,他们称自传是个"不可能的和死亡的形式"①。但解构主义对自传的否定也遭到质疑,正如杨正润所说:"所谓'自传死亡'的说法是把自传中可能存在的虚构成分无限地夸大,以纯粹的理论演绎取代自传家的实践。"②我们不否定《剥洋葱》的虚构性,它用文学化手段表现,但这并不意味着格拉斯有意说谎;而是如前所说,是记忆不可靠造成的,也是格拉斯观念中现实疆域的扩大以及以虚拟手法写自传的主观诉求导致的。

我们可以这样解读《剥洋葱》:是自传作品,但应当作小说来读;它是自传与小说的结合体。这正迎合了现代自传的写作方式与技巧。

---

① Ihab Hassan, *The Postmodern Turn: Essays in Postmodern Theory and Culture*, Ohio State University Press, 1987. 引自王成军:《西方自传理论研究述论》,载《荆门职业技术学院学报》2006 年第 4 期,第 11 页。
② 杨正润:《自传死亡了吗?——关于英美学术界的一场争论》,载《当代外国文学》2001 年第 4 期,第 131 页。

图像与文本
——论布林克曼的《剪贴》

谢建文

(上海外国语大学 德语系)

《剪贴》是德国诗人与小说家罗尔夫·迪特尔·布林克曼 (Rolf Dieter Brinkmann, 1940—1975)[①]在罗马勾留时的文学创作。作家本想将之写成一部小说;准确地说,是为他1969年以来就在筹划的一部小说做资料准备。但《剪贴》最终以书本形式呈现的样子,更多的还是一部日记。而且,这也的确是作家在罗马逗留期间所完成的最后一部日记。[②]

如此一来,《剪贴》在内容上便包括了作家原本计划作为小说

[①] 布林克曼1940年4月16日出生于下萨克森州奥尔登堡的韦希塔县,在那里度过他人生最初的七年。因成绩不佳,文理中学未毕业他便离开学校。他在埃森做过一段时间的书店学徒,1962年前往科隆,并于1963年起在当地的一所教育学院学习教育学。1964年与玛蕾恩·克拉默尔结婚,育有一子。1972至1973年,他作为"马西莫别墅"奖学金生勾留罗马,1974年任德克萨斯大学客座教师,1975年4月23日不幸于伦敦车祸身亡。在短暂而有些叛逆的一生中,他做过多种文学尝试,曾涉足诗歌、小说、随笔、文学评论和文学翻译等。他出版有小说集《拥抱》(*Die Umarmung*, 1965)、《履带轨》(*Raupenbahn*, 1966)、《无人知晓》(*Keiner weiß mehr*, 1968)和抒情诗集《向西一、二》(*Westwärts 1 & 2*, 1975);与拉尔夫·赖讷·汝古拉合编有文集《酸:新的美国场景》(*Acid. Neue amerikanische Szene*)。其身后出版日记与信函合集《罗马掠影》(*Rom, Blicke*, 1979)和日记体作品《剪贴》(*Schnitte*, 1988)。

[②] Maleen Brinkmann, *Nachbemerkung*, in: Rolf Dieter Brinkmann, *Schnitte*, Rowohlt Verlag, 1988, p. 160.

来写的四个章节:"控制""一封来自死亡市场的来信""等待死亡的小镇"和"开放的文本"。① 有趣的是,这四个黑体大字号章节,标题均为英文,它们似乎表示一定的主题,但可归纳的内容,未必能以章节来划分,而更宜以主题类型来标示。例如控制,可理解为词语与图像对人的操控(Sch 19)②和对人肉体的"掏空"作用(Sch 13)。当然,对这些章节标题的理解,并不总能这么明晰,标题所统括的图文更难有一语破的式的解读。或许,正是这种包容的复杂性和解读的多种可能性,体现了作家标题设置的真正意图——确定性的消解。

下面,我们主要讨论《剪贴》的外在形式、可能的文本意义、由文本可逆推的布林克曼的思想与美学趣味。

一、图像与文字的关联

作为一种承载一定信息的视觉符号,图像与语言、文字等共同构成了人类社会的符号体系。其种类可谓繁多,涉及"绘画、雕像、版画、摄影照片"③等。

综观布林克曼在其小说、日记和诗歌作品中的图像运用,按照泽尔克的一般性分析,可以这样区分布林克曼的图像理解:第一,图像是指"作为视觉快照的[作家]自己的目光"④;第二,也可能是"图片或来自报纸或其他媒体的(二手)照片"⑤;第三,抑或是"可由各种刺激激发的、(尚)未明确用词语来把握的想象"⑥。

《剪贴》包含的图像大大小小多达三四百幅,类型涉及照片、

---

① Maleen Brinkmann, *Nachbemerkung*, in: Rolf Dieter Brinkmann, *Schnitte*, p. 158.
② 凡引自《剪贴》的文字,均以"Sch + 页码"的形式,直接标注在本文中。
③ 彼得·伯克:《图像证史》,杨豫译,北京大学出版社,2008年,第8页。
④⑤⑥ Olaf Selg, *Essay, Erzählung, Roman und Hörspiel: Prosaformen bei Rolf Dieter Brinkmann*, Shaker Verlag, 2000, pp. 39, 40.

画作、简图、剪报图片、招贴画、广告画、漫画和明信片中的图片等。其中多数为照片,黑白照片占了绝大部分。也就是说,此处的图像运用,主要体现了布林克曼的第二种图像理解。这些图像在表现对象上包括:自然景物,以罗马为主体的城市生活场景,人的裸体,尤其是女子裸体,等等。其取材来源多为日常生活,且带有随机性。

文本中的图像,无论属于何种类型,其成图的方式是剪取或是裁取,彼此之间和与文字之间在视觉上的边界都是清晰的;同一页面上的图像,有时存在主题相关性、对象的联系性或同处某个意义场中,但大量的情况是彼此间并无关联。

文本中的文字在类型上包括日记文字和剪贴文字。日记大体在 1973 年 3 至 6 月间完成。也涉及其他来源:写于 1970 至 1971 年间的日记,作家以前写就的随笔文字等。[①]所以,这里所呈现的作家足迹便不限于罗马,也涉及巴黎、伦敦和科隆等(Sch 135)。

文字的边界有清晰与模糊之分。日记文字,大抵记述作家罗马居留期间的观察、体验、联想和思考。部分日记第一行便标注日期,或注明是对前页或以前段落与思路的接续。而剪贴的文字则不然,它们或为词组,或为单句,至多是几个句子,剪辑在一起,没有明确的起始处,有时是一个句子没有结束便与另一句子粘连。这是有意、无意的无边界设置,或是可无限进行的链接游戏;而且语种多样,或德文、或英文、或意大利文,形成文字的嵌接。

在文字文本内部,字条上的词句与相邻字条上的词句多是没有意义联系的;而段落性的文字,因更多取自或者本就属于布林克曼的日记,又往往有一定篇幅,因而常具有事件框架或一定的情绪与情感氛围;但因果联系不是必然存在的,所涉场景、意象、

[①] Maleen Brinkmann, *Nachbemerkung*, p. 159.

情绪、观点或见解等彼此间呈现跳跃性、甚至矛盾性,因而体现为有限度的破碎局面。

我们可列举一些文字组合,以为例证。

例1:

"你微笑的阴影"/? 走向破旧的木栅栏 在搏动的抽搐中射出体内的精液 远方那一盏盏亡灵之灯 几如一座远方的城市在蒙尘的破碎的夜里点燃 音乐[……]通过清炖小牛肘在咽喉里产生的幽灵般性欲高潮(Sch 31)

这段文字,第一句为英文,标点符号有令人费解的地方。其后的文字,不用标点,只按意群断句,并在每个意群后空一格表示间隔。整段文字采用文献型翻译方式译成中文,以体现其原有的句式特征。[①] 从中可理出如下元素:微笑,阴影,破败,性,夜色,音乐,与死亡相联系的墓园,对城市的联想,食物同性欲的关系。这些要素间有怎样的逻辑关系、意义关联? 它们要反映什么? 又能反映与布林克曼相联系的什么? 或许,我们能感受到某种放任的情绪,里面夹杂着伤怀,甚至还能想象是一个正挥霍自身的诗人在对某些重要的概念问题玄思或者对眼前的现实做出评价;或者,我们从那些可以想见的光影变动、动静交错中,能看到观察和思考之主体的日常时空,譬如一间属于他的斗室,尤其是一扇可以凭眺的窗户与不受他人打扰的夜色。如此种种。但是,这段文字到底在说什么呢? 我们虽可以解释出某种联系、氛围乃至意象,却不得不说,这里的意义关系不是单一的、明晰的、有层次的,

---

① 诺德:《译有所为——功能翻译理论阐释》,张美芳、王克非主译,外语教学与研究出版社,2005年,第62页。

而是跳跃的、有断层的。甚至结合紧靠文字的图像,或扩大至整个页面的其他图像,也仍不能让我们做出明确的判断。我们从图像中看到一排排电子游戏机和正用之娱乐或消耗的人们,看到一个迈克尔·杰克逊似的男子吸血鬼般地趴伏在地或匍匐前行,也看到了防毒面具之类,从中可联想起上述所引文字中某些相似的元素,例如防毒面具与死亡之间。但是,我们并不能说得更多。也许,这段文字的内、外部关系,都是让我们有所意会,却又难以明确说出,特别是不能有把握地说出。也就是说,这些空白,正是作家留给和所要留给我们的东西。

例2,选自《剪贴》第105页。除页边两帧小图外,该页全为文字,而且内容与形式上都是承续前页。上半页文字中,更多的是词组,内容上涉及布林克曼冬夜里的感受与遐思:

[……]鼠疫引起肿块/图像的肿块/这些是词/窒息在咽喉里/咽喉窒息在词汇里/全然失去知觉/白雪白白地下/(个人)/我追踪这一图景/无语/这儿/在此刻/此刻是眼之视线/在当代/看/听/离开/离开奥夫特丁根/因为我的缘故/我/或者你/或者他/或者她/或者它/过剩之种类的种种差异囚禁在/在灰色的烟雾里/反常之贫困(对之深思)的人之展览/现在是冬天/现在是夜晚/当代的冬天和夜晚/悄悄醒来/离开/(走)/词汇之雪?(从来就不是白的)/(形成不了概念)/……(Sch 105)

这里没有情绪的线性关系,也存在语义断裂和跳跃处;有顶针式触发游戏,还包括拆字游戏。这里也颇有让接受者进入的空间。可以推测,这可能是作家夜半梦醒后难以成眠时的玄思或思维游戏,尚可从文字所牵涉的形象或概念理出诸多思考、想象或游戏的线索;至少,如果出于对意义的爱好,我们可以将之视作布林克曼在对常规表达方式和传统意义关联进行拆解。他是漫不经心或怎么样地在向前延展能指链。

图像与文字之间本有同源关系。而绘画与文学作为不同的艺术形式,也关系密切。直到18世纪随着艺术门类的细化,绘画与文字艺术之间才见分野。到了19世纪末,文学艺术中出现了所谓语言危机,图像作为解救之一途重又获得了其于文学的特殊意义。在20世纪的西方文学中,图像回归"甚至被视为""文学现代性的一个典型标志"①。

离开图像与文字的渊源史,转而探看两者之间的静态关系,我们可以归纳出三层关系:第一,文字文本与图像(Texte und Bilder)这种表达结构,指的是插图。图像作为图示,作为补充和解释,从属于文本。文本可以不需要插图而确立。第二,图像与文字文本(Bilder und Texte)这一表达,勾画的是作为插图对立端的另一种语篇体裁。这里面是图像占据优势位置,极端的情况下文字文本可以略去,图像不需要文字而可确立,例如O. E. 布劳恩的连环画故事《父与子》。第三,图像性文本(Bilder-Texte)属于第三种结构,这里面图像与文字这两种媒介没有哪一种能占据一以贯之的突出位置,两者都是作品的必要组成部分,彼此不可割舍。这种情况见之于相当多的漫画作品、儿童读物(例如海因里希·霍夫曼的《蓬头彼德》)和青年读本,在宣传小册子或传单等语篇体裁中表现更为明显。②

对比地看下来,《剪贴》中图像与文字的关系与上文提到的第

---

① 参见冯亚琳:《现代文学中的媒介碰撞与交融——以君特·格拉斯的文学创作为例》,载《德语学习·学术版》,外语教学与研究出版社,2010年,第2卷,第66—67页。
② Thomas von Steinaecker, *Literarische Foto-Texte. Zur Funktion der Fotografien in den Texten Rolf Dieter Brinkmann, Alexander Kluge und W. G. Sebalds*, Transcript Verlag, 2007, pp. 9 - 10.

一和第三层关系皆有叠合处,但显然需做更细微的清理与分析。

我们大抵可做出这样的归纳:

第一,从拼贴角度看,在页面(有时是两个页码构成一个相对完整的页面,即同一平面上两个相邻页的中缝也排布文字或图片,或是两者;但大多数情况下是一个页码自成一个页面)范围内,时而以图片为主,图片与文字平行剪贴。或以图像为背景或框架,图面上粘贴字条或文字段落;时而以文字为主,小尺寸的图像作为衬托从段落边角与空白处显露出来;更多的情形是图文互见。这种图文杂陈的页面,多是文字浮于图片上方或穿插图像;但也有页面只见文字或图像。

第二,从图像与文字的意义/逻辑关系来看,图文结合的方式有四种:(1)相邻或部分叠合的图文,彼此间偶有直接的说明或解释关联,甚至存在一种互动或"对话关系"[1];(2)更多的时候,图文杂陈的页面,大部分图文间不存在主题相关性或意义匹配性,而是一种随意的拼贴;(3)在比较大范围的上下文关系中,体现了某种情绪、氛围或主题的联系性;(4)明确的图文接续方式,例如在第91—93页的范围内,通过文字的重复、"接续"字样的标注,借助图像所示对象的相似性(如树林中的房舍、有树洞的树干、房舍前的石阶[Sch 93])来表明文字与图像间存在联系性。这样就形成了日记文字与图片系列隔页码交错对称排布的情形,出现了局部性的 ABAB 排列格局。

然而,大规模采用图像的布林克曼到底无法舍弃文字,其作品中文字依然是构成文本的主体。甚至其图像不仅与文字之间形成了参证互见之类的关系,而且本身除了拍摄或切入的视角、排布的方式等

---

[1] Thomas von Steinaecker, *Literarische Foto-Texte. Zur Funktion der Fotografien in den Texten Rolf Dieter Brinkmann, Alexander Kluge und W. G. Sebalds*, Transcript Verlag, 2007, p. 13.

引发人种种的感受和思考外,其中涉及或隐含的主题,不论是有所指斥的,还是有所怀想或叹息的,都没法摆脱根本性的文字逻辑性。而且,我们面对这丰富的图像,也难以弃用文字的逻辑。因此,我们本质上还是乐意将《剪贴》视为具有特定内涵的文字文本。

布林克曼自己完成和从他处借得的感知与思考,大抵倾向于负面,这也构成了他理解和表达的特定角度,由之透露出他的审美趣味和价值判断。

二、可能的文本意义

布林克曼对图像的处理,不仅涉及对象选择和视角的选取,而且明显包含了他的评价和意识形态性。图像所表现的对象,已不再是实际存在的那个对象,而是经过了"符号化的行为",乃至符号的概念化过程[①],而成为布林克曼的解释。此外,不难发现,布林克曼在文字里对罗马及其城市生活的描述和表现,也"谈不上'纯粹'的认识,而只是诠解的结果"[②]。

但是,文本的意义注定不只在解释一端,它必须回到本文,而且又在解释和本文之间往返。或许,我们可以这样说:《剪贴》中图像与文字共同构建的文本意义,既体现于其结构形式,也就是图像和文字各自的内部关系、图像和文字之间的关系,也见之于图像和文字特别是字条文字的拼接方式与意指断裂同作家创作意图所共同形成的空白。[③] 这一个个难以解释却偏又有解释吸引

[①] 戴维·布莱奇:《反应研究中的认识论》,载张廷琛编:《接受美学》,四川文艺出版社,1989年,第82页。

[②] 沃尔夫冈·伊泽尔:《文本与读者的相互作用》,载张廷琛编:《接受美学》,第46页。

[③] "空白是文本隐而不显的联结点,它们即标示了各种组合与文本角度之间的差异,同时也在触发读者形成观念的行为。"参见沃尔夫冈·伊泽尔:《文本与读者的相互作用》,第51页。

力的空白,本身就是文本的意义;同时,词汇手段和标点符号也成为文本意义形态的特质;最后,图像性本就是文学传统内涵的根本性质之一,在20世纪的德语文学中,将图像(照片)与文本结合紧密的作家亚历山大·克卢格(Alexander Kluge)和W.G.泽巴尔德(W.G. Sebald)[1]尚可视为鲜明的近例。本不足为奇的图像使用,虽然数量上的幅度足可表明布林克曼创作意图上的变化,但依然还是其所涉及的主题才能特别给人以强烈印象;同样,《剪贴》中的文字所涉主题也具有鲜明的倾向性。因此,特定的主题选择,在文本意义的构建中作用非常重要。

图像与文字通过怎样的关系构建文本,在第一部分已做描述,那里面实际上已暗含拼贴的意味,在此不再赘述。

下面我们再看文本意义的其他构建途径:

第一,词汇途径。布林克曼常采用贬义或具有粗口性质的词汇,用以描述或定义进入其视野的一切。相关词汇包括:被弃置的,废墟,败坏的,败了味的,损坏,被废除,衰败,破败,臭气,他妈的,等等(Sch 32-33,37ff)。这类词汇的选用,无疑表明了布林克曼对外在世界的观察视角与评价态度。

第二,标点符号手段。在布林克曼的文本中,比较连续的文字常无标点符号,抑或也用并列连词"und",或干脆只用分隔符斜杠。有时虽用标点,但所用少于正常断句所需,或用得非常特别,例如两个句子之间,可以是句号、感叹号或问号之后加一斜杠,再加一个冒号,让人颇费猜度,结果是标点的含义也弄得模糊而多义。标点的用与不用、如何用,影响了文本的形态与意义的生成。

---

[1] 参见 Thomas von Steinaecker, *Literarische Foto-Texte. Zur Funktion der Fotografien in den Texten Rolf Dieter Brinkmann*, Alexander Kluge und W. G. Sebalds, pp. 169-247, 247-283。

也就是说,从文本整体所见到的拼贴方式与意义发生机制所涉及的影响要素,不拘于图像的空间和主题关系、文字的逻辑联系、图像与文字之间的关联,同样也包含了标点符号的用法。

第三,主题要素。我们感到,布林克曼在文本中是把20世纪60年代及其后一段时期那些负面的时代关键词打捞了起来,例如现代城市文明的衰败、死亡、冲突、环境污染、性泛滥、毒品、主体问题等。其中,文本在主题表达方面若干突出的例证,包括肉体、城市、寂静和主体。

关于肉体:文本中的肉体呈现首先是针对女子裸体的。这一类图片数量相当可观,暴露的尺寸大胆,而且图像连续排布,颇具视觉冲击力。此外也包括少量男性肉体,人的尸身,作为肉体最后的底线的骷髅,个别地方还出现了动物尸体。虽然布林克曼一再提及男性生殖器,例如"吧台边的那些屌在突突搏动"(Sch 13),或是"和着心跳的节奏而搏动的屌"(Sch 28),但显然他更着意在图像中表现女人的丰乳肥臀和具有性意味的姿态。第79页上的图文尤其给人深刻印象。图像是丰乳肥臀之裸照近景,彼此还形成组配关系。图片间夹有一段文字,第一句话便是"肉繁盛于四处[……]"(Sch 79)。这里面似有宣泄,可见布林克曼放任的目光,但更具有评价的意味。布林克曼是有话说。说什么?是说肉欲的泛滥,揭示肉体无处不在、一再被强化的诱惑机制?是直陈肉欲的贫乏实质,就像他那些图片中所展现的贫弱的风景?

在文本另一处,布林克曼借助文字谈及关于肉体的其他问题:

> 他们无处不在地按照一部已丢失的脚本,借助那些被词语和图像掏空了的肉体,通过肉体沉默层面上无言的残肢断臂拍摄历史上最肮脏的一部影片/从未看到像在意大利这里

这样,有如此众多的公共性驯兽节目用女人的屁股(辞采粗野——笔者)来表演/("罗马的一名妓女在展示她的屁股[……]")(Sch 13)

这里是在批评视觉媒体如电影或电视对肉体的浅薄利用,还是指斥由词语和图像所见出之文明传统对肉体的规训? 或者,我们不拘泥于布林克曼《剪贴》这部作品,而放眼其美学趣味,可读解出他是通过某类题材的强化,在共时性比照中体现自己文学尝试的特色,甚至可能还是对女性文学中的身体写作做出某种回应? 或许,答案寓于其中的某个或几个或全部的问题;或者,能够探究的只是提问本身。

关于城市:布林克曼说,他在《剪贴》这部作品里所做的,是为自己慢慢地把他的时代剪辑起来(Sch 155),是横切那一个个瞬间,也就是"幽灵似的"外在与"脑中风景"(Gehirnlandschaft,Sch 15)。其中外在的风景,主要采自以罗马为代表的现代城市。

布林克曼对城市持一种贬抑甚至强烈排斥的态度。在《剪贴》中,对城市负面的描述和评价可以说随处可见。城市中被否定看取的街景,例如罗马的性广场之类,自不待言。就是城市建筑,例如城市中现代建筑连片的屋顶,即便可作为风景,在作家眼里也不是明媚的、抒情的,更多的只是压抑和衰败。布林克曼针对相关的照片评述道:"那些屋顶如同屋顶下的肉体那样呆滞……"(Sch 22)而且,城市生活与金钱、逐利之人、横流的肉欲,以及肮脏("肮脏的漫画般的街道",Sch 27)、破败和无处不在的臭气相连;也与工业文明带来的污染相连。布林克曼说:"远方的城市如有毒的陷阱……"(Sch 38)更主要的是,灾难如将坠之雨,会随时落下,这决定了城市不可逃脱的可怕命运。在第58页占据了整个页面的照片中,一座城市的上空乌云密布,乌云中标示的一排文字是:"不多时,将有灾难如雨般降临。"(Sch 75)或者,干脆把现代工业文明之下的城市称作"等待死亡的城镇"。"等待死亡的城镇"是一条英文报摘中的黑体大标题。标题下方有一城镇剪影图,可见林立的工厂烟囱。该图前景为一青年男子坐于城镇前的一片荒草地中。穿插进来的一张字条上写道:所剩的最后一片土地(Sch 72)。图与文字的格局表明,城镇在烟囱挤压下仅余这最后一片土地,也许是最后的一线生机。只是不知,那坐在地上的青年,是在为城镇作最后的悲悼,还是准备起而抗争。

布林克曼的《剪贴》当然也涉及其他一些主题。譬如说,在批评这一线路上,还有对当代的否定性认识。他多次将幽灵(Phantom, gespenstisch)与当代并置,或是合写为复合词,组合成"幽灵似的当代"(Sch 17)或"幽灵当代"这样的词汇(Sch 9),并且批评性地发问:"当代? 这个死亡的臭阴沟,带着词句与图像漫溢出来"(Sch 9);"当代?:它突然闪了一闪,如一台尘封的游戏机,里面什么也没有了"(Sch 17)。或者说:"一个败了味的地带,当代在这里敞开它的现实,散发出用旧了的门把手的那种臭气。"(Sch 37)如此种种。

关于寂静:当然,我们也可读到布林克曼感觉中比较温柔的瞬间。他有时表现出少见的放松心态和相应比较暖色调的情景选择。例如他写到,他和友人穿过 4 月的花园,如何看向晚闪耀的黄色流云、落下的雪、在飘落的雪帘中飞舞的鸟雀,以及树林(Sch 67 – 68)。但我们真正要把握布林克曼批判或拒斥外在世界这一倾向之外的另一面,还得稍稍考察一下他对寂静的态度与体悟。对于寂静,布林克曼是欣赏的、向往的,也能从中得到愉悦。例如,在第 30 页上大段连排的文字中,他讲到白色的灯光透进房来,也提及灯光带来的寂静以及他由此而被引入遐思与回忆。

布林克曼的寂静企望,实际上是带有环境预期的。在 1973

年4月的一则日记性文字里,他透露了自己的寂静寄寓何处:

> ……我朝一处贫瘠的高地望去……我自己作为人,倒是想进入空无一人的地带,我渴盼地朝那儿凝望,四周没有声音,没有人类的痕迹,……我们挨着坐下,太阳兀自向山后西沉(Sch 79)。

布林克曼无疑想避离人的世界,在自然中寻求至少是片刻的安宁。不过,宁静对他来说不仅偶尔存在于风景中,存在于某种情绪氛围里,处于没有人类痕迹的地带,也体现在他所钟情女子的身上及其所在的环境。布林克曼有一次回罗马,路过或特意绕道某一丘陵地带,去探访也许他曾一度钟情的女人。女人所在的丘陵和当时特定的氛围,令他犹如身处乌托邦,让他喜悦而惆怅(Sch,109)。

布林克曼在评述巴勒斯[①]的一部长篇小说时说:"寂静就是无言的状态,……就是一种看的能力,当用言语表达的过程……一旦停止时,就能看出实际发生了什么的能力。"[②]他追寻这种"空寂无人、不受人控制的无言"[③]。这一无言,在物理环境上,寄之于某些特定的地带或情景;在诗学方案上,则寄寓于图像的表达。在这里,无言的"寂静处于图像"[④],或处在他颇有些青睐的照片中。

[①] 巴勒斯(William Seward Burroughs, 1914—1997),美国小说家,以描写性生活和自己作为吸毒瘾君子的生活体验著称,这方面的作品包括《裸体午餐》《琼基:一个未能戒除毒瘾的吸毒者的自白》。其他重要作品有《爆炸的车票》和《野孩子》等。参见陆谷孙主编:《英汉大词典》(第二版),上海译文出版社,2007年,第250页。

[②] Rolf Dieter Brinkmann, *Spiritual Addiction. Zu William Seward Burroughs' Roman Nova Express*, in: Rolf Dieter Brinkmann, *Der Film in Worten*, Rowohlt Verlag, 1982, pp. 204–205.

[③④] Maleen Brinkmann, *Nachbemerkung*, p. 160.

当人们"从言语表达过程中,几乎总是只能读出预先确定的刺激反应模式和因而可以预见的行为方式"①时,"你开始用图像而非语词来进行思考,则意味着,你走上了那条[别样的]道路"②。"'只对词语做出反应的强制模式'必须被打破"③,而这种"抵抗"的努力恰恰"始于通向寂静的能力"④。

有了这番关于寂静的本体思考,布林克曼便把寂静弄得更加庄严,这就是在寂静中痛苦反思的姿态。他在一则日记中写道:"我在下午一点左右醒来,整个套间和所有的房间都是一片寂静。我四处走动,身心在场,又有一点心不在焉。我在何处,我是谁?:一种无归属感的迷惘袭上心头,我想回到过去的印象中去,但一旦回想起我自己历史中的某个场景,在其中我便只看到了当下的裂解……"(Sch 38)

关于主体:这个"我是谁"的问题,是布林克曼的"我"与世界之间的问题,即所谓主体问题。通过布林克曼对世界的观察和解释,我们可以反观其主体形象。毫无疑问,布林克曼的图像和文字足以表明他在文本中体现的是一个思考的主体,但也可肯定已不再是一个统一性的自主的主体⑤。这个"我"在与世界分离而不是融合的关系中,首先表现为难以把握所面对的外部现实,只能通过把当代作为一个个同质或异质的瞬间剪辑起来的方式加以解释,而断裂和极度的非连续性所能产生的更多只是意义的迷雾。其次,主体在这种极不确定的外部关系中难以找到支撑点,

---

① ② ④ Rolf Dieter Brinkmann, *Spiritual Addiction. Zu William Seward Burroughs' Roman Nova Express*, in: Rolf Dieter Brinkmann, *Der Film in Worten*, Rowohlt Verlag, 1982, pp. 204 – 205.

③ Maleen Brinkmann, *Nachbemerkung*, p. 160.

⑤ Richard Aczel, *Subjekt und Subjektivität*, in: Ansgar Nünning ed., *Metzler Lexikon Literatur- und Kulturtheorie*, Verlag J. B. Metzler, 2001, p. 613.

便只能把问题引向自身,一再对自身产生怀疑。"我是谁"的问题,是人类一个古老的问题,也是审美现代派反复追问的问题。但在布林克曼这里,已不是如何从自然中和在与上帝的关系中确立起自身,也不仅限于在失落意义的衰唱中怎样寻找自我,而是一个在所处现实关系中自身如何定位的问题,然后是一个怎样和自我认同的问题。

前面我们已提及布林克曼不认可自己的历史,在现实中又无处系泊,所以就只剩下自己身属何处的自疑与感伤了。

"我是谁"的问题,一再痛苦地重复。布林克曼每每在梦醒时分不知自己身在何处、所为何人,让我们读得惊心。当然,主体危机问题,既是历史传统的交叠,也与时代和语境相关。布林克曼之所苦,实非一人、一时、一地之所苦。

三、逆推的思想与美学趣味

布林克曼早年出版小说集《拥抱》和《履带轨》,明显受到法国"新小说"客观主义写作方式的影响。不过,在小说《无人知晓》中,作家的叙事发生显著变化。文本中的现实世界,日益裂解为孤立的一个个瞬间和回忆图景,以及本能的感觉碎片。尤其当美国小说家兼文学批评家莱斯利·阿·费德勒将消解精英文学与大众文学界限的后现代主义概念引入德国文学时,布林克曼等新锐作家呼应并接受了这种影响。

1968年6月,费德勒在弗赖堡大学召开的文学研讨会上做了一个即席发言[①],题为《为后现代主义辩护》。他宣称,托马斯·

[①] 文学研讨会的会名为"拥护和反对当代文学"。参见 Roman Luckscheiter, *Der postmoderne Impulse: Die Krise der Literatur um 1968 und ihre Überwindung*, Duncker & Humblot GmbH, 2001, p. 31。

曼、詹姆斯·乔伊斯和T·S·艾略特等现代经典作家所代表的时代已成为历史,而新生代作家的时代正在到来。稍后他应《基督与世界》周报之约,将发言整理成文,并将此文以《新文学的时代》为题刊发于该报。正如发言在研讨会上激起不寻常的反响那样,文章发表后,一连数月在德国文学评论界和更大的德语作家圈子内引发了激烈的争论①。参与论战的评论家或作家,大抵表现出两种态度:赞同或者反对。赞同者中便包括了年轻一代作家的代表布林克曼。他颇为认同德勒所称现代派文学已经终结的观点,并直露地说:"我恨那些老诗人。"②

布林克曼通过编选文集和一系列翻译,将美国"垮掉的一代"诗人们的作品带入德语文学。其成果之一就是他与拉尔夫·赖讷·汝古拉合编的文集《酸:新的美国场景》。他还身体力行地在创作中展现他所接受的诗学主张,以一种摧毁和埋葬现代主义的态度来告别德国当时通行的三种美学方案:"批判理论"的美学,"四七社"内成长起来的战后作家群的社会批判倾向,以及在"议会外反对派"周围推行的文学的政治化。其最后的抒情诗集《向西一、二》和在身后出版的《剪贴》,就典型地体现了他美学和价值评判上的新意识。

布林克曼在题材、语言和叙述形式,以及对意义的理解和传递上,与上述那三种美学方案分隔了开来。他认为,"已知的文学想象模式正变得模糊不清:空间在扩展,意识的维度发生了改变。

---

① 参见 Roman Luckscheiter, *Der postmoderne Impulse: Die Krise der Literatur um 1968 und ihre Überwindung*, pp. 31–32; Thomas Anz, *Gegenwartsliteratur*, in: Ulfert Ricklefs ed., *Das Fischer Lexikon Literatur*, Vol. 2, Fischer Taschenbuch Verlag, 1996, p. 726; Uwe Wittstock ed., *E wie U, Pop wie Pomo*, in: Uwe Wittstock ed., *Roman oder Leben: Postmoderne in der deutschen Literatur*, Reclam Verlag, 1994, pp. 11–12。
② Rolf Dieter Brinkmann, *Angriff aufs Monopol*, in: *Christ und Welt*, 15.11.1968, p. 14.

词语的回授体系,曾在常规的语法秩序中起作用,但现在早已不再适应每天形成的感官经验"①。于是,他无忌地谈论性与毒品②,"对事情及其过程不加思考",只把它们当作他所醉心的"感性"经验,且"本能地把这些情绪表现出来"③。他弃"词语"的传统、反思的能力、艺术性要求、深度和意义,而主张画面性、敏感性、新的直接性、表面性、多样性与文本对读者的开放性等。④

布林克曼此时的文学尝试,在技法层面体现于:第一,大规模采用图像手段;第二,把拼贴提高到文本结构原则上的高度。

"对布林克曼来说,摆脱西方字/词语文化之泥潭的出路,在其60年代的作品中仍矛盾性地……绝大部分体现于语言本身,也就是见之于那些兼具图片特征的文本。"⑤到了20世纪70年代,也就是布林克曼生命的最后5年(1970—1975),其创作在经历过60年代的通俗文学转向后,再次迎来一个突转:在图像这里是向照片突转,从而实现了第二个突破⑥。在其一系列拼贴性作品(Collagebücher)中,他将"照片与文字/文本间的游戏"玩到了"德语文学中的极致"⑦。在他之后,"再无来者"⑧。

图像,尤其是照片在作家后期作品中的运用,以《剪贴》为最。但在与《剪贴》同一时期创作的作品,如日记与书信合集《罗马,掠影》(1979)、诗集《向西一、二》(1975)以及同名随笔、小说、广播

---

① Rolf Dieter Brinkmann, *Der Film in Worten*, p. 223.
② Thomas Ernst, *Popliteratur*, Rotbuch Verlag, 2001, p. 37.
③ 贝恩特·巴尔泽等:《联邦德国文学史》,范大灿等译,北京大学出版社,1991年,第411页。
④ Hans-Josef Ortheil, "Postmoderne in der deutschen Literatur", in: Uwe Wittstock ed., *Roman oder Leben: Postmoderne in der deutschen Literatur*, p. 204.
⑤ Thomas von Steinaecker, *Literarische Foto-Texte. Zur Funktion der Fotografien in den Texten Rolf Dieter Brinkmann, Alexander Kluge und W. G. Sebalds*, p. 108.
⑥⑦⑧ Thomas von Steinaecker, *Literarische Foto-Texte. Zur Funktion der Fotografien in den Texten Rolf Dieter Brinkmann, Alexander Kluge und W. G. Sebalds*, p. 123.

剧和图片汇集《词句中的影像》(1982)中,也多有使用图像的地方。例如《向西一、二》卷首便刊印有数十幅树的枝干图。这种对图像媒介的重视与运用程度,体现了布林克曼摆脱文字逻辑的尝试,这里面体现了其意识形态诉求。

此外,还要指出的一点是,《剪贴》中的部分图像同样也出现在他同期的其他作品中。例如,图片汇集《词句中的影像》便全部收入了《剪贴》第四章"开放的文本"中的图像与文字。当然,这种由他人在作者身后整理、编辑而成的作品集有后加工性质,不能说明太多问题。不过,这也至少说明了,编者已充分注意到图像已成为布林克曼作品重要的肌理和形态。而《剪贴》与《罗马,掠影》中部分图像相同(主要是罗马的街景),则不仅是因为作家是从彼时尚未出版的文稿《罗马,掠影》中取材,而且是有意选取;就像作家拼贴同时期和以前历史中他人的图像和文字来让异质的声音汇聚、发声那样,他是让自己在不同作品中的图像也部分地交汇在一起。而且,作家对《剪贴》的处理,在完成初稿的基础上,不断增添图片与文字,杂混不同的时间,以期实现文本的开放性构想。① 这是图像与文字文本间的互文尝试,也是对意义分叉游戏的激赏。《向西一、二》卷首照片中那些连排的树影图,枝干横斜交错,或许正是这方面的象征范例。

拼贴方式作为一种艺术表现形式,与后工业时代人们感知方式的改变密切相关。20世纪60年代以来外在世界迅速而剧烈的变化,使人们对现实的感觉愈益陷入破碎而混乱的境地。人们解释世界的模式也相应地发生了改变。整体性、统一性、连续性、中心和意义等遭到空前集中的质疑。在《剪贴》这部作品

---

① Thomas von Steinaecker, *Literarische Foto-Texte. Zur Funktion der Fotografien in den Texten Rolf Dieter Brinkmann, Alexander Kluge und W. G. Sebalds*, pp. 158 – 159.

中,拼贴被用作了核心的结构原则。为什么?其中有怎样的内涵可以索解?第一层,可以说是因为后现代主义的早期版本对布林克曼产生了直接影响。第二层,是社会历史语境使他真实地感受到了认识与表达的危机。这里面又包括三个细层:(1)一般性的感知问题带给布林克曼反思。例如,他一再用到"幽灵般的世界"(Sch 27)、"幽灵般的当代""幽灵般的风景""幽灵般的城市"和"幽灵般的街景"(Sch 38),也就是说,这里面至少有一种感觉可引申出来,即世界的难以把握性。(2)见之于个人作品史的美学趣味发生了变化,而且这种改变进一步固化。(3)联邦德国当时的文化与文学发展出现了"代的更替"和"范式的转换"[1],这便同时带来了冲突与生机。这是"68"学生运动等综合作用的结果。所以,消解深度的平面化处理方式,破除连续性的零散化表现手段,是布林克曼学来的,也是他体悟而得并欲实施的艺术尝试。

至此,结合我们在本文第二节关于主体问题的分析,可以得出结论说,《剪贴》不单是布林克曼受后现代思潮影响的结果,也不仅是其个人作品史的必然发展,或其思想和美学趣味新的尝试与印证,而是同时兼而有之,是其主体危机的表征和试图摆脱这一危机的一种努力。

我们将布林克曼理解为一位愤怒的、游戏性的而又有思想深度的作家,他的文学态度是激烈的。这体现于他在后现代问题上清晰的表态,尤其是由其后期文学创作可以见出的对当时文学与精神秩序的愤懑。而其游戏性则见之于他的艺术表现形式,也特别体现在其日记性文字反映出的生活态度上。但这位作家在一

---

[1] Roman Luckscheiter, *Der postmoderne Impulse. Die Krise der Literatur um 1968 und ihre Überwindung*, p. 52.

只脚迈向后现代主义文学与美学趣味时,另一只脚却依然由于愤怒、失望和怀疑而在痛苦地追寻,因为他依旧显出思考的沉重与真实。

歌德研究专题

歌德的立体全身塑像

——论艾克曼《歌德谈话录》

杨武能

（四川大学　外国语学院）

世界文学宝库珍奇无数、异彩纷呈,在这中间艾克曼的《歌德谈话录》却独具一格,堪称一部价值非凡的佳构杰作。此书德文原题名为 Gespräche mit Goethe in den letzten Jahren seines Lebens,照直译出来大致是《与暮年歌德的对话》。包括作者艾克曼本人在内,恐怕谁也不曾料到它会从汗牛充栋的类似著述中脱颖而出;许许多多同样记述歌德谈话和生平的文字都湮灭无闻了,艾克曼这部书却长期广泛流传,成为一部深受文艺界、学术界和普通读者青睐的世界名著,因而也独占了《歌德谈话录》这个既响亮又蕴涵丰富的题名。时至今日,这部书不但在德国家喻户晓,即使在时空相距遥远的中国,许多人都知道艾克曼的这部大作。教育部把《歌德谈话录》列入了给中学生的推荐书目,就足以证明它多么受重视。仅仅靠着这样一本书,作者艾克曼便得以名留青史。

艾克曼何许人,为什么偏偏是他完成了这部作品?

对于此书的产生和成功,歌德本人除了被动地接受"访谈",是否还主动、积极地做了什么?

《歌德谈话录》究竟是怎样一部作品,为什么具有如此巨大的价值,产生了这么深远的影响?

就诸如此类读者和专家都不会不感兴趣的问题,亦即一些直接关系到对本书的理解和欣赏的问题,笔者准备介绍一些自己掌握的情况,谈谈个人的粗浅看法。

一、《歌德谈话录》何以偏偏出自艾克曼笔下?

《歌德谈话录》之出自艾克曼笔下绝非偶然,成就他的既有客观的机缘,更有他主观的种种优越条件。从他这近乎歪打正着的成功,我们真可以获得许多启示。

艾克曼(Johann Peter Eckermann,1792—1854)出生在普通的农民家庭,虽家境贫寒却勤奋好学,求知欲旺盛,故而能靠自己的努力和好心人的资助念完大学。艾克曼喜欢文学特别是诗歌,对大诗人歌德更崇拜得五体投地,不但自己的诗歌创作以歌德为楷模,还写了一部主要以歌德作品为范例的诗论。他专程到魏玛拜谒歌德,目的就是拿自己的诗作登门求教。

1823年6月10日,年已75岁的大诗人歌德在自己魏玛的家中,像无数次地接待他的仰慕者一样接待了年轻的艾克曼,并对他留下了一个为人诚恳、勤奋、踏实的好印象。这便决定了时年31岁的小伙子一生的命运,因为年事已高的歌德已在考虑自己的身后事,正留意物色一名适合在将来编辑、整理和出版他遗作的助手。艾克曼的人品、学识和文笔俱佳,在他看来正是再恰当不过的人选。多亏老天帮忙,让这个年轻人恰恰此时出现在歌德面前!

于是老诗人很快便拿了一些早年的作品让小伙子试着编辑整理,结果相当令他满意。随后经过歌德诚恳的邀请,艾克曼便留在魏玛;后来他又在多次挽留之下一待待了整整九年,直至歌德1832年3月逝世。

在这漫长的岁月里,艾克曼成了歌德家受欢迎的常客和工作中得力的帮手,不但经常有机会与大诗人和大思想家聚首倾谈,还在相互了解的基础上与这位自己深深敬慕的长者建立了诚挚的友谊。面对年轻的艾克曼,身份和地位极其显赫的魏玛重臣、"诗坛君王"和"奥林波斯山上的宙斯"①一改旧貌,不只慈祥和蔼,而且推心置腹,无所讳避,一打开话匣子就滔滔不绝。艾克曼呢,作为后学、助手和景仰者,对老诗人睿智的谈吐自然更是洗耳恭听,生怕有所遗漏和疏忽。就这样,长时期地在如此难得的良好环境和氛围里,便孕育和诞生了《歌德谈话录》这部无与伦比的精彩杰作。

不过,起作用的当然不只是歌德和蔼、主动的态度,也不只是良好的环境氛围。须知除了艾克曼,歌德身边还有过其他一些学识渊博、文笔劲健、同时也受到老诗人善待的人,他们却要么没想到做,要么想到了却没能做成这样一件看似并不起眼然而却堪称不朽的事情——九年坚持不懈!

原因在哪里呢?原因在于艾克曼具备一些其他的人没有的主观条件和优秀品格。

艾克曼生性温和,善解人意,富有观察力,在与人交流时既乐于聆听,也善于提出问题。对于渴望诉说的老人来讲,他真是一位求之不得的理想对话者——老年人寂寞,歌德已没有席勒这样的朋友,没有"苏莱卡"②,没有忠心耿耿的妻子,艾克曼于是成了老人歌德的忘年交。艾克曼的这些特点和优点,也即他取得成功的原因都充分表现在言行里,凡读过《歌德谈话录》的人都能体会出来。

---

① 马克思、恩格斯:《马克思恩格斯选集》第4卷,人民出版社,1995年,第219页。
② 歌德:《迷娘曲——歌德诗选》,杨武能译,广西师范大学出版社,2003年,第285页。苏莱卡是波斯诗人贾米的叙事诗《犹素福与苏莱卡》中的女主人公,歌德笔下的苏莱卡指他的女友维勒美尔。

还有一点更加难能可贵,就是艾克曼非凡的眼光。他一开始似乎就意识到了记录歌德谈话的重要意义,因此不但时时事事格外留心,且能持之以恒,坚持记录整理歌德日常的言谈达九年之久,真可谓一位世间少有的、独具慧眼的有心人!要知道歌德留这个年轻后生在身边原本只是让他做编辑旧作的助手,艾克曼以此获得的报酬看来也不多,还得靠教授学生解决生计。所以他待在魏玛不只是生活清苦、忙碌,甚至还牺牲了自己的文学创作乃至家庭生活。可是结果呢,付出当然获得了异常丰厚的回报:艾克曼以他在给歌德当助手期间堪称独特的建树和贡献,在德国的思想文化史上永远留下了自己的名字和影响。

说到艾克曼的建树和贡献,不能不指出他除编辑出版歌德的遗作全集,写成独一无二的《歌德谈话录》,还激励、催促和帮助歌德完成了其最重要的作品《浮士德》第二部。甚至可以讲,如果没有艾克曼,很可能也就没有完整的、旷世不朽的《浮士德》!在促使歌德充分发挥创作才能这点上,原本卑微的小人物艾克曼,完全可以和赫尔德、席勒等德国思想文化史上的巨人并肩站在一起。

有一点启示:在拥有六千年文明的中国,从古至今也涌现了无数的大诗人、大文豪和大思想家,然而似乎却没有一个像艾克曼这样"伟大的"小人物和助手。就因为没有这样的助手,经过时间长河的无情冲刷、汰洗,我们的大文豪和大思想家本该留下的丰富精神遗产逐渐归于无形,已失去和湮灭掉了的真不知有多少!

二、自白与自述:歌德的"全身塑像"和又一部《诗与真》

顾名思义,艾克曼的《歌德谈话录》应该是以歌德为主体和中心的谈话记录,即一部纪实之作。它之重要,毋庸讳言,首先在于歌德这个人的重要。歌德身为诗人、作家、思想家以及自然研究者和政务活动家,所以谈话涉及的方面非常广泛。然而歌德首先被视为一位文学家,谈的问题也多涉及文学艺术,此书通常便归入了文艺类的著作。

谈话的时间自 1823 年 6 月 10 日至 1832 年 3 月初,也就是歌德在世的最后 9 年多,但是内容却不局限于这段时间发生的事情,还包含大量歌德对往事的回忆及对未来的展望。歌德喜欢把自己一生的创作称作一篇巨大的"自白"①,其实艾克曼的这部《歌德谈话录》才是他真实而全面的自白。人们因此视它为又一部歌德"自传",也有人称其为一尊立体的歌德"全身塑像"②。

现在的问题是,歌德的这部"自传"、这尊"塑像"是否真实可信呢? 为回答这个问题,得看一看它产生的具体过程。

歌德本人是谈话的主体,也即亲自参与了"自传"的写作和"塑像"的雕琢,这就保证了它基本真实可信。可为什么讲基本而非完全呢? 因为有以下一些情况:

一是歌德与艾克曼的谈话绝大多数都在他魏玛的家里,但有时也会在散步的路上或者外出的马车中。即使坐在家里,艾克曼也并非随谈随记,更不具备今日的录音条件,而多半只能在事后根据简单的日记进行回忆和整理;有时甚至连日记也没有,整理只得全凭记忆,而又并非总是整理得那么及时。

再有,尽管艾克曼很早就考虑到了出版,歌德本人却不同意在自己生前办这件事。到 1830 年他终于松了一点口,但审阅全部谈话记录稿的承诺却至死未能兑现。后来人们用新发现的歌

---

① 歌德:《歌德文集》第 19 卷,杨武能、刘硕良主编,河北教育出版社,1999 年,第 260 页。
② Friedrich Gundolf, *Beiträge zur Literatur- und Geistesgeschichte*, Verlag Lambert Schneider, 1980, p. 418.

德日记对照谈话录,便发现其中的记载难免有一些出入。

由上述两点,便得出了"自传"和"塑像"基本真实可信的判断。

《歌德谈话录》的第一、二卷出版于1836年,也即歌德逝世已经过了4年。其出版后在文艺界反响强烈,也得到歌德至亲好友的认可。这大大鼓舞了艾克曼,于是他第二年开始着手编写第三卷。可是由于前两卷销售不畅等原因,第三卷的辑录、整理和出版竟拖了12年,到1848年才得以问世。这一般都在译介时舍去了的第三卷,不但更多地依靠的是艾克曼本人的回忆,还包含了相当多歌德和艾克曼的瑞士友人索勒(F. J. Soret)辑录的歌德谈话。

在《歌德谈话录》的出版前言中,艾克曼写道:"我以为,这些谈话不仅对于人生、对于艺术和科学富有启迪,富有宝贵的教益,而且它们作为诗人生活直接的速写,还特别有助于人们把从其众多作品中得来的歌德形象变得丰满起来。不过另一方面,我又远远不会相信这便绘成了一个内心完整的歌德。这样一位杰出人物和思想家啊,他堪与一块有多个截面的金刚钻相比,它每一个截面反射的都是另外一种颜色,这样,在不同的场合,面对不同的人,歌德便呈现出不同的样子。而就我这部谈话录而言,我也只能谦虚地说:这是我的歌德。"[1]

艾克曼这些话的意思是,对歌德这位伟大而复杂的人物很难有完全准确和绝对真实的描绘;他谈话录里塑造的只是"他的歌德",也即他所见的歌德,他心目中的歌德。这是因为,艾克曼在记录歌德的言谈时必定有自己的取舍,必定有由于崇拜而加入的理想成分,甚至也可能于无意间混杂进了自己的好恶。因此德国

---

[1] 艾克曼:《歌德谈话录》,杨武能译,四川文艺出版社,2008年,前言第2页。

学者干脆将艾克曼的《歌德谈话录》与歌德回忆他青年时代的自传《诗与真》相提并论,即认为在基本真实的前提下也容忍了诗化或美化的不尽真实。

结论仍旧是,《歌德谈话录》"基本真实可信";它基本上反映了老年歌德的精神面貌和思想观点,确实富有智慧、教益和启迪,值得我们认真记取。

三、《歌德谈话录》的丰富内涵和巨大价值

也因此学者们大都强调《歌德谈话录》是一部"智者之书",因为它凝聚着大诗人和大思想家歌德的思想和精神,正如有学者说的是一座"歌德思想和智慧的宝库"[①]。的确,在书里可以听见歌德以高度凝练、概括和富有个性的语言,有声有色地谈论宇宙、自然、社会、人生、哲学、政治、军事、文学、艺术乃至为人处世、剧院经营管理,等等;也就是如先前的译家朱光潜先生和洪天富先生都着重指出的,这部书相当全面、具体地反映了歌德的宇宙观、世界观、人生观以及政治思想和文艺思想。因此,艾克曼的《歌德谈话录》不但给予广大读者以智慧的营养和思想的启迪,也为研究歌德的学者提供了可称权威的依据。

歌德首先是一位文学家,谈论文学、艺术和美学的时候自然特别多。他在谈话中不只阐明自己对种种文学问题的观点,还经常分析自己的作品,特别是当时正在写作的《浮士德》第二部,他为其中一些难解的问题,例如怎样解读《古典的瓦普几斯之夜》、"人造人",以及怎样看待悲剧的开场和结尾借用基督教的观念和形象,等等,给出了自己的答案。谈话过程延续了9年,他几乎涉及了包括《少年维特的烦恼》《威廉·迈斯特》《塔索》《亲和力》

---

① 爱克曼:《歌德谈话录》,刘筵莉编,北京理工大学出版社,2010年,第1页。

等在内的几乎所有主要作品。除此之外他还没少回忆初入文坛时伯里施、梅尔克、赫尔德等对他自己的帮助,回忆与挚友席勒在创作中的相互激励、相互切磋,以致有的作品难以说清究竟谁的贡献多一些。因此,《歌德谈话录》又被称作"打开歌德创作之门的一把钥匙"①。

除了谈自己的创作,歌德还更多地以同时代人和文学同行的身份,近距离评介了一系列德国作家和欧洲作家。例如欧洲作家,他经常谈到的有英国的莎士比亚、拜伦、司各特,法国的莫里哀、贝朗瑞、雨果,意大利的但丁、曼佐尼,以及西班牙的卡尔德隆,等等。对这些世界级的大作家,他不但具体地分析他们创作的特点和成功之处,还指出其不足——创作和性格的不足。这后一点更加难能可贵,非自己也是世界级的大家所不可为。歌德学识渊博,视野开阔,目光犀利,高瞻远瞩,观察所及常常称得上慧眼独具,识见高卓。一个例子就是他基于对包括东方文学在内的世界各国文学的关注和了解,在谈中国的明代小说《好逑传》时,第一个提出了"世界文学"的伟大构想,②在我们这里早已经成为美谈。因此,外国文学特别是欧洲文学的研究者和爱好者,也可视《歌德谈话录》为一部不可多得的辅助参考读物。

还有,歌德自幼学习绘画,热爱造型艺术,长期从事艺术品收藏,因此具有很高的艺术鉴赏力。《歌德谈话录》涉及各类绘画以及雕塑和建筑艺术的篇幅不少,现在常常挂在我们口里的"建筑是凝固的音乐"的时髦说法很可能最早是出自歌德之口。③至于对拉斐尔、鲁本斯、德拉克洛瓦等绘画大师的作品,歌德在谈话里更有不少具体、细致和精到的分析和评说。例如 1827 年 4 月 11

---

① 艾克曼:《歌德谈话录》,洪天富译,译林出版社,2002 年,第 615 页。
②③ 艾克曼:《歌德谈话录》,杨武能译,第 134、217 页。

日对鲁本斯的一幅风景画分析等,简直就是一篇篇精彩的画论!

再者,歌德不只谈论具体的文艺作品,也经常探讨诸如自然与现实、感性与理性、内容与形式的关系之类的文艺美学问题,同样不乏真知灼见。

中国有句俗语:"与君一席话,胜读十年书。"这说明与长者、智者谈话交流,虚心听取他们的教诲,对增长我们的见识、启迪我们的思维、提高我们的学养和德行,多么有益,多么重要。大思想家、大文豪、大诗人歌德可并非一般意义的长者和智者,而是处于人类思想文化史顶峰之上为数不多的巨擘之一。多亏了非凡的有心人艾克曼,他用他的《歌德谈话录》,在卷帙浩繁的歌德著作的边上另建了一座歌德思想精神的宝库,为后世留下了一份承袭起来更加方便的宝贵遗产。通过他和他的这部书,我们可以与歌德做整整九年的心灵交谈和交流,所获得的东西又会是多少啊!

四、歌德的生死观:奋发有为,精神永生

在自然哲学领域,歌德是一位物活论者和泛神论者,他相信整个自然都充满着生命和灵魂。1831年2月28日,艾克曼解释了歌德的泛神论信仰:自然即神,是"神性"赋予自然(宇宙)以生命。[1]歌德所说的广义的"生命",指的是生生不息的"变易者"[2],即不断自我创造和自我改造的自然中的存在者。作为一个集合名词,它包括具有自我调节和自我再生能力的有机界和不断运动变化的无机界。

在特定的语境中,歌德所说的"生命",指的是灵肉合一的个人存在。在1829年9月1日与艾克曼的谈话中,歌德将人的生命

---

[1] 艾克曼:《歌德谈话录》,杨武能译,第298页。
[2] Johann Peter Eckermann, *Gespräche mit Goethe*, Aufbau-Verlag, 1982, p. 272.

视作灵肉合一的整体:"作为肉体的人以及作为灵魂的人……一个如此紧密联系在一起的整体,是没法分开的。"①在时间上生命的过程表现为"诞生、成长和消亡"②,而个人的命运是由必然和自由决定的。歌德认为人是社会性的动物,为了维护社会和谐和预防革命,他要求统治者克制自己的私欲,"为民众谋福利"③。歌德提倡以个人主义为核心的人道主义,批评圣西门等人以集体主义为基础的空想社会主义。在1830年10月20日与索勒的谈话中,歌德揭示了圣西门主义的虚幻性:"每个人必须从自己开始,首先谋求自己的幸福,由此最后才可能万无一失地产生集体的幸福。进一步讲,他们的学说在我看来根本不现实,根本不可能办到。它完全违反自然,完全违反经验。"④

歌德认为生活就是活动,活动是人的天职。"活动"(Tätigkeit)是歌德的人生观的核心概念,它指的是人为实现某种目的而采取的行动,例如文艺创作活动、科研活动、社会政治活动和商业活动。歌德热爱生活,肯定生活,倡扬"有为的人生",推重"精神性的活动"和创造性的活动。⑤ 他认为生命的意义在于生命本身,在于个体的奋发有为和努力创新。在1829年3月23日与艾克曼的谈话中,歌德说简朴的住宅"刚好适合我,我内心因此感到充分的自由,可以随心所欲地工作和发挥自己内在的创造力"⑥。他要求人们活在当下,淡忘过去,用现在的"精明强干"⑦来对付对未来的忧虑,用自强不息的生命意志来对抗死亡的威胁。他认为人的伟大在于采取深思熟虑的行动,在于思想和行动的统一,在于为现世人生而积极进取、宏己救人。1831年6月6

---

① ③ ④ ⑥ 艾克曼:《歌德谈话录》,杨武能译,第242、88、280、217页。
② ⑦ Johann Peter Eckermann, *Gespräche mit Goethe*, pp. 333, 604.
⑤ Johann Wolfgang von Goethe, *Werke*, Hamburger Ausgabe, Vol. 10, Christian Wegner Verlag, 1963, pp. 529–530.

日,歌德对艾克曼说道:浮士德之所以得救,是因为"他永远奋发向上",他"自身的活动越来越高尚,越来越纯洁"。①

人是必死的生物。死亡通常指的是生命的终结,指的是生物所有的生命功能的停止。热爱生命的歌德在现实生活中对死亡通常采取回避的态度,他往往不去瞻仰死者的遗容,德国学者施密特(Gerhard Schmidt)因此称歌德患有"死亡恐惧症"②。为了消除人们对死亡的恐惧,歌德把死亡解释成一种生命现象,将死亡视作一种生命形式向另一种生命形式(Existenzform)的转化。1830 年 2 月 14 日,老公爵夫人露易丝去世,歌德于次日对索勒谈到了他的死亡观:"死亡在某种程度上是一件怪事,它会突然变成现实。它是从一种我们所熟悉的生命形式过渡到另一种我们全然不知的生命形式。"③死亡是向新生命过渡的思想,其实就是灵魂转世说(Seelenwanderungslehre)。1824 年 5 月 2 日,歌德对艾克曼谈到了死与精神永生:"一个人 75 岁了,有时候不可能不想到死。我考虑这个问题时异常平静,因为我坚信我们的精神具有不朽的性质,会永永远远地存在和活跃下去。"④

歌德的死亡观是在斯宾诺莎的泛神论和赫尔德的生命循环论的影响下形成的。斯宾诺莎认为,人死之后身体即融入自然整体之中,但人的精神不灭:"人的心灵不能完全随身体之消灭而消灭……思想的样式乃属于心灵的本质,亦即必然地是永恒的。"⑤在《上帝·关于斯宾诺莎体系的谈话》中,赫尔德将生命视作永不停息的变化发展过程,视作"永恒的再生"。斯宾诺莎为后世树立了生命的信念:"自由的人绝少想到死;他的智慧,不是死的默念,

---

① ④ 艾克曼:《歌德谈话录》,杨武能译,第 318、55 页。
② Witte Bernd ed., *Goethe Handbuch*, Vol. 4, Verlag J. B. Metzler, 2004, p. 1061.
③ Johann Peter Eckermann, *Gespräche mit Goethe*, p. 620.
⑤ 斯宾诺莎:《伦理学》,贺麟译,商务印书馆,1983 年,第 254 页。

而是生的沉思。"①成年和晚年的歌德谨遵前贤关于"生的沉思"的教导,他执著于有为的现世人生,从生命的角度思考死亡,将死亡看成通向新生的入口。在史诗《赫尔曼与窦绿苔》中,歌德指出:死亡对智者意味着重生,对信徒意味着升天,"对两者而言,死皆变成了生"②。在 1829 年 9 月 1 日与艾克曼的谈话中,歌德强调了在现世奋发有为的伟人精神永生:"我不怀疑我们会继续存在,因为世界不能缺少生命力;不过我们的不朽不会以相同的方式;为了将来表现出伟大的生命力,现在也必须是一种伟大的生命力。"③

歌德关于伟人"精神永生"(geistige Fortdauer)的信念与基督教的"灵魂不朽"(Unsterblichkeit)说紧密相关。少年和大学生歌德相信基督教的灵魂不朽说:信仰耶稣的基督徒在今世多行善事,死后灵魂就会升入彼岸的天堂得"永福";而犯大罪者的灵魂则下地狱受永罚。在魏玛的最初十年里,通过研究自然和阅读斯宾诺莎的著作,歌德开始背离基督教,逐渐成为一位泛神论者。成年和晚年的歌德不相信基督教超验的上帝,不关心个人灵魂的净化与不朽。1824 年 2 月 25 日,艾克曼和歌德谈到了梯德格(1752—1841)的诗作《乌拉尼亚,论上帝、灵魂不朽和自由》。歌德将基督教的"灵魂不朽"说称作愚蠢而无聊的"玄想";他说他不相信彼岸世界,只关心个人的今世幸福:"考虑灵魂不朽,这是贵人们尤其是那些无所事事的贵妇们的事。一个想在今生有所作为的人,他每天都得努力,都得奋斗,都得工作,就该让来世待在一边,在今世奋发有为。"④

---

① 斯宾诺莎:《伦理学》,第 222 页。
② Johann Wolfgang von Goethe, *Werke*, Hamburger Ausgabe, Vol. 2, p. 504.
③④ 艾克曼:《歌德谈话录》,杨武能译,第 242、42 页。

歌德的"精神永生"说源于古希腊的灵魂转世说和斯宾诺莎的泛神论。毕达哥拉斯学派、俄耳甫斯教和柏拉图开创了灵魂转世(pálingénesis)说,预言了灵魂的永恒存在。柏拉图主义者摩西·门德尔松调和了启蒙哲学和宗教情感,他认为上帝的至善和个人的美德追求保证了个人灵魂在没有奖惩的彼岸的永生。脱离正统宗教的自由思想家赫尔德提出了生命循环论,他崇奉有为的现世人生,将死亡视作永不停息的生命过程中的过渡、转变和更新,将灵魂转世视作灵魂的变化(Seelenwandlung)。这两位特立独行的哲人对歌德的"精神永生"说产生了启发性的影响。1830年1月10日,艾克曼转述了歌德的灵魂转世说:"众母就这样坚持在永恒的晦冥和寂寥中,成为一群积极创造的存在,她们本是创造和保存的法则,地球表面一切有形体和生命的东西都源自她们。一旦生命停止了呼吸,就会变成精神回到她们那儿,她们于是将它保存起来,直至它再获得机会成为新的存在。"①"创造和保存"的法则,其实就是歌德在1808年5月17日的日记中所说的世界灵魂(泛神论非人格化的神)的"定型和变型"原理;正是世界灵魂的原始极性赋予宇宙以永恒的生命力:"形变源于世界精神的收缩与舒张,收缩使万物定型,舒张则造成无穷的发展变化。"②

在魏玛的最初十年时期,歌德就已相信灵魂转世。他在《水上精灵之歌》中写道:"人的灵魂……循环始终。"③在1776年4月致维兰德的信中,歌德用灵魂转世说来解释他和施泰因夫人的恋爱关系:"这个女人对我颇有影响力,我只能通过灵魂转世

---

① 艾克曼:《歌德谈话录》,杨武能译,第251页。
② Johann Wolfgang von Goethe, *Werke*, Weimarer Ausgabe, III, Vol. 3, Bohlau Verlag, 1887–1919, pp. 336–337.
③ 歌德:《迷娘曲——歌德诗选》,第110页。

说来解释她对我的意义。我们是前世的夫妻!"①他认为死就是在爱的最高瞬间打破有限个体的限制从而融入"永生"的自然。他把死亡理解成新生命开始的通道。他在《致驭者克洛诺斯》一诗中写道:"快载着我这迷惘陶醉的旅客,/……向那地狱的黑夜之门冲去!/……让冥府的主人赶到门边,/殷勤地迎接我们。"②

老年歌德对毫无新意的人类历史感到不满,他在1828年10月23日和艾克曼的谈话中预言了人类的毁灭、重生和更新:"我看到一个时代正在来临,那时上帝不再喜欢人类,他不得不毁灭众生以更新世界。"③在《幸福的渴望》一诗中,他将飞蛾投火自焚称作"死与变"④,以此意象来表达他关于人的精神转变和精神升华的思想:只有放弃旧我才能获得新我,自我扬弃乃是自我超越和自我完善的必要手段。在1829年2月10日与艾克曼的谈话中,歌德说他逃往意大利是为了摆脱狂飙突进时期的旧我和浮躁的宫廷生活,以"提高自己的文化修养"和恢复"创造力"。⑤ 在1786年12月23日致施泰因夫人的信中,歌德将意大利之行称作"对我进行内部改造的新生(Wiedergeburt)"⑥。歌德通过对意大利的自然景物、社会生活和古代艺术品的观察和思考,丰富了自己的思想资源,提高了自己的思想境界;他的自我"发生了深刻的变化"⑦,精神获得了"新生",从此迈入辉煌的古典文学时期。

康德认为个人"灵魂的不死"源于理性存在者追求"至善"的

---

① Johann Wolfgang von Goethe, *Briefe*, Vol. 1, Christian Wegner Verlag, 1968, p. 212.
②④ 歌德:《迷娘曲——歌德诗选》,第40、227页。
③ Johann Peter Eckermann, *Gespräche mit Goethe*, p. 600.
⑤ 艾克曼:《歌德谈话录》,杨武能译,第206—207页。
⑥ Johann Wolfgang von Goethe, *Briefe*, Vol. 2, Christian Wegner Verlag, 1968, p. 33.
⑦ 歌德:《歌德文集》第11卷,杨武能、刘硕良主编,河北教育出版社,1999年,第132页。

使命。① 与康德不同,歌德将"精神永生"的信念建立在"活动的概念"(Begriff der Tätigkeit)之上。他认为个人"精神永生"的决定性因素是进取心、创造力和所创造的成果对后世的持久影响力,而不是遵守摩西十诫、登山宝训或康德的道德律令。在1813年1月与法尔克的谈话中,歌德将人类精英死后的再生归因于他们不停的精神活动;他认为大自然在对待其最高产品时遵循"节约"的原则,它决不允许"这类高度的精神能力的消亡"②。

在1829年2月4日与艾克曼的谈话中,歌德再次强调"永生"源于个人孜孜不息的精神活动:"如果哲学家也从传说中获取灵魂不朽的证明,那就太软弱无力和没什么意义啦。对我而言,永生的信念来自活动这一概念;因为我如果不停息地劳作直至终生,即使我现在的存在形式不能继续支撑我的精神了,大自然也有义务给予我另一种存在形式。"③歌德坚信孜孜不倦的精神活动乃是个人"永生的保证",艾克曼将这种信念誉为"激励人去完成高尚的行动"的伟大学说。歌德的这种"精神永生"说只是泛神论者的猜想而已,它是辛劳一生的德意志诗宗的自我安慰。

五、另眼看歌德:不可忽视的可读性和趣味性

《歌德谈话录》的思想意义和学术价值怎么估计都不算高,先贤们也强调得够多了,自朱光潜先生的选本在1978年问世以来,已经相当深入人心。这当然不是说无需继续对此书进行思想和学术研究;宝库中待发掘的珠玉珍玩确实还相当不少,可堪玩味的慧语隽言、哲理智慧还比比皆是。笔者在此只想强调,此书其

---

① 康德:《实践理性批判·判断力批判》,李秋零译,中国人民大学出版社,2007年,第130页。
② Herwig Wolfgang ed., *Goethes Gespräche*, Vol. 2, Artemis Verlag, 1965, p. 770.
③ 艾克曼:《歌德谈话录》,杨武能译,第204页。

实也极富可读性,其实也好看得很。

是的,富有思想意义和学术价值的《歌德谈话录》的确非常好读、耐读,非常好看、耐看!它虽说讲了许多有关宇宙人生、文学艺术的重大问题,但却深入浅出,因为都紧密地结合实际,是诗人、哲人、智者无比丰富的亲身经历见闻和所思所感的浓缩、结晶。读这部书,我们不仅能认识歌德生活的时代、地域和环境,还会进入他的精神世界,不知不觉间眼界便获得极大的开阔。

例如谈戏剧问题,他便结合自己和席勒的戏剧创作,以及他长期管理剧院的经验。在这中间,有趣的逸闻趣事真是不少。而尤为可喜的是,在书里我们见到一个与自己信赖的助手和忘年之交促膝谈心的歌德,一个走下了神坛的有血有肉、谈笑风生、亲切和蔼的歌德,一个既有人的优秀品质又有人的毛病的歌德,一个既理性、睿智又怪僻乃至迷信的歌德。总而言之,在歌德的这部"自传"或者更准确地讲"自述"中,我们会发现一些他身上常常被忽略了的品质,会看见一个在日常生活中平易近人的既平凡又伟大、既风趣又可爱的歌德。因为名为《歌德谈话录》,实则所记的并非纯粹是对话,也有老年歌德生活状况和情态的不少描写。

这里仅举几个让我们对歌德刮目相看,亦即另眼看歌德的例子:

其一,在人们的心目中歌德这样的大诗人和大思想家一般都不擅长行政和经济事务,其实不然。不说他做过魏玛管辖甚多的大臣,就讲他长期担任魏玛剧院的总监,就显示出了丰富的管理经验和非凡的经济头脑。1825年3月至5月的谈话录以剧院为话题的有很多,不少都对我们极有启发意义。例如他讲:一个剧院要站住脚,必须要排练出一套反复上演、常演常新的保留剧目;剧院绝不能为省钱而让二三流演员挑大梁;剧院要想成功,光有好的演员班子不够,还必须致力于提高观众的修养,拥有一批属于自己的高水平观众；他还特别强调必须重视票房收入,认为票房好坏也反映演出的质量。

其二,一般人都会有歌德生性浪漫、在男女关系方面轻浮随便的印象,其实并非完全如此。他在讲到如何当个称职的管理者时,说自己有两个大敌,一是他太爱才;二是剧院里漂亮女演员众多,也不乏出于各种原因来投怀送抱者,自己一不留神就会堕入情网,失去待人处事的公允和领导者的威信,所以他一直很注意保持与她们的距离。① 这些话虽出自歌德本人之口,但也证明他在男女问题上并不随便、轻浮。他虽一生多恋,却都因为确实对对方产生了爱情。

其三,歌德出身富裕市民家庭,后来身居高位,名声显赫,在传世的肖像画上也衣着讲究,我们便相信他一生乐享富贵荣华。其实也不是。一次他在拍卖会上拍到一张漂亮的绿色扶手椅,但他却说:"不过我将很少坐它,或者甚至根本就不坐,因为任何的安逸舒适,原本完全违反我的天性。你瞧我房里没有沙发;我永远坐的是我这把老木头椅子,直到几个星期前才给它加了个靠脑袋的地方。一个家具舒适而讲究的环境,会破坏掉我的思维,使我处于安逸的被动状态。"②

其四,歌德长期效力于魏玛宫廷,也曾晋封为贵族,许多人都批评过他的"贵族趣味",甚至骂他是"公侯的奴仆"。③可是读了他 1827 年 9 月 26 日的谈话,听他讲:"我并非现在自夸,而是事实确乎如此,在我乃本性使然:就是对于纯粹的王公贵族,如果他们不同时具有人的优秀品性和价值,我从来不存多少敬意。是啊,我对自己的身份处境挺满足,感觉自己很是高贵,因此如果人家要把我变成王侯,我一点不会受宠若惊。在发给我贵族证书的

---

①②③ 艾克曼:《歌德谈话录》,杨武能译,第 78—79、308、87 页。

时候,许多人以为我因此会飘飘然了。才不喽,咱们私下说吧,我真是无所谓,一点无所谓!身为法兰克福的富有市民,我们一直视自己如同贵族;手里多了一纸证明文书,并不意味着我在思想品德方面比过去有丝毫长进。"[1]我们大概就会改变看法。

总之,艾克曼的《歌德谈话录》能帮助我们更全面地认识歌德,同时也发现另外一个歌德。

《歌德谈话录》确乎是一座宝库,还有太多精彩有趣之处等待读者自己去发掘、占有和把玩。在强调它的可读性时,这儿想再说说它的文学价值,也就是文学性,因为两者原本关系密切。内容方面上边已经讲了不少,只再讲讲艾克曼流畅、灵动、优美的文笔,也配得上歌德老人深邃博大的思想和隽永雅致的谈吐,与之相得益彰;难怪《歌德谈话录》会博得眼光挑剔的尼采的称赞,说它是"空前优秀的德语作品"[2]。

---

[1] 艾克曼:《歌德谈话录》,杨武能译,第167页。
[2] Nietzsche Friedrich, *Menschliches, Allzumenschliches*, Walter de Gruyter, 1988, p. 599.

歌德学概念的溯源及其学术建制内生成①

叶 隽

(中国社会科学院 外国文学研究所)

一、"歌德学":从概念提出到学科意义

将歌德学作为一个学术概念提出②,并进而在学术史意义上予以明确的学科含义界定者,当属赫尔曼·格林。作为德国语文学奠基者威廉·格林(Wilhelm Grimm, 1786—1859)的公子,赫尔曼可谓"子承父业",不但在学术史上父子并立,而且能够别出手眼,独开出"歌德学"的煌煌事业。

1874年冬季,他在柏林大学开设了专门的歌德讲座,介绍和

---

① 本文中单指格林者,即赫尔曼·格林(Hermann Grimm, 1828—1901)。关于歌德学的开端问题,可参见 Karl Robert Mandelkow, *Goethe in Deutschland-Rezeptionsgeschichte eines Klassikers*, Vol. 1, Verlag C. H. Beck, 1980, pp. 156 – 159。

② 有学者认为"歌德学"(Goethe-Philologie)这一概念首先是在1861年由古茨柯(Karl Ferdinand Gutzkow, 1811—1878)提出的,参见高中甫:《歌德接受史1773—1945》,社会科学文献出版社,1993年,第158页,Karl Robert Mandelkow, *Goethe in Deutschland-Rezeptionsgeschichte eines Klassikers*, Vol. 1, p. 156. 另可参见 Karl Gutzkow, "Nur Schiller und Goethe?", in: Karl Robert Mandelkow ed., *Goethe im Urteil seiner Kritiker-Dokumente zur Wirkungsgeschichte Goethes in Deutschland*, Vol. 2, C. H. Beck, 1977, pp. 460 – 467。

阐释歌德的生平和著作,这是歌德学史上的"发凡起例"。① 通过在知识原创地大学——尤其是德国学术场域中心地柏林大学——的工作,格林真正地将歌德学推上了学术建制内的殿堂。作为文学史家,格林的学术兴趣主要在于强调"精神伟人"(Geistiger Größe),即精神英雄(den Heroren des Geistes);而自19世纪末开始兴盛的现代性的文学革命,在其著作中踪影全无。② 这当然受制于其个体生性的养成与时代背景的制约。我们知道,虽然首先提出"歌德学"这一概念的是古茨柯,在大学体制内首先提出建立"歌德学"要求的是格林,但将"歌德学"在学术意义上予以确立的仍要等到谢勒尔的"别出手眼"。那么,我们要追问的是,介于始作俑者和学科奠基者之间的格林,究竟扮演的是怎样的角色呢? 他与谢勒尔的区别究竟何在呢? 为何已经在大学与学术制度的范畴内明确提出"歌德学"的建构要求,但最后的"集大成"之名却要让给后来者的谢勒尔呢? 在我看来,格林"非不为也,乃不能也"。因为虽然也算是学者出身,但格林的思路并不在于确立纯粹的学术性歌德研究,这从他日后(1898)的一段表述中可以得到证实:"我们要求为我们的伟大人物建立大理石像。……歌德不应像从前那样身穿宫廷的服装或者工作时的衣着。在他的雕像周围应当是威严的,奥林帕斯式的。"③这哪里是

---

① Hermann Grimm, *Goethe-Vorlesungen gehalten an der Rgl. Universität zu Berlin*, Vol. 1. J. G. Cotta'sche Buchhandlung Nachfolger, 1903. 此前已有一些歌德的介绍性作品出现,如 Karl Rosenkranz, *Goethe und seine Werke*, Bornsträger (Königsberg), 1847。必须指出的是,第一部严格意义上的歌德传应算是由英国人完成的,参见 George Henri Levis, *The Life and Works of Goethe*, Frederick Ungar, 1965。

② Peter Staengle, "Herman Grimm und die deutsche Literatur", in: Bernd Heidenreich/Ewald Grothe ed., *Kultur und Politik-Die Grimms*, Societäts - Verlag, 2003, p. 334.

③ 转引自高中甫:《歌德接受史 1773—1945》,社会科学文献出版社,1993 年,第 148—149 页。

一个研究者的客观中立立场,分明是充满了一种极端的崇拜者情绪;当然其背后深藏的则是时代语境的深刻影响。

如果说 19 世纪前期以黑格尔、施莱格尔、席勒为代表的启蒙理性、浪漫情径、古典图镜三道思脉的歌德观基本构成了一种宏观背景,那么自歌德、黑格尔相继辞世之后,在从 1830 至 1860 年代的时段里,歌德的影响仍然存在①,也仍可按照这一脉络进行区分。但总体而言,这一阶段的歌德讨论没有太多地进入学术层次②,而更多的是随时代而起舞。诚如有论者一针见血地指出的,这是一种"在否定与神话张力域之间的影响史"③。

而我们考察格林之所以能在 1874 年提出歌德学概念,也不应与时代背景脱钩。要知道,就是在 1871 年,普鲁士在俾斯麦的领导下完成了德意志统一的大业,建立了德意志第二帝国。从歌德到俾斯麦,这是德意志精神建构的一种结构性完成。作为现代中国对德国精神认知最深刻的知识精英,辜鸿铭曾形象地列举出德国精神的两个象征人物:一曰歌德;一曰俾斯麦。为什么是这样的?我们当然可以列出更多的名单来做候补,譬如康德、费希特、黑格尔、席勒甚至贝多芬,又譬如弗里德里希大帝、施泰因、威

---

① 关于这个阶段的歌德接受,可参见 Karl Robert Mandelkow, *Goethe in Deutschland-Rezeptionsgeschichte eines Klassikers*, Vol. 1, pp. 85 – 159, 高中甫:《歌德接受史 1773—1945》,第 69—146 页。两书此章的标题相同,都为"自歌德逝世到德意志帝国建立时期"(Von Goethes Tod bis zur Reichsgründung)。曼德尔科夫论述更加详细,分了 12 节讨论,即:在否定与神话张力域之间的影响史;魏玛的艺术之友;黑格尔派;海涅与青年德意志;贝蒂娜、伯尔纳与政治三月前抒情诗;格尔维努斯与德国古典文学的综合模式;歌德或席勒;"社会主义的"歌德批评;歌德敬慕者的代表:卡尔·古斯塔夫·卡律(Carl Gustav Carus);歌德的现实主义与"现实主义"的歌德批评;1861 年的柏林歌德讨论会;歌德学的开端。
② 或者干脆就说:"就学术性的歌德学而言多半是无甚价值的。" Karl Robert Mandelkow, *Goethe in Deutschland-Rezeptionsgeschichte eines Klassikers*, Vol. 1, p. 85.
③ Karl Robert Mandelkow, *Goethe in Deutschland-Rezeptionsgeschichte eines Klassikers*, Vol. 1, p. 85.

廉二世、毛奇乃至希特勒。狄尔泰曾试图构建一种"德意志精神"谱系，但考虑到他对"精神"理解的局限性，故其所列举与阐释似乎尚未足以完整地表现此一概念。在我看来，如果以一种宏通的长时段历史眼光去考察，则德意志精神谱系的真正建构完成，必须形成一个相对完整的"文化—政治"结构，而这一结构则确实要等待俾斯麦的出现与完成，即"歌德—俾斯麦"结构的形成。这一方面是历史事实的形成，但另一方面精神又必须要有一个客观的建构过程。在这里，文学史家起到了极为重要的作用。格林就是这样的人物，因为他既是一个歌德崇拜者，又是一个俾斯麦崇拜者。他将19世纪分为两个时代，前者是歌德时代，后者即为俾斯麦时代。他还特别强调俾斯麦在德语语言与精神上对歌德的继承性，认为其《回忆与思考》是用歌德的语言写出的首部德国艺术作品。① 如此，格林对歌德学发凡起例的思路则别有深意，值得认真对待。一方面，我们意识到时代背景的制约、家世渊源的影响，但另一方面，我们更应关注到格林自身的思想发展的脉络本身；应该承认，格林非常重视精神史的重要功用，这在他对歌德意义的建构上充分表现出来。在他看来，歌德的意义远不仅是为俾斯麦时代做一个精神性的注脚问题，而是一种以日耳曼民族为主导的、世界帝国建构的主导型精神的问题：

> 歌德的德语将成为新的日耳曼世界帝国的语言。就像荷马的语言成为希腊世界帝国的语言一样，他的原初的纪念碑式的《伊利亚特》和《奥德赛》，随后的继承者是约翰福

---

① Hermann Grimm, "Goethe in freier Luft. Zu seinem hundertundfünfzigjährigen Geburtstag", in: Karl Robert Mandelkow ed., *Goethe im Urteil seiner Kritiker-Dokumente zur Wirkungsgeschichte Goethes in Deutschland*, Vol. 3, C. H. Beck, 1979, p. 302.

音。歌德的德语语言帝国将会覆盖怎样的范围,现在还无人知晓。①

正是在这样一种脉络中,他提出了俾斯麦对歌德德语与精神承继的重要性。所以,在格林的理解中,德国精神虽然经由"歌德—俾斯麦"结构而达至了一种完成的和谐,但具有主导型象征意义的不是俾斯麦的政治帝国,而是以歌德作品建构完成的德语世界的语言与精神帝国意义。更重要的则在于,格林不但提出了歌德学建立的必要性的问题,而且也有专门的论著。那么,我们不妨来探讨一下他以柏林大学讲座为基础的《歌德》一书究竟是怎样一部著作?

二、赫尔曼·格林《歌德》的筚路蓝缕意义与时代背景制约②

由于家世渊源,格林对歌德非常之熟悉,大致可算是"子侄辈"之类。诚如他自己所言,"在我的青少年时代生活的环境里,几乎人人都和歌德本人有过直接交往","大家待歌德,就像孩子对父亲一样熟悉,无需听讲,更无需研究"。③ 尽管如此,从一个耳口流传的"伟大人物"到学院建制中的"研究对象",其间的逾越仍不可以道里计。完成了这一工作的赫尔曼·格林,从此将标立在学术史上;但对他的工作进行完整的评价,却并非易事。④ 除了

---

① Hermann Grimm, "Goethe in freier Luft. Zu seinem hundertundfünfzigjährigen Geburtstag", p. 302.
② 关于赫尔曼·格林对德国文学的贡献,可参见 Peter Staengle, "Herman Grimm und die deutsche Literatur", pp. 319-340。
③ 转引自 Reinhard Buchwald, *Goethezeit und Gegenwart*, Alfred Kröner Verlag, 1949, p. 251.
④ 有论者即强调:"绘出赫尔曼·格林的图像并不容易。其同代人过高估价他……而我们现在则面临反方向过低评价他的危险。" Wilhelm Waetzold, *Deutsche Kunsthistoriker*, Vol. 2, Leipzig, 1924, p. 214.

自家的家学渊源之外，格林的妻子葛丝拉（Gisela Arnim, 1827—1889）乃是贝蒂娜·阿尔尼姆（Bettina von Arnim）的幼女与爱女①，这样的双重身份自然使得格林倍增对歌德的亲切感。

所以，也就难怪格林之着手写作歌德，并不是那种非常刻板的经院式研究或哲理式探讨，而是以一种相当轻松愉快的笔调来讲述，并且不乏宏大视野的精彩评论。所以，难怪有论者感慨道："格林便如同一个经历一切的近亲，以一种冯塔纳式的优雅风格将歌德生活娓娓道来，但同时又能以一种世界历史的视野将歌德的生活、创作和思想放置于宏阔的历史联系之中……"②其实，这正是格林作为歌德学家的妙处。他能够从"小处着手"，以相当丰富的逸事与故事叙述来建构全书：既按照时序讲述歌德不同时段的生活，譬如早年的法兰克福时代、魏玛时期等；也能够关注若干核心作品，如《葛兹》《维特》等；甚至也注意思想史上的交往，譬如在斯特拉斯堡与赫尔德的接触、对斯宾诺莎与雅各比的重视；当然还有歌德不同时期的重要情感对象，诸如弗里德里克、施泰因夫人等。③

但如果仅将视野停留在这种家庭背景是不够的，从当时的文学史语境来看，格林生活的年代即 1840 年到世纪转折之际，德语文学确实乏善可陈。尤其是如果将法、英、俄文学放在一起做比较的话，那么德语文学对世界文学的贡献是很有限的。④ 所以，干脆将其总结为"后生者的痛苦"（Elend der Nachgeborenen）⑤。确实，如果将歌德那个时代创造的诗与思的辉煌作为参照系，那么这样一种差距就极为明显。这也就难怪，自身也有作家身份的格

---

① Peter Staengle, "Herman Grimm und die deutsche Literatur", p. 320, n. 1.
② 转引自 Reinhard Buchwald, *Goethezeit und Gegenwart*, p. 258。
③ Hermann Grimm, *Goethe-Vorlesungen gehalten an der Rgl. Universität zu Berlin*.
④⑤ Peter Staengle, "Herman Grimm und die deutsche Literatur", pp. 324, 323.

林在亲历体会之后,自然会走向寻求经典之路,所以他将典范性的标志确定为歌德:

> 荷马与但丁完成了希腊与意大利的更高层次的统一,这种统一高于政治的统一。可谁又能知道莎士比亚会扮演一种更为崇高的角色,当所有说英语的人都感到分崩离析、混乱不堪的时候,最终发现了一种对最高端的力量的寻求,在他的话语里人们可以感受到一种统一感?但谁知道,歌德对于德国而言在我们命运的未来变化中将会扮演怎样的角色?但我们现在只能说说他已经做了些什么。在路德之后的时代里,没有一位诗人或思想家像歌德那样,同时在如此众多的方向上,对于后来接踵而至的四代人产生如此深刻的影响。伏尔泰在法国产生的影响则完全不同。①

在这里,格林以一种宏大的气魄横向比较了西方文化史上由古代到现代的主要脉络。一方面突出了荷马之于希腊、但丁之于意大利的民族—国家建构的精神史意义;另一方面则将现代欧洲突出为三大国的竞逐,英之莎士比亚、法之伏尔泰、德之歌德。正是在这样一种比较视野中,歌德意义得以彰显。在纵向上,他则突出德意志民族精神发展史过程的路德—歌德线索,强调歌德的意义绝不仅仅限于一般的文学史而已,而是在民族精神发展的各个方面、后世承继的各个世代都具有极为深刻的影响力。所以,格林之可贵,正在于他不仅能从自己与歌德的亲切渊源入手,有

---

① Hermann Grimm, *Goethe-Vorlesungen gehalten an der Rgl. Universität zu Berlin*, pp. 5 - 6. 又见 Hermann Grimm, *Goethe-Vorlesungen gehalten an der Rgl. Universität zu Berlin*, pp. 71 - 72.

一种人类学感觉的自然作用,而且更能从"大处着眼",始终围绕着歌德对德意志民族的精神代表意义,尤其是在世界历史中的功用。这也从格林的夫子自道中可以得到印证;他自称着眼点在于艺术史、文学史与精神史的结合,即强调一种具有民族建构意义的幻想力的历史(Geschichte der nationalen bildenden Phantasie)。① 从其具体论述过程来看,他至少是努力达至这样的目标的。

作为"19 世纪后半期德国有教养市民阶层的代表人物"(eine repräsentative Figur des deutschen Bildungsbürgertums in der zweiten Hälfte des 19. Jahrhunderts)②,格林的文化史意义极为重要;但问题则在于可能过犹不及。格林日后的发展方向,因为特别强调歌德之于民族的精神史意义,则未免有些过于"为我所用"。作为一个民族主义者,他对俾斯麦的过分推崇其实影响到他的歌德研究。③ 而这一点也在其文化场域的作为中得以印证,他在日后与挚友、历史学家特莱施克(Heinrich Gothard von Treitschke, 1834—1896)联手,为配合后者出版其名著《19 世纪德国史》(Deutsche Geschichte im neunzehnten Jahrhundert, 1879)而鼓吹铁血政治。这一点,不仅在其一般性的文章如《俾斯麦给未婚妻和夫人的信函》中得到直接表露,而且也体现在其歌德研究之中。譬如他论《浮士德》就明显表现出民族沙文主义的情绪:"对我们德国人来说,浮士德在整个的欧洲文学中都是至尊者。哈姆

---

① 《歌德——柏林大学讲座》第 5 版前言,转引自高中甫:《歌德接受史 1773—1945》,第 150 页。
② Peter Staengle, "Herman Grimm und die deutsche Literatur", p. 332.
③ 这一点与辜鸿铭的判断倒是如出一辙,不知后者是否受到前者的影响。辜鸿铭除了强调歌德、俾斯麦是德意志精神的象征人物之外,还特别推崇俾斯麦乃是"纯粹的、地道的、真正的德意志精神代表"。参见《在北京庆祝俾斯麦诞辰 100 周年纪念会上的演讲》,见辜鸿铭:《辜鸿铭文集》上册,黄兴涛等译,海南出版社,1996 年,第 574 页。

雷特、阿基勒斯、赫克托耳、塔索、熙德、福里特交夫(Frithjof)、希格弗里德和分噶尔(Fingal):当浮士德出现的时候,所有这些形象都不再是那样的生机勃勃了。"①如果说此处还可以只理解为特别强调浮士德对于德意志民族的特殊精神意义,那么下面这句话则完全表现出一种天降大任于斯人也的骄傲:"因此,我们既然拥有浮士德与葛泪卿,那我们德国人理所当然地在所有时代和所有民族的诗歌艺术中占据首位。"②正如黑格尔将世界历史划分为四个阶段:东方世界—希腊世界—罗马世界—日耳曼世界。他虽然强调:"'精神的光明'从亚细亚洲升起,所以'世界历史'也就从亚细亚洲开始。"③但他这种对世界历史的把握主观色彩过于浓厚,即最终将使命归结到本民族身上,有过于浓烈的民族—国家色彩④,这就是所谓的"日耳曼精神":"它的目的是要使绝对的'真理'实现为'自由'无限制的自决——那个'自由'以它自己的绝对的形式做自己的内容。日耳曼各民族的使命不是别的,乃是要做基督教原则的使者。'精神的自由'——'调和'的原则介绍到了那些民族仍然是单纯的、还没有形成的心灵中去;他们被分派应该为'世界精神'去服务,不但要把握真正'自由的理想'作为他们宗教的实体,并且也要在世界里从主观的自我意识里自由生产。"⑤格林所做的工作与黑格尔可谓殊途同归,其实质就是将精神力与现实的政治力联系在一起,成为一种推动强权政治的作

---

① ② Hermann Grimm, *Goethe*, Vol. 2, p. 219. 转引自 Karl Robert Mandelkow, "Einleitung", in: Karl Robert Mandelkow ed., *Goethe im Urteil seiner Kritiker-Dokumente zur Wirkungsgeschichte Goethes in Deutschland*, Vol. 3, p. XXXVI.
③ 黑格尔:《历史哲学》,王造时译,上海书店出版社,1999年,第106页。
④ 事实亦已证明,日耳曼文明过于强调自身的世界使命之承担,其幸在于此,如俾斯麦以铁血政策所实现的民族—国家统一以及在欧洲的崛起;其不幸亦在于此,如从威廉二世到希特勒对德意志民族所带来的巨大灾难,其思想根源亦不妨追溯于此。
⑤ 黑格尔:《历史哲学》,第352页。

用力。这就难免让人觉得其有些倾向于沙文主义的民族主义的味道。① 理解这一点,对我们理解歌德学创建的背景具有重要意义。歌德不是孤立于时代而存在,歌德学同样不可能脱离于学术史与接受史的时代语境而"孤芳自赏",它的发展与时代背景和国族需求息息相关。作为纯学术的象牙塔中的学问,固然有其"独立之思想"的一面,但学者能真正做到坚守学术伦理、无论时势更易而处变不惊者,却真是谈何容易? 或许,这也正是陈寅恪先生之所以悲挽王国维"独立之精神,自由之思想,历千万祀,与天壤而同久,共三光而永光"的原因所在。②

三、学术史的代际传承视域:以文学史建构为中心

以柏林大学建立为标志,德国现代学术由此而得以奠立,并由此展开了世界范围内现代大学的建立浪潮。直到第一次世界大战前,德国大学不但自家处于鼎盛时期,而且也是"近代世界高等教育发展的巅峰"③。德国大学之所以能为世界范围内的现代大学树立旗帜性意义,就在于其"包容众家,气象非凡"。而德国文化的核心特征,正如此处所论,乃是一种"较广意义上的科学的理想"。如果以学术化的语言阐释之,则为费希特的"知识学(Wissenschaftslehre)理想"。作为德国古典大学观的代表人物,席勒、洪堡、费希特与施莱尔马赫各有自家定见。但总体而言,他们有一定的共识作为基础。费希特显然有为真理献身并且自认真

---

① 高中甫:《歌德接受史 1773—1945》,第 153 页。
② 《清华大学王观堂先生纪念碑铭》,见《陈寅恪集·金明馆丛稿二编》,生活·读书·新知三联书店,2001 年,第 246 页。
③ 贺国庆:《德国和美国大学发达史》,人民教育出版社,1998 年,第 182 页。或谓柏林大学之建立"开启了普鲁士与德国,乃至全部欧洲高等教育的新时代",见 E. R. Huber, *Deutsche Verfassungsgeschichte seit 1789*, Vol. 1, Stuttgart, 1957, pp. 287。

理在手的那种内在自负,这从他对康德的评价中就可以看出。不过事实证明,真理从来就不可能在某个个体面前止步,哪怕他是当时代最伟大的人类精灵;在科学上,如牛顿之后还有爱因斯坦,在哲学上,如康德之后还有黑格尔。费希特的知识学体系的意义,与其说在于构建出一整套的哲学体系,倒不如说其思维方式为宗教、科学、哲学之外的真理探索方式提供了一种另类路径。相对而言,这种路径是很符合德国 Wissenschaft(学术或科学)的知识建构传统的。费希特是从对康德的批判继承开始的,他认为康德在《纯粹理性批判》(*Kritik der reinen Vernunft*)之后的系列著作中"想从根本上改造他那个时代关于哲学,以及与哲学一起,关于所有科学的思维方式的意图,完全没有获得成功"[①];而他自己的体系虽然"不外就是康德的体系",但在其"阐述方式上却完全独立于康德的阐述"[②]。实际上,费希特是对康德的"接着说"。但他的这种"接着说",却说出了很重要的东西,即作为科学/哲学整体理念的知识学:

> 我的著作只是为这样一些人写的,这些人在内心里对确信或怀疑,对他们的认识的清晰或模糊还有感受能力,认为科学和信念有某种价值,因而被一种强烈的热情激发起来,去寻求科学和信念。至于另外一些人,他们由于长期的精神奴役而丧失了自己,同时也丧失了他们对于自己固有的信念的感受,丧失了对于其他人的信念的信仰,认为谁要想独立地寻求真理,那就是愚蠢之举,因而他们把科学仅仅视为惬意的谋生手段,对于科学的任何扩展,就像对于一种新的劳

---

①② 《知识学新说》,载梁志学主编:《费希特著作选集》第2卷,商务印书馆,1994年,第651页;第652、653页。

作那样感到惊惧不安,而不惜用任何手段去压迫那些破坏了他们的职业的人——我与这些人是毫不相干的。①

作为柏林大学首任校长的费希特,其知识学理念与柏林大学建立的范式意义可谓相得益彰、彼此映衬,并直接导致了一个重要原则的呈现,即科学话语的确立。正是以柏林大学的建立与费希特的"知识学"为标志,德国现代学术得以初步确立。② 如果说柏林大学以教育建制的形式确立了德国现代大学的范式,并借大学创办为契机引发了关于德国古典大学观的争论与探讨,在体制与思想双重层面确立了德国现代大学/学术的根基;③那么,费希特的"知识学"体系,则不仅是德国古典哲学过渡的一个桥梁或组成的有机部分,而且还具有为德国学术在理论上"正名"的意义。或者,进一步地说,"知识学"就是学术哲学(Wissenschaftsphilosophie),

---

① 《知识学新说》,载梁志学主编:《费希特著作选集》第 2 卷,第 654 页。费希特的这种大学理念,明显受到席勒的影响,并具有德国学术史脉络的传承意义。1789 年 5 月 26 日晚 6 点,在耶拿大学,年及而立的席勒进行他为人师者的首次演说,题为:"何为普遍历史及普遍历史何为?"(*Was heißt und zu welchem Ende studiert man Universalgeschichte?*)有关"普遍历史"的概念涉及整个现代世界形成过程中的"德国理念",关系重大,这且按下不论;此处特别需要强调的是,在这场演讲中,席勒提出了针锋相对的一组概念:"利禄学者"(Brotgelehrter)与"哲学之士"(philosophischer Kopf)。1803 年,谢林在耶拿大学开设了《关于学术研究型学习方法》(*Vorlesungen über die Methode des akademischen Studiums*)的课程,延续席勒的思路,在学理上总结"利禄之学"(Brotwissenschaften)的概念,并摒斥之。他们所针对的,都是其时甚嚣尘上的、渗透到大学肌体中的实用主义思维。
② 这里所指现代学术乃是宏观意义上的现代观念,即大致等同于以柏林大学为代表的现代大学的概念。但学界惯用的概念又指这个时期的德国大学观为"德国古典大学观",主要是与德国古典文学、德国古典哲学相呼应,大致是指 18、19 世纪之交的思想活跃创造时代。所以,所谓的"德国古典大学观",就是德国现代大学的指导性观念。
③ 关于这个问题,可参见陈洪捷:《德国古典大学观及其对中国大学的影响》,北京大学出版社,2002 年,第 13—130 页。

费希特具有自觉的阐释与建构"学术哲学"的主观意识。这一点从其命名就可以看出来，所谓"Wissenschaftslehre（知识学）"就是以所有的 Wissenschaften（学科）为其关注的对象。从《全部知识学的基础》(*Grundlage der gesammten Wissenschaftslehre*)开始，到《以知识学为原则的伦理学体系》(*System der Sittenlehre nach Prinzipien der Wissenschaftslehre*)，费希特的哲学建构基本可以概括为"知识学"。而后者之中对学者使命的追问，则尤其迫切而具有现实维度。学术伦理学的命题在知识学的整体背景下日益彰显，应该说这是具有为"现代学术立心魄"(Seele der modernen Wissenschaften)的枢纽性追问，而且具备鲜明的德国"形而上"特征。从费希特的《学者的使命》(*Einige Vorlesungen über die Bestimmung des Gelehrten*)到马克斯·韦伯的《以学术为业》(*Wissenschaft als Beruf*)，德国学术有其内在的精神凝聚所在。这也正是德国学术为何能后来居上，在很短暂的时间里为世人所瞩目，并形成大规模留德潮流的重要原因。不仅有学术进步的突飞猛进，更具备学术精神之风骨独标，这才是德国学术对于现代世界学术的重大贡献，或曰引领风尚之意义。

就德国语文学（Deutsche Philologie）这一学科而言，其建设也与现代大学发展之背景息息相关。不过此处还是相对缩小范围，将其主要讨论范围局限于文学学科（Literaturwissenschaft）。① 虽然该学科的历史也可以追溯到 1810 年之前，但如果论及在现代大学与学术体制内的具体建制的话，则仍要以 1810 年柏林大学

---

① 关于概念的界定问题，可参见 Jürgen Fohrmann, "Von den deutschen Studien zur Literaturwissenschaft", in: Jürgen Fohrmann / Wilhelm Voßkamp eds., *Wissenschaftsgeschichte der Germanistik im 19. Jahrhundert*, Verlag J. B. Metzler, 1994, pp. 1 – 14。在我看来，日耳曼学—德国学—文学学科乃是层层下延的概念界定形式，即后者是前者的子概念。

的建立为标志。在 19 世纪的第二个十年,亦即 1810 年代中,有几件标志性的事件对于该学科的创建至关重要。诸如:1813 年,贝内克(Benecke)被任命为正教授(但没有专业说明,就像在哥廷根等其他地方一样);1817 年,哈根(von der Hagen)也被任命为同一职务,但这是在普鲁士德国语言与文学专业首次作为学院学科(Fakultätswissenschaft)获得承认,意味着其代表人物现在拥有相应的学术权利,更紧密地归属于学院;当然,还有 1818 年,雅各布·格林(Jacob Grimm)的《德语语法》(*Detusche Grammatik*)第一册出版。① 当然,整个 1810 至 1840 年代都被认为是德国语文学的建立期(Etablierungsphase)②;而在其中,以文学史研究为主线的文学学科的路径是值得特别关注的。

就大学建制中的德语文学学科而言,始终未成气候。虽然,自 1780 年代以来,在基尔、耶拿、哈勒、海尔姆施代特(Helmstedt)、埃尔朗根、哥廷根等大学,时而也有关于德国近代文学的课程,多数是有关克洛卜施托克的《救世主》(*Messias*)、维兰德的《奥博龙》(*Oberon*),但这并未能表明其"日耳曼性"(germanistisch)。而且,授课教授往往也都是哲学家或历史学家,并没有狭义上的文学研究者(Literaturwissenschaftler)。尽管这一学科已有某些启蒙迹象,但直到 19 世纪初在大学课程设置中仍是相当凄

---

① Uwe Meves," Zum Institutionalisierungsprozeß der Deutschen Philologie", in: Jürgen Fohrmann/Wilhelm Voßkamp ed., *Wissenschaftsgeschichte der Germanistik im 19. Jahrhundert*, p. 130.
② 关于若干概念如语文学(Philologie)、日耳曼语文学(Germanistik)、德国文学学科(deutsche Literaturwissenschaft)等的辨析,可参见 Nikolas Wegmann," Was heißt einen klassischen Text lesen? Philologische Selbstreflexion zwischen Wissenschaft und Bildung", in: Jürgen Fohrmann/Wilhelm Voßkamp eds., *Wissenschaftsgeschichte der Germanistik im 19. Jahrhundert*, pp. 334 – 337。

凉的。① 情况的根本改变,在某种意义上应当"归功于"拿破仑的军事入侵与占领:一方面是日后反拿破仑的自由战争唤醒了德意志自觉的民族意识;另一方面也是为了反抗法国化的启蒙,使得德国人要去探寻德国文学和语言的日耳曼—中世纪传统。② 1806年,德意志民族神圣罗马帝国的解体,实际上给德国人提出了一个非常严峻的课题,就是如何才能在危机时代的政治社会背景中保持德意志民族的未来"民族种子"?

对于现代德国的构建而言,这也是一次极为难能可贵的机会,而普鲁士似乎把握到了。这一点尤其表现在当时的一批政治精英和知识精英身上。如果说古典时代从国王威廉三世到首相施泰因、哈登贝格等一批政治领袖慨然决定建设柏林大学的决策是关键,那么以洪堡、费希特、施莱尔马赫等为首的知识精英的全力以赴,则为这一民族基础工程的奠基厥功至伟。到了建国时代(此指19世纪中期德意志第二帝国建国前后),乃是德国走向现代民族—国家道路的关键时刻,不仅取决于政治社会层面的发展,也与作为知识精英的学者群体密切相关。如谓不信,三次大会则为最佳例证。1822、1838、1846这三个年份,分别召开了全德科学家与医生大会、全德古典语文学家大会、全德人文学者大会。③ 作为学者,就学论学本是常理中事,可在四分五裂的德意志民族背景中,其实很难将这样的会议召开孤立地限定在纯粹学术的领域里。实际上,就最后一次的会议来看,其政治目的早已呼之欲出:"如果要求我们直接干预生活,对于一次学者聚会来说未免期望值过高;但是,这次会议无疑是立足于学术研究,尊重时代

---

①② Jost Hermand, *Geschichte der Germanistik*, Rowohlt, 1994, pp. 26, 27.
③ 哈贝马斯:《何谓民族?——三月前革命时期精神科学中的政治自我理解:以1846年日尔曼语言文学家法兰克福大会为例》,见氏著:《后民族结构》,曹卫东译,上海人民出版社,2002年,第4页。

的价值性和严肃性,而且每一个人都充满全体民众的激情,因此,我们敢说,我们的会议所取得的成绩不容低估。"① 虽然这种过于急切地介入现实政治和社会生活的诉求与学科发展的内在要求并不十分吻合,可由此我们毕竟可以看出,任何一种关起门来做学问的想法,虽然可爱,但却并不现实。这种出于时代问题意识和学者人间情怀的多重诉求,必然会具体作用到每个研究者的具体学术活动中去。

但如果仅仅考察这种直接相关性,也还是不够的。实际上,自歌德时代的同代批评之后,虽然歌德学并未形成,但因 18 世纪以来强烈的民族统一的文学史撰作诉求而逐渐形成了文学史的建构传统。② 这尤其表现在以格尔维努斯(Georg Gottfried Gervinus,1805—1871)、海特纳尔(Hermann Hettner, 1821—1882)为代表的双线结构上。他们基本延续了浪漫思脉、启蒙思脉的路径,而将其在文学史写作领域突出地表现出来。从这个意义上来说,无论是何种文学或学术(乃至政治、思想)文本,都必然表现出一定程度的思脉制约,乃至于就是某种统治性思脉在某个具体领域的表现而已。当然,可以举为代表的还有考白石坦(Koberstein,1791—1870),此君所著《民族文学史基础》(*Grundriss der Geschichte der Nationalliteratur*, 1827)为首部现代文学史,意义自然同样重大。但此处为便于讨论,仍选择更具代表性的上述格、海二氏的作品。

---

① Verhandlungen der Gemanisten, J. D. Sauerländers Verlag, 1847, p. 6. 中译文转引自哈贝尔斯:《后民族结构》,第 4 页。
② 有论者认为从 18 世纪的后三分之一世纪到 1880 年代的德国文学史写作是获得了很大成绩的,参见 Jürgen Fohrmann, "Deutsche Literaturgeschichte und historisches Projekt in der ersten Hälfte des 19. Jahrhunderts", in: Jürgen Fohrmann/Wilhelm Voßkamp ed., *Wissenschaft und Nation-Studien zur Entstehungsgeschichte der deutschen Literaturwissenschaft*, Wilhelm Fink Verlag, 1991, p. 205.

格尔维努斯将德国文学史的撰作看成民族—国家建构的重要任务,他所著的《德国的诗性民族文学史》(*Geschichte der poetischen Nationalliteratur der Deutschen*, 1835—1842)乃奠基性的作品,被誉为"19 世纪上半叶最出色的文学史著作"[①]。他如此阐述自家的文学史观:"美学对于文学史家犹如政治对于政治史家一样,只是一种辅助手段。"将美学立场消解之后,他强调文学史几乎是一部"时代史",文学史的使命是"让全民族了解它当前的价值、重新振作起业已丧失的自信心,在对自己古老的过去感到自豪的同时对当前的时代充满希望并对未来鼓起最坚定的勇气"[②]。直接介入政治,似乎是格尔维努斯的基本判断;在这一点上,他似乎越过了浪漫派,而直接从赫尔德那里继承了衣钵。而海特纳尔撰的《18 世纪文学史》(*Geschichte des 18. Jahrhunderts*, 1855—1864),不但关注文学史与启蒙运动的关系,更兼视野宏阔,将英、法文学亦纳入叙述,是具有比较文学史眼光的杰作。[③]更重要的是,海氏受到黑格尔精神现象学的影响,立足于启蒙思脉的基本立场;设若无此背景,所谓"著作中有这种观念的一贯线索,相反相对的处理方式,以及这样富于思想的间架,便是不可想

[①] 对于此书的评述,参见 Jost Hermand, *Geschichte der Germanistik*, pp. 44 –45。关于格尔维努斯其人,一些辞书未收,如:张威廉主编:《德语文学词典》,上海辞书出版社,1991 年。收入者介绍亦甚简略:德国史学研究者,哥廷根七君子之一,著有《维也纳和约后的 19 世纪史》。参见 Wolfram Schwachulla, *Der Brockhaus in einem Band*, Brockhaus, 1996, p. 329。

[②] 转引自赫·绍伊尔:《文学史写作问题》,载凯·贝尔塞等:《重解伟大的传统》,黄伟等译,社会科学文献出版社,1999 年,第 79 页。参见 Ulrich Wyss, "Der doppelte Ursprung der Literaturwissenschaft", in: Jürgen Fohrmann/Wilhelm Voßkamp ed., *Wissenschaft und Nation-Studien zur Entstehungsgeschichte der deutschen Literaturwissenschaft*, p. 74。

[③] 此书第 1 卷论英国、第 2 卷论法国、第 3—6 卷论德国。关于德国部分后单独成书,为 Hermann Hettner, *Geschichte der deutschen Literatur im achtzehnten Jahrhundert*, 2 Vols, Aufbau Verlag, 1979。

象的了"。但海特纳尔的长处是,出自黑格尔而又能不为黑格尔所限,其讨论的启蒙运动就不再以黑格尔为依归。他"已经写出了观念史(Ideengeschichte),并且指出观念不仅是沉淀淤积在纯文艺里,而且也及于其他的艺术"①。

由此,格尔维努斯与海特纳尔恰恰构成了建国时代文学史撰作的两极,基本延续了自古典时代以来的二元基本结构,即施莱格尔—黑格尔的对峙。到了歌德学建立之后,由狄尔泰、谢勒尔两君所构成的精神科学—自然科学对峙模式,似乎在某种意义上也正反映了这样一种二元论的基本结构形式,即本质上仍为浪漫思脉—启蒙思脉的对峙。格尔维努斯追问诗对于民族的价值,追问诗对于"同世及后世的影响"(Wirkung in Mitwelt und Nachwelt)。关于史学家的立场,格尔维努斯这样界定:

> 历史学家通过时代、时代思想、努力与命运显示其存在,他展现其内在关系——适应或者相争——通过这些,其对于民族的价值,对同世及后世的影响,他首先仅将这个时代、这个民族在这种诗的形式里所完成的与最高的进行比较。他展现其与诗人的紧密关联,他的存在也就是由此而展现,他与诗人的历史关联以及他的其他著作也由此而展现;当然他不仅处理一个诗人的这一方面,而且他必须将其视野扩展到处理诗人和诗与时代、与民族、与欧洲文化、与整个人类的关系的讨论。②

---

① 玛尔霍兹:《文艺史学与文艺科学》,李长之译,商务印书馆,1943 年,第 7 页。
② *Heidelberger Jahrbücher der Literatur*. 26. Jg. 2. Hälfte, 1833, pp. 1196–1197. 转引自 Gotthard Erler, "Einführung", in: Hermann Hettner, *Geschichte der deutschen Literatur im achtzehnten Jahrhundert*, Vol. 1, pp. XIV–XX。

由此我们可以看到,格尔维努斯已经达到了一个相当的高度,即具备了相对全面和独立的史家意识,可谓在某种程度上具备了"浪漫其表,启蒙其质"的因素。但海特纳尔却仍沿用黑格尔的那套精神史观念,"它没建诸历史主义和实证主义的平面之上"①。难怪日后谢勒尔要批评海特纳尔称:"倘若一个文艺史家,他的书的史观之一般立场乃完全在日尔温奴斯之后而又倒退起来,我们是不能原谅的。历史的根本范畴是因果律。到现在还迄无对事实已那样忠实而正确地追求过,对材料的驳难已那样分门别类地有意义有线索地整理过,而使历史家可以不必对碰到的事情有探寻根由的义务呢。海特诺的大错是在那动机已谬上。"②作为同属启蒙思脉的谢勒尔,之所以批评前辈,其原因或在场域因素;但无论如何,他强调史家的根本立场,是很能体现日后德语文学学科(包括歌德学)建构的自然科学方法论的。

其实,无论是格尔维努斯,还是海特纳尔,包括普鲁茨(Robert Eduard Prutz,1816—1872)等人,他们的文学史撰作或承接浪漫立场,或立足启蒙理性,但写作目的都相对一致,即指向德意志文化民族的建构,是为了启蒙民众的。可随着学科逐渐形成,并进入大学体制中以后,"语文学化"则变成不可阻挡的大势所趋了。为了获得在学术体制中的科学性声誉,借助古典语文学的方法就成了一种必要且有益的手段,拉赫曼(Karl Lachmann,1793—1851)由此而凸显为本学科的重要人物。从19世纪中期开始,文学史之所以能从哲学家和史学家的手中转移到日耳曼文学家的掌控中,就是因为古典语文学方法的贡献;他

---

① 玛尔霍兹:《文艺史学与文艺科学》第7页。
② 转引自上书,第7页。日尔温奴斯即格尔维努斯,海特诺即特纳尔。

们进行大量的资料搜集、整理、编辑、注释、评点的工作,这些都足以证明其科学性。① 魏玛(Klaus Weimar)干脆提出,将"精神从文学史中驱赶出去"②。可问题在于,任何事情都避免不了走向极端。古典语文学方法对学科的建立当然意义极为重大,可"一旦超越了这个阶段,这种方法论意识就会在一门建立已久的学科当中把一种科学要求公开偶像化",其结果自然就不免"表现为毫无用处的语文学"。③

"歌德学"的出现,正应当与这样的背景相联系。要知道,自1848年以来,德意志民族—国家的建构始终是一个对知识精英最具号召力的任务;而在直接参与准政治性活动之外,如何以自身所长有所贡献戮力,或许是更有趣的话题。一方面,从赫尔曼·格林的身上,我们可以观察到一条有趣的学术史代际承传轨迹,尤其是由家庭教育而达至的衣钵相授。其父亲威廉·格林固然对早期日耳曼学贡献甚大,其叔雅各布·格林更被认为是"日耳曼学之父"(Vater der Germanistik)④。他们所从事的工作⑤,都属于大的学科范围中的奠立根基之事,关系极大。故此,当格林在柏林大学提出建立"歌德学"这一学科时,就已经赋予了后者极为重要的意义。⑥ 事实亦如此,在拉赫曼已确立了本学科的科学地位

---

① 参见 Klaus Weimar, *Geschichte der deutschen Literaturwissenschaft bis zum Ende des 19. Jahrhunderts*, Wilhelm Fink Verlag, 1989, pp. 319 - 346。
② 参见上书。
③ 哈贝马斯:《何谓民族?——三月前革命时期精神科学中的政治自我理解:以1846年日尔曼语言文学家法兰克福大会为例》,第24—25页。
④ Jost Hermand, *Geschichte der Germanistik*, p. 32.
⑤ 关于格林世家的情况,可参见 Bernd Heidenreich/Ewald Grothe ed., *Kultur und Politik-Die Grimms*。
⑥ 参见 Hans-Martin Kruckis, "Goethe-Philologie als Paradigma neuphilologische Wissenschaft im 19. Jahrhundert", in: Jürgen Fohrmann/Wilhelm Voßkamp ed., *Wissenschaftsgeschichte der Germanistik im 19. Jahrhundert*, pp. 451 - 493。

之后,谢勒尔的出场就有了充分的铺垫。如何在格尔维努斯与海特纳尔的文学史撰作与科学化的日耳曼语文学之间寻求一种平衡的张立点,对后来的新生代学者而言,无疑既具有极大的挑战性,又是极佳的学术切入点。而格林提出歌德学的命题,则无疑给谢勒尔提供了一次大展身手的机会。相比较那批获得文学史编撰权力的德国古典语文学家所致力的文字解释和事实校点工作(非文本分析),格林、谢勒尔都试图走出另一条道路;尤其是作为集大成者的谢勒尔,其《德国文学史》发展出一种远为不同的研究方法。

其实,只要我们稍微留心考察一下谢勒尔英年早逝的学术史轨迹,就会发现他惊人的学术天赋。他早年合编《8—12世纪留存之德语诗歌和散文作品》(*Denkmäler deutscher Poesie und Prosa aus dem 8.-12. Jahrhundert*,与 Karl Muellenhoff, 1863)已展现才华,又撰《德国语言史》(*Geschichte der deutschen Sprache*, 1868)树立了一个相当高的标准。① 正是有这样的基础在前,他的文学史写作故能别出手眼,壁立万丈。② 谢勒尔的研究能在语文学、历史学、哲学各学科中寻求方法论资源,他理解语文学的最高目标"是视语文学为民族道德理想底理解,为关于时代的精神造形,并且他对于在到这个目标去的道路上所应当作的工作,就是严格语文的历史的工作亦并未予以过适当评价"③。在这里,语文学不再是枯燥乏味的考据之学,而是能够融通思想史的基本功能,将其与民族国家的发展紧密相结合的"致思致用"之学。那么,他将会给这个学科乃至德国学术史带来怎样的理论创新与贡献?

---

① 爱德华·施乐德:《德国语文学》,杨丙辰译,见中德学会编译:《五十年来的德国学术》第 2 册,商务印书馆,1937 年,第 521 页。
② 关于谢勒尔的德国文学史写作的意义,以及在学术史中的比较位置,可参见爱德华·施乐德:《德国语文学》,第 547—549 页。
③ 爱德华·施乐德:《德国语文学》,第 548 页。

从市民家庭到公共生活
——解读歌德的《威廉·迈斯特的学习时代》

谷 裕

(北京大学 德语系)

18世纪法国大革命前后,是德国从近代向现代过渡的转型时期,史学界称之为"马鞍时期"。① 这个时期的特征是,市民阶层自我意识增强,开始在政治、经济和文化领域与贵族抗衡。开明贵族也开始向市民靠拢。其结果是,传统等级制度瓦解,现代市民—公民社会开始形成。此前,德国在君主专制和等级制度下,公共政治生活由君主和贵族主导,市民被限定在以家庭为核心的私人领域,没有参政议政的权利。因此,走出私人空间进入公共领域,成为这一时期市民阶层主要的政治和社会诉求。歌德的小说《威廉·迈斯特的学习时代》以文学形式记录了这一历史过程,并对围绕它产生的问题进行了反思。小说的创作从1777年延续到1796年,正好覆盖了"马鞍时期"关键的20年。市民青年如何走出私人领域进入公共生活,构成小说一条主要线索,小说的戏剧和塔社部分均围绕这一线索展开。

---

① Otto Brunner / Werner Conze / Reinhart Koselleck ed., *Geschichtliche Grundbegriffe: Historisches Lexikon zur politisch-sozialen Sprache in Deutschland*, Vol. 1, Klett-Cotta, 1979, p. XV.

本文所言市民家庭与公共生活的区分,基本对应汉娜·阿伦特所讲的私人领域与公共领域的区分。① 所谓公共生活,包括市民家庭以外的公共政治、社会、经济和文化生活。本文的侧重点在公共政治和社会生活。严格讲,它并非哈贝马斯所讨论的现代公共领域。因为1770至1790年代,德国既没有现代意义上的民族国家,又没有现代意义上的公民社会,而是处于一个从封建等级社会向现代公民社会过渡的过程。德国所面临的问题是,作为未来公民社会基础的市民阶层,如何走出以家庭为核心的私人领域,进入公共生活,并通过对公共生活的认识来培养政治和社会意识。也就是说,与英法相比,德国小邦林立的形态造成它普遍政治生活不发达,而且没有形成像伦敦和巴黎那样的政治中心。公共生活在几个大宫廷和上百个小宫廷中进行。由于严格的封建等级制度,市民无法进入以贵族为主体的宫廷—政治生活。反过来,市民进入公共生活就要首先与宫廷和贵族发生关系。因此,在法国大革命前后,德国出现开明贵族与市民组成的共同体,——包括贵族与上层市民组成的秘密结社或从宫廷分离出来的贵族与市民的结合,②——共同致力于消除等级差异,建设以平等为基础的现代公民社会。

歌德的小说恰好记录了这一历史时期的现象和心态。小说重点通过主人公在塔社的经历,描画了一个建立在开明贵族与市民互动基础上、趋于等级平等的共同体的形成,展示了未来公民社会的理想形态。标志性事件是市民与贵族的联姻。然而,公共生活与私人领域存在不可消解的张力。在市民获得公共性

---

① 汉娜·阿伦特:《公共领域和私人领域》,刘锋译,见汪晖、陈燕谷主编:《文化与公共性》,生活·读书·新知三联书店,2005年,第62页。
② 哈贝马斯:《公共领域的社会结构》,曹卫东译,见汪晖、陈燕谷主编:《文化与公共性》,第142、150页。

的同时,原本受家庭保护的"纯正人性"和"人与人之间的亲密关系"①,也就是小说所说的人的情感和"天性",要让位于公共生活所需要的秩序,所有隐私和秘密都要经受理性考察。讲求实际的行动排挤掉了诗意和灵性。小说结束于主人公告别塔社、携子去往南方的意大利,表达了作者重归自然、艺术和灵性的渴望。

《威廉·迈斯特的学习时代》分"戏剧"和"塔社"两部分,分别描写了主人公威廉的两种不同经历。威廉出生于市民和商人家庭,家中笼罩着"整洁和秩序"。他虽屡屡成功完成父亲交给的任务,显示出不凡的经济才能,却不能满足于平庸的日常生活,执意要离开家庭而投身戏剧。戏剧在当时是为世人所不齿的行当,而威廉的动机有二:一是要摆脱"拖沓、无聊、沉闷"的市民生活,二是要成为"未来民族戏剧的缔造者"②。前一种动机暴露了主人公走出市民家庭、告别私人领域的愿望;后一种则更进一步,希望成为公众人物,在公共生活中产生影响。18世纪下半叶德国上演的戏剧似乎为此提供了可能,它们主要是古典悲剧、巴洛克历史剧和宗教剧,主人公或为帝王将相,或为宗教圣人,即都是在公共政治生活中产生影响的人物。市民可以通过看戏领略伟人的人格和命运。威廉儿时迷恋巴洛克风格、旧约题材的木偶剧"大卫大战歌利亚",后来又陶醉于莎士比亚的《哈姆雷特》。两种狂热背后的机制是一样的:他情不自禁地把自己等同于舞台上的王者,幻想自己拥有他们的威严和勇武。尤其通过演戏,他可以体验到市民日常生活以外的广阔军事和政治生活。观众的掌声还可以给他带来荣誉,满足他成为公众人物的愿望。

---

① 哈贝马斯:《公共领域的社会结构》,第152、154页。
② Johann Wolfgang von Goethe, *Wilhelm Meisters Lehrjahre*, Deutscher Taschenbuch Verlag, 1994, p. 35. 以下引用该书原文时只在括号内给出页数或省去页数。

然而,事实证明,所谓荣誉和公众人物不过是虚幻而已。威廉纵然有进入公共生活的愿望,但他选择的道路是错误的。戏剧舞台带给他的只是一种虚拟的体验。演员在台上是王公贵族,雍容华贵,叱咤风云,在台下却地位卑微,毫无尊严。小说在伯爵府一节,毫不夸张地再现了现实中演员的处境。他们幻想着伯爵府的邀请会带来"幸福、荣誉和金钱",然而却没有受到应有的礼遇,演员们在深夜大雨中被安排在废弃的房间,以贵族夜宴的残食充饥。他们演出的不过是为君主歌功颂德的应景戏,剧本、风格都要听任贵族吩咐。像威廉所在的流动剧团,在 18 世纪下半叶与走江湖卖艺的无异,男盗女娼是平常之事。小说借女演员奥埃利亚之口道出,德国观众"从王子到佣人,从当兵的到商人的儿子,从大学生到学者,从乡间贵族到僧侣",差不多都是抱着"狎妓之心"看戏(260)。歌德以戏剧为题描写演员,在当时近乎"丑闻"。

想象与现实的反差表明,对于真正的公共政治生活,小说主人公还不得其门而入。这种情况在小说第二部分发生了变化。威廉在塔社的氛围中,在塔社成员的引导下,真正得以认识并进入大世界,完成他从私人空间向公共空间的过渡。所谓"塔社",是一个由贵族和僧侣组成的秘密团体,因举行集会的地点在贵族府邸的塔楼而得名。塔社的核心人物是罗塔里奥男爵、阿贝神父和军官亚诺。它影射了法国大革命前后活跃在德国的秘密结社现象。塔社的政治主张、组织形式、工作重点和仪式,与歌德熟悉的共济会十分相似。据考,歌德曾于 1780 年加入魏玛共济会分部,第二年从"学徒"升为"帮工",再一年与魏玛大公一起晋升"师傅"。歌德后来虽然淡出,但终生都是共济会员。[①] 小说中的

---

① Michael Neumann, *Roman und Ritus*, *Wilhelm Meisters Lehrjahre*, Klostermann, 1992, p. 77.

一整套手工业者行话,诸如"迈斯特(师傅)""学习时代(学徒期)""结业证书(学徒结业证书)",同时也是共济会的用语。歌德在小说中加入共济会的元素,一个很重要原因在于,在当时的语境中,贵族与上层市民组成的秘密结社是实施社会改良、建构平等社会的一种形态。

塔社部分完全是歌德后加的,它记录了歌德对公共生活的新体验。《威廉·迈斯特的学习时代》的初稿名为《威廉·迈斯特的戏剧使命》,写于 1777 年,也就是在《少年维特的烦恼》(1774)出版后的第三年。初稿顾名思义是一部以戏剧为题的"戏剧小说"。1786 至 1788 年的意大利之旅中断了小说的创作。歌德于 1793 年重新执笔,1796 年最后完成,改名为《威廉·迈斯特的学习时代》。显然塔社经历,也就是对公共生活的认识,充当了学习的对象。因为在此期间,也就是在德国政治社会转型的重要关口,歌德从一名法学毕业生过渡到廷臣,亲身经历了从一位市民青年到进入宫廷—政治生活的转变。他自 1776 年担任萨克森-魏玛公国的枢密顾问;1782 年被册封为贵族;1776 至 1783 年间领导了公国的农业改革;1782 年晋升为财政部长,并开始对公国境内的矿务进行清理整顿;法国大革命期间,他曾随魏玛大公参加过反法的美因茨保卫战。由于魏玛宫廷规模小,歌德身兼数职,涉猎了多种公共部门。这些经验以文学形式进入了"塔社"部分。更重要的是,歌德在此期间终于"有机会反思自己和他人"以及"世界和历史"。① 凡此概括起来,就是歌德超越了"维特"和"戏剧"阶段,从对等级制度的反抗,经对贵族的盲目效仿,直到进入并打造新型共同体。

塔社的公共特征表现在它的成员是活跃在公共政治领域中

---

① Johann Wolfgang von Goethe, *Wilhelm Meisters Lehrjahre*, pp. 613-614.

的人物，他们有明确的政治主张，并且将思想付诸行动。塔社的领袖罗塔里奥进入过军界，参加过美国独立战争，他在自己的领地推行农业改革，为国家利益限制贵族特权，改善农民状况。所有这一切，都是威廉作为市民之子不曾也不可能涉足的领域。在专制和等级制度下，威廉甚至得不到相关信息，遑论施展理想和抱负。他虽有思想和智识，却只能规避在自己的私人领域，沉湎于主观世界的幻想。等级秩序从根本上决定了威廉不可能有政治社会实践，也就不可能有行动。"行动"只针对公众人物而言。在当时的语境中，只有贵族可以是有行动能力、有所作为的人。

塔社的精神领袖阿贝是一位开明僧侣。"阿贝"是法语对神职的称呼。法国大革命前后有阿贝流亡到德国，多在贵族府担任秘书或家庭教师。① 小说中的阿贝按天主教要求主持了迷娘的葬礼，但在世俗语境中他的功能更多转化为教育。阿贝几乎是塔社及周围所有贵族青年的老师，他对威廉的教育可以归结为一点：放弃不切实际的幻想，在公共生活中有所作为。小说暗示阿贝属于某修会；从他重视教育并被派往叶卡捷琳娜统治下的俄国实施教育的特征，可以推断他属于耶稣会。② 对天主教、耶稣会和教育的关系，《魔山》中的纳夫塔有一段精辟的论述，基本可以代表欧洲知识界的某种共识：与脱胎于神秘主义的新教和虔诚运动不同，天主教与政治有密切联系；③天主教重视政治和教育的特点特

---

① Johann Wolfgang von Goethe, *Wilhelm Meisters Lehrjahre*, p. 783.
② Johann Wolfgang von Goethe, *Wilhelm Meisters Lehrjahre*, p. 803. 教育是耶稣会一项重要工作领域。修会在法国大革命后到复辟时期解散，叶卡捷琳娜二世在此期间大量邀请耶稣会士赴俄帮助俄国的教育建设。哈特曼：《耶稣会简史》，谷裕译，宗教文化出版社，2003年。
③ Thomas Mann, *Der Zauberberg*, Fischer, 2002, p. 668.

别明显地体现在耶稣会的纲领中,而歌德作为教育者"几乎就是个耶稣会士"①。阿贝教育理念的特征就是政治性和公共性。在这一点上,它又与洪堡的教育思想不谋而合。虽然出发点不同,洪堡更多是从国家利益出发,而阿贝则就个人修养而言,但两者都认为,教育不应当局限于个体、内在和审美层面,而是要培养人的政治性、公共性和集体性。② 教育在客观上充当了缩小等级差距、建构平等社会的媒介。

塔社共同体由市民与贵族的相互靠近形成。当然,小说重点描述的是市民向贵族的移动。在过渡时期,对于市民青年来讲,进入公共生活首先意味着进入宫廷,加入贵族行列。诺瓦利斯把《威廉·迈斯特的学习时代》称为"向贵族册封诏书的朝圣"③,虽是戏言,却也敏锐地把握了时代问题,形象地描摹了这种状况和心态。《少年维特的烦恼》中市民青年对等级社会的逃避、与贵族的对立,在此转化为一种融合的努力。一个重要指征是,威廉要"培养和塑造自己的人格"(290)。这说明他有意识要把自己培养成公共人物。因为所谓"人格"是指人在公共生活中的形象,因此这个词也作为有公共影响力的"人物"讲。威廉培养和塑造自己的人格,目的在于使自己成为公众"人物"。就此,歌德笔下威廉的意图,与威廉·洪堡的意图几乎完全一致。洪堡所提倡的人格的全面"修养"(Bildung),其中一个重要因素就是培养市民的公共性,为公民社会奠定基础。④

---

① Thomas Mann, *Der Zauberberg*, p. 703.
② Wilhelm von Humboldt, "Ideen zu einem Versuch, die Grenzen der Wirksamkeit des Staats zu bestimmen", in: *Werke in 5 Bänden*, Vol. 1: *Schriften zur Anthropologie*, Cotta, 1980, p. 64.
③ 诺瓦利斯断片第536条,此处转引自 Johann Wolfgang von Goethe, *Wilhelm Meisters Lehrjahre*, p. 685。
④ Dieter Borchmeyer, *Weimarer Klassik. Portrait einer Epoche*, Beltz Athenäum, 1994, p. 339.

另一方面,在当时的德国,全面的人格塑造只有贵族才能做到。① 正如威廉清醒地认识到,18 世纪"至少在德国,只有贵族才谈得上全面的人格塑造"(290)。首先,只有贵族是国家政治军事生活中的"公众人物",他们的人格会对重大公共事件产生影响,因此才需要培养人格,维护形象。其次,只有贵族才享有人格塑造的自由和环境。他们居于社会顶层,不受等级限制;他们自幼生长的环境可以熏陶高贵的气质。相比之下,市民既不需要人格,也不可能具备完整的人格。市民不仅囿于等级限制,而且只能"让自己以某种方式有用而忽视其他方面"(291);也就是说,在社会分工的环境中,市民的价值取决于某一方面的实用性,这决定了市民"天生注定"不可能成为人格完整的人。然而,面对这种现实,威廉一方面感叹"自己可惜只是个市民",无时无刻不"清晰地感觉到那条界线";另一方面他又坚信自己具有高贵的潜质,感觉到人格塑造的"能力和冲动",他希望通过学习和培养,展露天资,发展潜能。在这一过程的初始阶段,贵族自然充当了有形的榜样。

威廉向贵族的移动,经历了从外表到本质、再到反思和批判的过程。在"戏剧"阶段,威廉系统练习发声和击剑,努力做到在舞台上准确模仿贵族的言谈举止,完全专注于外在模仿。他初到塔社时,为自己市民的姓氏感到尴尬,在贵族面前自惭形秽,对来自贵族的好感激动不已。在塔社阶段,伴随与贵族的进一步交往和共同生活,他克服了内在的自卑,逾越了对表象的模仿,开始把注意力集中到本质问题,并逐渐过渡到怀疑和批判。这种变化的戏剧性表现在威廉对娜塔莉的态度上。娜塔莉在很长时间里不过是威廉头脑中的幻象,她"头上有光环,整个身体熠熠发光"。威廉初到塔社与之相遇,如见圣人,"激动万分,几不能自持,扑通

---

① Dieter Borchmeyer, *Weimarer Klassik. Portrait einer Epoche*, pp. 332–333.

跪地"。直至进入塔社,威廉才认识到娜塔莉所代表的超越于小家庭温情、以公益为目标的"行动的爱"。而威廉在塔社学习到的核心事物是如何成为"优秀的关心公共事务的人"(508),而在此之前他"从未关心过政治生活"。这表明对于威廉,进入公共生活已经由抽象的愿望发展到实质性的拥有政治意识,具备了市民参与公共政治生活的基本前提。

值得注意的是,歌德的小说同时表现了贵族方面所做的相向运动。也就是说,他们通过有利于社会平等的改革,或缔结跨等级婚姻,试图自上而下拉平等级间的距离。小说塑造了形形色色的贵族,有固守等级观念的保守伯爵,有自命不凡的庸俗男爵,但他们不属于塔社。作为公共政治生活榜样的塔社成员,是受到启蒙思想熏陶的开明贵族或僧侣,从某种程度上说,他们是歌德心目中理想贵族的投射,是"德国未来的希望"。小说细致描写了罗塔里奥的农业改革,交代其具体措施包括取消雇农制、允许贵族土地自由买卖、规定贵族交纳同等的土地税;同时还包括减轻农民的劳役、徭役及兵役负担,降低农民税收,取缔雇农在身份和婚姻方面的依附关系,等等。这些措施隐含了歌德在魏玛初期的改革计划,同时影射了施泰因男爵在普鲁士推行的农业改革。① 但它们不仅仅标志封建贵族经济向现代市民经济的转型,而且最终会带来等级间的平等。此外,塔社的贵族有意识吸收市民的品质,主动向市民阶层靠拢。小说特别指出罗塔里奥富有"原创性"(264),这就意味着他不固守传统、不墨守成规。他把美国视为未来国家的榜样,提倡把市民以"成就"和"伦理"论优略的标准树为衡量人价值的普遍准则(789)。他打破贵族与市民通婚的限制,主动践行与市民女子的婚姻,带动塔社圈子结成三对跨等级

---

① Dieter Borchmeyer, *Weimarer Klassik. Portrait einer Epoche*, p. 336.

婚姻,标志性地实现了贵族与市民的平等、融合。

这样,《威廉·迈斯特的学习时代》就不止表现了"迈斯特"向贵族的"朝圣",而是同时表现了开明贵族的相向运动。各等级之间存在彼此接近、拉平距离的态势。市民中的有识之士与贵族、僧侣中的开明分子,共同构成公共生活的共同体。而这一模式可以说是典型的德国式的。德国的市民青年从来没有想到要像法国那样进行革命,彻底推翻等级制度,建立共和政体。法国大革命更打消了他们的念头。小说主人公承认自己不关心改变现状和建立新的社会秩序,他只关心如何"在现状中拯救自己",把全面的人格修养视为努力的目标。他对公共生活的意识,还没有和具体的政治改革、政体变化联系起来。另一方面,开明贵族和僧侣的行动表明,他们或努力以社会改良的和平手段从内部推动社会平等,或试图通过教育树立新的价值,并以之为标准拉平等级距离。因此,"学习时代"显示了一种通过和平、渐进、改良的方式建构未来共同体的模式。

当然,塔社并非理想模式。《威廉·迈斯特的学习时代》不是一部乌托邦式的小说。小说从一开始就对塔社持反讽态度,主人公在透视了塔社内部的面貌后,开始了对塔社的批判和反思。其反思并非针对塔社这一具体事物,而是直指它所代表的公共生活,可以说是一种形而上的思考。与私人领域相比,公共生活屏蔽掉了"情";受市民家庭保护的情感,包括亲情、爱情,总之所有的人情,都要服从于理性的公共文化、社交文化。这便是阿伦特所说的公共领域与"家庭生活中体验到的那种自然联系毫无关系甚且截然相悖"[①]。与情感相关的是艺术审美,或对人自然"天性"(Natur)中那些阴郁、晦暗的东西的宽容。公共生活一定视实际

---

① 汉娜·阿伦特:《公共领域和私人领域》,第60页。

工作高于诗意和灵性,视合乎礼俗的行为高于神秘晦暗的激情。这正是塔社的特征。小说在戏剧部分,用五部篇幅塑造了五位有血有肉的女人。主人公威廉在与马丽安娜、菲丽娜、伯爵夫人、迷娘、奥艾丽娅的交往中,分别体验到纯情、轻佻、矜持、神秘和疯狂的爱。每一种爱都充满激情,包含了细腻的情感和美好的身体感知。相比之下,塔社容纳的女子注重实际事务,善于经营,却"不知爱为何物"。娜塔莉称自己"永远爱",却"从不爱人"。"永远爱"意味着对一切人和事物充满关爱,是公共生活需要的美德;"从不爱人"指她没有私人领域的儿女情长。塔社的人不懂得艺术审美,他们对戏剧和绘画的兴趣在于评判而不在于欣赏。塔社圈子不容个人隐私,他们一再要破解竖琴师身世的秘密,导致他自杀身亡。也就是说,人生活中本真的东西和生命力量——心灵的激情、大脑的思想和感官的愉悦,都被作为朦胧的、模糊不确定的东西排除在公共秩序之外。

与私人领域讲求真实情感和内在美德的实在(Sein)相比,作为公共生活的场所,塔社只具备表象(Schein);在实在与表象之间存在不可消解的张力。塔社成员作为公众人物,在某种程度上过着公共与私人相悖的双重生活。理智、冷静的军官从内心倾慕"涌动爱和激情的心"。罗塔里奥以"有尊严的行动"教育威廉,自己却难改贵族习气,艳事不断。这表明,公共生活所需要的理性和秩序、公共意识所需要的教育和培养,与人的天性存在此消彼长的关系。威廉来到塔社以后,虽然变得"目光深邃""涵养深厚""举止从容优雅",但他明确认识到,获得这一切的代价是丧失激情和"天性"。塔社的局限最集中、也最戏剧性地表现在它与迷娘的不相容。迷娘来自南国意大利,属于中世纪天主教文化。她的家乡是"柠檬花盛开的国度",在"湛蓝的天空下和风吹拂",金橘闪烁,没药沉香,有廊柱、厅堂和大理石雕像。《迷娘曲》的歌词,勾勒出一片古老的自然和艺术交融的风光、一个充满诗意的世界。然而,这样一个充满神秘、灵性的人物,无法在现代公共生活中继续生存。

对这一矛盾,歌德可谓有感而发。作为魏玛宫廷重臣中唯一一位市民,他亲身感到诗人与"君主的仆人"之间的张力,深感无奈,逃往意大利。《威廉·迈斯特的学习时代》的主人公同样无法面对,只得暂时扬弃他一度渴望的公共性。小说结尾,威廉虽与贵族女子娜塔莉结合,却继承了迷娘的土地和遗产,带着与马丽安娜爱情的果实菲利克斯,启程去往那"柠檬花盛开的国度",寻找灵性和诗意的归宿。

色彩是"光的业绩,业绩和苦难"
——论歌德的《色彩学》和色彩观

莫光华

(西南交通大学　外国语学院)

歌德于 1810 年 5 月 11 日致信施泰因夫人:①"我不后悔为它牺牲了我那么多时间。我因此达到了一种文化,这是我从任何别的方面都难以达到的。"②他想告诉后者,他关于色彩现象的巨著《色彩学》(Zur Farbenlehre, 1810)即将付梓,从而他在色彩领域长达 20 多年的研究活动将暂告一段落。在《色彩学》出版之前,或许只有支持歌德从事自然研究的席勒最清楚,这项事业在歌德心中那"石头"般沉重的分量。1798 年 11 月 9 日,当歌德的色彩研究的主要部分接近尾声时,一直关注歌德的自然研究的席勒致信说:"我真诚祝贺您的色彩研究获得了成功,如果您心里的这块石头落了地,这将是很大的收获。"③不久,深知挚友从事色彩研究之甘苦的席勒再次(1798 年 11 月 30 日)写道:

---

① 为节省篇幅,笔者略去了文中出现的著作和人物等的外文信息。
② Johann Wolfgang Goethe, *Werke*（以下简称 Goethe-WA）, IV, Vol. 21, H. Böhlau, 1887 – 1919, p. 290.
③ 程代熙主编:《歌德席勒文学书简》,张荣昌、张玉书译,安徽文艺出版社,1991 年,第 238 页。

您在色彩学上付出的长期劳动,以及您那严谨的治学态度,必将得到酬报,获得非同寻常的成功。您必须作出一个榜样——因为您有这个能力,告诉人们怎样去作物理学方面的研究,而这部著作的科研成果必将和它的治学方法一样对学术界富有教益。①

然而,大多数同时代人对歌德的色彩研究知之甚少,免不了要因歌德就自己为色彩研究付出的努力而给予的至高评价感到吃惊,因为他竟然说:"我因此达到了一种文化。"后世不少人知道,歌德在色彩研究学领域的斗争最终输给了牛顿;②然而却少有人清楚,歌德为他的《色彩学》付出了难以估量的时间、心血和激情。故此人们不免感到诧异:既然歌德的《色彩学》明明是"谬误",他何至于坚信自己竟然通过研究色彩赢得了一种"文化"?我们读了歌德晚年与艾克曼的谈话,甚至会感到更加惊讶:歌德关于色彩问题的谈话比比皆是,他对自己《色彩学》的评价几乎都是高度的肯定,无不洋溢着对自身作为色彩学家之成就的自信和自豪。例如,就在辞世前一年,歌德仍然坚信,他的"《色彩学》像世界一样古老,从长远看,它既不会被否认,也不会被束之高阁。"③那么,《色彩学》究竟是一本什么书?要谈这个问题,首先有必要了解,诗人歌德为何不辞劳苦地去研究色彩现象。

一、歌德为何研究色彩问题

《诗与真》告诉我们,少年歌德不仅注意到落日的余晖,而且

---

① 程代熙主编:《歌德席勒文学书简》,第239页。
② 关洪:《牛顿、歌德和黑格尔——关于颜色理论的争论》,载《自然辩证法通讯》1984年第4期,第6—13页。
③ 艾克曼:《歌德谈话录》,洪天富译,译林出版社,2002年,第558—559页。

对斑斓的彩虹印象深刻,对绘画更是难以割舍。① 青年时期,在写给画家奥泽尔的信中,他留下了关于光明、黑夜和晨昏的描绘。② 在莱比锡大学,讨厌法学的歌德怀着对科学的极大兴趣旁听物理学讲座,并深信不疑地接受了牛顿的物理学。后来,歌德读过一些光学方面的著作。在布洛肯山上,细心的他注意到了"有色阴影",即"色影"(farbige Schatten)现象。③ 他在《色彩学》的"作者自白"里承认,直到1790年,他都"跟世人一样坚信,所有的色彩都包含在白光里;我从没听过别的观点,我也从没发现任何最细微的理由,让我怀疑它"④。

对于歌德的色彩研究来说,他的意大利之行(1786—1788)是一个绝无仅有的关键点。此前他从未料到,自己有朝一日会研究色彩问题,更没想到自己将会跟当时已经作古半个多世纪的牛顿斗争长达40多年。其实,如果我们了解歌德研究自然的动因,就会发现,歌德反牛顿起初不是出于理论上的对立,而是出于一种实践上的需要。可以设想,若非在意大利遇到了绘画艺术中的色彩问题,歌德也许会一直信赖牛顿。他在意大利对古代造型艺术作品的研究,在罗马跟画家们的交往,尤其是热爱绘画的他在给自己的画作配色时积累的经验和遇到的难题,逐渐让他产生了一些挥之不去的困惑:油画的色彩效果是否跟色彩规律有关? 油画

---

① 歌德一生与绘画结下了不解之缘,其作品参见高中甫主编:《歌德绘画》,人民文学出版社,2004年。
② Goethe-WA, IV, Vol.1, p.199.
③ Goethe-WA, IV, Vol.18, p.50. 1793年秋,歌德致信索梅林时首次提到了"色影"现象。关于色影现象的描述,见于歌德1826年12月20的谈话,参见艾克曼《歌德谈话录》,第186—187页。
④ Johann Wolfgang Goethe, *Gedenkausgabe der Werke, Briefe und Gespräche*(以下简称Goethe-GA), Ernst Beutler ed., 24 Vols, Artemis-Verlag, 1948 – 1954, Vol.16, p.706.

中的构图,色彩分配和选择,对自然对象的明暗与色彩的模仿,是否也必遵循一定的、自然规律上可以解释的秩序? 由于当时的画家们对这些规律并不了解,歌德在色彩问题上的求知欲在罗马未能得到真正的满足。于是勤于探索的歌德决定自己去寻求问题的答案。他在《色彩学》的"作者自白"里道出了自己的信念:"因为我终于明白,人们首先必须从自然方面把色彩看作物理现象,如果人们想要为了艺术的目的获得某种关于色彩的认识。"①

对于身在意大利的歌德来说,"从自然方面"首先意味着观察大气色彩的绚丽多姿,例如在日出日落时可以看见的主宰色彩的那种梯级序列,又如彩虹的颜色排列——自然里的色彩现象似乎也符合歌德对自然秩序的理解。"从自然方面"同时也意味着,歌德试图为自然界里司空见惯的色彩"游戏"之梯级现象寻求自然科学上的解释。当他客居意大利的时候,现代自然科学之父牛顿的光学理论对他一直具有指导意义,这是不言而喻的。怀着对未来成果的预感,歌德1788年3月1日于罗马写道:"我想,凭着自己的不断练习和持续的思索,我也能享受世界表面的这种美[色彩]。"②正是成果丰富的意大利之行让歌德产生了研究色彩现象的念头。

有论者反对作为自然研究家(Naturforscher)的歌德,常常指责说,歌德以诗人和艺术家身份闯入了自己完全陌生的领域,他的整个自然研究都犯了一个错误:他任由艺术家的思维把自己诱入并迷失在自然科学的思维和方式方法中,结果他的自然研究最终也只是另一种形式的文学创作。平心而论,这些言论就自然研

---

① Goethe-GA, Vol. 16, p. 706.
② Johann Wolfgang Goethe, *Werke*(以下简称 Goethe-HA), 14 Vols., Erich Trunz ed., Chr. Wegner, 1948 – 1960, Vol. 11, p. 526.

究对歌德创作的影响来看是不无道理的。但如果我们纯粹以这类评价来"打发"歌德这位自视甚高的自然研究家，则未免太草率。至少歌德的植物学和比较解剖学研究成果已经表明，这种说法和做法是不公道的。对于歌德的色彩研究而言，这份不公道的批评的合理之处倒也在于：歌德此时的问题设置本来就是为了解决艺术上的需要，即解决绘画中的配色问题。从而，那些认为歌德企图通过研究色彩问题推翻牛顿理论的说法的片面性就在于把结果当作了原因。① 实际上，仅当歌德日益感受到牛顿理论对他的色彩研究的压制和拒斥时，联想丰富的他才合乎逻辑地把自己一再被科学界打压的现象上升为一种主流与非主流、权威与弱势者之间的矛盾来诠释。

在意大利逗留的最后一段时间里，歌德越来越明白他的天赋不足以从事造型艺术。但他无法与造型艺术彻底分手。取而代之，他开始研究绘画理论。用歌德的话来说："我身上适合造型艺术的自然天赋变得越少，我就越想寻求规律和法则；我对绘画技术问题的关注，远胜于我对诗艺的关注。"②可见，歌德产生这种退而求其次的念头时，还根本没有想到什么牛顿理论。

就此而言，不妨说，色彩研究对于歌德来说成了一种心理上的替代和补偿，因为他再也不可能成为他梦想的画家。歌德本身具有研究家的禀赋、持之以恒的勤奋以及足够的思维力量，所有这些因素形成的合力，产生了《色彩学》这样一部既含有明显的谬误、也含有巨大发现的奇特作品。

---

① 方在庆：《歌德对牛顿光学理论的拒斥及其文化背景》，载《自然辩证法通讯》1996年第5期，第41—46页。
② Goethe-GA, Vol. 16, p. 706.

二、《色彩学》的产生

从意大利返回魏玛之后,大约 1790 年 2 月或 3 月,歌德使用一副借来的棱镜,仓促地做了一次牛顿发明的光的色散实验。可是,他眼前的白色墙壁上并没有像牛顿所说的那样出现一道七彩光谱,而只在墙壁边界产生了一道狭窄的有色边沿。于是歌德草率地判定,牛顿的光学理论是一个错误。因为歌德自己的实验表明,色彩只能产生于明与暗的交界处。进而,歌德意识到,对于色彩现象,不仅画家,而且连牛顿这样伟大的物理学家都不能提供令人满意的解释。实际上,牛顿的光学理论在当时确实无法解释大气中的色彩现象。[①] 随后,为了阐明自己的论点,歌德在 1791 至 1792 年间写了一些关于光学的文章,合称《光学论文集》(*Beiträge zur Optik*),其中含有对牛顿的尖刻批评。然而此时,他还没有仔细研读过牛顿的著作。[②] 1791 年 5 月,歌德在书信中首次使用了"色彩学"[③]这一提法,暗示他将对色彩现象进行系统的研究。在随军征法和出征美因兹(1792—1793)时,歌德虽然置身于炮火纷飞的战场,却能专心致志地继续搞他的光学试验,包括光的折射试验。他当时的目的就在于证明,光的折射并非牛顿说的那样是色彩的成因,而是从属现象。除了后来被他称作"物理颜色"(即光学色)的现象,1792 年歌德已经完成了对"化学颜色"的初步研究。[④]

1792 年 7 月 2 日,歌德致信著名解剖学家索梅林,表示要

[①] Anderas Speiser, "Goethes Farbenlehre", in: *Goethe und die Wissenschaft*, Vittorio Klostermann, 1951, p. 84.
[②] Manfred Wenzel, *Goethe und die Naturwissenschaften*, Jonas Verlag, 2002, p. 17.
[③] Goethe-WA, IV, Bd. 9, p. 267.
[④] Goethe-WA, IV, Bd. 10, p. 109.

用"极性"（Polarität）概念作为色彩研究的主导思想。① 他在信中谈的是色彩的主动和被动性质。歌德认为，可以借用化学中酸与碱的极性关系来解释不同颜色之间的现象。就在同一年，由于遭到巨大的压力，他暂时按下了自己关于"色影"即有色阴影的提法，因为他觉得自己对这种现象所做的物理上的客观解释此时还显得不太充分。② 迟至 1794 年，歌德产生了"生理颜色"的想法。它指的是这样一类颜色：它们只是在眼睛的共同作用下短暂地出现，比如在视疲劳的时候，人的眼前会出现某些闪烁不定的颜色，这种现象主要与今天所说的视觉生理学有关。这类颜色是歌德在与索梅林和哥廷根大学物理教授利希滕贝格的交往中逐渐认识的。生理颜色后来成了歌德整个色彩学的基础，被放在 1810 年出版的《色彩学》理论卷之首。歌德写道：

> 这些颜色，我们之所以合理地将其放在最前面来讲，是因为它们属于主体，因为它们一部分是完全地、一部分是最大程度地属于眼睛。虽然这些颜色构成了整个色彩学的基础，并且向我们展示了一种饱受争议的"色彩之和谐"。可是迄今为止，它们却一直被看作不重要的、偶然的，被看作"假象"和"缺陷"。从而，尽管这些现象很久以前就已为人所知，可由于它们具有倏忽易逝的特性，人们无法"捕获"它们，于是便将它们逐入了"可耻的幽灵之国度"……③

---

① Goethe-WA, IV, Vol. 9, pp. 316 – 317.
② Manfred Wenzel, *Goethe und die Naturwissenschaften*, p. 18.
③ Goethe-HA, Vol. 11, p. 329.

1794年7月,歌德进行了一系列"余像"(Nachbilder)①实验。在黑白图像中,余像会以明暗交替的形式出现;在彩色图像中,余像以"补色"②形式出现。歌德认为,眼睛总是"要求"(fordern)一种特定的颜色,以便能把从外部产生作用的东西完善成一个和谐的统一。③ 此时,他把"色影"也归入生理颜色之列。1798至1799年间,在一位有色盲症的大学生协助下,歌德进一步加强了对生理颜色的研究。从1793年起,歌德开始设计自己的圆形色谱,他称作"色环"(Farbenkreis)。他借助色环对各种颜色进行归类,就像在形态学研究中那样,以便从中发现规律性的东西。他把蓝色和黄色看作两种最基本的纯净色。此时,"升华"(Steigerung)概念得到了重视。它在歌德的色彩学中指的是颜色的加强与减弱,或者说加浓与减淡。他将两种混合色再次混合,并逐级"升华",从而得到了其余的所有颜色。蓝色和黄色直接混合产生绿色。"升华"后的蓝色即蓝红(紫)色。相应地,黄色也可以变成黄红(橙)色。最后,他把升华后的蓝红色和黄红色这两种混合色和谐地混合,结果得到了特别高贵的紫色。就这样,歌德建构了自己的色谱。④

歌德与同为耶拿"自然研究学会"成员的席勒在1789至1799年的交流,对于歌德的色彩研究具有重要意义。例如,1797年1月21日席勒告诉歌德:"由于您正在研究色彩问题,所以我把我

---

① 人眼看过图像之后,右脑中记忆下来的部分图像,心理学上称之为"余像",医学上称之为"后像",实为视网膜受刺激后留下的暂时感觉。
② 能混合成白色的两种颜色互为补色。
③ 歌德关于色彩现象的见解,参见艾克曼:《歌德谈话录》,第225页(1827年2月1日)、第422页(1829年4月8日);亦可参见歌德:《色彩学·前言》,莫光华译,载《中国书画》2004年第6期,第142—145页;歌德:《色彩学·导论》,莫光华译,载《中国书画》2004年第7期,第128—130页。
④ 参见 Bodo Hamprecht, "Goethes Farbenlehre-die andere Art, Naturwissenschaft zu bearbeiten", in: Ludolf von Mackensen ed., *Was ist Farbe? Aufsätze, Experimente und Optikkatalog*, Georg Wenderoth Verlag, 2001, pp. 11–64.

今天观察一只黄玻璃杯时发现的一种现象告诉您。……我讲的这些可能对您并不新鲜,但我希望知道,我对这个现象解释得对不对。"① 歌德两天后的回答是:"您用黄玻璃对颜色的观察做得很好,我相信,我可以把这个情况归入我已经知道的一种现象,不过,我还是很想到您那里做一番实地观察。"②

显然,这是一种合作性质的对话。事实上,在擅长哲学思辨的席勒的参与下,歌德从自己的色环里各种颜色的相互关系中,看到了一种从生理学上获得了证明的"和谐"。同时,"极性"也被引入色彩研究——蓝色与黄色被看作对立的两极。由此,歌德开始有意识地把以前那些分散于大量预备研究中的物理、生理和心理的等各种因素结合起来,置于统一的视角下。也就是说,他用"极性"和"升华"这两种普遍规律来解释林林总总的色彩现象。这样一来,歌德的色环就获得了具有理论支撑的整体性,使他能从中推导出不同颜色之间的和谐关系及其对人的心理作用。

如是观之,不同颜色共同构成了完整的色环或曰色谱之整体,而这个整体内部的各种颜色之间的相互衍生与对立关系又体现了一种总体上的和谐。就这样,从和谐论与色彩的心理效应出发,歌德的色彩学超出了纯自然科学的语境,广泛地辐射开去。这首先让人想到,艺术与自然虽然看似彼此分离、互不相同,但在歌德色彩学的视角下,它们可以从属于同样的规律。此间,歌德和席勒共同制作了一个名叫"气质玫瑰"(Temperamentenrose)的图示,它把颜色、气质、性格及职业等因素联系起来考察人的特质。③ 这种有趣的尝试再次证明,歌德的自然研究始终指向他最

---

① ② 程代熙主编:《歌德席勒文学书简》,第 150、151 页。
③ Johann Wolfgang Goethe, *Poetische Werke. Kunsttheoretische Schriften und Übersetzungen* (以下简称 Goethe-BA), Siegfried Seidel et al. eds., 22 Vols., Aufbau-Verlag, 1960 – 1978, Vol. 16, p. 60.

初的目标:从认识自然到认识人自身。①

歌德跟席勒的合作还促使歌德最终决定把色彩学的主体部分划分为生理颜色、物理颜色和化学颜色等几大板块。它们构成了《色彩学》"理论卷"(Entwurf einer Farbenlehre)的基本框架,其内容就是我们通常提到的歌德"颜色论"。尽管歌德很早就完成了这一部分的研究工作,但他并没有立即出版。从1800到1810年的整整十年,他一直在完善和扩充自己的色彩学,其审慎和严谨作风由此可见一斑。在此过程中,对牛顿理论的揭露即色彩学的"论争卷"(Enthüllung der Theorie Newtons)也逐渐形成。《色彩学》的"历史卷"(Materialien zur Geschichte der Farbenlehre)则致力于描述历代著名人物的色彩观和性格特征,它实际上是歌德对色彩学史和精神史的描述,从而远远超出了色彩领域固有的狭窄范围,充分显示出歌德作为科学史家的能力。

此外,《色彩学》的出版并不意味着歌德色彩研究的止步。他在色彩领域内的探索一直持续到他生命的最后日子。就在1832年2月25日,他还与艺术评论和收藏家布瓦西埃通信讨论彩虹现象。②

三、《色彩学》的主要内容

如同创作《浮士德》和两部"迈斯特"小说一样,歌德也在《色彩学》上花费了数十年的心血,并且把它看得比他的文学作品还重要,以至于直到1829年2月18日他仍然坚称:

对于我作为诗人所达到的一切,我一点也不抱幻想。在

---

① 艾克曼:《歌德谈话录》,第387页。
② Goethe-WA, IV, Vol. 49, p.250.

> 我这个时代有许多杰出的诗人,在我之前有过更加杰出的诗人,在我之后还会有更加杰出的。但是一个世纪以后,在色彩学这个艰巨的领域,我将是唯一正确的人,我将使自己获益匪浅,因此我有一种意识:我比许多人都强。①

歌德对《色彩学》的强大自信由此可见一斑。这部巨著由论争、理论和历史三部分组成,并附有一册16组歌德自己的色彩实验示意图。全书共有1000多印刷页,在规模上远远超过了《浮士德》。② 以下我们主要借助歌德自己的话来了解其《色彩学》的基本结构和内容。

该书第一部分的完整标题是"一种色彩学的纲要"。歌德首先把"数不胜数的各种色彩现象归结为一些主要现象,按特定秩序逐一论述":生理颜色、物理颜色、化学颜色、色彩内部的普遍情况、相邻关系、色彩的感官与伦理效果。它们构成了《色彩学》理论卷的六个章节③,表明歌德试图从生理学、物理学、化学、心理学乃至病理学以及日常实践经验等各种角度去理解和解释颜色现象。第二部分的完整标题是"对牛顿理论的揭露"。之所以要揭露牛顿,是因为歌德坚信,"迄今为止,这种理论一直与人们关于色彩现象的自由见解相对立",所以他要考辨牛顿23岁时提出的"白光是复合光"这一论断的真伪。他把牛顿的色彩理论比作一座"古堡……其缔造者当初在青春的仓促中草率地建起它。……如今却没有人发现,这座古老的建筑早已

---

① 艾克曼:《歌德谈话录》,第397—398页。
② 参见 Johann Wolfgang Goethe, *Sämtliche Werke, Briefe, Tagebücher und Gespräche*(以下简称 Goethe-FA), 40 Vols., Handrik Birus et al. eds., Deutscher Klassiker Verlag, 1985–1999, Vol. 23, pp. I–1.
③ 歌德:《色彩学·前言》,第143页。

变得不宜栖居"。所以歌德认为,"我们要动手从山墙和屋顶开始,将它义无反顾地拆毁"①。攻占牛顿色彩理论这座"巴士底狱"②,这正是《色彩学》第二卷的目标与任务。该书第三部分即历史卷,是歌德以天才诗人和经验丰富的自然研究家之双重身份,以绝无仅有的方式实践的一种历史书写。其时间跨度从原始时代一直到歌德时代。在长达 500 多页的篇幅中,他对历史上凡就色彩问题发表过意见的人物进行了性格刻画并描述了他们的色彩观。歌德之所以采取这种独特的历史书写方式,是由于他认为,"人的历史就是对人的描述",相应地,"科学的历史就是科学自身"。③可是,为什么要涉足色彩研究史呢?对此问题,歌德的回答是:"我们不可能彻底认识自己所占有的东西,除非我们已经完全懂得,如何认识前人已经占有的一切";更何况,"只要牛顿理论依旧存在着,想要撰写一部色彩学的历史,或者仅仅是为此历史的最终书写作些预备工作,都是不可能的"。④可见歌德的历史书写,也是为了从历史上为自己的色彩学寻求支持和定位,同时清除牛顿的影响。歌德很看重他的色彩实验。他强调:"我们不能忘了那些插图",它们是"全文的补充",是不可或缺的,"甚至可以将它们的某些部分视为必要的仪器之组成部分"。他还谦逊地提醒人们:"请注意我们这部著作的不完整和不完美性——这也正是我们的作品和所有这类作品共同难免的缺陷。"⑤在写作风格上,诗人歌德的能力得到了充分的发挥,而这又是因为他主张,像《色彩学》这样讨论自然现象的著作,如果"它读来应当令人觉得是一种享受,并且有所裨益,那么读者就必须能够真正地或者在想象中回到自然"⑥。

歌德对其《色彩学》的跨学科性质十分清楚。他在理论卷

---

①②③④⑤⑥ 歌德:《色彩学·前言》,第 144、144、144、144、145、145 页。

第五章里描述"不同颜色之间的相邻关系",是由于"我们的色彩学也希望能以这样的关系跟其他领域的知识、行为与活动和谐相处"。他还信心十足地希望赢得来自各个相关领域的感谢:"我们力图追踪种种现象,直至其本源,直至到达它们以'纯现象'(das reine Phänomen)①形式存在之处,到达再也无法从它们自身获得解释之处",也就是到达歌德所谓的"原始现象"(Urphänomen);进而"我们把诸现象纳入一种便于一目了然的秩序之内",所以"哲学家肯定会表示欢迎,即使他们对于这种秩序本身可能并不完全赞同"②。他接着说,"负有观察和维护眼睛这一器官,并矫正其缺陷和疗救其病障之职责的"医生们,必定会得益于他的色彩学,而他关于"病理颜色"的论述更会让医生们"如鱼得水"。歌德还天真地幻想:"对我们显得最为友善的,也许会是物理学家。得益于我们的工作,他们便能轻松自如地谈论已被纳入所有其他现象之序列中的缤纷色彩,同时可以使用一种和谐一致的语言——它甚至跟其他知识领域所运用的话语与符号相同。"③

歌德似乎看见了自己的色彩理论走进了课堂,一举取代了牛顿理论,因为后者对于色彩现象只是"三言两语地地胡乱搪塞了事"。同时他还指出:"如果说牛顿的理论很容易学习,而其实际应用则显示出了无法克服的困难;那么,我们的理论虽然可能更加难于掌握,可应用起来却很容易,因为它本身就与应用随时相伴。"可见歌德很自信他的色彩学平易近人,不像牛顿理论那样令普通人望而生畏。④ 歌德还希望:"通过我们的描述,

---

① 关于"纯现象"的论述参见 Goethe-HA, Vol. 11, p. 25。
②③ 歌德:《色彩学·导论》,第129、131页。
④ 歌德的色彩试验通俗易懂,参见方在庆:《歌德对牛顿光学理论的拒斥及其文化背景》,第46页。

并且也通过我们所建议的相应术语,使色彩重新获得化学家们的尊重。"①

然而歌德深知,近代科学革命以来,人们判断一门学问有无科学性的根本依据,就是看它是否运用了数学知识。歌德的《色彩学》恰好没有用到数学。因此他难免担心,"我们的工作会令数学家心怀不满";因为他明白,"通过诸多情况之间的一种特殊关联,色彩学也被拖到了数学家的裁判席前,尽管这样做并不合适"。歌德对这种情况的解释是,"色彩与视觉的其它法则之间,存在某种亲缘关系"②,而处理那些法则正是数学家的天职。他的意思很明显:他所处理的恰好是无需数学的色彩现象。有必要顺便指出,歌德对数学和数学家本身并不反感,他反感的只是把一切数学化的做法。③

上文说过,歌德当初研究色彩现象的动机源于实践。与此相应,他的研究也服务于解决实际问题。所以他不无自豪地说:"技术人员和印染工们会感谢我的《色彩学》,他们常常思考印染坊内发生的各种色彩现象,但却从不满意至此为止的任何一种色彩理论。他们也正是第一批发现牛顿理论之缺陷的人。"④最后,歌德明确表示,他是"从绘画方面,从表面的美学倾向方面跨入了色彩学领域",并且通过《色彩学》第六章"色彩的感官与伦理效果"使色彩理论与艺术实践相符,从而"也就为画家作出了最值得感谢的贡献"。⑤这一章探讨的实际上是色彩心理学,至今仍然具有相当的指导意义。也是在这一章,歌德回答了油画的配色问题,也就是当年促使他研究色彩的疑难问题。此处,我们不妨设想一下,令歌德一生难以释怀的画家梦,由于《色彩学》的完成,也算得

---

①②④⑤ 歌德:《色彩学·导论》,第 131、131、130、130 页。
③ 艾克曼:《歌德谈话录》,第 187—188 页。

到了一种"升华"了的实现。歌德的自然研究,特别是他用心最多的色彩研究的整个过程,充分体现了歌德从解决实际问题到观察和研究自然现象、再到理论思考乃至历史考量的、合乎逻辑的自然认识和研究路径。这条路径也是绝大多数自然科学家必然走上的道路。就此而言,那些认为歌德是科学的门外汉或者用研究自然打发时间的评论家,他们对自然研究家歌德的评价是很片面的。

四、歌德的色彩观及其思想基础

在色彩研究中,歌德直接为人的眼睛赋予了特别重要的地位。此时的眼睛不再是单纯的客体或者说观察手段,它越来越多地成为主、客体之间的联系环节:个体与外部世界在此相遇,彼此融合。就这样,眼睛与光逐步达到了高度的统一;进而,人与世界统一于他所看见的现象。歌德相信以泰勒斯为代表的古希腊"伊奥尼亚学派"[①]的见解:只有彼此相似的事物才能达成认识。为了说明"光"与"眼睛"具有相似的性质,歌德引用了一位神秘主义者的说法:"若非眼睛宛如太阳,/我们何以看见光芒?/若非上帝的伟力就寓于我们内中,/神性的事物何以令我们欣然迷醉?"[②]歌德指出:

> 眼睛里面有一束静止的光,任何来自外部或内部的、哪怕最细微的动因都会激发它。在黑暗中,我们可以借助我们的想象力,在眼前幻化出最明亮的图像;而我们梦中的事物也如同处在白昼;在清醒状态下,我们能觉察到最轻微的外

---

① 姚介厚:《古代希腊与罗马哲学》上,江苏人民出版社,2005年,第84页。
② 歌德:《色彩学·导论》,第128页。

部光线作用。是的,一旦眼睛这种器官感受到机械刺激,光与色彩就会立即跃然出现在我们的面前。①

事实上,歌德研究的色彩"是视觉官能感受到的一种基本的自然现象。正如其他所有现象一样,这种现象也能通过分离与对立、混合与统一、升华与中和、传播与分配等方式加以解释,并能借助这些普遍的自然形式得到最好的直观与理解"②。从而,歌德当然不会相信白光可以分解。相反,他笔下的光是自然里的斑斓色彩的"创造者"。他要研究的就是光的"创造力"。这就是歌德色彩学的出发点。从而不难理解,歌德为什么开篇就颇有宗教悲情地说,色彩是"光的业绩(Tat),业绩和苦难(Leiden)"③。这种口气让人想起耶稣所遭受的苦难。④ 也就是说,光就像一位英雄,与黑暗遭遇,同它斗争,迫使它在相应情况下"同意"相应色彩的产生。可想而知,难怪物理学家们会嘲笑歌德的《色彩学》是"物理小说"。⑤ 歌德的色彩观今天听起来似乎很荒谬,但我们必须考虑到,歌德时代的科学家们对视觉原理尚无更好的解释。歌德写道:"整个自然通过色彩将自身呈现于眼睛的官能面前。明、暗和颜色一起,形成了让眼睛得以将对象与对象彼此区别,同时也将对象本身的各部分彼此区别的那种东西。"⑥ 显然,他的意思是,眼睛的存在得益于光,因为"是光从那些漠然无知的动物性的辅助器官中,唤醒了一种官能。这种官能与光具有相同属性。从

---

①② 歌德:《色彩学·导论》,第128、129页。
③⑥ 歌德:《色彩学·前言》,第142、128页。
④ 对"Leiden"一词之宗教意蕴的分析,参见谷裕:《隐匿的神学——启蒙前后的德语文学》,华东师范大学出版社,2008年,第145页以下。
⑤ Felix Höpfner, *Wirkungen werden wir gewahr...*, *Goethes „Farbenlehre" im Widerstreit der Meinungen*, in: Werner Keller ed., *Goethe-Jahrbuch*(以下简称 GJb), Verlag Hermann Böhlaus Nachfolger, 1957, p.205.

而,因为有光——并且也是为了光,眼睛才得以形成,以便内在的光与外在的光彼此相遇。"① 可见,歌德认为光、颜色和眼睛三者形成了一个不可分割的统一体,由此他就把人自身也引入了自然科学的视野。歌德的这种认识,正表明了他的重要发现:眼睛或者说视觉能力的发展与光有着密切的内在联系。而牛顿和他的支持者们根本就没有朝这个方向考虑问题,所以他们会觉得歌德的光学思想难以接受。基于上述认识,歌德把完全或者主要由眼睛而非外界刺激产生的颜色称作生理颜色;而歌德的前人和光学家们却把这种颜色称作"视错觉"或"视觉欺骗"②。在歌德看来,生理颜色揭示了眼睛对光的反应规律。其实歌德很早就获得了这一认识。1793 年,歌德写信告诉索梅林:"色彩现象中,生理因素的影响比人们想象的要大得多,只不过,此时如要区分主观与客观,困难比别的情况下大得多。"由此可知,正因生理因素对色彩现象的至关重要性,歌德才把生理颜色放在《色彩学》理论卷第一章(§1—135),用它构成了"整个学说的基础"③;这一部分讲的实际上就是今人所说的色彩生理学。歌德在这个领域的论述对后世的视觉生理学很有启发,其贡献最终也得到了现代科学的认可。

简言之,生理颜色部分作为歌德色彩理论的核心,表明了歌德关于颜色产生原理的主导思想:视网膜非常活跃,它总是处于一种"逆反"状态,总是要求现状的对立面(极性);当人眼前出现亮光,它就要求黑暗,反之亦然。对于彩色而言,眼睛总是交互地要求特定颜色的互补色,如蓝与黄、红与绿、黄与紫,包括它们各自的深浅变化;眼睛会自主地让人感受到这些强弱变化(升华)。

---

① 歌德:《色彩学·前言》,第 128 页。
②③ Goethe-GA, Vol. 16, p. 27.

尤其重要的是,在歌德看来,这些彼此互补的颜色也处于相互对立状态,这表明眼睛在色彩感知中具有"极性"倾向。这种极性倾向并不是孤立的,而是完全符合"生命的永恒法则"。如此一来,眼睛与光的关系就证实了一种无处不在的、适用于一切生命现象的自然规律:呼气与吸气、收缩与舒张。歌德甚至认为,极性规律在电磁现象上也得到了证实。① 这其中显然蕴含着一种辩证思想。

由此,歌德越是研究色彩与眼睛的关系,就越是高度评价眼睛的作用。与此相应,他当然不主张借助感官以外的工具去认识自然。1808 年 6 月 22 日,他写信给挚友音乐家策尔特说:"人自身,就其能够使用自己健全的感官而言,就是我们已知的一部最庞大而精确的物理设备。一个巨大的不幸却是……人们……仅仅通过人为的设备去认识自然。"②在逝世前一年,歌德仍然深信:"人也属于自然,只是他懂得,把整个基本现象里那些最温柔的关联纳入自身,并予以调整和修正。"③歌德的这些见解,虽然经不起现代自然科学的定量分析和拷问,然而却让人不由得联想到当今时代人与自然的关系:我们与真实的自然距离越来越远;我们与自然即使有联系,中间也隔着作为工具的种种仪器设备。

正是出于对眼睛近乎崇拜的态度,歌德甚至不无极端地写道:"谁要是说有光学欺骗,就是在渎神。"④出于这样一种近乎固执的信念,歌德在晚年那首题为《遗嘱》的诗中写道:"你要信赖你的感官,/只要你的理智让你清醒,/它们就不会让你看见任何伪劣者。"⑤要言之,歌德的色彩观与牛顿的光学理论确实不可同日

---

① Goethe-GA, Vol.16, p.35 以下。
②③ Goethe-WA, IV, Vol.20, pp.84, 123.
④ Goethe-WA, II, Vol.5-2, p.21.
⑤ 歌德:《迷娘曲——歌德诗选》,杨武能译,广西师范大学出版社,2002 年,第 402 页。

而语,两者之间的对立关系完全可以用"极性"来描述。

之所以如此,是因为在歌德眼里,不可穷究的自然作为具体的现实存在具有两方面的特征:稳固与活跃,多样与统一。歌德深信,自然本身总是在逃避人们对它的终结性定义。他说,自然"没有系统,……它是出自一个未知的中心的生命和结果",从而对自然的研究"因此就是无限的,可以从最细微处着手分析它,也可以从总体上、从广度和高度上去追踪它"①。可见,对于歌德而言,"自然"首先是一个有待认识的、不无神秘感的各种现象之总体,认识自然意味着不断观察和思考纷纭复杂的自然现象。歌德深信,事物的本质只在其现象中呈现自己。这些现象逐渐被人类即认识的真正主体揭示,故不存在现象与所谓自在世界之间的鸿沟。亦即,歌德心目中的自然是指一切存在着的事物及其可能的显现方式之总体;而牛顿的自然则是一种经验的对象,人唯有离开感性的、直接存在的现象并将其局部从整体中孤立出来,通过追寻其可用数学公式描述的内核,才能获得这种经验。因为现代自然科学的基本立场是:自然并非赤裸裸的,人不可能仅凭感官就直接看透它;一切现象犹如一层坚硬的外壳,隐匿于其后的本质才是我们认识的最终对象。从而,牛顿创建的以数学描述为特征的经典物理学,把客体与主体分离,以求获得最客观、精准的结论——在今天,这已是连中小学生都能理解的常识;可是在歌德的研究中,主体和客体始终是一个完善的、不可分割的统一体,其观察和研究结论难免会带有强烈的个人主观性。

不仅如此,由于自然科学中的实验力求精确,故需使用严格的、定量的因果分析方法提出特定的问题;它要求排除一切干扰因素,希望能根据具体的实验结果做出相应的判断。可是与这种

---

① Goethe-WA, II, Vol. 7, p. 75.

以牛顿的方法论为导向的实验原则相反,歌德对实验的看法是:由于各种现象并不是由某个单一原因引起的,所以实验应务求胜任自然的错综复杂性,为此需要不断从新的角度观察一个现象,实验要多样化,以便能由此获得对自然事件之整个过程的全面洞察。而现代自然科学实验,着眼于严格设计的实验程序和原则上可置换的试验因素。例如,在牛顿的光学实验中,色彩现象不再直接进入人的眼睛,而是需要投射到白色的墙壁上让人观察,以排除干扰因素,并有效地说明一个结论。其实验中需要采用好几种仪器和设备,并且它们本身就是应用牛顿光学原理的产物。对于这种间接观察自然对象的方式,歌德往往表示怀疑,并认为它引起的困惑会多于它带来的好处。歌德坚信,人只要能使用自己健全的感官,人自身就是世界上可能有过的最伟大和最精密的物理设备;从而,近代物理的最大的灾难,就在于把实验与人自身相分离,只借助各种人为的工具和设备认识自然。①

19 世纪上半叶,歌德色彩学著作的编辑者考察了时人对色彩学家歌德的接受情况后,得出结论:"除了歌德的朋友西贝克,大概再也没有人开口为歌德的《色彩学》辩护过。"②然而无论如何,歌德从没有把自己的色彩学看作谬误。从歌德的思想发展历程来看,在从意大利返回之后,对色彩现象的观察和理论思考数十年如一日地占据了他精神生活中的重要位置;以至于可以说,歌德自然观和世界观的最终形成,也得益于他在色彩学领域的收获以及他为之进行的长达数十年的辩护。

---

① Goethe-WA, IV, Vol. 48, p. 123.
② Dietrich von Engelhardt, "Goethes Farbenlehre und Morphologie in den Naturwissenschaften des 19. Jahrhunderts", in: GJb, 1999, p. 227.

黑塞对歌德"对立统一"思想的接受与发展

马 剑

(北京大学 外国语学院德语系)

1932年,应法国作家罗曼·罗兰(Romain Rolland)之邀,赫尔曼·黑塞(Hermann Hesse)为《欧洲》(*Europe*)杂志的歌德专号写下了散文《感谢歌德》(《Dank an Goethe》)。与许多读者在看到这一标题时的设想和期待不同,黑塞并没有把这篇文章简单地写成极力颂扬这位德国乃至世界文学巨匠的赞歌,而是赋予了"感谢"一词一个更加深刻的含义。文章的开篇就非常耐人寻味:

> 在所有德国的诗人中,歌德是我最要感谢的一个,他引起了我最多的思考,极大地困扰着我,给了我最大的鼓励,强迫我仿效他或者反对他。他并不是我最喜爱和最欣赏的诗人,并不是我毫无抵触的诗人,不,此前有过其他人——艾兴多夫(Eichendorff)、让·保尔(Jean Paul)、荷尔德林(Hölderlin)、诺瓦利斯(Novalis)、莫里克(Mörike),等等。但是,这些诗人当中没有任何一个曾经成为我严重的困难和重要的道德上的动力,和这些诗人中的任何一个我都不需要斗争和争论,而我却不得不一再与歌德展开思想的对话和精神

的斗争。①

也就是说,黑塞"感谢"歌德的原因,并不完全在于歌德作为最伟大的德国作家所取得的辉煌成就,而在于歌德所带给黑塞本人的精神"动力",在于歌德的思想在黑塞的头脑中所引起的极其强烈的共鸣,甚至还在于给他带来的在思考方面的困惑与痛苦。为了格外突出这一点,在接下来的叙述中,黑塞清楚地区分了作为诗人的歌德和作为文人及思想家的歌德:

> 几乎还是在孩提时我就开始认识他,他青年时的诗歌和维特(Werther)完全征服了我。这个歌德,这个纯粹的诗人,这位歌手,这位永远年轻和天真的人,从没有成为我的困难,从没有令我感到困惑。
>
> 与此相反,在我青年时代时我还遇到了另一个歌德:遇到了那位伟大的作家,遇到了那位人文主义者、思想家和教育家,遇到了那位评论家和纲领的制订者,遇到了那位魏玛的文人,遇到了席勒的朋友、艺术收藏家、报刊的创建者,遇到了无数文章和通信的作者,遇到了向艾克曼(Eckermann)做口授的人,这个歌德对于我来说也变得无比重要。……
>
> 在诗人歌德的身上能够欣赏到很多,但却无法学到什么。他所能做到的事情是无法学习的,也是独一无二的。因此,他既没有成为我的榜样,也没有变成我的困难。②

---

① Hermann Hesse, "Dank an Goethe", in: *Gesammelte Werke in zwölf Bänden*, Vol. 12, Schriften zur Literatur 2. Eine Literaturgeschichte in Rezensionen und Aufsätzen, Volker Michels ed., Suhrkamp, 1987, p. 145. 以下引用简称此文为 Dank an Goethe。

② Dank an Goethe, pp. 145 – 146.

而与此相反,作为文人和思想家的歌德,却在黑塞的头脑中产生了强烈的震荡。黑塞详细描述了这一影响的表现形式:

> 作为文人、人道主义者、思想家的歌德,却很快就变成了我的一个巨大的困难;除了尼采之外,没有任何作家花费了我如此多的精力,如此吸引我、又如此令我感到痛苦,如此地迫使我展开深入的研究。……尽管诗人歌德更加和蔼可亲,而且带来更大的享受,但是,作为文人的歌德却必须予以重视而无法回避。早在我 20 岁时我就有这种感觉,因为他是将一种德国人的生活建立到精神上的最宏伟而且看上去最成功的尝试。此外,他也是将德国人的天赋与理性相结合(Synthese)的唯一的一次尝试:是调和(Versöhnung)现实主义者和理想主义者,调和安东尼和塔索,调和不负责任的、音乐的酒神的狂热与一种对责任和道德义务的信仰的无与伦比的试验。①

也就是说,黑塞在歌德的思想中,在其所理解的歌德的形象里,深切地洞悉到了一种相互矛盾的"两极";也就是互相对立的两种要素的存在。在这段描述中,这一对要素的对立即感性和理性的矛盾,这自然使人非常容易联想到歌德在《浮士德》(Faust)中描写的浮士德在其性格两重性之间的踯躅,联想到浮士德对自己胸中两个灵魂的认知:

> 在我的胸中,唉,住着两个灵魂,
> 一个想从另一个挣脱掉,

---

① Dank an Goethe, pp. 146 – 147.

> 一个在粗鄙的爱欲中
> 以固执的器官附着于世界；
> 另一个则努力超尘脱俗
> 一心攀登列祖列宗的崇高灵境。①

　　正是由于在自己身上感受到了这一对对立的天性的存在，同时又深切地体会到它们的要求无法被同时满足，浮士德才会与魔鬼打赌，期望在书斋之外的世界中得到精神的满足。尤其是对于《浮士德》第一部的情节发展来说，这对立的两极发挥着至关重要的作用。而德国的另一位文豪弗里德里希·席勒也于1794年前后在康德哲学的影响下撰写了《审美教育书简》(*Über die ästhetische Erziehung des Menschen in einer Reihe von Briefen*)，深入分析了人以感性和理性为代表的双重本质，并提出了解决这一难题的办法。由此可见，这一对立，对于德国乃至西方的思想界来说是何等重要；归根到底，它们恰恰代表了贯穿西方思想史的物质与精神的矛盾和斗争。在黑塞看来，歌德的伟大之处就在于：一方面他在自己身上认识到了这种性格两重性的存在；另一方面，他又在不断尝试着将这两者相互结合，尝试着如何使它们达到某种"调和"，尝试着把它们"结合"在一起。对于这种认识来说，它的确在黑塞本人的头脑中激起了巨大的反响，因为黑塞也同样在自己身上深切地感受到了这一矛盾的存在；而且他还深刻地认识到，和歌德一样，这一问题他同样根本无法回避，而这恰恰就是他们之间心灵共鸣的体现：

---

① 约翰·沃尔夫冈·歌德：《浮士德》，绿原译，人民文学出版社，1994年，第34页。也可参看Johann Wolfgang von Goethe, *Faust*, Albrecht Schöne ed., Insel Verlag, 1999, p. 57。

我原本能够把他放到一旁只感到失望就完事了。但即使是这一点我也无法做到！正是这一点才是既奇特、美妙又令人痛苦的地方——我无法摆脱他，我不得不和他一起开始前行，不得不共同忍受他的失败，不得不在自己身上再次发现他内心的矛盾(Zwiespältigkeit)。

仅就这一点已经令人心动，已经很了不起——他并没有满足于普通的目标，他寻求的是伟大的目的，……具有说服力的首先是我多年来与日俱增的洞见——歌德的问题不是他独自的问题，不是市民阶层独自的问题，而是每一个严肃对待精神和言语的德国人的问题。①

于是，读者在黑塞不同时期的不同作品中，都读到了对人的这两种彼此矛盾的天性的细致描绘。以长篇小说为例，无论是发表于1919年的《德米安》(Demian)中的神性和魔性，出版于1922年的《悉达多——一部印度作品》(Siddhartha. Eine indische Dichtung)中主人公在声色犬马的世俗生活和永恒的精神追求之间的辗转徘徊，还是1927年问世的《荒原狼》(Der Steppenwolf)中哈利·哈勒(Harry Haller)对自己身上人性和狼性的深刻认知，都表现了这两种天性之间不可调和的关系。而歌德给黑塞造成的更大的疑惑则在于其解决这一思想难题的方式。对于歌德的尝试，黑塞一方面这样评价道：

显然，这种尝试并没有完全成功。他也根本无法成功！尽管如此，他却不得不一次又一次地重复，因为在我看来，对至高无上和不可能的一再追求恰恰是精神的特征。在歌德

---

① Dank an Goethe, p. 148.

> 自己的生命和作品中没有完全成功的是将质朴的诗人与聪慧的市侩、将心灵与理性、将自然的崇拜者与思想的鼓吹者集于一身;在这里和那里会张开一道宽大的裂痕,在这里和那里会出现尴尬的、无法忍受的冲突。①

而另一方面,在文章的后半部分,黑塞却又这样描述着那个他心目中"智者歌德"(Goethe der Weise)的形象:

> 无论神奇的诗人歌德的形象在我看来多么清晰和可爱,无论我认为把文人和师长歌德看得多么透彻,在这些形象背后,透过这些形象,还有另外一个形象存在。在这个对于我来说最伟大的歌德形象中,矛盾合为一体。它既不是单方面地与阿波罗的典范,也不是与寻找母体的、深沉的浮士德精神相一致,而是恰恰就存在于这一两极性(Bipolarität)之中,存在于这一既无处不在又无处找寻的家园之中。②

这两段看似悖谬的描述却恰恰对于理解黑塞和歌德的思想非常具有启发性。一方面,它再一次证明了这一对要素相互之间不可调和的对立性:一个是人的经验的个体的缺少精神的物质存在,另一个则是人的永恒不变的、甚至与神性相通的精神本质,它们之间的矛盾似乎永无休止。正如席勒在 1797 年 6 月一封致歌德的信中给《浮士德》的创作所提出的建议:"不能放弃的是人性格的两重性和把精神与物质在人身上结合起来的失败的追求。"③另一方面,黑塞却又能够敏锐地洞察到在歌德身上、思想里这对

---

① ② Dank an Goethe, pp. 147, 151-152.
③ Johann Wolfgang Goethe, *Faust*, p. 772.

立的两极达到了某种程度的"统一"(Einheit)。尽管他无法准确地描述出这种统一的表现形式,尽管他只能将歌德达到这种统一的方式称为"智慧"去揣测,只能称呼歌德是一位"神秘的智者",但是,同样极力寻求着这对立背后的统一的黑塞却明确地指出,"我们尤其在其晚年的作品中、在诗歌中、在《浮士德》的后半部、在书信当中,会找到这一神秘智者的零星箴言和描述"①。因此,下面两个问题便值得探讨:黑塞是否会从歌德的这些零星的箴言和描述中获得些许灵感?他与歌德在解决这一思维难题上是否会"殊途同归"呢?

1820年,71岁的歌德在其杂志《形态学》(Zur Morphologie)上发表了一首无题小诗,诗的第一节是这样的:

你们必须在观察自然时
始终关注一与一切;
无物在内,无物在外(Nichts ist drinnen, nichts ist draußen):
因为内在之物即在外(Denn was innen das ist außen)。
如此,你们便毫不犹豫地
神圣而公开地获知了秘密。②

诗行虽然不长,但却蕴藏着深刻的哲理。首先,第二行中"一"与"一切"看似两个普通的词汇,但当把它们放到一起时,却代表了两个不同的视角。这里,歌德提出了一个重要的问题:人

---

① Dank an Goethe, p. 152.
② Johann Wolfgang von Goethe, *Werke*, Hamburger Ausgabe in 14 Bänden, Vol. 1, Gedichte und Epen I, C. H. Beck, 1998, p. 358.

在观察自然时要把它看作一个包含一切的整体。只有在这个角度下面,诗人才能够得出第三、第四诗行的判断:既然自然是一个整体,也就没有了内与外的区别。而更为关键的是,这一切都是发生在作为认识主体的人的头脑之中;也就是说,只有当人把自然看作一个统一的全体时,人才会有这样的认识。这个认识的内容看似简单,但在二元对立的思维方式占据主导地位的时代就显得更加与众不同,难怪歌德要把这样一种认识看作一个神圣的秘密。

尽管黑塞并没有对这首诗专门写下任何感想或者评论,但耐人寻味的是,1919年12月,也就是在写作小说《德米安》和《悉达多——一部印度作品》之间的时间里,黑塞创作了一部短篇小说,题目就叫《内与外》(Innen und Außen)。而且更值得关注的是,一个和歌德的上述诗行几乎完全相同的句子成为贯穿小说的主线——耽于思考、博学且醉心于逻辑思维的主人公弗里德里希(Friedrich)在对朋友埃尔温(Erwin)的一次拜访中,在后者书斋的墙壁上看到了这样一句话:"无物在外,无物在内,因为外在之物即在内。"①(Nichts ist außen, nichts ist innen, denn was außen ist, ist innen.)应弗里德里希要求,埃尔温对这句话做出了这样的解释:

  无物在外,无物在内。其宗教意义你是知道的:上帝无处不在。他在精神中,也在自然里。一切都是神圣的,因为上帝是万物。以前,我们称之为泛神论。然后是哲学含义:我们的思维已习惯于区分内与外,但这种区分对于我们的思

---

① Hermann Hesse, "Innen und Außen", in: *Gesammelte Werke in zwölf Bänden*, Vol. 4, p. 375. 以下简称此文为 Innen und Außen。

维来说却并不必要。对于我们的精神来说,存在着隐退到我们为其设定的界限背后、隐退到彼岸的可能。在组成我们世界的诸多对立的彼岸,会出现新的不同的认识。①

显然,与歌德相比,黑塞在这里更加清晰地阐释了一个思维方式转变的问题。而且,他把"内"与"外"与人的主观思维更加紧密地联系在了一起:"内"可以代表人的主观意识,而"外"则可以象征着人以外的客观世界。和歌德的诗行相比,黑塞更加强调了主观意识的作用:如果人作为主体彻底地改变了这样一种二元对立的思维方式,即如"外在之物即在内"所暗示的那样打破了主客体之间的界限使它们合而为一,那么,感性和理性、物质与精神这两种并存在人身上的原本水火不容的天性也就能够达到一种和谐的统一。这并不意味着它们之间对立的消除,而是说它们在作为主体的人的思想中成为一个统一体。在小说中,埃尔温送给了弗里德里希一个陶土烧制的神像,它最大的特点便是具有两张完全相同的面孔。显然,这个神像恰恰象征着内与外的同一。弗里德里希在这个神像身上感受到了一种神秘的力量,他的精神经历了从对神像感到厌恶、恐惧,到觉得它必不可少、觉得它已渗透到自身心灵中的转变过程,从而终于获得了内与外之间没有任何差别的认识;这也象征着他思维方式的彻底改变。于是在小说结尾处,当弗里德里希再度拜访埃尔温时,后者做出了这样的判断:"你已经经历过:外能够变成内。你已经到达了对立的两者的彼岸。你看,这就是魔法。"②

如果说《内与外》的内容仅仅是这种思维方式转变的开始,而黑塞还只能把这一过程用"魔法"来概括的话,那么,在两年后出版的小说《悉达多——一部印度作品》中,黑塞对这种思考方式变

---

①② Dank an Goethe, pp. 378, 386.

化和"统一"思想的描写就显得愈加成熟而生动。而与歌德异曲同工的是,这一切都是围绕着一种观察展开的,即对河水的观察。

在对主人公悉达多身上的感性和理性本质之间的对立与斗争做了详细描述之后①,悉达多带着对现实的失望和对死亡的恐惧来到了多年前他曾经横渡过的那条河的河边;在此,黑塞终于为主人公思维方式的转变找到了一个具有象征意义的事物——河水。

悉达多留在了河边,开始从河水那里"学习"他想要了解的"秘密"。首先,他看出了河水的一个特点,它既是"不变"的,又是"常新"的:

> 这河水流啊流,永不停息,却又总是在这里。它在任何时刻都是一个样,但在每个瞬间又是全新的!②

显而易见,河水的这一特点已将个体的感性与理性的两个本质都"包容"了进去。说其"不变",是因为作为人的本质,那个永恒的理性始终如一;而说其"常新",是由于那个感性的要素无时无刻不在变化。于是,河水俨然已成为人的生命的象征,成为感性和理性的"统一体"。进而,主人公对河水又产生了更加深刻的认识:

> 河水在所有地方都是一样的,在源头,在河口,在瀑布,在渡口,在急流中,在大海里,在山区,到处都是一样的,对于它来说,只存在"现在",而不存在过去和将来的阴影。③

---

① 马剑:《寻求"自我"之路——论赫尔曼·黑塞的〈悉达多〉》,载《外国文学评论》2000年第4期,第101—110页。
② Hermann Hesse, "Siddhartha. Eine indische Dichtung", in: *Gesammelte Werke in zwölf Bänden*, Vol. 5, p. 432.
③ Hermann Hesse, "Srddhartha. Eine indische Dichtung", p. 436.

无疑,由于主人公已将河水的包容性从时间扩大到了空间,所以河水在这里已不仅象征着人的生命,而是已代表了世间的一切。也就是说,在主体的思想中,世界已经变成了一个整体。这恰如上述歌德诗句中所表达的那样:"你们必须在观察自然时/始终关注一与一切。"于是,主人公终于从对河水的感悟中得出了这样的结论:"所有的一切都没有过去,所有的一切都没有将来,一切都是现在,一切都只有本质和现在。"①换句话说,一切变与不变的"结合点"——时间的存在已经不被主体所意识,在每一时刻,世界在他眼中都是一个和谐统一的整体。于是,黑塞笔下的主人公用这样的方式"神圣而公开地获知了秘密",达到了自身思考的终极目的:赋予人、尤其是个体的存在一个永恒的意义。于是,黑塞这样描述着主人公达到这种精神状态时的感受和认识:一切就是一体,一切都相互交织、联系、千百次地纠结在一起。所有的一切,如所有的声音、所有的目标、所有的欲念、所有的痛苦、所有的喜悦、所有的善与恶,构成了这个世界。所有的一切构成了事情的长河,构成了生活的旋律。悉达多全神贯注地倾听着河水的声音,倾听着这千百种声音的歌曲。他既不听命于烦恼也不受制于欢笑,他的心灵不受任何声音的羁绊,他的自我也不融入其中;相反,他聆听着一切,感受着整体,感受着统一。然后,这支由上千种声音组成的歌曲便凝聚成一个字,那就是"唵"——达到完善。②

黑塞的这番描绘似乎成了歌德 1829 年 2 月,也即他 80 岁时创作的一首诗作《遗言》(*Vermächtnis*)的最好诠释。因为在这首诗的第一和第五节中,歌德明确地谈到了永恒与一切、永恒与存在、永恒与时间的关系:

---

①② Hermann Hesse, "Srddhartha. Eine indische Dichtung", pp. 436, 458.

> 没有任何生物会化为虚无!
> 永恒始终在一切中显现,
> 你应该幸福地生存!
> 存在即永恒;因为法则
> 保存着装点宇宙的
> 生机勃勃的宝藏。
>
> ……
>
> 平和地享受富裕和幸福,
> 理性无处不在,
> 生活为生命而欣喜。
> 继而,往昔常存
> 眼前的未来遍布生机,
> 瞬间即是永恒。①

显然,歌德的思考也聚焦到了世间一切存在的载体时间上面,"瞬间"即"一",而由"往昔""眼前"和"未来"构成的时间的长河便代表了一切的存在,赋予存在以永恒的意义的前提就在于观察和思考角度的变化。"瞬间即是永恒"并不意味着否定存在之物的发展变化,而是象征着彼此矛盾的事物能够和谐地融入到生命的统一的整体之中;②而与此同时,作为思维主体的人也使个体生命的价值得到了升华。正是由于对永恒具有这样深刻的

---

① Johann Wolfgang von Goethe, *Werke*, Hamburger Ausgabe in 14 Vols., Vol. 1, München, 1998, pp. 369 – 370.
② 可参 Johann Wolfgang von Goethe, *Werke*, Hamburger Ausgabe in 14 Vols., Vol. 1, pp. 733 – 737;以及 Marcel Reich-Ranickied., 1400 deutsche Gedichte und ihre Interpretationen. Vol. 2, Frankfurt am Main/Leipzig, 2002, pp, 517 – 521.

洞见和不懈的追求,歌德在黑塞心目中才显得那么与众不同:

> 尽管他看起来有时略带着市民习气、略微有些天真、略带着些官腔,而且已经大大地褪去了维特的野性,但是,其特殊地位却始终那么伟大,其内涵却始终是一个崇高的目标,是所有目标中最高贵的一个——使一个由精神统治的生活成为可能并把它建立起来,不仅是为了他自己,而且也为了他的民族和时代。即使在他的迷途中,那也是全面掌握他那个时代知识和生活经验的尝试,并使其服务于一种崇高的个人精神,此外,还使其服务于一种超越个人(überpersönlich)的精神本质和品德。作家歌德为其时代最优秀的人物树立起一个人的形象(Menschenbild)、一个人的典范(Menschen-Vorbild),与之相比、与之相接近是那些具有良好愿望的人的理想。①

如上文所述,恰恰是因为歌德在追求那至高无上的理想,即如何超越感性和理性这对立的两极以达到统一的过程中,尽管道出了那最高的智慧,但却并没有详细讲述他个人的思考经历,所以,和他拥有同样追求的赫尔曼·黑塞才会一边怀揣着一种特殊的"感激之情",一边探究这份智慧的内涵。而当他自己也感悟到那份智慧的时候,他才愈发深切地体会到歌德这位先贤的伟大。同时,黑塞也没有忘记把这份感谢写入作品。在小说《荒原狼》中,黑塞专门描写了主人公哈利·哈勒的一段梦境,在其中他见到了他心目中的偶像歌德并与之展开了一番对话,歌德在这部小说中最终成为不朽者的化身。而对于统一的认识,黑塞更是在

---

① Dank an Goethe, p. 146.

1923 年创作的散文集《疗养者》(*Kurgast*)中把它提升到了信仰的高度:

> 在世界上,令我诚实笃信的、令我感到如此神圣的莫过于统一的观念——整个世界是一个神圣的统一体,所有的痛苦、所有的罪恶只是因为我们个人不再把自身看作整体的不可分割的部分,因为自我的妄自尊大。在我的生命中,我经受了许多痛苦,犯下了很多过错,不少荒唐和辛酸的事也总来找我的麻烦,但是,我总是能顺利地将自己解脱出来,忘却并且奉献自我,感受统一,将内与外、自我和世界的矛盾看作错觉,闭上眼睛欣然融入到统一之中。①

---

① Hermann Hesse, "Kurgast", in: *Gesammelte Werke in zwölf Bänden*, Vol. 7, pp. 61-62. 参见马剑:《赫尔曼·黑塞的哲学信仰》,载《四川外语学院学报》2009 年第 1 期,第 19—22 页。

编 后 记

《德意志思想评论》第十卷共收录了22篇文章,其中18篇曾刊于《同济大学学报(社会科学版)》2012年第1—6期,其他4篇为首发——多半为栏目需要,由编者约请若干位同事撰写的;其中尼采的《论我们教育机构的未来》译文,选自科利版《尼采著作全集》第一卷,为尼采巴塞尔遗稿之一,是编者邀请华东师范大学教育学院的彭正梅教授专门译出的。

感谢本卷的全体作者和译者,特别是叶隽博士在组织《同济大学学报》"德语诗学与文化研究"栏目时付出了许多心力。这些年来,叶隽博士广邀国内德语文学研究者,为本人担任主编的《同济大学学报(社会科学版)》撰稿,使其中的"德语诗学与文化研究"栏目成为国内德语文学界的主要阵地。这是极好的事,但显然也并非易事。

在此也依然要感谢《同济大学学报(社会科学版)》编辑部编辑们的辛勤劳动。

本卷的编辑和出版受到同济大学985三期重点学科建设项目的资助。

孙周兴
2014年12月22日于沪上同济